Das Reichs-Versicherungsamt

und die

Deutsche Arbeiterversicherung

Festschrift des Reichs-Versicherungsamts
zum Jubiläum der Unfall- und der
Invalidenversicherung • 1910

Springer-Verlag Berlin Heidelberg GmbH 1910

ISBN 978-3-662-24368-8 ISBN 978-3-662-26485-0 (eBook)
DOI 10.1007/978-3-662-26485-0

Softcover reprint of the hardcover 1st edition 1910

Inhaltsverzeichnis.

Verzeichnis der Tafeln.

Einleitung

Am 14. Juli 1884 trat das Reichs-Versicherungsamt ins Leben. Am 1. Oktober 1885 begannen die gewerblichen Berufsgenossenschaften ihre Wirksamkeit. Ihnen folgten in kurzen Abschnitten die jüngeren Träger der Unfall- und der Invalidenversicherung.

Ein Vierteljahrhundert ist seitdem verflossen — ein Zeitraum, der für den Fortgang der Geschichte meist nur eine kurze Spanne bedeutet, hier aber eine so weite und reiche Entwicklung in sich schließt, daß es sich des Überblicks und der Prüfung am Ende dieses Abschnitts wohl verlohnt. Ist doch die deutsche Arbeiterversicherung nichts geringeres als ein zur Tat und Wirklichkeit gewordener Ausdruck jener gewaltigen Wandlung, die sich seit etwa einem Menschenalter in den herrschenden Anschauungen über das Wirtschafts- und Gesellschaftsleben vollzogen hat. Freilich beschränkt sich diese Verwirklichung der neuen Auffassung auf ein einzelnes Gebiet des Staatslebens, auf einen, wenn auch großen und der Erweiterung fähigen, doch immerhin begrenzten Personenkreis, auf bestimmte Aufgaben und Ziele. Aber in dieser äußeren Geschlossenheit ist die deutsche Arbeiterversicherung für unser Volksleben vielleicht die in sich vollendetste Errungenschaft der Neuzeit, sicherlich eine der bedeutsamsten und eine der wohltätigsten. Gleich den verwandten Arbeiterschutzvorschriften, neben Verstaatlichungen, Erweiterung der Staatsaufsicht und zahlreichen ähnlichen Maßregeln verdankt sie ihre Entstehung der sozialen Richtung, die in Deutschland nach den großen Erfolgen der äußeren Politik vom Ende der siebziger Jahre des vorigen Jahrhunderts ab zur Geltung gelangte. Der Individualismus, der das Verhalten des Menschen zu seinen Mitmenschen nur als Ausfluß der eigenen Persönlichkeit und der selbstbestimmten Beziehungen zu anderen Personen auffaßt und gestalten will, vermochte dem Andrängen eines starken Gemeinschaftsbedürfnisses nicht mehr standzuhalten. Die ungeahnte Entwicklung des Verkehrs und der Technik führte immer mehr zu der Erkenntnis, wie sehr der Einzelne unter diesen Verhältnissen auf die Hilfe und Arbeit vieler, vor allem der Gesamtheit der Volksgenossen angewiesen sei. Man begann sich mehr als Glied eines Ganzen zu fühlen, sich einzuordnen in größere, festgefügte Gruppen, die als solche sowohl zueinander wie dem Einzelnen gegenüber sich betätigten, und in denen jeder sich bewußt war, nur ein Mitglied der Gesamtheit zu sein. Aber indem man so den Wert des Zusammenschlusses auf verschiedenen Gebieten wieder schätzen lernte, gewann man auch Verständnis für die Lage derjenigen, die aus eigener Kraft dem gleichen Bedürfnisse nicht Erfüllung zu schaffen vermochten. Die Fortschritte in Handel und Verkehr, in Technik und Industrie hatten ein Heer von Arbeitern entstehen lassen, die, auf vielfach mäßige, oft unsichere Geldeinnahmen gestellt, zum großen Teile schon deshalb garnicht imstande waren, für die Notfälle des Lebens hinlängliche Rücklagen zu machen, ganz abgesehen davon, daß es ihnen in der Regel noch an dem erforderlichen Sparsinne fehlte. Die alten Verbände, die in früheren Zeiten der Klasse der Handarbeiter festeren Halt gegeben hatten, waren größtenteils dem individualistischen Freiheitsstreben zum Opfer gefallen. Nur der Staat, die umfassendste und mächtigste Gemeinschaft, konnte jenen Gedanken zum Siege verhelfen, die noch fast unbewußt in den Massen sich zu regen begannen, und die nur wenige bedeutende Männer in ihrer Berechtigung und in ihren Gestaltungsmöglichkeiten klarer erfaßten. Überraschend schnell wurde hier der geistige Umschwung zur Wirklichkeit. Unter der weisen Führung Kaiser Wilhelms des Großen und seines Kanzlers, des Fürsten Bismarck, bemächtigte sich die Regierung der kaum im Entstehen begriffenen Bewegung. Sie erkannte mit scharfem Blicke die Schäden, welche die wirtschaftliche und soziale Entwicklung der neueren Zeit mit sich gebracht hatte, und wies mit starker Hand den Weg, wenn nicht zur Heilung, so doch unleugbar zu einer Besserung, deren Wert nicht hoch genug veranschlagt werden kann.

Es erscheint nicht überflüssig, dieser Entstehungsgeschichte unserer Arbeiterversicherung zu gedenken, um der Größe des Werkes einigermaßen gerecht zu werden, das uns heute wie etwas Selbstverständliches, Unentbehrliches vorkommt, damals aber aus dem Nichts erschaffen werden mußte: ließen sich doch seine wirtschaftlichen und sozialen Folgen so wenig übersehen, daß selbst die verantwortlichen Ratgeber der Krone von einem „Sprung ins Dunkle" sprechen konnten. Was jenen Männern den Mut zu diesem Wagnisse gab, war die tiefe Überzeugung von der sittlichen „Pflicht" des Staates, für „eine positive Förderung des Wohles der Arbeiter" Sorge zu tragen, „den Hilfsbedürftigen größere Sicherheit und Ergiebigkeit des Beistandes, auf den sie Anspruch haben," zu gewähren. Die Kaiserliche Botschaft vom 17. November 1881, der diese Worte entnommen sind, und die nicht nur den Ausgangspunkt unserer Arbeiterversicherung bildet, sondern ihr auch Ziel und Bahn vorzeichnete, betont diesen Beweggrund noch einmal durch den Hinweis auf die „sittlichen Fundamente des christlichen Volkslebens." Auch das darf nicht der Vergessenheit anheimfallen. Es muß immer wieder hervorgehoben werden, weil es die Anschauung kennzeichnet, aus welcher der Gedanke der deutschen Arbeiterversicherung geboren wurde, und weil demnach diese Auffassungsweise als Wille des Gesetzgebers wesentlich ist für die Handhabung der Gesetze. Sie hätte nicht eine so weitherzige sein dürfen, wie sie es im ganzen jederzeit und allseitig gewesen ist, wenn die Schöpfer der sozialen Versicherung den „Anspruch" auf Fürsorge, den das Gesetz verlieh, lediglich auf den Boden des Rechtes und nicht zugleich auf den des Gebots der Nächstenliebe gestellt hätten. Auf den Geist, der hierdurch in das neue Recht gelegt wurde, ist das zurückzuführen, was wir uns seither gewöhnt haben „soziale Gerechtigkeit", „sozialpolitisches Empfinden" zu nennen.

Zwei Dinge halfen den Weg zur Lösung der „schwierigen Aufgabe" finden. Das erste war der Umschwung, der sich zu jener Zeit neben der Änderung in den wirtschaftlichen und sozialen Anschauungen auch in der Rechtsauffassung vollzog. Hatte man früher, besonders unter dem Einflusse des römischen Rechtes, dem Privatrecht übermäßige Bedeutung beigemessen, dergestalt, daß das öffentliche Recht darüber bisweilen fast vergessen, zum Teil sogar in die Formen des Privatrechts gezwängt wurde, so fing man jetzt an, das öffentliche Recht mehr in den Vordergrund zu stellen. Man gelangte, wie ein Geschichtsschreiber der Gegenwart sich treffend ausdrückt, zu einer Auffassung, die „jedes subjektive Recht des Einzelnen nur deshalb als Recht betrachtet, weil es von dem allgemeinen Rechtswillen als Recht anerkannt und geschützt wird," die es „im Sinne einer staatlichen Pflichterfüllung und darum als öffentliches anzusehen geneigt ist." Diese Anschauungsweise wurde für das neue Arbeiterversicherungsrecht maßgebend. Es gewährt unter bestimmten Voraussetzungen einen persönlichen, in einem prozeßartigen Verfahren verfolgbaren, vermögensrechtlichen Anspruch, der auf seiten des Berechtigten einem privatrechtlichen sehr ähnlich ist. Aber es stellt ihm die öffentlich-rechtliche Pflicht der hierfür gebildeten öffentlichen Körperschaften zur Erfüllung des Anspruchs gegenüber unter dem Schutze und zum Teil sogar unter Mitwirkung des Reichs und regelt auch die Mittelbeschaffung wie die sonstige Sicherstellung des Anspruchs auf öffentlich-rechtlicher Grundlage. Weiter wurde dem Werke der Umstand förderlich, daß das Aufblühen der Privatversicherung, besonders der privaten Unfallversicherung, in der zweiten Hälfte des vorigen Jahrhunderts dazu Anlaß gab, den Versicherungsgedanken nutzbar zu machen. Es ist hier nicht der Ort, den alten Gelehrtenstreit fortzusetzen, ob die Arbeiterversicherung eine Versicherung, wenn auch nicht in der vordem gebräuchlichen privatrechtlichen Bedeutung, so doch in einem fortgebildeten wirtschaftlichen Sinne, oder ob sie ein anderes Rechtsgebilde ist. Soviel ist gewiß, daß im ganzen genommen die Herbeiführung der sozialen Fürsorge, die das Ziel bildet, in die Form der Versicherung gekleidet worden ist. Diese Lösung muß im Rückblick auf die gesamte bisherige Entwicklung als eine außerordentlich glückliche bezeichnet werden. Von allen Einrichtungen, die bisher bestehen oder denkbar sind, vermag keine in so umfassender, zweckmäßiger und wirksamer Weise für den Ausgleich der durch eine Schmälerung der Erwerbsfähigkeit oder den Tod des Ernährers entstehenden wirtschaftlichen Nachteile aufzukommen wie die Versicherung. Sie gewährt einen Rechtsanspruch, dessen Sicherheit, weil er sich nicht gegen eine einzelne Person richtet, schon seiner Natur nach größer ist als die eines zur Anerkennung gelangten oder rechtskräftig erstrittenen Anspruchs aus der gesetzlichen Unterhaltspflicht oder aus einer Verbindlichkeit zum Schadenersatze. Gegenüber der Schadenhaftung nach dem allgemeinen bürgerlichen Rechte oder dem Haftpflichtrechte vermeidet sie die Berücksichtigung eines Verschuldens, gegenüber der öffentlichen Armenpflege und der privaten Wohltätigkeit die häufige Unzulänglichkeit der Leistungen und die beschämende Wirkung für den Empfänger. Der Versicherungsgrundsatz ermöglicht ferner, die Vorteile der Einrichtung einem weiten, beliebig ausdehnungsfähigen Personenkreise zugänglich zu machen und die Deckung für die Leistungen auf zuverlässige statistische und versicherungswissenschaftliche Grundlagen zu stellen. Wichtig ist auch, daß dabei dem Versicherten keineswegs das Verantwortlichkeitsgefühl genommen werden soll. Denn für die Volkserziehung ist es nicht minder notwendig als für das Selbstgefühl des Arbeiters, daß er sich bewußt bleibt, in besseren Zeiten selbst etwas beitragen zu müssen, damit für ihn und die Seinen in den Tagen der Not auch die Hilfe bereit sei.

Bot die Einreihung in das öffentliche Recht und die staatliche Beteiligung den festen Schutz und Halt, so gestattete die Form der Versicherung die nötige Bewegungsfreiheit für alle Einrichtungen in den verschiedenen Zweigen der Fürsorge, namentlich auch für die Gestaltung der Versicherungsträger und der Versicherungsbehörden wie der ihnen zuzuweisenden Pflichten und Befugnisse. Bewährt hat sich hierbei vor allem die Verbindung der Selbstverwaltung mit der Staatsaufsicht.

Aber so sehr alle diese grundlegenden Gedanken, auf denen sich die deutsche Arbeiterversicherung aufbaut, beweisen, wie die Schöpfer dieses neuen Rechtes die Zeichen der Zeit verstanden und mit wahrhaft prophetischem Blicke die Entwicklung der Dinge voraussahen — vielleicht wäre das ganze Unternehmen dennoch gescheitert, sicherlich wäre der Erfolg nimmermehr ein so großartiger geworden, hätte man unterlassen, den Zwang zur Versicherung einzuführen. Ein solcher Zwang erschien der damaligen Gedankenwelt so fremd, daß nur die überragende Persönlichkeit des Fürsten Bismarck seine Einführung durchzusetzen vermochte. Lange Zeit hat gerade dieser Grundsatz für viele auswärtige Kulturstaaten den Hauptangriffspunkt der deutschen Arbeiterversicherung gebildet oder diese doch für die Verhältnisse anderer Länder ungeeignet erscheinen lassen. Mehr und mehr aber haben auch fremde Staaten ihn aufgenommen, bei weitem zuerst Österreich, später Norwegen, Finland, die Niederlande, Luxemburg, Ungarn, in beschränkterem Umfang auch andere. Einen durchgreifenden Erfolg hat der Gedanke des Versicherungszwanges auf dem VIII. Internationalen Arbeiterversicherungs-Kongreß in Rom im Oktober 1908 erlangt, indem ihn die angesehensten früheren Vertreter der Gegenmeinung in Italien und Frankreich als richtig und notwendig anerkannten. War damit auch zunächst nur ein wissenschaftlicher Fortschritt erreicht, so steht doch zu hoffen, daß die genannten und andere Staaten künftig mehr in diese Bahn einlenken werden. Ein erster Schritt in dieser Richtung ist bereits zu verzeichnen: Durch Gesetz vom 5. April 1910 hat Frankreich, das bisher den Versicherungszwang nur für die beschränkten Gruppen der See- und der Bergleute kannte, eine Alters- und Invalidenversicherung mit Versicherungszwang für alle Lohnarbeiter und Angestellten mit einem Jahresverdienst bis 3000 Fr. eingeführt.

Mit vollem Rechte darf die Begründung zum Entwurf einer Reichsversicherungsordnung bei Erörterung der Frage nach der Notwendigkeit und der Art der Neuordnung unserer jetzigen Arbeiterversicherungsgesetze sagen: „Nicht gegen das Werk als Ganzes oder gegen seine Grundgedanken richtet sich die Kritik. Sie haben sich vollauf bewährt.“ Die einzelnen Unvollkommenheiten, die sich mit der Zeit herausgestellt haben, will dieses große Gesetzgebungswerk, das gegenwärtig zur Beratung steht, beseitigen. Das gilt vor allem von der unerfreulichen Zersplitterung der Verwaltung und des Rechtszugs auf dem Gebiete der Krankenversicherung. Die Reichsversicherungsordnung will ferner, abgesehen von der Verbesserung kleinerer Mängel und der Ausfüllung von Lücken, die zur Zeit bestehenden drei Zweige, die Kranken-, die Unfall- und die Invaliden- und Altersversicherung, zwar als einzelne selbständige Gebilde erhalten, aber sie durch zweckmäßige Verwaltungseinrichtungen einander mehr nähern. Hinzu- und eingefügt soll die langersehnte Hinterbliebenenversicherung werden. Auch wird beabsichtigt, den Kreis der Versicherten noch erheblich zu erweitern. Nach alledem will man auf den bisherigen Grundlagen weiterbauen, und es steht zu hoffen, daß die Reichsversicherung, die schon längst nicht mehr auf den Kreis der Arbeiter beschränkt ist, sondern zahlreiche andere, ebenfalls der Fürsorge bedürftige Gruppen mitumfaßt, auch in Zukunft sich bewähren und weiter entwickeln wird zum Wohle der Versicherten und zum Heile des Vaterlandes.

Dazu bedarf es nach wie vor der treuen, freudigen Arbeit aller an der Durchführung Beteiligten. Denn ohne solche kann auch das beste Gesetz nicht den gewünschten Erfolg haben. Das Reichs-Versicherungsamt, das als oberste Aufsichts-, Verwaltungs- und Spruchbehörde der Unfall- und der Invalidenversicherung das Getriebe in diesen beiden weitschichtigen Gebieten zu überblicken vermag, darf aussprechen, daß hier im wesentlichen bisher alle ihre Schuldigkeit getan haben. Dieses Urteil gilt in erster Reihe für die Versicherungsträger, aber auch für die unmittelbar und mittelbar beteiligten Behörden, und nicht minder für die Ärzteschaft, ohne deren tatkräftige Mitarbeit die Sozialversicherung nicht durchführbar ist.

Als Festgabe zu der fünfundzwanzigjährigen Jubelfeier der Unfall- und der Invalidenversicherung widmet das Reichs-Versicherungsamt hiermit eine Schrift, die einen Überblick über seine eigene Stellung zu diesen Zweigen der deutschen Arbeiterversicherung und seine Wirksamkeit in ihnen während des Vierteljahrhunderts seines Bestehens geben soll. Darin werden im Zusammenhange mit der eigenen Tätigkeit des Reichs-Versicherungsamts auch die Leistungen der Versicherungsträger und die Arbeiten der übrigen zur Mitwirkung Berufenen mitgeteilt und gewürdigt. Bei dem gewaltigen Umfange des Stoffes ließ sich freilich in dem verhältnismäßig engen Rahmen einer solchen Schrift bei weitem nicht alles erschöpfen. Das Amt ist jedoch bemüht gewesen, nicht nur die wesentlichsten Einrichtungen und Leistungen darzustellen, sondern auch durch Anführung von Einzelheiten das Bild möglichst vielseitig und lebendig zu gestalten. In manchen Teilen lehnen sich die nachstehenden Ausführungen an den ebenfalls von Mitgliedern des Amtes verfaßten Aufsatz „Geschichte und Wirkungskreis des Reichs-Versicherungsamts“ an, der in dem soeben erschienenen dritten (Schluß-)Bande des „Handbuchs der Unfallversicherung“, 3. Auflage (Seite 561 bis 861) enthalten ist. Die Verlagsbuchhandlung Breitkopf & Härtel in Leipzig hat als Verlegerin des Handbuchs die Benutzung dieses Aufsatzes dankenswert gestattet. Der umfangreichere und vielfach eingehendere Begründung bietende Inhalt dieser Arbeit wird ebenso wie das Handbuch selbst manchem Leser zur Ergänzung der nachstehenden Erörterungen willkommen sein.

Druck F. Bruckmann A.-G., München-Berlin

Das Dienstgebäude des Reichs-Versicherungsamts in Berlin, Wilhelmplatz 2
von 1887 bis 1894

Das Reichs-Versicherungsamt.

I. Allgemeine Stellung des Reichs-Versicherungsamts zur deutschen Arbeiterversicherung.

Die deutsche Arbeiterversicherung umfaßt zur Zeit die drei Gebiete der Kranken-, der Unfall- und der Invaliditäts- und Alters-(Invaliden-)Versicherung. Auf jedem dieser Gebiete sind besondere Organe geschaffen, denen die Durchführung der Versicherung übertragen ist. Die Versicherungsträger sind an sich in ihrem Wirkungskreise selbständig und voneinander unabhängig; anderseits liegt es aber in der Natur ihrer Aufgaben, daß sie bei deren Erfüllung fortgesetzt mit den Trägern der anderen Versicherungszweige in Verbindung bleiben müssen. Die letzten Ziele der Gesetze lassen sich um so vollkommener erreichen, je enger dieser wechselseitige Anschluß ist, je mehr die Versicherungsträger dabei miteinander Hand in Hand arbeiten.

Für die Zweige der Unfall- und der Invalidenversicherung ist eine einheitliche Spitze mit eigenartiger Organisation in dem Reichs-Versicherungsamte geschaffen; sie fehlt für das Gebiet der Krankenversicherung. Die Zuständigkeit des Reichs-Versicherungsamts erstreckt sich danach im allgemeinen nur auf die beiden Gebiete der Unfall- und der Invalidenversicherung; aber zahlreiche Einzelfälle stellen das Amt ähnlich wie die Versicherungsträger selbst sowohl in der Rechtsprechung wie bei der Verwaltung auch vor die Beantwortung von Streitfragen aus dem Gebiete der Krankenversicherung.

Das Reichs-Versicherungsamt ist aus kleinen Anfängen hervorgegangen. Der Kreis der ihm vorgezeichneten Aufgaben erschien äußerlich als ein engbegrenzter, aber das Feld seiner Wirksamkeit erweiterte sich in ungeahnter Weise von Jahr zu Jahr. Die Rechtsprechung, die infolge der starken und stetig sich steigernden Zunahme der Streitsachen immer mehr in den Vordergrund trat, sah sich vor die außerordentliche Aufgabe gestellt, auf einem neuen und eigenartigen Gebiete feste und einheitliche Grundsätze sowohl für das materielle Recht wie für das Verfahren zu schaffen. In der Verwaltung mußte bei Ausführung der dem Reichs-Versicherungsamte gesetzlich übertragenen Befugnisse stets das Ziel im Auge behalten werden, die Arbeiterversicherungsgesetze als ein neues und bedeutsames Glied in den Organismus des staatlichen und wirtschaftlichen Lebens einzuführen und sie mit anderen dem Wohle der arbeitenden Klassen dienenden Einrichtungen in wechselseitige Verbindung zu bringen. Das Amt mußte darauf bedacht sein, in enger Fühlung mit den Landesbehörden die Zwecke der Gesetze zu fördern und das Vertrauen der Versicherten auf den Bestand und die Ergiebigkeit des ihnen gewährten Rechtsschutzes zu stärken. Häufig genug wurde das Reichs-Versicherungsamt sowohl bei Fragen der Verwaltung wie der Rechtsprechung in die vorderste Reihe des schweren Kampfes wirtschaftlicher und sozialer Gegensätze hineingeführt, die das gesamte heutige Volksleben bewegen. Wenn es gelungen ist, diese Gegensätze vermittelnd und versöhnend zu beeinflussen, so ist dies in der Hauptsache dem einmütigen Zusammenwirken der im Reichs-Versicherungsamte vereinigten, den verschiedensten Berufs- und Interessenkreisen angehörenden Kräfte zu verdanken. Wie ihre gemeinsame Betätigung bisher die Grundlage für die Arbeiten des Amtes bildete, so begründet das Vertrauen auf das Fortbestehen dieser Einmütigkeit auch für die Zukunft die zuversichtliche Hoffnung, daß im Reichs-Versicherungsamte die ihm anvertrauten sozialpolitischen Aufgaben stets eine verständnisvolle und gedeihliche Förderung zum Besten des deutschen Volkes erfahren werden.

II. Entwicklung des Reichs-Versicherungsamts.

1. Äußere Entwicklung des Amtes.

Das Reichs-Versicherungsamt ist auf Grund des §87 des Unfallversicherungsgesetzes vom 6. Juli 1884 errichtet worden. Wenige Tage nach dem Erlasse dieses Gesetzes, am 14. Juli 1884, begann es seine Wirksamkeit. Der Kreis der ihm zunächst gestellten Aufgaben wurde bald beträchtlich erweitert durch die Vorschriften des Ausdehnungsgesetzes vom 28. Mai 1885, des landwirtschaftlichen Unfallversicherungsgesetzes vom 5. Mai 1886, des Bau-Unfallversicherungsgesetzes vom 11. Juli 1887 und des See-Unfallversicherungsgesetzes vom 13. Juli 1887, die in rascher Folge den weiteren Ausbau der Unfallversicherung vollendeten.

Ein weiteres Arbeitsgebiet eröffnete sich für das Amt durch das Invaliditäts- und Altersversicherungsgesetz vom 22. Juni 1889, das ihm auf dem Gebiete der Invalidenversicherung die oberste Rechtsprechung und die leitende Verwaltungstätigkeit übertrug, wie dies im wesentlichen ebenso für das Gebiet der Unfallversicherung durch die vorgenannten Gesetze geschehen war.

Im Laufe der Jahre machte sich das Bedürfnis zu mannigfachen und verschiedenartigen Ergänzungen und Erweiterungen der Versicherungsgesetze geltend. Indessen wurde es von allen Seiten, namentlich auch von den gesetzgebenden Körperschaften, für geboten erachtet, die bewährten Grundlagen der Organisation des Reichs-Versicherungsamts zu erhalten. Sie wurden deshalb, von verhältnismäßig unbedeutenden Einzelheiten abgesehen, auch im Invalidenversicherungsgesetze vom 13. Juli 1899 und in dem Gesetze, betreffend die Abänderung der Unfallversicherungsgesetze, vom 30. Juni 1900 beibehalten.

Auch der Entwurf einer Reichsversicherungsordnung sieht in dem organischen Aufbau des Reichs-Versicherungsamts keine grundsätzlichen Änderungen vor.

Nach dem Gesetze hat das Reichs-Versicherungsamt seinen Sitz in Berlin. Als die Behörde ins Leben trat, konnte sie bei dem geringen Personalbestande noch in den Räumen des Reichsamts des Innern, Wilhelmstraße 74, untergebracht werden. Indes schon im Oktober 1884 wurde eine Übersiedlung nötig. Es waren hierzu Räume des Privathauses Linkstraße 17 gemietet und eingerichtet worden, und in der gleichen Weise wurden dann noch Räumlichkeiten zunächst in dem Hause Linkstraße 40 und später in dem Hause Linkstraße 32 beschafft. Im Februar 1887 bezog das Reichs-Versicherungsamt das dem Reiche gehörende Haus Wilhelmplatz 2, in dem es bis zum September 1894 blieb. Jedoch machte sich im Laufe der Jahre auch hier das Bedürfnis geltend, einen Teil der Beamten und der amtlichen Einrichtungen in anderen Räumen unterzubringen. Im Jahre 1889 wurden Räumlichkeiten in dem Hause Leipziger Straße 2 für Zwecke des Reichs-Versicherungsamts eingerichtet, später kam ein Teil des Amtes in die Häuser Voßstraße 4/5 (Reichs-Justizamt) und Voßstraße 32. In dem letzteren wurde die Abteilung für Invalidenversicherung untergebracht. Die Rekursabteilung hatte vom März 1891 bis September 1894 in dem Eckhause Französische Straße 62/Kanonierstraße 16 ihr Heim. Im September 1894 endlich konnte das Reichs-Versicherungsamt in sein neues, dem Reiche gehörendes Dienstgebäude Königin-Augusta-Straße 25/27 einziehen. Das Grundstück war für anderthalb Millionen Mark erworben worden, die Errichtung des Gebäudes hatte eine Summe von rund 1747650 Mark beansprucht. Die Einweihung des neuen Dienstgebäudes fand am 24. September 1894 in der 423. Gesamtsitzung des Reichs-Versicherungsamts statt. An ihr nahm auch der damalige Staatssekretär des Innern, Vizepräsident des Königlich Preußischen Staatsministeriums, Staatsminister Dr. v. Bötticher teil. In seiner Begrüßungsrede führte er folgendes aus: „Es gereiche ihm zur großen Freude, dem Reichs-Versicherungsamte seine warme Anerkennung für die bisherigen Leistungen aussprechen zu können. Die Einweihung des neuen Dienstgebäudes gewinne dadurch besondere Bedeutung, daß sie mit dem zehnjährigen Bestehen des Amtes zusammenfalle. In dieser Zeit, die reich an Mühen, aber auch reich an Erfolgen gewesen, sei das Reichs-Versicherungsamt aus kleinen Anfängen herausgewachsen, habe sich in seinem Bestand um das Zehnfache vergrößert und sich innerhalb des Reichs zu einem besonders hervorragenden Beamtenkörper herangebildet. Aber nicht bloß äußerlich sei das Amt gewachsen, auch innerlich sei es erstarkt, getragen von dem Geiste, der die Allerhöchste Botschaft vom 17. November 1881 durchwehe: daß es eine sittliche Pflicht sei, die Gegensätze auf dem Gebiete des wirtschaftlichen Lebens abzuschwächen,

Mit Genehmigung von Adolf Eckfteins Verlag

Druck F. Bruckmann A.-G., München-Berlin

Dr. Bödiker.

Nach den Modellen aufgenommen

Druck F. Bruckmann A.-G., München-Berlin

Das Bödiker-Denkmal
im Dienstgebäude des Reichs-Versicherungsamts

und den Armen, Kranken und Erwerbsunfähigen hilfreich beizustehen. Immer weiter, von Etappe zu Etappe, sei die sozialpolitische Gesetzgebung, welche das Deutsche Reich zuerst unter allen Staaten inauguriert habe, fortgeschritten, und die Gesetzgebung der Jahre 1884, 1885, 1886, 1887 und 1889 bilde die Marksteine dieser Fortentwicklung. Damit seien an das Reichs-Versicherungsamt immer neue Ansprüche und Aufgaben herangetreten, denen es aber in selbstloser Tätigkeit unter der einsichtig Leitungen eines Mannes, dem sich mit Recht das volle Vertrauen der verbündeten Regierungen zugewendet habe, durchaus gerecht geworden sei. Eine solche Vergangenheit, für welche er nur Worte der Anerkennung habe, bürge auch für die Zukunft, die für die Arbeiten des Amtes eine gesegnete sein möge."

Erschienen die Räumlichkeiten des neuen Dienstgebäudes damals nach ihrer Zahl und zum Teil auch nach ihrer Größe fast überreich, so haben sie sich im Laufe der Zeit gegenüber dem gewaltigen Anwachsen des Amtes und seiner Dienstgeschäfte doch als unzulänglich erwiesen. Durch Aufgabe der besonderen Säle für die Abteilungssitzungen sowie durch Zusammenlegung und sonstige Veränderung einiger vorher zu anderen Zwecken benutzter Zimmer wurden in den Jahren 1897, 1903 und 1905 neue Sitzungssäle geschaffen, um die Abhaltung einer größeren Zahl von Spruchsitzungen zu ermöglichen, die durch die fortgesetzte Zunahme der Streitsachen, namentlich auf dem Gebiete der Unfallversicherung, unbedingt erforderlich geworden war. In ähnlicher Weise wurde auch in den Jahren 1906 und 1908 die Zahl der Diensträume für höhere Beamte und der Arbeitsplätze für Bureau- und Kanzleibeamte vermehrt. Im Juli 1907 mußten sogar die Rechnungsstelle und im April 1908 auch das Bureau für statistische Arbeiten sowie Beamte anderer Bureauabteilungen das Dienstgebäude Königin-Augusta-Straße wegen Raummangels verlassen; sie sind in dem angrenzenden Privathause Sigismundstraße 7 untergebracht.

Abgesehen von anderen Leistungen für Zwecke der Arbeiterversicherung hatte das Reich bereits im § 91 des Unfallversicherungsgesetzes vom 6. Juli 1884 die Kosten des Reichs-Versicherungsamts und seiner Verwaltung übernommen. Die Anforderungen an die Reichskasse sind, namentlich infolge der starken Vermehrung der Streitsachen, fortdauernd und zum Teil erheblich gestiegen. Der Etat des Reichs-Versicherungsamts war für das Etatsjahr 1885 auf 164 620 Mark festgesetzt; sechs Jahre später hatte er bereits eine Erhöhung auf 816 225 Mark erfahren. Nach Inkrafttreten des Invalidenversicherungsgesetzes vom 13. Juli 1899 und des Gesetzes, betreffend die Abänderung der Unfallversicherungsgesetze, vom 30. Juni 1900 war der Etat für das Jahr 1902 auf 1 807 180 Mark angewachsen. Für 1910 sind 2 535 374 Mark in den Etat eingesetzt. Bei der Kostenfreiheit des Verfahrens stehen den Ausgaben nur ganz geringfügige Einnahmen gegenüber.

Die Formen des Verfahrens und der Geschäftsgang des Reichs-Versicherungsamts sind gemäß § 90 Abs. 4 des Unfallversicherungsgesetzes vom 6. Juli 1884 durch Kaiserliche Verordnung geregelt. Diese ist erstmalig unter dem 5. August 1885 (RGBl. S. 255) ergangen und durch die Kaiserliche Verordnung vom 13. November 1887 (RGBl. S. 523) abgeändert und erweitert worden. Für das Verfahren in Angelegenheiten der Invaliditäts- und Altersversicherung erging die Kaiserliche Verordnung vom 20. Dezember 1890 (RGBl. S. 209), an deren Stelle nach Erlaß des Invalidenversicherungsgesetzes vom 13. Juli 1899 die Kaiserliche Verordnung vom 6. Dezember 1899 (RGBl. S. 687) trat. Im Verfolge des Gesetzes, betreffend die Abänderung der Unfallversicherungsgesetze, vom 30. Juni 1900 (§ 19 Abs. 4) ist die jetzt das Verfahren für beide Versicherungszweige regelnde Kaiserliche Verordnung vom 19. Oktober 1900 (RGBl. S. 983) erlassen worden.

2. Zusammensetzung des Amtes.

An der Spitze des Reichs-Versicherungsamts steht der Präsident, dessen Dienststellung, Obliegenheiten und Dienstbefugnisse in den Kaiserlichen Verordnungen geregelt sind.

Zum ersten Leiter des Reichs-Versicherungsamts wurde der Geheime Regierungsrat und Vortragende Rat im Reichsamte des Innern Dr. Tonio Bödiker berufen. Seinem weiten Blicke und seiner schöpferischen Kraft gelang es, für die Arbeiterversicherungsgesetze in dem Reichs-Versicherungsamte die Zentralinstanz zu schaffen, die sich im Vaterlande Vertrauen erwarb und von Fachmännern und Volksvertretern des Auslandes vielfach als vorbildliche Einrichtung gerühmt wird. Am 30. Juni 1897 schied Dr. Bödiker auf sein

Gesuch aus dem Amte, bei welchem Anlaß ihm der Wilhelmorden verliehen wurde. Als er in der 448. Gesamtsitzung vom 19. Juni 1897 dem Kollegium von seiner Verabschiedung Mitteilung machte, wurde ihm von allen Seiten die dankbarste Bewunderung für seine Leistungen und die Art seiner Geschäftsführung ausgesprochen. Der Vertreter der Arbeitgeber hob insbesondere hervor, „wie Präsident Dr. Bödiker es mit seltenem Geschick verstanden habe, die ehrenamtlichen Organe zu ersprießlicher Mitarbeit heranzuziehen, und welche freundschaftlichen Formen des Verkehrs er in seiner Eigenschaft als Beamter mit den im praktischen Leben stehenden Männern gefunden und beobachtet habe. Er gedenke dessen voll Dankbarkeit, und er sei auch dessen eingedenk, wie unter der Leitung des Präsidenten Dr. Bödiker unparteiisch und gewissenhaft zur Befriedigung beider Teile, der Arbeitgeber wie der Arbeitnehmer, im Reichs-Versicherungsamte Recht gesprochen worden sei." Der Vertreter der Arbeitnehmer führte aus, „die Arbeiter seien nicht in der Lage, dem scheidenden Präsidenten Denkmäler aus Erz zu setzen oder glanzvolle Adressen ihm zu überreichen; aber der Name des Dr. Bödiker sei in jedem Arbeiterhause bekannt und werde in den dankbaren Herzen der Arbeiter fortleben." Am 4. Februar 1907 wurde Dr. Bödiker durch den Tod seinem arbeitsreichen Leben entrissen. Gleich nach seinem Ableben trat unter dem Vorsitze des jetzigen Präsidenten des Reichs-Versicherungsamts Dr. Kaufmann ein Ausschuß zusammen, dem neben Mitgliedern und Beamten des Reichs-Versicherungsamts Vertreter der Berufsgenossenschaften und der Invaliden-Versicherungsanstalten wie auch der Versicherten angehörten, um dem verewigten Präsidenten Dr. Bödiker ein Denkmal zu errichten. Unter dem 13. Mai 1907 erging ein Aufruf an die beteiligten Kreise, in dem gesagt ist: „Mit Bödiker ist einer der hervorragendsten Vorkämpfer für die deutsche Arbeiterversicherung heimgegangen. Ausgezeichnet durch große organisatorische Begabung, klaren Blick, umfassende Kenntnisse und wahrhaft humane Gesinnung hat Bödiker für die Lösung der großen sozialpolitischen Aufgaben erfolgreich gewirkt, unterstützt durch die hingebungsvolle Arbeit der Träger der Versicherung, insbesondere durch die selbstlose Tätigkeit der ihm großenteils auch persönlich nahestehenden Organe der ehrenamtlichen berufsgenossenschaftlichen Verwaltung; getragen von dem vollen Vertrauen und der herzlichen Zuneigung der Arbeitgeber und der Versicherten hat Bödiker die wirtschaftlichen Gegensätze auszugleichen und die Arbeiterversicherungsgesetze im Geiste ihrer erlauchten Schöpfer durchzuführen versucht. In erheblichem Maße ist es ein Erfolg der kraftvollen Persönlichkeit Bödikers, daß die Gedanken der unvergeßlichen Kaiserlichen Botschaft vom 17. November 1881 auch im Auslande vielseitige Zustimmung und zum Teil Nachahmung gefunden haben. Das Andenken an Bödiker verdient deshalb in treuer Erinnerung gehalten zu werden. Seine Ehrung bedeutet zugleich eine Anerkennung des großen Werkes der deutschen Arbeiterversicherung, dessen Gelingen der verständnisvollen, nie ermüdenden Arbeit Bödikers so wesentlich zu danken ist."

An der Aufbringung der Beiträge beteiligten sich auch die Versicherten und verschiedene namhafte Staatsmänner und Sozialpolitiker des Auslandes in erheblichem Umfange. Bei der Auswahl der fünf von angesehenen Künstlern eingelieferten Entwürfe für das Denkmal fand der Ausschuß die bereitwillige sachverständige Unterstützung durch den jetzigen Präsidenten der Akademie der Künste, Geheimen Baurat Professor C. von Großheim und durch die Bildhauer Professoren Fritz Schaper und Peter Breuer. Das Reichs-Versicherungsamt wie der Ausschuß für die Errichtung des Bödiker-Denkmals sind den genannten Herren hierfür zu großem Danke verpflichtet. Zur Ausführung angenommen wurde der Entwurf des Professors Janensch in Charlottenburg. Das Denkmal, von dem ein Bild nach dem Modell dieser Festschrift beigefügt ist, wird in der Eingangshalle des Dienstgebäudes, die zu diesem Zwecke eine wesentliche baukünstlerische Umgestaltung erfahren hat, aufgestellt. Dabei sind die beiden markigen Arbeitergestalten, die von Professor Brütt in Berlin stammen, erhalten geblieben. Die Enthüllung des Denkmals soll nach einem Festakt im großen Sitzungssaal am 30. September 1910 stattfinden. Für den Sitzungssaal selbst, in dem einstmals der Präsident Dr. Bödiker zahlreiche Sitzungen und Verhandlungen geleitet hat, ist sein Ölbild von Professor Schulte im Hofe in Berlin gemalt worden. Außerdem hat der Bildhauer Professor Hosäus auf Veranlassung des Ausschusses eine Bödiker-Medaille gefertigt, die auf der Vorderseite

Druck F. Bruckmann A.-G., München-Berlin

Phot. Alfred Weidener vorm. Reichard & Lindner in Berlin

Druck F. Bruckmann A.-G., München-Berlin

das Kopfbild Bödikers trägt und auf der Rückseite einen Arbeiter zeigt, der einen Kranz darreicht, mit der Umschrift: „Dem Andenken Bödikers".

Bemerkt sei hier, daß dem Präsidenten Dr. Bödiker im Sommer 1909 auch in seiner Vaterstadt Haselünne in Hannover ein Standbild, das der Bildhauer Rueller in Münster ausgeführt hat, errichtet worden ist.

Nach dem Ausscheiden des Präsidenten Dr. Bödiker wurde die Leitung des Amtes dem Wirklichen Geheimen Ober-Regierungsrat Otto Gaebel übertragen, der sie bis zu seinem Tode am 2. Juli 1906 in der Hand behielt. Auch seiner wird im Reichs-Versicherungsamt und darüber hinaus in weiten Kreisen der an der Arbeiterversicherung Beteiligten stets in Dankbarkeit gedacht werden. Das Werk der Arbeiterfürsorge hat in ihm einen Führer verloren, der mit umfassenden Kenntnissen und reichen Erfahrungen ausgestattet war und seine ganze Tatkraft in den Dienst der ihm übertragenen Aufgaben gestellt hatte.

Sein Nachfolger wurde der jetzige Präsident des Reichs-Versicherungsamts, Wirkliche Geheime Ober-Regierungsrat Dr. Paul Kaufmann. Er hat dem Reichs-Versicherungsamte bereits vom 18. Juni 1886 bis zum 16. April 1896, und zwar seit dem 25. Mai 1889 als Regierungsrat und seit dem 18. April 1892 als Geheimer Regierungsrat angehört und war dann bis zu seiner Berufung in die Stelle des Präsidenten Vortragender Rat im Reichsamte des Innern.

Die ständigen Mitglieder des Reichs-Versicherungsamts sind höhere Berufsbeamte, die auf Vorschlag des Bundesrats vom Kaiser auf Lebenszeit ernannt werden. Die Ernennung erfolgt stets auf Lebenszeit, auch wenn die Mitglieder daneben ein anderes Reichs- oder Staatsamt bekleiden sollten, nicht etwa bloß auf die Dauer eines solchen Amtes. Bei der Auswahl der ständigen Mitglieder ist von jeher besonderer Wert darauf gelegt worden, daß möglichst alle Staaten und Teile des Reichs vertreten seien, und daß die Bewerber nach Ablegung der Staatsprüfung für den höheren Justiz- oder Verwaltungsdienst in längerer praktischer Tätigkeit Gelegenheit gehabt haben, sich auch einen Einblick in die wirtschaftlichen Verhältnisse des Lebens und Verkehrs zu verschaffen. Hierdurch soll eine Gewähr dafür geboten werden, daß bei den Entscheidungen und sonstigen Maßnahmen des Reichs-Versicherungsamts stets das nötige Verständnis für die Anschauungen und Bedürfnisse aller Teile des Vaterlandes mit ihrer so verschiedenartigen Entwicklung, namentlich in wirtschaftlicher und industrieller Hinsicht, vorhanden ist, und diesen Verschiedenheiten in geeigneter Weise Rechnung getragen wird.

Die Aufgaben des Reichs-Versicherungsamts, insbesondere auf dem wichtigen Gebiete der Unfallverhütung, machten es erforderlich, daß auch Techniker zu ständigen Mitgliedern ernannt wurden. Zur Zeit zählt das Reichs-Versicherungsamt 5 technische Mitglieder, die auf den für die Unfallverhütung und das Gefahrentarifwesen vorzugsweise in Betracht kommenden Gebieten des Hoch- und Tiefbaues, des Maschinenbauwesens, des Berg- und Hüttenwesens, der chemischen Industrie und des Seeverkehrs eine besondere theoretische und praktische Ausbildung erhalten haben.

Nach § 11 Abs. 2 des Abänderungsgesetzes vom 30. Juni 1900 werden aus den ständigen Mitgliedern vom Kaiser die Direktoren und die Vorsitzenden der Senate ernannt. Diese in der Kommission des Reichstags in das Gesetz aufgenommene Bestimmung bezweckte, die Direktoren und die Senatsvorsitzenden, ihrer höheren Stellung und ihren wichtigeren Obliegenheiten sowie ihrem höheren Gehalt entsprechend, aus den übrigen ständigen Mitgliedern herauszuheben und für ihr Amt als Direktor oder Vorsitzender die Unterlagen im Gesetze selbst zu schaffen.

Die Zahl der ständigen Mitglieder betrug einschließlich des Präsidenten anfangs 3 (Präsident Bödiker, Geheimer Regierungsrat Dr. Kayser, Regierungsrat Berg) und stieg bis zum Jahre 1891 auf 13. Am 1. Januar 1902 war die Zahl auf 52 angewachsen. Seit April 1908 setzt sich das Reichs-Versicherungsamt, abgesehen von dem Präsidenten, aus 2 Direktoren, 23 Senatsvorsitzenden und 40 sonstigen ständigen Mitgliedern zusammen.

Bei einem derartigen Mitgliederbestand ist natürlich im Laufe eines Vierteljahrhunderts ein starker Wechsel eingetreten. Der Tod hat manche Lücke gerissen, mehrere Mitglieder sind in den Ruhestand getreten, eine große Anzahl hat auch einen anderen Wirkungskreis gewählt.

Um den beteiligten Kreisen einen Überblick über den Personalbestand des Reichs-Versicherungsamts zu verschaffen, sind von Zeit zu Zeit in den Amtlichen Nachrichten des Amtes Zusammenstellungen der Namen der ständigen und der nichtständigen Mitglieder sowie der richterlichen Beisitzer veröffentlicht worden. Die früheren Mitglieder und Hilfsarbeiter des Reichs-Versicherungsamts sind namentlich in der Festnummer der Amtlichen Nachrichten vom 1. März 1897 (S. 187) angegeben, die „zum Gedächtnis an Kaiser Wilhelm den Großen" bei der hundertsten Wiederkehr seines Geburtstags vom Reichs-Versicherungsamte herausgegeben wurde. Vollständige Verzeichnisse der früheren ständigen und vom Bundesrate gewählten nichtständigen Mitglieder und der Hilfsarbeiter aus dem ersten Jahrzehnte sowie der gegenwärtigen ständigen und nichtständigen Mitglieder, Hilfsarbeiter und richterlichen Beisitzer folgen hier Seite 19 bis 28.

Bei dem fortgesetzten Anwachsen der Geschäfte war regelmäßig auch die Beschäftigung einer Anzahl kommissarischer Hilfsarbeiter erforderlich; ihre Zahl beträgt zur Zeit 9.

Die nichtständigen Mitglieder gehen aus Wahlen hervor, und zwar werden sie entweder

1. vom Bundesrat oder
2. als Vertreter der Arbeitgeber und der Versicherten gewählt.

Da dem Reichs-Versicherungsamt in verschiedener Hinsicht die Aufgabe übertragen ist, die Beschlußfassung des Bundesrats vorzubereiten, auch feste und verbindliche Rechtsnormen aufzustellen, seine Tätigkeit also teilweise das Gebiet des Gesetzgebers streift, so erschien es geboten, ihm auch Kräfte aus dem Bundesrate zuzuführen. Dies entsprach insbesondere der Auffassung des Fürsten Bismarck, der eine unmittelbare Einwirkung des Reichskanzlers auf dieses Gebiet der Reichsverwaltung ausschließen wollte und in den Mitgliedern des Bundesrats die geeignetsten Vertreter zur Wahrnehmung der allgemeinen Reichsinteressen sah. Anderseits sollte der Bundesrat selbst dadurch unmittelbare Fühlung mit den Verhältnissen erhalten, auf deren Gestaltung und Regelung ihm ein maßgebender Einfluß zusteht.

Nach der ursprünglichen Bestimmung des § 87 Abs. 3 des Unfallversicherungsgesetzes vom 6. Juli 1884 hatte der Bundesrat von den nichtständigen Mitgliedern 4 aus seiner Mitte zu wählen. Die ersten Wahlen fielen auf die Bevollmächtigten zum Bundesrate, Königlich Bayerischen Ministerialrat Herrmann, Königlich Sächsischen Geheimen Regierungsrat Böttcher, Großherzoglich Badischen Gesandten Freiherrn Marschall von Bieberstein und Großherzoglich Sächsischen Staatsrat Dr. Heerwart. Die frühere Bestimmung ist im § 11 Abs. 3 des Abänderungsgesetzes vom 30. Juni 1900 dahin geändert worden, daß vom Bundesrate 6 nichtständige Mitglieder, und zwar mindestens 4 aus seiner Mitte, zu wählen sind. Die Vermehrung dieser Mitgliedergruppe bezweckte, eine ständige Verbindung zwischen den Landes-Zentralbehörden Preußens, das bis dahin nicht vertreten war, und dem Reichs-Versicherungsamte herzustellen, ähnlich wie die Zentralbehörden der größeren Bundesstaaten durch Besetzung der Landes-Versicherungsämter bereits einen Einfluß auf deren Tätigkeit ausüben. Ein Antrag, für die Befähigung zur Wahl besondere Bedingungen aufzustellen, wurde bei der Beratung in der Kommission wieder fallen gelassen, nachdem von den Vertretern der verbündeten Regierungen ausdrücklich erklärt worden war: „es erscheine völlig ausgeschlossen, daß auf Beamtenklassen zurückgegriffen werde, deren Mitglieder nach Beruf und Rang nicht in das Reichs-Versicherungsamt hineinpaßten."

Zur Zeit sind durch 4 Mitglieder des Bundesrats die Bundesstaaten Bayern, Württemberg, Baden und Großherzogtum Sachsen vertreten. Außerdem sind noch je ein vortragender Rat des Königlich Preußischen Ministeriums des Innern und des Königlich Preußischen Ministeriums für Handel und Gewerbe zu nichtständigen Mitgliedern gewählt. Bei ihrer Mitwirkung in den Senaten werden die vom Bundesrate gewählten Mitglieder im Behinderungsfalle durch ständige Mitglieder des Reichs-Versicherungsamts vertreten. Bei der Besetzung des Erweiterten Senats ist an Stelle eines vom Bundesrate gewählten Mitglieds ein ständiges Mitglied nur dann zuzuziehen, wenn die vom Bundesrate gewählten Mitglieder sämtlich behindert sind.

Als ein überaus glücklicher Gedanke hat sich die Wahl von Vertretern der Arbeitgeber und der Versicherten zu nichtständigen Mitgliedern des Reichs-Versicherungsamts erwiesen. In ihnen fand das Reichs-Versicherungsamt die Kräfte, die in verständnisvoller Weise die Vermittlung der hier vertretenen Anschauungen gegenüber den Versicherungsträgern und den Kreisen der Versicherten übernehmen. Denn auf dem neuen Arbeitsgebiete, bei dem die Ergebnisse unsicher schienen und die Erfolge mehr oder weniger in weiter Ferne lagen, mußte bei allen Fragen von grundsätzlicher Bedeutung von vornherein besonderer Wert auf möglichste Übereinstimmung aller beteiligten Kreise gelegt werden. Daß sie regelmäßig erzielt werden konnte, und daß auch sonst die Bestrebungen des Amtes vielfach günstige Aufnahme und tatkräftige Unterstützung erfahren haben, ist in erster Linie der eifrigen Mitarbeit, dem Entgegenkommen und nicht zum wenigsten auch der sozialen Denkweise der dem Reichs-Versicherungsamt angehörenden nichtständigen Mitglieder zu verdanken. Nach den Erfahrungen des Reichs-Versicherungsamts kann es keinem Zweifel unterliegen, daß ohne eine solche weitgehende Mitwirkung der Beteiligten — der Arbeitgeber und der Versicherten — eine gedeihliche Lösung der sozialpolitischen Aufgaben der Versicherung unmöglich gewesen wäre und auch fernerhin undenkbar sein würde. Auch durch diese Laienmitglieder wird, da sie aus allen Teilen des Reichs stammen, ebenso wie durch die oben erwähnte Auswahl der ständigen Mitglieder, die Kenntnis und geeignete Berücksichtigung der verschiedenartigen wirtschaftlichen und sonstigen Lebensverhältnisse aller Gegenden Deutschlands gewährleistet.

Die Vertreter der Arbeitgeber und der Versicherten sind nicht Reichsbeamte, wenngleich ihnen in der Reichsverwaltung bestimmte Obliegenheiten übertragen sind. Sie gehen jetzt allgemein aus Wahlen hervor, während früher nach dem landwirtschaftlichen Unfallversicherungsgesetze vom 5. Mai 1886 die Vertreter der landwirtschaftlichen Arbeiter durch den Bundesrat aus den im § 49 Abs. 2 daselbst bezeichneten Personen berufen wurden. Auch ist die Wählbarkeit durch das Abänderungsgesetz vom 30. Juni 1900 erweitert worden, insbesondere für die Arbeitgeber insofern, als früher nur Mitglieder der Berufsgenossenschaftsvorstände wählbar waren, während jetzt die stimmberechtigten Mitglieder der Genossenschaft allgemein und auch die bevollmächtigten Leiter der Betriebe die Wählbarkeit besitzen. Dadurch wird unter Umständen besonders geeigneten Personen, z. B. solchen, die langjährige Erfahrungen in einem Genossenschaftsvorstande gesammelt haben, aus irgend einem Grunde aber aus diesem ausgeschieden sind, die Möglichkeit der Mitwirkung im Reichs-Versicherungsamt eröffnet.

Die Vertreter der Arbeitgeber und der Versicherten werden auf die Berufsgenossenschaften und Ausführungsbehörden in der Weise verteilt, daß

a) für den Bereich des Gewerbe- und des Bau-Unfallversicherungsgesetzes,
b) für den Bereich des Unfallversicherungsgesetzes für Land- und Forstwirtschaft,
c) für den Bereich des See-Unfallversicherungsgesetzes

je 2 Vertreter der Arbeitgeber und je 2 Vertreter der Versicherten, insgesamt 12, gewählt werden.

Daneben werden für die Vertreter der Arbeitgeber und der Versicherten in gleicher Weise Stellvertreter gewählt. Während früher die Zahl der Stellvertreter in dem Gesetze selbst bestimmt war, wurde bereits in dem Gesetze vom 16. Mai 1892 vorgeschrieben, daß hierfür das Bedürfnis entscheiden solle, eine Vorschrift, die dann auch in das Abänderungsgesetz vom 30. Juni 1900 übergegangen ist. Die Zahl der Stellvertreter hat naturgemäß mit dem Anwachsen der Geschäfte eine entsprechende Vermehrung erfahren. Gegenwärtig sind 148 stellvertretende nichtständige Mitglieder als Vertreter der Arbeitgeber und der Versicherten für den Bereich des Gewerbe- und des Bau-Unfallversicherungsgesetzes, 96 für den Bereich des landwirtschaftlichen und 8 für den Bereich des See-Unfallversicherungsgesetzes gewählt. Die Gesamtzahl der stellvertretenden nichtständigen Mitglieder beträgt mithin 252. Es sind aber nicht immer sämtliche Stellen besetzt, da zur Vereinfachung der Ergänzungswahlen das Zusammentreffen mehrerer freier Stellen abgewartet zu werden pflegt. Die Wahlperiode betrug früher 4 Jahre, jetzt ist sie auf 5 Jahre ausgedehnt. Wenn hinsichtlich eines Gewählten Tatsachen bekannt werden, welche dessen Wählbarkeit nach Maßgabe des Abänderungsgesetzes ausschließen, oder welche sich als grobe Verletzung der Amtspflichten darstellen, so ist der Gewählte, nachdem ihm Gelegenheit zur Äußerung gegeben worden ist, durch Beschluß des Reichs-Versicherungsamts seines Amtes zu entheben.

Die nichtständigen Mitglieder erhalten eine feste Jahresvergütung von 1500 Mark für die Teilnahme an den Arbeiten und Sitzungen des Reichs-Versicherungsamts. Die stellvertretenden nichtständigen Mitglieder erhalten für die Teilnahme an den Sitzungen ein Tagegeld von 18 Mark. Außerdem erhalten diejenigen, welche außerhalb Berlins wohnen, Ersatz der Kosten der Hin- und Rückreise nach den für die vortragenden Räte der obersten Reichsbehörden geltenden Sätzen.

Auf dem Gebiete der Unfallversicherung sind die Vertreter der Arbeitgeber und der Versicherten nur zu denjenigen Verhandlungen zuzuziehen, bei denen es sich um die Angelegenheiten der Gruppe von Berufsgenossenschaften handelt, für welche sie gewählt sind. In „allgemeinen“ Angelegenheiten sowie in Sachen der Invalidenversicherung, für die besondere Vertreter der Beteiligten nicht gewählt sind, ist die Zugehörigkeit der Mitglieder zu einem besonderen Berufszweig ohne Bedeutung.

Die ersten nichtständigen, von den Berufsgenossenschaftsvorständen aus ihrer Mitte gewählten Mitglieder waren Kommerzienrat Haßler in Augsburg und Bergwerksdirektor Hilt in Aachen, ihre Stellvertreter Direktor Roesicke in Berlin, Direktor Kuno in Berlin, Dr. Martius in Berlin und Dampfsägemühlenbesitzer Schramm in Berlin. Die ersten von den Arbeitervertretern aus ihrer Mitte gewählten nichtständigen Mitglieder waren Werkmeister Christ in M.-Gladbach und Hutmacher Kaempfe in Bamberg, ihre Stellvertreter die Arbeitervertreter Röttgen in Düsseldorf, Stark in München, Hardt in Wilhelmsthal und Spörl in Augsburg. Regelmäßig sind die früheren Vertreter nach Ablauf der ersten Wahlperiode mit großen Mehrheiten in das Reichs-Versicherungsamt wiedergewählt worden. Dies trug naturgemäß zur Stärkung und Befestigung der Beziehungen zwischen den nichtständigen und den ständigen Mitgliedern bei, worauf im Reichs-Versicherungsamte mit gutem Grunde stets besonderer Wert gelegt worden ist. Die ältesten nichtständigen Mitglieder, Baurat Felisch-Grunewald und Schlosser Gutheit-Berlin, sind seit 1889 in ihren Stellungen.

Eine wirksame Unterstützung und mannigfache Anregung haben die Arbeiten des Reichs-Versicherungsamts auch dadurch erfahren, daß für die Entscheidung der Rekurs- und Revisionssachen sowie der sonstigen jetzt im § 110 des Invalidenversicherungsgesetzes und § 16 des Gesetzes, betreffend die Abänderung der Unfallversicherungsgesetze, vom 30. Juni 1900 näher bezeichneten Streitigkeiten die Zuziehung richterlicher Beamten vorgesehen wurde. Während früher nach § 7 Abs. 2 der Kaiserlichen Verordnung vom 5. August 1885 (13. November 1887) die zuzuziehenden richterlichen Beamten für die Dauer der zur Zeit ihrer Ernennung von ihnen bekleideten Reichs- oder Staatsämter auf Vorschlag des Bundesrats vom Kaiser ernannt wurden, werden sie jetzt nach § 9 der Kaiserlichen Verordnung vom 19. Oktober 1900 für die Dauer des zur Zeit ihrer Berufung von ihnen bekleideten Hauptamts durch den Reichskanzler (Reichsamt des Innern) berufen. Die erste Überweisung richterlicher Beamten ist im April 1886 erfolgt. Ihre Zahl betrug anfangs 4 (Kammergerichtsräte Bauck, von Chapelié, Strützki und Mebes) und ist im Laufe der Jahre auf 99 angewachsen. Die richterlichen Beamten gehören teils dem Kammergerichte, teils den hiesigen 3 Landgerichten oder den Amtsgerichten Berlins und seiner Vororte an. Die richterlichen Beisitzer erhalten für ihre Mitwirkung gleich den nichtständigen Mitgliedern eine jährliche Vergütung von 1500 Mark.

Bei der Beratung der jetzigen Unfallversicherungsgesetze war in Aussicht genommen, die Mitwirkung der Richter zu beschränken oder zu beseitigen. Diese Anregung stieß jedoch auf den Widerstand des Reichstags. In der Kommission wurde geltend gemacht, „das richterliche Element stelle in dem Kollegium gewissermaßen das Rechtsleben des Volkes dar. Gerade zu einer Zeit, wo sich unter der Herrschaft eines neuen Zivilrechts im gewissen Sinne ein neues Rechtsbewußtsein entwickle, erscheine es am wenigsten ratsam, den Zusammenhang des Reichs-Versicherungsamts mit dem Richtertume zu lockern oder gar aufzuheben.“

Nach § 11 Abs. 2 des Abänderungsgesetzes vom 30. Juni 1900 werden die Bureau-, Kanzlei- und Unterbeamten vom Reichskanzler ernannt, jedoch sind durch einen Erlaß des Reichskanzlers vom 10. März 1902 weitgehende Befugnisse auf den Präsidenten des Reichs-Versicherungsamts übertragen worden. Wie sich von selbst versteht, ist mit dem Anwachsen der Geschäfte auch eine erhebliche Vermehrung der Beamten dieser Klassen verbunden gewesen. Während das Reichs-Versicherungsamt bei Beginn seiner Tätigkeit 1 Bureauvorsteher, 4 Bureau-, 3 Kanzlei- und 4 Unterbeamte hatte, sind gegenwärtig 2 Bureauvorsteher, 1 Ober-Rechnungsrevisor, 144 Bureaubeamte, 1 Kanzleivorsteher, 83 Kanzleisekretäre, 1 Botenmeister, 38 Kanzleidiener und 1 Pförtner etatsmäßig angestellt. Hierzu tritt noch eine größere Anzahl (116) außeretatsmäßig beschäftigter Kräfte.

Die Stelle des Bureauvorstehers bekleidete zuerst der Rechnungsrat Hollstein, dem nach seiner Versetzung in den Ruhestand am 1. März 1888 der Rechnungsrat Duckstein folgte. Beiden wurde bei ihrem Aus-

Die jetzigen und die früheren Direktoren im Reichsversicherungsamt

Die jetzigen Direktoren:

Dr. Sarrazin

Witowski

Druck F. Bruckmann A.-G., München-Berlin

Die früheren Direktoren:

Pfarrius

Dr. Kries

scheiden der Charakter als Geheimer Rechnungsrat verliehen. Am 1. April 1904 kam eine weitere Bureauvorsteherstelle hinzu.

3. Gliederung des Amtes.

Die notwendige Folge der Geschäftssteigerung war eine weitgehende Gliederung innerhalb der Behörde selbst. Bei dieser Gliederung mußte jedoch immer darauf Bedacht genommen werden, daß der notwendige innere Zusammenschluß der Mitglieder nicht verloren gehe und die Einheitlichkeit der Behörde gewahrt werde. Zunächst ergab sich nach dem Inkrafttreten des Invaliditäts- und Altersversicherungsgesetzes vom 22. Juni 1889 von selbst die Bildung von zwei Abteilungen, von denen die erste die Unfallversicherung, die zweite die Invalidenversicherung übernahm. Die Leitung der Abteilungen untersteht je einem Direktor.

Die Leitung der Abteilung für Invalidenversicherung lag zunächst in der Hand des Direktors im Reichs-Versicherungsamte, Geheimen Ober-Regierungsrats Gaebel. Nach seiner Ernennung zum Präsidenten am 4. Oktober 1897 wurde sie dem am 1. Juli 1885 in das Amt als Hilfsarbeiter (Amtsrichter) eingetretenen Direktor, Geheimen Ober-Regierungsrate Dr. Sarrazin übertragen, der vorher bereits Dirigent der Rechtsprechungs-Abteilung für Unfallversicherung gewesen war und Januar 1907 auch zum ständigen Stellvertreter des Präsidenten für dessen sämtliche Dienstobliegenheiten ernannt ist. Nachdem der Geheime Ober-Regierungsrat Pfarrius am 17. April 1892 zum Direktor ernannt worden war, wurde ihm die Leitung der Verwaltungs-Abteilung für Unfallversicherung übertragen. Am 1. Februar 1907 trat der Direktor Pfarrius in den Ruhestand. Sein Nachfolger wurde der Direktor Dr. Kries, der am 1. August 1909 auf seinen Antrag ebenfalls in den Ruhestand versetzt wurde. Zum Leiter der Abteilung wurde nach ihm der Direktor Witowski ernannt.

Innerhalb der Abteilung für Unfallversicherung sind für bestimmt abgegrenzte Arbeitsgebiete vier Unterabteilungen errichtet. Die Leitung der Unterabteilungen steht, sofern der Präsident sie nicht dem Direktor der Abteilung oder einem anderen ständigen Mitglied überträgt, unter der Oberleitung des Präsidenten und des Direktors demjenigen ständigen Mitgliede zu, welches unter den der Unterabteilung zugewiesenen ständigen Mitgliedern nach dem Dienstalter das älteste ist. Gegenwärtig stehen an der Spitze der Unterabteilungen als deren Leiter die ältesten vier Senatsvorsitzenden.

Die Leitung der dem Reichs-Versicherungsamt obliegenden technischen Arbeiten ist dem ältesten technischen Mitglied übertragen worden. Die Oberleitung steht auch hierbei dem Abteilungsdirektor und dem Präsidenten zu.

Die Angelegenheiten, die beide Abteilungen gemeinsam betreffen, werden in Gesamtsitzungen unter Beteiligung von nichtständigen Mitgliedern und nötigenfalls unter Zuziehung von richterlichen Beamten erledigt. Außerdem finden für wichtigere Angelegenheiten Sitzungen der Abteilungen und Unterabteilungen statt. Über die Sitzungen werden Protokolle geführt, welche die gefaßten Beschlüsse und in geeigneten Fällen auch den Gang der Verhandlungen und die Ausführungen der Teilnehmer wiedergeben. Für den mündlichen Vortrag in den Sitzungen wird ein Berichterstatter ernannt. Aus besonderen Gründen können auch Mitberichterstatter bestellt werden.

Soweit die Verwaltungssachen nicht in solchen Sitzungen zu erledigen sind, werden sie durch den Präsidenten oder unter Mitzeichnung des Präsidenten, eines Direktors oder des Leiters einer Unterabteilung von einem damit betrauten Mitgliede bearbeitet. Nach einem für jede Abteilung besonders aufgestellten Geschäftsverteilungsplane sind durch Präsidialverfügung sämtliche Verwaltungssachen auf die ständigen Mitglieder und die Hilfsarbeiter in Referentenstellen verteilt. In allen wichtigeren Sachen werden die Verfügungen neben den Referenten noch von einem oder mehreren Korreferenten gezeichnet. Auch diese sind größtenteils durch den erwähnten Plan im voraus bestimmt, doch kann der Präsident oder sein Vertreter zu jeder Sache noch andere Korreferenten bestellen. Wenn auch erklärlicherweise Wert darauf gelegt wird, daß gewisse Gruppen von Angelegenheiten, zu deren sachgemäßer Bearbeitung eine größere Erfahrung auf Einzelgebieten erforderlich ist, längere Zeit in derselben Hand bleiben, so ist doch bei der fortgesetzt steigenden Zunahme der Geschäfte und den Veränderungen im Bestande der höheren Beamten nicht selten ein Wechsel in den Referaten unvermeidlich. Er wird öfter auch dadurch nötig, daß ständige Mitglieder und Hilfsarbeiter von einer Abteilung zur anderen überwiesen werden, eine Maßnahme, auf die schon deshalb Bedacht genommen wird, damit die Beamten mit den Geschäften des Amtes in tunlichst weitem Umfange vertraut werden. Dem Präsidenten steht die Leitung und Beaufsichtigung des gesamten Dienstes zu. Er verteilt die Geschäfte unter die Mitglieder, die Hilfsarbeiter und die übrigen Beamten sowie auch unter die richterlichen Beisitzer und bestellt, soweit erforderlich, die Beauftragten und Vertreter des Reichs-Versicherungsamts. Solche Bestellungen sind z. B. notwendig zur Vornahme von Prüfungen der Geschäfts-, Rechnungs- und Kassenführung bei Berufsgenossenschaften und Versicherungsanstalten durch Mitglieder des Reichs-Versicherungsamts, zur Vertretung des Amtes in Genossenschaftsversammlungen, in Sitzungen von Ausschüssen der Versicherungsanstalten, bei Beratungen von Baugenossenschaften und Wohlfahrtsvereinen mannigfacher Art, bei denen Versicherungsträger, die der Aufsicht des Reichs-Versicherungsamts unterstehen, beteiligt sind, usw. Außerdem hat der Präsident die Verfügung in den sogenannten Präsidialsachen, d. h. in allen die Verwaltung betreffenden Angelegenheiten, insbesondere in Personalsachen sowie in denjenigen Angelegenheiten, welche das Haushalts- und Kassenwesen, das Dienstgebäude und dessen Einrichtung, die amtlichen Veröffentlichungen, die Bibliothek und ähnliche Gegenstände betreffen. Er bezeichnet diejenigen anderen Sachen, deren Bearbeitung oder Revision er sich vorbehält. Auch ist er befugt, in jeder Sitzung den Vorsitz zu übernehmen. In den ihm vorbehaltenen Sachen vollzieht er selbst die Ausfertigungen und Reinschriften.

Die Rechtsprechung hatte in den ersten Jahren in dem Gesamtrahmen der Tätigkeit des Reichs-Versicherungsamts einen verhältnismäßig geringen Umfang. Die Entscheidungen ergingen lediglich unter der Bezeichnung des Reichs-Versicherungsamts, ohne daß eine nähere Kennzeichnung des im Einzelfall erkennenden Gerichtshofs stattfand. Die Kaiserliche Verordnung vom 20. Dezember 1890 führte zunächst für die Abteilung für Invalidenversicherung Spruchkammern ein. An dieser Bezeichnung hielt auch noch die Kaiserliche Verordnung vom 6. Dezember 1899 fest. Erst das Abänderungsgesetz und die in Anlehnung an die Vorschriften dieses Gesetzes ergangene Kaiserliche Verordnung vom 19. Oktober 1900 bestimmte, daß die Entscheidungen durch Spruchkollegien erfolgen, welche die Bezeichnung Senate führen. Den Vorsitz in den Senaten führen der Präsident, die Direktoren oder die zu Senatsvorsitzenden ernannten ständigen Mitglieder. Die Kaiserliche Verordnung bestimmt dann weiter, daß im Falle des Bedürfnisses der Reichskanzler ein anderes ständiges Mitglied vorübergehend mit dem Vorsitze betrauen kann. Im Laufe der Jahre ist man dazu übergegangen, den Senaten dadurch eine festere Grundlage zu geben, daß die Berichterstatter — ständige Mitglieder und richterliche Beisitzer — von vornherein bestimmten Senaten zugeteilt werden. Dadurch wurde innerhalb der Senate selbst eine größere innere Geschlossenheit erreicht, und die Rechtsprechung konnte sich trotz der fortgesetzten Vergrößerung des Beamtenkörpers und insbesondere der Spruchsenate um so eher in gleichmäßigen Bahnen erhalten. Den Senaten sind für die Erledigung der Bureauarbeiten bestimmte Bureaukräfte zugewiesen, während früher die Bureaugeschäfte für alle Senate gemeinsam erledigt wurden. Die Bureaus führen die Bezeichnung „Senatsbureau" unter Hinzufügung der Nummer der Abteilung und der Ziffer des betreffenden Senats (also Senatsbureau Ia 1, Ia 2 usw., IIa 1, IIa 2 usw.). Entsprechend den in der Justizverwaltung für die Gerichtsschreibereien erlassenen Dienstanweisungen sind eingehende Geschäftsanweisungen ergangen, die einen gleichmäßigen Dienstbetrieb in den Senatsbureaus sicherstellen. Die Zahl der Rekurssenate beträgt gegenwärtig 20, wozu noch ein technischer Senat tritt, in dem über die Strafbeschwerden wegen Verletzung der Unfallverhütungsvorschriften entschieden wird, die Zahl der Revisionssenate beträgt zur Zeit 6. Die Spruchkollegien sind stets so zusammengesetzt, daß neben den ständigen Mitgliedern ein oder zwei richterliche Beamte sowie Vertreter der Arbeitgeber und der Versicherten mitwirken. Vielfach — in den Kollegien des Verstärkten und des Erweiterten Senats regelmäßig — sind dabei auch vom Bundesrate gewählte nichtständige Mitglieder vertreten. Die Rekurssenate entscheiden in der Besetzung von 7, die Revisionssenate in der Besetzung von 5 Mitgliedern einschließlich des Vorsitzenden. Handelt es sich jedoch bei der Entscheidung der Revisionssenate um die noch nicht festgestellte Auslegung gesetzlicher Bestimmungen von erheblicher grundsätzlicher Bedeutung, so sind zur Entscheidung noch ein vom Bundesrate gewähltes nichtständiges sowie ein ständiges Mitglied zuzuziehen. Der so gebildete Senat, der den Namen „Verstärkter Senat" führt, entscheidet danach auch in der Besetzung von 7 Mitgliedern. Zur Erzielung der Einheitlichkeit der Rechtsprechung ist der bereits erwähnte „Erweiterte Senat" eingerichtet, der unter dem Vorsitze des Präsidenten zusammentritt und einschließlich des Vorsitzenden aus 11 Mitgliedern besteht. Die Einrichtung des Erweiterten Senats beruht für die Unfallversicherung auf dem Gesetze selbst, für die Invalidenversicherung ist sie durch die genannte Kaiserliche Verordnung eingeführt.

Die Ausfertigungen der Urteile werden mit der Überschrift versehen:

„Im Namen des Reichs."

Sie enthalten neben dem großen Siegel des Reichs-Versicherungsamts, das dem Siegel des Reichsgerichts entspricht, die Schlußformel:

„Urkundlich unter Siegel und Unterschrift."
„Das Reichs-Versicherungsamt."

Außer diesem großen Siegel, das nur bei förmlichen Ausfertigungen, insbesondere der Urteile gebraucht wird, führt das Amt noch ein kleineres Siegel, welches die Umschrift: „Reichs-Versicherungsamt" trägt und im übrigen den bei den Gesandtschaften des Deutschen Reichs eingeführten Siegeln entspricht.

Grundsätzlich ist nach alledem das Reichs-Versicherungsamt eine kollegiale Behörde, was namentlich dadurch zum Ausdrucke kommt, daß ein nach Umfang und Bedeutung sehr erheblicher Teil der Geschäfte teils in Spruchkollegien, teils in Gesamt-, Abteilungs- oder Unterabteilungssitzungen erledigt wird. Seine Schranke findet dieser kollegiale Charakter an den in der Kaiserlichen Verordnung vom 19. Oktober 1900 vorgeschriebenen und vorstehend angegebenen besonderen Befugnissen des Präsidenten.

Eingegliedert in den Organismus des Reichs-Versicherungsamts, aber keine selbständige Behörde darstellend, ist die Rechnungsstelle des Reichs-Versicherungsamts. Sie war ursprünglich im § 87 des Invaliditäts- und Altersversicherungsgesetzes vom 22. Juni 1889 als „Rechnungsbureau" bezeichnet; durch Beilegung des anderen Namens wurde eine Erweiterung ihrer Befugnisse an sich nicht beabsichtigt. Ihre Rechtsstellung ist im wesentlichen unverändert geblieben.

Bei der Vorberatung zum Invalidenversicherungsgesetze vom 13. Juli 1899 wurde in der Kommission der Antrag gestellt, der bezeichneten Gesetzesbestimmung eine Fassung zu geben, wonach die der Rechnungsstelle zugewiesenen Aufgaben vom Reichs-Versicherungsamte selbst wahrgenommen werden sollten. Dem wurde jedoch entgegengehalten, „daß es sich bei den Arbeiten der Rechnungsstelle um mehr oder weniger versicherungstechnische und mathematisch-statistische Aufgaben handle, für deren Richtigkeit mit voller Verantwortlichkeit nur Sachverständige einstehen könnten. Die Anregung laufe auf eine rein formelle Verantwortlichkeit des Reichs-Versicherungsamts hinaus; denn bei den Arbeiten der Rechnungsstelle handle es sich um Massenarbeiten rein technischer Natur, deren Leitung und Verantwortung auch Technikern überlassen werden müsse. Wenn, wie bisher, die Dienstsachen unter der Firma der Rechnungsstelle hinausgingen, würde das Gefühl der Verantwortlichkeit bei den beteiligten Beamten doch wesentlich gehoben. Hierzu käme endlich, daß für die Versicherungsanstalten auch in Zukunft die Möglichkeit einer Beanstandung der rechnerischen Aufstellungen der Rechnungsstelle zugelassen werden müsse, zu welchem Zwecke im § 126 Abs. 2 die Beschwerde an das Reichs-Versicherungsamt zugelassen sei." Hiernach hat es die Kommission bei den vorgeschlagenen Bestimmungen belassen. Daraus ergibt sich, daß die Rechnungsstelle bei den unter Ziffer 1 und 2 des § 124 des Invalidenversicherungsgesetzes bezeichneten Geschäften mit einer gewissen Selbständigkeit nach außen ausgerüstet ist; sie faßt in bestimmtem Umfang eigene Entschließungen und gibt sie nach außenhin unter eigenem Namen kund. Im übrigen ist sie nur zur „Mitwirkung" berufen, woraus folgt, daß das Reichs-Versicherungsamt berechtigt ist, Art und Umfang der rechnerischen, versicherungstechnischen und statistischen Arbeiten der Rechnungsstelle vorzuschreiben und zu regeln. An etwaige Anweisungen dieserhalb seitens des Reichs-Versicherungsamts ist die Rechnungsstelle unbedingt gebunden. Weitere Aufgaben sind der Rechnungsstelle durch Art. I § 6 des Gesetzes, betreffend Änderungen im Finanzwesen, vom 15. Juli 1909 (RGBl. S. 745) gestellt, wonach ihr gewisse Arbeiten bei der Berechnung der von den Versicherungsträgern zu leistenden Vorschüsse übertragen sind. An der Spitze der Rechnungsstelle steht der Vorsteher der

Rechnungsstelle. Um den erforderlichen Zusammenhang der Rechnungsstelle mit der Abteilung für Invalidenversicherung festzuhalten, ist im § 14 Abs. 4 der Kaiserlichen Verordnung vom 19. Oktober 1900 bestimmt, daß der Vorsteher der Rechnungsstelle in geeigneten Fällen zu den Abteilungssitzungen der genannten Abteilung zuzuziehen ist. Etatsmäßig sind ihm 2 mathematische Mitglieder der Rechnungsstelle beigegeben. Der Vorsteher und die Mitglieder der Rechnungsstelle führen den Titel „Regierungsrat". Außerdem besitzt die Rechnungsstelle — abgesehen von der erforderlichen Anzahl an Bureau- (Kalkulatur-)Kräften — noch 2 besonders vorgebildete „Technische Rechnungsbeamte", deren Stellung im Etat ebenfalls besonders hervorgehoben ist.

III. Staatsrechtliche Stellung des Reichs-Versicherungsamts.

Die Neuheit und mannigfaltige Schwierigkeit der Aufgaben, vor die sich die sozialpolitische Gesetzgebung des Deutschen Reichs gestellt sah, konnte nicht ohne Einfluß auf die staatsrechtliche Stellung bleiben, die dem Reichs-Versicherungsamte zugewiesen wurde. In der Hauptsache sollte es selbständig die Durchführung der reichsgesetzlichen Unfallversicherung und demnächst auch der reichsgesetzlichen Invalidenversicherung überwachen und leiten, insofern also eine zentrale Behörde sein, ohne doch die Stellung einer obersten Reichsbehörde zu haben. Nach diesen Gesichtspunkten wurde das Reichs-Versicherungsamt als höchste Instanz für jene Zweige der Sozialversicherung dem Behördenorganismus des Reichs eingegliedert.

Im übrigen bewirkten auch die Eigenart und Vielseitigkeit seiner Aufgaben in mancher Hinsicht eine eigenartige staatsrechtliche Stellung des Amtes.

Am bemerkenswertesten in dieser Beziehung ist wohl die — in bewußtem Gegensatze zu der staatsrechtlichen Theorie von der Gewaltenteilung eingeführte — Verbindung von Rechtsprechung und Verwaltung, eine Vereinigung, die sich bei keiner anderen Reichsbehörde, keiner höchstinstanzlichen Behörde eines Bundesstaats und in demselben Umfang und in gleich innigen Wechselbeziehungen überhaupt bei keiner anderen staatlichen Behörde in Deutschland findet. Indem der Gesetzgeber dem Reichs-Versicherungsamte hiermit zwei gleichwertige Arme zur Betätigung gab, wollte er, daß sie aus einem Geiste arbeiten sollten an der Verwirklichung der hohen Ziele, die er sich gesteckt hatte, den wirtschaftlich Schwachen in den bedrohlichsten Notlagen des Lebens aufzuhelfen und die sozialen Gegensätze zu versöhnen. Die Erfahrung eines Vierteljahrhunderts hat gelehrt, wie weise diese gesetzgeberische Entschließung war. In Hunderten von Fällen hat es sich gezeigt, wie wünschenswert, ja unbedingt notwendig es ist, daß sowohl die Aburteilung der Rechte der Beteiligten (Entscheidung der Rentenprozesse), als auch die Entscheidung der Organisations- und sonstigen Verwaltungssachen in der Hand einer und derselben Behörde ruht, diese also Gerichtsbarkeit und Verwaltung in sich vereinigt. Dabei muß jedoch hervorgehoben werden, daß hier der Begriff „Verwaltung" in einem weiteren Sinne aufzufassen ist. Denn in den das Reichs-Versicherungsamt berührenden Zweigen der Arbeiterversicherung wird der Verwaltung auch die Festlegung und gesetzmäßige Abgrenzung gewisser einzelpersönlicher Rechte gegenüber den Trägern der Versicherung zugerechnet. Dies insbesondere, wenn es sich darum handelt, ob überhaupt eine Versicherungspflicht oder eine Versicherungsberechtigung besteht, ob und in welcher Art sich die Zuteilung zu den einzelnen Organisationen bestimmt und vollzieht, und wie sich die Beitragsleistung regelt. Damit gehen die Entscheidungen dieser Art über den Rahmen einer reinen Verwaltungstätigkeit hinaus, die im wesentlichen nur nach dem pflichtmäßigen Ermessen der Behörde, ohne Rücksicht auf entgegenstehende Rechte gehandhabt und deshalb vielfach auch durch Zweckmäßigkeitserwägungen bestimmt wird, und nehmen das Wesen einer Verwaltungsrechtsprechung an. Verwaltung (in diesem weiteren Sinne) und Rechtsprechung sollen im Reichs-Versicherungsamte nach dem Inhalt ihrer Aufgaben in enger Fühlung miteinander stehen. In ihrer Verbindung können sie nur segensreiche Wirkungen haben. Der Erfolg der Verwaltungstätigkeit bestimmt sich nicht selten nach dem Einflusse, den ein hier aufgestellter Grundsatz auf die Verfolgung und Durchführung der Versicherungsansprüche ausübt. Anderseits schöpft die Rechtspflege Nahrung aus der in der Verwaltung gewonnenen Kenntnis der verschiedensten Verhältnisse und Personen, und nicht selten kommen Erfahrungen, welche die ständigen Mitglieder des Reichs-Versicherungsamts in langjähriger Verwaltungstätigkeit gesammelt haben, der Rechtfindung in Streitsachen zugute. Es könnte auch zu Verwirrungen und schwer überwindlichen Schwierigkeiten im Einzelfalle führen, wenn verschiedene Behörden, wie es bei einer Trennung der beiden Gewalten leicht vorkommen könnte, von abweichenden Auffassungen ausgehend, in der Verwaltung und in der Rechtsprechung zu entgegengesetzten Ergebnissen gelangten, ein Zustand, der im Reichs-Versicherungsamte noch stets vermieden worden ist. Im Einklange hiermit hat der vormalige Staatssekretär des Innern Dr. Graf v. Posadowsky-Wehner in der Reichstagssitzung vom 14. März 1901 ausgeführt: „Ich würde es für den größten Nachteil halten, wenn man bei dieser Behörde, wo die Erkenntnisse in so hohem Maße auf der praktischen Kenntnis der Verhältnisse der Arbeiterbevölkerung, auf der Kenntnis der sozialen Verhältnisse überhaupt beruhen, Verwaltung und Rechtsprechung trennen wollte.“

Eine weitere Besonderheit in der Stellung des Reichs-Versicherungsamts besteht darin, daß ihm gesetzlich auch eine bedeutungsvolle normenbildende Tätigkeit obliegt, und zwar vielfach in der Weise, daß es selbständig Bestimmungen zu erlassen hat, die das Gesetz ergänzen und ihm an bindender Kraft gleichstehen.

Den bezeichneten drei Aufgabenkreisen tritt die Aufsicht über die Geschäftsführung der Versicherungsträger hinzu. Sie verleiht dem Reichs-Versicherungsamte die Stellung der reichsbehördlichen Spitze in einem besonderen, vielseitig gegliederten Organismus von Behörden und Körperschaften. Die überwachende und leitende Wirksamkeit, die der Gesetzgeber dem Reichs-Versicherungsamt als notwendige Ergänzung zu der Selbstverwaltung der Versicherungsträger anvertraut hat, gipfelt in den ihm übertragenen Zwangs- und Strafbefugnissen. Der Verwaltungstätigkeit endlich schließen sich gewisse organisatorische Aufgaben an.

Diese verschiedenartigen Pflichten und Rechte, deren Inhalt und bisherige Durchführung im folgenden noch näher darzulegen sein wird, sind es hauptsächlich, die in ihrer Gesamtheit — zumal in ihrer oben hervorgehobenen, teilweise ungewöhnlichen Verbindung — der staatsrechtlichen Stellung des Reichs-Versicherungsamts die Wesensart verleihen. Nicht nach allen Richtungen wird dieser Gestaltung die Begründung zum Unfallversicherungsgesetze vom 6. Juli 1884 gerecht, wenn sie das Reichs-Versicherungsamt als „eine zentrale Aufsichtsbehörde“ mit „verwaltungsgerichtlichem Gepräge“ bezeichnet. Dagegen dürfte als umfassend und maßgebend die Erklärung anzusehen sein, mit der ein Vertreter der verbündeten Regierungen in der Reichstagskommission zur Beratung jenes Gesetzes die staatsrechtliche Stellung des Reichs-Versicherungsamts erläutert hat. Er führte aus: „Das Reichs-Versicherungsamt ist eine mit selbständigen Entscheidungs- und Zwangsbefugnissen ausgerüstete Reichsbehörde, welche unbeschadet gewisser dem Bundesrat übertragenen Funktionen die Durchführung des Gesetzes in organisatorischer, administrativer, verwaltungsgerichtlicher und disziplinarischer Beziehung in letzter Instanz in der Hand hat. Eine oberste Reichsbehörde wie das Reichsamt des Innern, das Reichs-Justizamt und das Reichsschatzamt ist das Reichs-Versicherungsamt indessen nicht. Ähnlich wie die „Reichskommission“ und das „Bundesamt für das Heimatwesen“ gehört das Reichs-Versicherungsamt zum Ressort des Reichsamts des Innern, dessen geschäftlicher Aufsicht es untersteht. Das Gesetz gewährt niemand und namentlich auch der erwähnten Aufsichtsbehörde nicht die Befugnis, in die Instanzentscheidungen des Reichs-Versicherungsamts einzugreifen oder statt seiner selbst zu entscheiden. Das Reichs-Versicherungsamt ist berufen, die vom Bundesrat in Ausführung des Gesetzes zu fassenden Beschlüsse vorzubereiten.“

Im Anschlusse hieran sei erwähnt, daß die Begründung zum Invaliditäts- und Altersversicherungsgesetze vom 22. Juni 1889 hervorhebt, die Durchführung der Invalidenversicherung solle dem Reichs-Versicherungsamt in gleicher Weise wie die Durchführung der Unfallversicherung insoweit übertragen werden, als nicht durch die Bestimmungen des Gesetzentwurfs einzelne Befugnisse, insbesondere zum Zwecke der Entlastung des Reichs-Versicherungsamts, anderen Behörden zugewiesen seien; hierzu bedürften das Reichs-Versicherungsamt und die Landes-Versicherungsämter im wesentlichen derselben Vollmacht, welche die Unfallversicherungsgesetze ihnen einräumten.

Wie bereits oben angedeutet ist und auch in der angeführten Erklärung des Regierungsvertreters hervortritt, unterliegt das Reichs-Versicherungsamt der verfassungsmäßigen Aufsicht des Reichskanzlers und gehört zum Geschäftsbereiche des Reichsamts des Innern. Sein Etat ist daher auch in den Spezialetat des Reichsamts des Innern eingefügt. In bezug auf reine Verwaltungsangelegenheiten der Behörde selbst, wie namentlich Etat- und Kassensachen, Stellenbesetzung usw., sowie in bezug auf die allgemeine Dienstaufsicht hat das Reichsamt des Innern gegenüber dem Reichs-Versicherungsamte dieselben Befugnisse wie gegenüber den anderen jenem nachgeordneten Behörden. Unter anderem kann der Staatssekretär des Innern in Ausübung dieser Aufsicht jederzeit Berichte vom Reichs-Versicherungsamt einfordern, die Vorlegung von Akten verlangen, die Ausarbeitung von statistischen und sonstigen Nachweisungen anordnen usw. Anderseits enthielt schon das Unfallversicherungsgesetz vom 6. Juli 1884 (in § 88 Abs. 1 Satz 2) die Vorschrift: „Alle Entscheidungen des Reichs-Versicherungsamts sind endgültig, soweit in diesem Gesetze nicht ein Anderes bestimmt ist.“ Die übrigen Unfallversicherungsgesetze der achtziger Jahre wiederholten oder übernahmen diese Vorschrift für die durch sie geregelten Gebiete, und ebenso ging sie wörtlich in der angeführten Weise in das Invaliditäts- und Altersversicherungsgesetz vom 22. Juni 1889 über. Bei derselben Bestimmung haben es auch die jetzt geltenden Gesetze belassen, und zwar für die verschiedenen Zweige der Unfallversicherung das Gesetz, betreffend die Abänderung der Unfallversicherungsgesetze, vom 30. Juni 1900, für das Gebiet der Invalidenversicherung das Invalidenversicherungsgesetz vom 13. Juli 1899. Die Begründung zum Unfallversicherungsgesetze vom 6. Juli 1884 bemerkt zu dieser Vorschrift: „Die Bestimmung des § 88, daß die Entscheidungen des Reichs-Versicherungsamts endgültige seien, soweit in diesem Gesetze nicht ein Anderes bestimmt ist (vgl. § 20), erscheint notwendig, um einen weiteren Instanzenzug an den Bundesrat oder an den Reichskanzler, dessen Aufsicht die Behörde verfassungsmäßig unterliegt, von vornherein auszuschließen.“ Und unmittelbar vorher heißt es daselbst: „Bei der Zusammensetzung des Reichs-Versicherungsamts ist lediglich die Rücksicht maßgebend gewesen, die Behörde unabhängig und vertrauenswürdig zu gestalten. Dasselbe soll in der Weise gebildet werden, daß es ein verwaltungsgerichtliches Gepräge trägt.“ Ausnahmen von dem Grundsatze, daß die Entscheidungen des Reichs-Versicherungsamts endgültig sind, haben die Unfallversicherungsgesetze vom 30. Juni 1900 und das Invalidenversicherungsgesetz vom 13. Juli 1899 (ebenso schon die entsprechenden älteren Gesetze) nur vorgesehen bei Versagung der Genehmigung von Statuten oder von Abänderungen der Statuten der Berufsgenossenschaften und Versicherungsanstalten. In diesen Fällen findet gegen die Entscheidungen des Reichs-Versicherungsamts Beschwerde an den Bundesrat statt.

Der Entwurf einer Reichsversicherungsordnung sieht gegenüber dem bisherigen Zustand — abgesehen von der Ausdehnung der Zuständigkeit des Reichs-Versicherungsamts auf die Krankenversicherung und die neue Hinterbliebenenversicherung — keine hier in Betracht kommende Änderung vor. Daher dürften seine Vorschriften sowie die dafür gegebene Begründung auch für den gegenwärtigen Rechtszustand von Bedeutung sein und sollen deshalb hier angeführt werden. Der Gesetzentwurf sagt: „Das Reichs-Versicherungsamt nimmt nach den Vorschriften dieses Gesetzes die Geschäfte der Reichsversicherung als oberste Spruch-, Beschluß- und Aufsichtsbehörde wahr“ (§ 97 Abs. 1). „Seine Entscheidungen sind endgültig, soweit dieses Gesetz nichts anderes vorschreibt“ (§ 98). Die Begründung bemerkt hierzu: „Die Entscheidungen des Reichs-Versicherungsamts sind wie bisher regelmäßig endgültig, auch soweit es sie in seiner Eigenschaft als Aufsichtsbehörde der Berufsgenossenschaften und Versicherungsanstalten trifft (zu vergleichen aber die §§ 696, 965, 1130, 1325).“ ...... „Das Beschwerderecht des § 32“ (der die Beschwerde gegen die Anordnungen der Aufsichtsbehörde gibt) ...... „wird in der Hauptsache nur bei der Krankenversicherung wirksam, da die Entscheidungen des Reichs-Versicherungsamts (§ 98), wie schon gesagt, der Regel nach endgültig sind.“ Dieselbe Begründung bezeichnet an einer späteren Stelle das Reichs-Versicherungsamt als „Reichsbehörde höchster Instanz in Angelegenheiten der Reichsversicherung“ und führt kurz darauf aus: „Die Endgültigkeit der Entscheidungen erleidet dieselbe Ausnahme wie bisher, sodaß bei Versagung der Genehmigung einer Satzung oder Satzungsänderung binnen vier Wochen Beschwerde an den Bundesrat zugelassen ist (§§ 694, 696, 892, 965 und 1130 für die Träger der Unfallversicherung, §§ 1325 und 1327 für die Versicherungsanstalten).“

Verzeichnis der früheren Präsidenten und ständigen Mitglieder des Reichs-Versicherungsamts, der vom Bundesrate gewählten nichtständigen Mitglieder, sowie der im ersten Jahrzehnte beschäftigten Hilfsarbeiter.

Frühere Präsidenten und ständige Mitglieder.

1. Dr. Bödiker. 1884-1897[1]). Präsident des Reichs-Versicherungsamts, Wirklicher Geheimer Ober-Regierungsrat; am 1. Juli 1897 in den Ruhestand versetzt; am 4. Februar 1907 gestorben.
2. Dr. Kayser, Paul. 1884-1885. Geheimer Regierungsrat, zuletzt Senatspräsident bei dem Reichsgericht; am 13. Februar 1898 gestorben.
3. Berg, Ferdinand. 1884-1889. Regierungsrat; jetzt Landrat und Geheimer Regierungsrat in St. Goarshausen.
4. Caspar, Franz. 1885-1889. Geheimer Regierungsrat; jetzt Direktor im Reichsamte des Innern.
5. Reichel, Franz. 1885-1893. Geheimer Regierungsrat; am 1. Juli 1893 in den Ruhestand versetzt.
6. Hoffmann, Reinhold. 1886-1889. Geheimer Regierungsrat; am 1. Januar 1889 in den Ruhestand versetzt; am 5. Januar 1910 gestorben.
7. Gaebel, Otto. 1887-1906. Präsident des Reichs-Versicherungsamts, Wirklicher Geheimer Ober-Regierungsrat; am 2. Juli 1906 gestorben.
8. Graef, Christian. 1887-1910. Senatsvorsitzender, Geheimer Regierungsrat; am 1. Januar 1910 in den Ruhestand versetzt.
9. Gruner, Ernst. 1887-1894. Geheimer Regierungsrat; 1900-1902 als Geheimer Ober-Regierungsrat und Vortragender Rat im Reichsamte des Innern vom Bundesrate gewähltes nichtständiges Mitglied des Reichs-Versicherungsamts; jetzt Präsident des Kaiserlichen Aufsichtsamts für Privatversicherung, Wirklicher Geheimer Ober-Regierungsrat.
10. Jaup, Bernhard. 1887–1889 und 1894–1901. Senatsvorsitzender, Geheimer Regierungsrat; jetzt Geheimer Ober-Regierungsrat und Vortragender Rat im Reichsamte des Innern.
11. Dr. Vogts, Otto. 1887-1899. Geheimer Regierungsrat; am 25. August 1899 gestorben.
12. Spielhagen, Walter. 1887-1902. Senatsvorsitzender, Geheimer Regierungsrat; jetzt Geheimer Ober-Regierungsrat und Vortragender Rat im Reichsamte des Innern.
13. Pfarrius, Gustav. 1888-1907. Direktor im Reichs-Versicherungsamte; Geheimer Ober-Regierungsrat; am 1. Februar 1907 in den Ruhestand versetzt.
14. Freiherr von und zu Bodman, Heinrich. 1888-1891. Regierungsrat; 1904-1907 als Großherzogl. Badischer Geheimer Rat und Ministerialdirektor vom Bundesrate gewähltes nichtständiges Mitglied des Reichs-Versicherungsamts; jetzt Präsident des Großherzogl. Badischen Ministeriums des Innern, Wirklicher Geheimer Rat.
15. Greiff, Wolfgang. 1888-1908. Senatsvorsitzender, Geheimer Regierungsrat; am 18. Januar 1908 gestorben.
16. Dr. Kries, Paul. 1889-1909. Direktor im Reichs-Versicherungsamt; am 1. August 1909 in den Ruhestand versetzt.
17. Isenbart, Wilhelm. 1889-1906. Senatsvorsitzender, Geheimer Regierungsrat; jetzt Geheimer Regierungsrat und Vortragender Rat im Reichsamte des Innern.
18. von Bischoffshausen, Heinrich. 1890-1896. Regierungsrat; jetzt Landrat und Geheimer Regierungsrat in Witzenhausen.
19. Dugend, Paul. 1890-1899. Geheimer Regierungsrat; am 23. Mai 1899 gestorben.
20. Dr. Friedensburg, Ferdinand. 1890-1910. Senatsvorsitzender, Geheimer Regierungsrat; am 1. April 1910 in den Ruhestand versetzt.
21. Dr. Zacher, Georg. 1890-1905. Senatsvorsitzender, Geheimer Regierungsrat; jetzt Direktor im Kaiserlichen Statistischen Amte, Geheimer Regierungsrat.
22. Dr. Freiherr von Gisecke, Hermann. 1891-1892. Regierungsrat; jetzt Landgerichtsrat a. D.
23. von Schierstedt, Peter. 1891-1897. Regierungsrat; am 1. Januar 1897 in den Ruhestand versetzt.
24. Bielefeldt, Alwin. 1891-1907. Senatsvorsitzender, Geheimer Regierungsrat; jetzt Direktor der Landes-Versicherungsanstalt der Hansestädte.

[1]) Die Jahreszahlen geben die Zeit der Zugehörigkeit zum Reichs-Versicherungsamt an.

25. Hoffmann, Immanuel. 1891-1896. Geheimer Regierungsrat; jetzt Oberverwaltungsgerichtsrat in Berlin.

26. Chrzescinski, Richard. 1892-1899. Regierungsrat; am 6. August 1899 ausgeschieden; jetzt Bankdirektor.

27. Zimmermann, Paul. 1892-1899. Regierungsrat; am 24. August 1899 gestorben.

28. Klehmet, Gerhard. 1896-1903. Regierungsrat; jetzt Direktor im Kaiserlichen Aufsichtsamte für Privatversicherung, Geheimer Regierungsrat.

29. Hippenstiel, August. 1896-1908. Senatsvorsitzender, Geheimer Regierungsrat; am 1. Dezember 1908 in den Ruhestand versetzt; jetzt Verwaltungsdirektor der Zucker-Berufsgenossenschaft.

30. Fleischauer, Ernst. 1897-1907. Regierungsrat; am 6. Dezember 1907 gestorben.

31. Brendel, Hugo. 1897-1904. Regierungsrat; am 8. März 1904 gestorben.

32. Freiherr von Herman, Walter. 1898-1905. Regierungsrat; am 1. Oktober 1905 ausgeschieden; jetzt Geheimer Legationsrat und Vortragender Rat im Königl. Württembergischen Ministerium der auswärtigen Angelegenheiten.

33. Dr. Wuermeling, Bernhard. 1898-1901. Regierungsrat; jetzt Geheimer Ober-Regierungsrat und Vortragender Rat im Reichsamte des Innern.

34. Feldt, Rudolf. 1898-1901. Regierungsrat; jetzt Geheimer Regierungsrat im Kaiserlichen Patentamt.

35. Vosberg, Kurt. 1899-1906. Regierungsrat; jetzt Oberbürgermeister von Potsdam.

36. Dr. Stoecker, Adolf. 1900-1910. Regierungsrat; am 1. Januar 1910 ausgeschieden; jetzt Verwaltungsdirektor der Sektion II der Knappschafts-Berufsgenossenschaft.

37. Dr. Reicke, Georg. 1901-1903. Regierungsrat; jetzt Bürgermeister von Berlin.

38. Hellwig, Felix. 1903-1908. Regierungsrat; am 21. September 1908 gestorben.

39. Abry, Wilhelm. 1903-1909. Regierungsrat; am 1. Januar 1909 in den Ruhestand versetzt.

40. Frauenstaedt, Walter. 1905-1906. Regierungsrat; am 17. Juni 1906 gestorben.

41. Beseler, Max. 1906-1910. Regierungsrat; am 1. April 1910 ausgeschieden; jetzt Direktor der Bank des Berliner Kassenvereins.

Vom Bundesrate gewählte nichtständige Mitglieder.

1. Ritter von Herrmann. 1884-1886 und 1895-1906. Königl. Bayerischer Staatsrat; 1906 in den Ruhestand getreten.

2. Böttcher. 1884-1887. Königl. Sächsischer Geheimer Regierungsrat; zuletzt Königl. Sächsischer Geheimer Rat und Ministerialdirektor; 1893 gestorben.

3. Freiherr Marschall von Bieberstein. 1884-1890. Großherzogl. Badischer außerordentlicher Gesandter und bevollmächtigter Minister; jetzt Königl. Preußischer Staatsminister, Kaiserlicher Botschafter in Konstantinopel.

4. Dr. Heerwart. 1884-1895. Großherzogl. Sächsischer Wirklicher Geheimer Rat; am 19. November 1899 gestorben.

5. Dr. Ritter von Landmann. 1886-1895. Königl. Bayerischer Ministerialrat; zuletzt Königl. Bayerischer Staatsminister; 1902 in den Ruhestand getreten.

6. Bodel. 1887-1893. Königl. Sächsischer Geheimer Rat und Ministerialdirektor; 1908 gestorben.

7. Dr. von Brauer. 1890-1893. Großherzogl. Badischer außerordentlicher Gesandter und bevollmächtigter Minister, Geheimer Rat und Kammerherr; jetzt Groß-Hofmeister und Staatsminister a. D.

8. Dr. Fischer. 1893-1899. Königl. Sächsischer Geheimer Rat und Ministerialdirektor; zuletzt Königl. Sächsischer Wirklicher Geheimer Rat; 1909 in den Ruhestand getreten.

9. Dr. von Jagemann. 1893-1903. Großherzogl. Badischer außerordentlicher Gesandter und bevollmächtigter Minister, Wirklicher Geheimer Rat und Kammerherr; jetzt ordentlicher Honorarprofessor an der Universität Heidelberg.

10. von Schicker. 1895-1909. Königl. Württembergischer Staatsrat; am 5. Juni 1909 gestorben.

11. Dr. Paulssen. 1899-1907. Großherzogl. Sächsischer Staatsrat; jetzt Chef des Großherzogl. Sächsischen Ministerial-Departements des Innern und Äußern, Geheimer Staatsrat.

12. von Jarotzky. 1902. Königl. Preußischer Geheimer Regierungsrat und Vortragender Rat im Ministerium des Innern; jetzt Regierungspräsident in Münster (Westfalen).

13. Braun. 1903-1904. Großherzogl. Badischer Geheimer Ober-Regierungsrat und Landeskommissär; zuletzt Großherzogl. Badischer Geheimer Rat und Ministerialdirektor; 1906 gestorben.

Hilfsarbeiter.

1. Dr. Ritter von Proebst. 1885-1887. Königl. Bayerischer Bezirksamtsassessor; zuletzt Staatsrat im Königl. Bayerischen Staatsministerium des Innern, Ministerialdirektor; im September 1906 gestorben.
2. Dr. Joseph von Loehr. 1886-1887. Großherzogl. Hessischer Gerichtsassessor; jetzt Geheimer Legationsrat und Vortragender Rat im Auswärtigen Amt.
3. Remertz. 1887. Rechtsanwalt; jetzt Rechtsanwalt und Notar, Justizrat in Naumburg (Saale).
4. Dr. Esser. 1887-1889. Kaiserlicher Regierungsassessor; jetzt Ministerialrat im Ministerium für Elsaß-Lothringen.
5. Johannes. 1887-1888. Königl. Preußischer Regierungsassessor; jetzt Geheimer Regierungsrat in Liegnitz.
6. von Scharpff. 1887-1888. Königl. Württembergischer Amtmann; jetzt Staatsrat, Präsident der Königlich Württembergischen Hofdomänenkammer.
7. Dr. Lotz. 1888. Königl. Preußischer Regierungsassessor; jetzt Regierungsrat in Münster (Westfalen), Professor und Dozent an der Universität Münster und Mitglied des Hauses der Abgeordneten.
8. Messerschmidt. 1888-1889. Königl. Preußischer Regierungsassessor; zuletzt Regierungsrat bei dem Königl. Polizeipräsidium in Berlin; 1894 gestorben.
9. Schlippe. 1888-1890. Königl. Sächsischer Regierungsbaumeister; jetzt Geheimer Regierungsrat (mit dem Range eines Ministerialrats) im Königl. Sächsischen Ministerium des Innern.
10. Joswich. 1888-1889. Königl. Preußischer Regierungsassessor; jetzt Verwaltungsgerichtsdirektor in Hannover.
11. von Liebe. 1889. Herzogl. Braunschweigischer Oberlandesgerichtsrat; zuletzt Reichsgerichtsrat in Leipzig; 1897 gestorben.
12. Dr. Heitz. 1889. Königl. Preußischer Gerichtsassessor; zuletzt Landgerichtsrat in Berlin; 1905 gestorben.
13. Rhotert. 1892-1893. Königl. Preußischer Regierungsbaumeister; jetzt Regierungs- und Baurat in Danzig.
14. Dr. Dannenberg. 1896-1898. Königl. Sächsischer Bergamtsassessor; jetzt Ober-Regierungsrat in Leipzig.
15. Ring. 1896. Königl. Preußischer Landrichter; jetzt Senatspräsident bei dem Königl. Kammergericht in Berlin.

Zusammensetzung des Reichs-Versicherungsamts nach dem Stande vom 30. September 1910.

Präsident.

Dr. Kaufmann, Wirklicher Geheimer Ober-Regierungsrat.

Vom Bundesrat gewählte nichtständige Mitglieder.

1. Ritter von Strößenreuther, Königl. Bayerischer Ministerialrat im Staatsministerium des Innern.
2. Dr. von Köhler, Königl. Württembergischer Ministerialrat.
3. Dr. Rieser, Großherzogl. Badischer Ministerialdirektor.
4. Dr. Rebe, Großherzogl. Sächsischer Ministerialdirektor.
5. von Falkenhayn, Königl. Preußischer Geheimer Ober-Regierungsrat und Vortragender Rat im Ministerium des Innern.
6. Dr. Hoffmann, Königl. Preußischer Geheimer Ober-Regierungsrat und Vortragender Rat im Ministerium für Handel und Gewerbe.

Direktoren.

1. Dr. Sarrazin, Geheimer Ober-Regierungsrat, Direktor der Abteilung für Invalidenversicherung.
2. Witowski, Direktor der Abteilung für Unfallversicherung.

Senatsvorsitzende.

1. Besserer, Geheimer Regierungsrat.
2. Stolzmann, Geheimer Regierungsrat.
3. Dr. Gerstel, Geheimer Regierungsrat.

4. Oheim, Geheimer Regierungsrat.
5. Sasse, Geheimer Regierungsrat.
6. Professor Hartmann, Geheimer Regierungsrat.
7. Fleischauer, Geheimer Regierungsrat.
8. Dr. Ludewig, Geheimer Regierungsrat.
9. Kanzow, Geheimer Regierungsrat.
10. Dr. Flügge, Geheimer Regierungsrat.
11. Hanow, Geheimer Regierungsrat.
12. Dr. Baßenge, Geheimer Regierungsrat.
13. Radtke, Geheimer Regierungsrat.
14. Steinwand, Geheimer Regierungsrat.
15. Schultz, Geheimer Regierungsrat.
16. Professor Dr. Laß, Geheimer Regierungsrat.
17. Dr. Klein, Geheimer Regierungsrat.
18. Siefart, Geheimer Regierungsrat.
19. Dr. Marquardt, Geheimer Regierungsrat.
20. Hülsmann, Geheimer Regierungsrat.
21. Dr. Weymann, Geheimer Regierungsrat.
22. Schaeffer, Geheimer Regierungsrat.
23. Lüerßen, Geheimer Regierungsrat.

Ständige Mitglieder.

1. Platz, Geheimer Regierungsrat.
2. Dr. Heyroth, Geheimer Regierungsrat.
3. Dr. Spiegelthal, Regierungsrat (mit dem Vorsitz in den Senaten betraut).
4. von Uckro, Regierungsrat (mit dem Vorsitz in den Senaten betraut).
5. Follmann, Regierungsrat (mit dem Vorsitz in den Senaten betraut).
6. Dr. Wiesner, Regierungsrat (mit dem Vorsitz in den Senaten betraut).
7. Dr. Rieß, Regierungsrat.
8. Knorr, Regierungsrat.
9. Dr. Lehmann, Regierungsrat.
10. von Witzleben, Regierungsrat.
11. Dr. Mentzel, Regierungsrat.
12. Dr. Lippmann, Regierungsrat.
13. Dr. Moll, Regierungsrat.
14. Einecker, Regierungsrat.
15. Fritz, Regierungsrat.
16. Dr. von Schack, Regierungsrat.
17. Tosse, Regierungsrat.
18. Dr. Rabeling, Regierungsrat.
19. von Zur Westen, Regierungsrat.
20. Branchart, Regierungsrat.
21. Dr. Raehmel, Regierungsrat.
22. Freiherr von Hornstein-Binningen, Regierungsrat.
23. Breithaupt, Regierungsrat.
24. Rotthafft Freiherr von Weißenstein, Regierungsrat.
25. Rettig, Regierungsrat.
26. Beyer, Regierungsrat.
27. Dr. Schulz, Regierungsrat.
28. Dr. Bennemann, Regierungsrat.
29. Dr. Renner, Regierungsrat.
30. Dr. Fischer, Regierungsrat.
31. Müller, Regierungsrat.
32. Harbig, Regierungsrat.
33. Dr. Happe, Regierungsrat.
34. Dr. Westphal, Regierungsrat.
35. Fuisting, Regierungsrat.
36. Moesle, Regierungsrat.
37. Dr. Wiebeck, Regierungsrat.
38. Gilmer, Regierungsrat.
39. Dr. Schlottmann, Regierungsrat.
40. Dr. Traenckner, Regierungsrat.

Hilfsarbeiter.

1. Gündert, Großherzogl. Badischer Regierungsassessor.
2. Dr. Michelly, Königl. Preußischer Gerichtsassessor.
3. Schmidt, Großherzogl. Hessischer Regierungsassessor.
4. Stiebler, Kaiserl. Regierungsbaumeister.
5. Dr. Schlüter, Königl. Preußischer Gerichtsassessor.
6. Dr. Rogge, Königl. Preußischer Gerichtsassessor.
7. Zitscher, Königl. Preußischer Gerichtsassessor.
8. Dr. Heintze, Königl. Preußischer Gerichtsassessor.
9. Dr. Sitzler, Großherzogl. Badischer Regierungsassessor.

Rechnungsstelle:

1. Vorsteher.

Dr. Pietsch, Regierungsrat.

2. Mitglieder.

1. Dr. Aurin, Regierungsrat.
2. Pohl, Regierungsrat.

3. Technische Rechnungsbeamte.

1. Heinel.
2. Mollmann.

Allgemeines Verwaltungsbureau:
Bureauvorsteher.

1. Fuchs, Rechnungsrat.
2. Schindler, Rechnungsrat.

Ober-Rechnungsrevisor.

Herrmann.

Richterliche Beisitzer.

1. Kersten, Landgerichtsrat.
2. Kaeller, Landgerichtsdirektor und Geheimer Justizrat.
3. Milenz, Amtsgerichtsrat.
4. Lampe, Landgerichtsrat.
5. Tackmann, Landgerichtsdirektor.
6. Hallervorden, Landgerichtsrat.
7. Dr. Biezens, Kammergerichtsrat.
8. Rehse, Kammergerichtsrat und Geheimer Justizrat.
9. Ziehm, Landgerichtsrat.
10. Lisiecki, Amtsgerichtsrat.
11. Dr. Béringuier, Amtsgerichtsrat.
12. Hoppe, Landgerichtsdirektor und Geheimer Justizrat.
13. Schmidt, Franz, Amtsgerichtsrat und Geheimer Justizrat.
14. Löbker, Landgerichtsdirektor und Geheimer Justizrat.
15. Richter, Amtsgerichtsrat.
16. Oppermann, Landgerichtsdirektor.
17. Thomaszewski, Landgerichtsrat.
18. Hamburger, Landgerichtsrat.
19. Mühlbach, Amtsgerichtsrat.
20. Maske, Landgerichtsdirektor und Geheimer Justizrat.
21. Stüber, Landgerichtsdirektor und Geheimer Justizrat.
22. Wilde, Amtsgerichtsrat.
23. Köhler, Amtsgerichtsrat.
24. Foth, Landgerichtsrat.
25. Dr. Neuenfeldt, Landgerichtsdirektor.
26. Grunow, Landgerichtsrat.
27. Dr. Rudolphi, Amtsgerichtsrat.
28. Lieber, Landgerichtsdirektor.
29. Kuke, Amtsgerichtsrat.
30. Bathe, Landgerichtsrat.
31. Lachmann, Landgerichtsrat.
32. Otto, Kammergerichtsrat.
33. Hoffmann, Landgerichtsdirektor.
34. Scheller, Landgerichtsrat.
35. Rappold, Landgerichtsrat.
36. Retzlaff, Landgerichtsrat.
37. Betcke, Amtsgerichtsrat.
38. Keller, Kammergerichtsrat.
39. Voelcker, Landgerichtsrat.
40. Dorendorf, Amtsgerichtsrat.
41. Stölting, Landgerichtsrat.
42. Meyer, Jacob, Amtsgerichtsrat.
43. Ulbrich, Landgerichtsrat.
44. Dr. Wilke, Ernst, Landgerichtsrat.
45. Fechner, Amtsgerichtsrat.
46. Schraepler, Amtsgerichtsrat.
47. Juliusberg, Landgerichtsdirektor.
48. Saling, Kammergerichtsrat.
49. Dr. Schröder, Arthur, Amtsgerichtsrat.
50. Schell, Landgerichtsrat.
51. Siegmann, Landgerichtsrat.
52. Fuchs, Landgerichtsrat.
53. Dr. Borchert, Landgerichtsrat und Geheimer Justizrat.
54. Cohn, Amtsgerichtsrat.
55. Górski, Amtsgerichtsrat.
56. Schönfeld, Landgerichtsdirektor.
57. Kühnas, Landgerichtsdirektor.
58. Kruspi, Landgerichtsdirektor.
59. Wohl, Amtsgerichtsrat.
60. von Lukowicz, Amtsgerichtsrat.
61. Deegen, Landgerichtsrat.
62. Schmidt, Friedrich, Landgerichtsdirektor.
63. Belgardt, Amtsgerichtsrat.
64. Wentzel, Kammergerichtsrat.
65. Dr. Salman, Kammergerichtsrat.
66. Wellenstein, Landgerichtsrat.
67. Tiedge, Landgerichtsrat.
68. Pohlmann, Landgerichtsrat.
69. Dr. Brand, Kammergerichtsrat.
70. Braun, Amtsrichter.
71. Thiele, Landgerichtsrat.
72. Neuhaus, Landrichter.
73. Reuter, Landgerichtsrat.
74. Jordan, Amtsgerichtsrat.
75. Dr. Lamprecht, Landgerichtsrat.
76. Franke, Landrichter.
77. Erdsiek, Amtsgerichtsrat.

78. Rahner, Landgerichtsrat.
79. Consbruch, Landgerichtsdirektor.
80. Fischer, Landgerichtsrat.
81. Hirschfeld, Amtsgerichtsrat.
82. Meyer, Karl, Amtsgerichtsrat.
83. von Regelein, Amtsgerichtsrat.
84. Schmidt, Friedrich, Amtsgerichtsrat.
85. Luther, Amtsrichter.
86. Pankau, Kammergerichtsrat.
87. Peltasohn, Landgerichtsrat und Geheimer Justizrat.
88. von Carlowitz, Landrichter.
89. Dr. Werner, Amtsrichter.
90. Bernhardi-Grisson, Landgerichtsrat.
91. Sauermann, Amtsgerichtsrat.
92. Landé, Amtsgerichtsrat.
93. Dr. Passauer, Landrichter.
94. von dem Hagen, Landgerichtsrat.
95. von Polheim, Amtsgerichtsrat.
96. Roedelius, Landgerichtsrat.
97. Seiffert, Amtsrichter.
98. Pfennig, Landgerichtsrat.
99. Vater, Kammergerichtsrat.

Nichtständige Mitglieder und Stellvertreter.

A. Gewerbliche Unfallversicherung.

I. Vertreter der Arbeitgeber.

1. Felisch, Königl. Baurat in Grunewald bei Berlin.
2. Dr. Kraemer, Fabrikdirektor und Professor in Wannsee.

Stellvertreter
des ersten nichtständigen Mitglieds.

1. Dr. Heinecke, Geheimer Regierungsrat, Direktor der Königl. Porzellanmanufaktur in Berlin.
2. Kugel, Fabrikbesitzer in Lüdenscheid.
3. Prietze, Geheimer Bergrat, stellvertretender Betriebsdirektor der Grube Silberberg bei Blankenheim, in Goslar.
4. Kaiser, Architekt und Maurermeister in Hannover.
5. Dabelow, Architekt und Zimmermeister in Magdeburg.
6. Hochapfel, Maurermeister und Stadtrat a. D. in Wilhelmshöhe bei Kassel.
7. Schiedmayer, Geheimer Kommerzienrat, Hofpianofortefabrikant in Stuttgart.
8. von Wagner, Oberbürgermeister in Ulm (Donau).
9. Dr. Pieck, Geheimer Regierungsrat und Direktor der Hanauer Kleinbahn-Gesellschaft in Berlin.
10. Faber, Kommerzienrat und Fabrikbesitzer in Stuttgart.
11. Becker, Glasfabrikant in Langfuhr bei Danzig.
12. Reiß, Baumeister in Karlsruhe (Baden).
13. Bernhard, Ingenieur und Tiefbauunternehmer in Grunewald bei Berlin.
14. Metzenthin, Kommerzienrat und Fabrikbesitzer in Brandenburg (Havel).
15. Seifert, Konsul und Kaufmann in Berlin.
16. Mayer, Fabrikbesitzer in Steglitz bei Berlin.
17. Reimann, Fabrikbesitzer in Berlin.
18. Sternenberg, Fabrikbesitzer in Schwelm (Westfalen).
19. Schletter, Baumeister und Ratsmaurermeister in Dresden-N.
20. Mohr, Geheimer Baurat, Vorstand der Butzbach-Licher Eisenbahn-Aktien-Gesellschaft in Berlin.
21. Lösche jun., Schiffsherr und Kaufmann in Magdeburg.
22. Schnackenburg, Mühlenpächter in Graudenz.
23. Fincke, Brauereidirektor in Schöneberg bei Berlin.
24. Weinmann, Kommerzienrat, Direktor des Solnhofener Aktienvereins in Nürnberg.
25. Contag, Fuhrwerksbesitzer und Kaufmann in Frankfurt (Oder).
26. Hamburger, Fabrikbesitzer in Landeshut (Schlesien).
27. Heuer, Baumeister in Berlin.
28. Anthes, Architekt und Maurermeister in Frankfurt (Main).
29. Petermann, Fabrikant in Berlin.
30. Fürst, Möbelfabrikant in Mainz.
31. Schuster, Baumeister in Mannheim.
32. Pollmann, Architekt in Elberfeld.
33. van Delden, Kommerzienrat, Fabrikbesitzer in Gronau (Westfalen).

34. von Arnim, Fabrikbesitzer, Rittmeister a. D. in Güterberg.
35. Cyrus, Wagenfabrikant in Gotha.
36. Weise, Fabrikbesitzer in Halle (Saale).
37. Dr. Leybold, Direktor der Gaswerke in Hamburg.
(1 Stelle unbesetzt.)

Stellvertreter
des zweiten nichtständigen Mitglieds.

1. Gerhardt, Architekt in Elberfeld.
2. Weber, Geheimer Kommerzienrat und Fabrikbesitzer in Gera (Reuß j. L.).
3. Wahlen, Kommerzienrat und Fabrikbesitzer in Cöln (Rhein).
4. Clewe, Hofmaurermeister in Schwerin (Mecklenburg).
5. Büßcher, Stadtrat, Maurer- und Zimmermeister in Eberswalde.
6. Hille, Direktor der großen Leipziger Straßenbahn in Leipzig.
7. Vollmer, Ratsmaurermeister in Berlin.
8. Pest, Kupferwarenfabrikant in Berlin.
9. Dingler, Fabrikdirektor in Zweibrücken.
10. Hoffmann, Direktor der Gummiwarenfabrik-Aktiengesellschaft in Berlin.
11. Altmann, Papierfabrikbesitzer in Hirschberg (Schlesien).
12. Mehlisch, Ober-Marine-Intendanturrat in Kiel.
13. Häfner, Maurermeister in Breslau.
14. Ehret, Kommerzienrat und Färbereibesitzer in Glauchau (Sachsen).
15. Keferstein, Stadtrat in Halle (Saale).
16. Mähler, Fuhrwerksbesitzer, Direktor der Dresdener Automobildroschken-Gesellschaft in Dresden.
17. Gerhardi, Fabrikbesitzer in Lüdenscheid.
18. Bentzki, Kommerzienrat in Graudenz.
19. Pinkus, Fabrikbesitzer in Neustadt (Oberschlesien).
20. Ziersch, Fabrikbesitzer in Barmen.
21. Schmidt, Stadtrat und Baugewerksmeister in Erfurt.
22. Röwer, Buchdruckereibesitzer in Berlin.
23. Hausser, Hofwerkmeister in Stuttgart.
24. Exner, Fabrikbesitzer in Berlin.
25. Wolfram, Regierungsbaumeister a. D., Inhaber eines Maurer- und Zimmereibetriebes in Breslau.
26. Kroegis, Schiffsherr und Stadtrat in Meißen.
27. Paul, Stadtbaurat in Spandau.
28. Katz, Fabrikbesitzer in Gernsbach (Baden).
29. Dr. Oppenheim, Fabrikdirektor in Berlin.
30. Groß, Maurermeister in Erfurt.
31. Heidepriem, Fabrikbesitzer in Rathenow.
32. Schaufuß, Direktor der Preuß.-Rhein. Dampfschiffahrtsgesellschaft in Cöln (Rhein).
33. Dr. Baare, Kommerzienrat, stellvertretender Generaldirektor der Aktiengesellschaft des Bochumer Vereins für Bergbau und Gußstahlfabrikation in Bochum.
34. Wichgraf, Geh. Regierungsrat in Friedenau, Mitglied der Kgl. Eisenbahndirektion Berlin.
35. Boltze, Bergrat in Clausthal am Harz.
36. Blümcke, Direktor der Schiffs- und Maschinenbau-Aktiengesellschaft in Mannheim.
37. Arns, Bergrat in Gleiwitz.
(1 Stelle unbesetzt.)

II. Vertreter der Versicherten.

1. Gutheit, Schlosser in Berlin.
2. Fräßdorf, Ofensetzer in Dresden.

Stellvertreter
des ersten nichtständigen Mitglieds.

1. Richter, Former in Chemnitz.
2. Grunwaldt, Maler in Mariendorf bei Berlin.
3. Lucke, Weber in Neugersdorf (Sachsen).
4. Scharschmidt, Stanzer in Stuttgart.
5. Jacob, Lagerist in Gersdorf.
6. Bauer, Büchsenmacher in Frankfurt (Oder).
7. Pithan, Klempner in Düsseldorf.
8. Jacobs, Optiker in Rathenow.
9. Eschmann, Bergmann in Dahlhausen (Ruhr).
10. Hemmerich, Schriftsetzer in Würzburg.
11. Pinther, Weber in Crimmitschau.
12. Leopold, Steindrucker in Stettin.
13. Wendler, Schriftsetzer in Stuttgart.
14. Huber, Tischler in München.
15. Giesecke, Schmied in Magdeburg.
16. Wittke, Knopfarbeiter in Breslau.
17. Schildgen, Metalldreher in Cöln (Rhein).
18. Matthes, Drahtweber in Magdeburg.
19. Stiemer, Malergehilfe in Langfuhr.

20. Daehne, Maurer in Berlin.
21. Winzler, Maurer in Berlin.
22. Thomalske, Tischler in Berlin.
23. Klosterkötter, Dreher in Bommern bei Witten (Ruhr).
24. Pitzschke, Schlosser in Halle (Saale).
25. Klein, Schlosser in Mülheim (Rhein).
26. Schneider, Bergmann in Zwickau.
27. Metzner, Schriftsetzer in Dessau.
28. Brinkmann, Schreiner in Kassel.
29. Kiel, Böttcher in Hannover.
30. Jost, Buchbinder in Berlin.
31. Meise, Former in Breslau.
32. Morgenländer, Eisenhobler in Augsburg.
33. Böttcher, Zimmerer in Hamburg.
34. Schael, Bergmann in Recklinghausen-Süd.
(2 Stellen unbesetzt.)

Stellvertreter

des zweiten nichtständigen Mitglieds.

1. Heyder, Brauer in Berlin.
2. Bendin, Schlosser in Leipzig-Reudnitz.
3. Weber, Graveur in Posen.
4. Aukamm, Goldarbeiter in Hanau.
5. Holz, Schlosser in Dresden.
6. Am Ende, Handschuhmacher in Görlitz.
7. Roland, Maurer in Braunschweig.
8. Scheel, Tischler in Bielefeld.
9. Stügelmaier, Tischler in Berlin.
10. Pieß, Zimmerer in Rostock (Mecklenburg).
11. Faber, Buchdrucker in Steglitz.
12. Axmann, Modelltischler in Breslau.
13. Ehlers, Zimmerer in Kiel-Russee.
14. Lange, Maurer in Neuende (Oldenburg).
15. Pickerodt, Gürtler in Hannover.
16. Zöllner, Schlosser in Fürth (Bayern).
17. Hoff, Eisendreher in Lübeck.
18. Trautner, Schmied in Bayreuth.
19. Männel, Tischler in Wesel.
20. Kusche, Buchdrucker in Breslau.
21. Höer, Maurer in Görlitz.
22. Wallbruch, Bergmann in Eichlinghofen.
23. Hill, Zimmerer in Eisenach.
24. Reuschel, Maler in Regensburg.
25. Knoblauch, Schriftsetzer in Darmstadt.
26. Engel, Bergmann in Sulzbach (Saar).
27. Harings, Buchdrucker in Trier.
28. Sickfeld, Tischler in Danzig-Langfuhr.
29. Götschel, Bergmann in Hausham (Oberbayern).
30. Leschhorn, Goldarbeiter in Pforzheim.
31. Brinke, Bergmann in Oberhausen (Rheinland).
32. Demtröder, Bergmann in Lünen (Lippe).
33. Plaaß, Klaviermacher in Hamburg.
34. Nagler, Schriftsetzer in Chemnitz-Gablenz.
(2 Stellen unbesetzt.)

B. Landwirtschaftliche Unfallversicherung.

I. Vertreter der Arbeitgeber.

1. Schultz, Königl. Domänenpächter, Landrat z. D., Geheimer Regierungsrat in Königsberg (Preußen).
2. Voigtel, Stadtrat und Stadtältester in Magdeburg.

Stellvertreter

des ersten nichtständigen Mitglieds.

1. Freiherr von Manteuffel, Wirklicher Geheimer Rat, Landesdirektor und Rittergutsbesitzer in Berlin.
2. von Bockelberg, Landrat und Rittergutsbesitzer in Schönow (Neumark).
3. von Eisenhart-Rothe, Landeshauptmann in Stettin.
4. von Livonius, Rittergutsbesitzer in Kempen.
5. Dr. Wolff-Gorki, Rittergutsbesitzer und Landrat z. D. in Gorki bei Markowitz.
6. von Langendorff, Rittergutsbesitzer und Major a. D. in Kawitsch bei Bojanowo.
7. von Hauenschild, Landrat und Geheimer Regierungsrat, Rittergutsbesitzer in Cosel (Oberschlesien).
8. von Lucke, Landrat a. D., Landschaftsdirektor und Rittergutsbesitzer in Mückenhain.
9. von Tellemann, Ökonomierat auf Rittergut Schkölen.
10. Hinrichsen, Hofbesitzer in Osterterp.
11. Dr. Knüpling, Rittergutsbesitzer in Jacobi-Drebber.
12. Schulze-Henne, Ehrenamtmann und Ökonomierat in Lohne.
13. Sinning, Gutsbesitzer in Dörnhagen.
14. Graf Beissel von Gymnich, Königlicher Kammerherr und Landrat auf Schloß Frens.

15. Koller, Kommerzienrat, Guts- und Brauereibesitzer in Landshut.
(9 Stellen unbesetzt.)

Stellvertreter
des zweiten nichtständigen Mitglieds.

1. Freiherr von Thüngen, Rittergutsbesitzer in Roßbach (Unterfranken).
2. Ficke, Privatier und Grundbesitzer in Greiz (Reuß ä. L.).
3. Mayer, Ökonomierat in Steinheim-Aalbuch.
4. Schulze, Rittmeister a. D. in Weimar.
5. Schröder, Ökonomierat in Nordermoor.
6. Storandt, Gutsbesitzer in Meiningen.
7. Schmidt, Amtsvorsteher in Rositz.
8. Burckel, Landwirt in Coburg.
9. Herold, Hofbesitzer in Wechmar.
10. Kitzinger, Amtsrat und Rittergutsbesitzer in Jütrichau bei Zerbst.
11. Bähring, Bürgermeister in Blankenburg (Thüringen).
12. Keil, Oberamtmann in Hohenebra.
13. Sieber, Fürstl. Forstmeister in Ernsee bei Gera (Reuß j. L.).
14. Wenzing, Forstmeister in Bruchhof bei Stadthagen.
15. Krieger, Ökonomierat in Blomberg (Lippe).
16. Vagt, Hofbesitzer in Rablinghausen bei Bremen.
17. Benöhr, Gutsbesitzer in Groden bei Cuxhaven.
18. Schahl, Gutsbesitzer in Straßburg (Elsaß).
19. Rust, Gutsbesitzer und Bürgermeister in Heimsbrunn.
20. Plagnieux, Gutsbesitzer in Wollmeringen.
(4 Stellen unbesetzt.)

II. Vertreter der Versicherten.

1. Bach, Obergärtner in Cöln-Ehrenfeld.
2. Großklaß, Landwirtschaftlicher Arbeiter in Gartz (Oder).

Stellvertreter
des ersten nichtständigen Mitglieds.

1. Scholl, Waldarbeiter in Frankenstein (Pfalz).
2. Kolb, Landwirt in Schönbach bei Herborn.
3. Maringer, Molkereiverwalter in Dieblingen (Lothringen).
4. Müller, Landwirtschaftlicher Aufseher in Zielenzig.
5. Brökland, Gärtner in Remscheid.
6. Dümke, Obergärtner in Bernau (Mark).
7. Servaes, Arbeiter in Straelen (Rheinland).
8. Pfeifer, Schloßgärtner in Stolpe (Oder).
9. Garten, Gartenarbeiter in Laubegast bei Dresden.
10. Hoffmeister, Gärtner in Darmstadt.
11. Friede, Obergärtner in Bommersheim.
12. Seltrecht, Gutsgärtner in Bartmannshagen bei Grimmen.
13. Förstel, Schloßgärtner in Johnsdorf.
14. Jungenitz, Gärtner auf Gut Sudbrak bei Bielefeld.
15. Lang, Verwalter auf Schloß Neuweier bei Steinbach (Baden).
16. Meier, Schloßgärtner in Guteborn bei Ruhland (Ober-Lausitz).
17. Meißner, Waldarbeiter in Klotzsche bei Dresden.
18. Habedank, Arbeiter in Ruhlsdorf bei Teltow.
19. Schönebaum, Kutscher in Blankenburg (Harz).
20. Legband, Gärtner in Mönkeberg bei Kiel.
21. Bomberg, Waldarbeiter in Langelsheim.
22. Thull, Arbeiter in Düsseldorf.
23. Horn, Gutsarbeiter in Friesack (Mark).
(1 Stelle unbesetzt.)

Stellvertreter
des zweiten nichtständigen Mitglieds.

1. Zierke, Arbeiter in Grimmen (Pommern).
2. Nickol, Landwirt in Grünstadt (Pfalz).
3. Olbert, Waldhüter in Ebersbach (Baden).
4. Hagemeister, Landwirtschaftlicher Arbeiter in Grimmen (Pommern).
5. Busse, Obergärtner in Lokstedt.
6. Firchow, Gärtner in Darmstadt.
7. Reiner, Waldarbeiter in Hochmutting (Oberbayern).
8. Wettmarshausen, Hofmeister in Hildesheim.
9. Kresse, Obergärtner auf Schloß Burgberg bei Überlingen.
10. Molitor, Gärtner in Göttingen.
11. Förstel, Obergehilfe in Breslau.
12. Prawdzicki, Kunstgärtner auf Rittergut Schmachthagen (Mecklenburg).

13. Engel, Obergärtner in Stuthof bei Lippehne.
14. Müller, Parkarbeiter in Berlin.
15. Giese, Forstarbeiter in Coswig (Anhalt).
16. Preher, Gärtner in Darmstadt.
17. Eßbach, Erdarbeiter in Corbach (Waldeck).
18. Fröhlich, Waldarbeiter in Dürreneberdorf bei Gera (Reuß j. L.).
19. Huber, Dienstknecht in Krottenthal.
20. Janßen, Landarbeiter in Streek bei Varel.
(4 Stellen unbesetzt.)

C. See-Unfallversicherung.

I. Vertreter der Arbeitgeber.

1. Bramslöw, Reeder in Hamburg.
2. van Rensen, Dispacheur in Emden.

Stellvertreter des ersten nichtständigen Mitglieds.

1. Dr. jur. Braeunlich, Reeder in Stettin.
2. Dahlström, Reeder in Hamburg.

Stellvertreter des zweiten nichtständigen Mitglieds.

1. Dethleffsen, Kommerzienrat, Reeder in Flensburg.
2. Spötter, Prokurist des Norddeutschen Lloyd in Bremen.

II. Vertreter der Versicherten.

1. Müller, Redakteur in Karlshorst bei Berlin.
2. Waack, Verwaltungsbeamter in Hamburg.

Stellvertreter des ersten nichtständigen Mitglieds.

1. Lorenz, Verwaltungsbeamter in Hamburg.
2. Dillenberger, Verwaltungsbeamter in Hamburg.

Stellvertreter des zweiten nichtständigen Mitglieds.

1. Drescher, Gastwirt in Bremerhaven.
2. Lünser, Verwaltungsbeamter in Stettin.

Die Landes-Versicherungsämter.

Eine gesetzliche Einschränkung erfährt die Zuständigkeit des Reichs-Versicherungsamts durch die Landes-Versicherungsämter, die sowohl für die Unfallversicherung wie für die Invalidenversicherung zur Übernahme eines wesentlichen Teiles der sonst dem Reichs-Versicherungsamte zustehenden Rechte und Pflichten für das Gebiet des betreffenden Bundesstaats eingerichtet werden können. Die Landes-Versicherungsämter sind Landesbehörden, deren Kosten darum auch allein von dem betreffenden Bundesstaate getragen werden. Die ihnen zustehenden Befugnisse sind in den Gesetzen besonders aufgeführt, woraus sich ergibt, daß alle nicht ausdrücklich aufgeführten Rechte dem Reichs-Versicherungsamte verbleiben. Auf dem Gebiete der Unfallversicherung beschränkt sich ihre Mitwirkung nicht auf die Aufgaben der Verwaltung, sie sind hier vielmehr auch zur Entscheidung auf Rekurse über Ansprüche zuständig, die sich gegen die ihrer Aufsicht unterstehenden Berufsgenossenschaften oder gegen Ausführungsbehörden des betreffenden Bundesstaats richten. Auf dem Gebiete der Invalidenversicherung ist die Entscheidung auf Revisionen zur Sicherung der Rechtseinheit auch bei den sonst der Aufsicht der Landes-Versicherungsämter unterstellten Versicherungsanstalten dem Reichs-Versicherungsamt übertragen, an das hiernach ausnahmslos der Rechtszug in letzter Instanz geht.

Im Entwurfe zum Unfallversicherungsgesetze vom 6. Juli 1884 war die Errichtung von Landes-Versicherungsämtern nicht vorgesehen. Erst im Reichstage wurde ihre Schöpfung von süddeutscher Seite angeregt, und man ging auf ihre Zulassung ein, weil sonst das Zustandekommen des Gesetzes gefährdet erschien. Dabei wurde ausdrücklich hervorgehoben, „daß den Landes-Versicherungsämtern die erforderlichen Renseignements vom Reichs-Versicherungsamte zugehen können, und die ersteren würden ohne weiteres bereit sein, sich danach zu richten". Hierdurch ist der Wille des Gesetzgebers ausgesprochen, daß die generellen Gesichtspunkte für die Ausführung der Unfallversicherung vom Reichs-Versicherungsamt als zentraler Reichsbehörde aufzustellen sind. Bei den Beratungen über das landwirtschaftliche Unfallversicherungsgesetz vom 5. Mai 1886 wurde angeregt, dem Reichs-Versicherungsamt oder dem Reichsgerichte die Befugnis beizulegen, bestimmte maßgebende Grundsätze für die Entscheidungen in Unfallsachen aufzustellen. Dieser Antrag fand aber nicht die Zustimmung der Reichstagskommission. Es wurde ausgeführt, „das Reichs-Versicherungsamt sei nicht geeignet, weil man dadurch die Landes-Versicherungsämter herabsetze. Man würde damit eine Unterordnung der Landes-Versicherungsämter unter das Reichs-Versicherungsamt schaffen, die nicht zugestanden werden könne. Hätte man aus dem Reichs-Versicherungsamt eine solche Revisionsinstanz schaffen wollen, so würde man für die Landes-Versicherungsämter sicher eine einfachere Organisation zugelassen haben, als sie im § 93 des Unfallversicherungsgesetzes vom 6. Juli 1884 vorgeschrieben sei. Jetzt paßten die vorgeschlagenen Bestimmungen in das System der Gesetzgebung nicht hinein. Das Reichsgericht aber sei um deswillen nicht zu benutzen, weil es dem ganzen Aufbau der Unfallversicherung widerspreche, grundlegende Fragen derselben der Jurisdiktion einer richterlichen Behörde zu übertragen und dadurch das verwaltungsgerichtliche Gepräge der Rechtsprechung in dieser Materie zu beeinträchtigen. Die Eigenartigkeit dieser Materie mache es notwendig, die Entscheidungen letzter Instanz den Behörden zu belassen, denen überhaupt die Ausführung der Unfallversicherung übertragen sei." Dagegen wurde damals durch Einfügung der Vorschriften in Abs. 2 bis 4 des § 101 des landwirtschaftlichen Unfallversicherungsgesetzes vom 5. Mai 1886 angestrebt, die Möglichkeit von Zuständigkeitsstreitigkeiten zu beseitigen. Diese Bestimmungen sind dann ihrem wesentlichen Inhalte nach auch in die entsprechenden Vorschriften des Gewerbe-Unfallversicherungsgesetzes und des landwirtschaftlichen Unfallversicherungsgesetzes vom 30. Juni 1900 übergegangen.

Bei den Beratungen des Invaliditäts- und Altersversicherungsgesetzes vom 22. Juni 1889 wurde nach lebhaften Kämpfen im Gegensatze zu dem ursprünglichen Regierungsentwurfe von dem Reichstage die Zuständigkeit der Landes-Versicherungsämter im wesentlichen auf die Verwaltung beschränkt, dagegen wurde die Zuständigkeit des Reichs-Versicherungsamts zur Entscheidung über alle Revisionen festgesetzt. Bei Beratung des Invalidenversicherungsgesetzes wurde in der Reichstagskommission der Versuch gemacht, die Landes-Versicherungsämter gänzlich zu beseitigen, um wenigstens für die Aufsichtsinstanz volle Einheitlichkeit zu schaffen. Der entsprechende Antrag wurde jedoch von der Kommission nicht angenommen.

Landes-Versicherungsämter (8) sind errichtet für Bayern, das Königreich Sachsen, Württemberg, Baden, Hessen, Mecklenburg-Schwerin, Mecklenburg-Strelitz und Reuß älterer Linie. Für die gewerblichen Berufsgenossenschaften kommen nur die 3 erstgenannten Landes-Versicherungsämter in Betracht. Für das Gebiet der Invalidenversicherung scheiden die 3 letztgenannten Landes-Versicherungsämter aus, da für die beiden Großherzogtümer Mecklenburg eine gemeinsame Versicherungsanstalt errichtet und das Gebiet von Reuß älterer Linie an die Thüringische Landes-Versicherungsanstalt angeschlossen ist.

Zweifel in Zuständigkeitsfragen, die ungeachtet der Vorschriften im § 127 des Gewerbe-Unfallversicherungsgesetzes und im § 133 des landwirtschaftlichen Unfallversicherungsgesetzes noch entstehen können, sind bisher ohne erhebliche Schwierigkeiten im Wege gegenseitiger Verständigung gelöst worden.

Was die Rechtsprechung anbetrifft, so darf nicht verschwiegen werden, daß hier eine Reihe von Rechtsfragen bei den Landes-Versicherungsämtern eine andere grundsätzliche Entscheidung gefunden hat als bei dem Reichs-Versicherungsamte. Darin liegt zweifellos eine nicht unbedenkliche Schädigung der für das Arbeiterversicherungsrecht dringend erwünschten und erstrebenswerten Rechtseinheit, ein Nachteil, der dadurch kaum wieder ausgeglichen wird, daß derartige Abweichungen in der Rechtsauffassung regelmäßig dem Reichs-Versicherungsamt Anlaß zu erneuter Prüfung der eigenen Stellungnahme gegeben und damit zu einer Vertiefung seiner Ansichten geführt haben, zu deren Änderung es sich jedoch in keinem dieser Fälle veranlaßt gesehen hat.

Auf dem Gebiete der eigentlichen Verwaltung ist das Reichs-Versicherungsamt von Anfang an bemüht gewesen, mit den Landes-Versicherungsämtern Hand in Hand zu gehen, und es hat auch bei ihnen bereitwilliges Entgegenkommen und sachkundige Förderung seiner Bestrebungen gefunden. Man war sich allgemein klar darüber, daß erhebliche Meinungsverschiedenheiten in der Durchführung der Gesetze der gemeinsamen Sache nur schaden könnten. Das Reichs-Versicherungsamt hat regelmäßig die an die Berufsgenossenschaften oder Versicherungsanstalten gerichteten Verfügungen von grundsätzlicher Bedeutung auch den Landes-Versicherungsämtern mitgeteilt. Vor dem Erlasse wichtiger Rundschreiben und Anweisungen allgemeiner Natur, die für das ganze Reichsgebiet Bedeutung hatten, sind mit den Landes-Versicherungsämtern Verhandlungen über ihren Inhalt gepflogen worden. Zu den Konferenzen mit den Berufsgenossenschaften und Versicherungsanstalten, die grundsätzliche Fragen zum Gegenstande hatten, sind auch die Landes-Versicherungerungsämter eingeladen worden, und es sind regelmäßig Vertreter dieser Ämter dabei zugegen gewesen. Durch solche Maßnahmen haben sich die vielfachen Schwierigkeiten, die in der Einsetzung verschiedener Aufsichtsinstanzen liegen, im wesentlichen ausgleichen lassen.

Die Schiedsgerichte.

1. Aufgaben und Einrichtung der Schiedsgerichte.

Zu den durch die Arbeiterversicherungsgesetze geschaffenen sozialpolitischen Sonderbehörden oder, wie der Entwurf einer Reichsversicherungsordnung sie im Gegensatze zu den Versicherungsträgern nennt, „Versicherungsbehörden", gehören außer dem Reichs-Versicherungsamt und den Landes-Versicherungsämtern auch die Schiedsgerichte. Sie sind lediglich Rechtsprechungsbehörden und haben weder eine Aufsichtsführung, noch, abgesehen von der Leitung ihres eigenen inneren Geschäftsbetriebs, eine Verwaltungstätigkeit. Ihre Aufgabe besteht in der Erledigung der Berufungen gegen die Bescheide der Versicherungsträger (Berufsgenossenschaften, Ausführungsbehörden, Invaliden-Versicherungsanstalten und zugelassenen Kasseneinrichtungen), durch welche eine Pflichtleistung der Versicherungsträger (Rente, unter Umständen Kapitalabfindung, in der Unfallversicherung auch Heilmittel und Heilbehandlung) bewilligt oder abgelehnt, geändert oder eingestellt wird. Nach dem früheren Rechte hatten die Schiedsgerichte auf dem Gebiete der Invalidenversicherung auch über die Erstattung von Beiträgen zu entscheiden.

Ihre Gestaltung hat im Laufe der Zeit manche Wandlung erfahren. Nach den älteren Unfallversicherungsgesetzen wurde für jeden Bezirk einer Berufsgenossenschaft oder, sofern eine solche in Sektionen geteilt war, für den Bezirk einer Sektion ein Schiedsgericht errichtet. Man bezweckte damit hauptsächlich, daß die Beisitzer der Schiedsgerichte, Arbeitgeber und Versicherte, in der Regel dem Berufe des Rentenbewerbers angehören oder ihm doch nahestehen und dadurch besser in der Lage sein sollten, die Wirkung von Unfallschäden auf die Erwerbsfähigkeit in einem bestimmten Berufe zu beurteilen. Durch diese Einteilung wurde die Zahl der Schiedsgerichte eine sehr große, zumal da der Bundesrat anordnen konnte, daß statt eines Schiedsgerichts deren mehrere nach Bezirken gebildet würden. Dennoch war es den Berufenden häufig wegen der weiten Entfernung ihres Wohnorts vom Sitze des Schiedsgerichts nicht möglich, vor diesem ihre Rechte persönlich wahrzunehmen. Auch für den Bezirk einer jeden Versicherungsanstalt mußte nach dem Invaliditäts- und Altersversicherungsgesetze vom 22. Juni 1889 mindestens ein Schiedsgericht errichtet werden. Für beide Versicherungszweige wurde der Sitz der Schiedsgerichte, für die Invaliditäts- und Altersversicherung auch deren Zahl von der Zentralbehörde des Bundesstaats, zu welchem der Bezirk des Schiedsgerichts oder der Versicherungsanstalt gehörte, bestimmt. Sofern dieser Bezirk über die Grenzen eines Bundesstaats hinausging, hatte das Reichs-Versicherungsamt im Einvernehmen mit den beteiligten Zentralbehörden die erforderlichen Bestimmungen zu treffen. Dies ist mehrfach geschehen für die Bezirke sogenannter „gemeinsamer Versicherungsanstalten", z. B. für die preußische Provinz Schleswig-Holstein und das Fürstentum Lübeck, für die Rheinprovinz, die Hohenzollernschen Lande und das Fürstentum Birkenfeld, für die beiden Großherzogtümer Mecklenburg usw. Die Schiedsgerichte führten damals auf dem Gebiete der Unfallversicherung den Namen der betreffenden Berufsgenossenschaft, gegebenenfalls mit einem die Sektion bezeichnenden Zusatze (z. B. „Schiedsgericht für die Sektion I der Steinbruchs-Berufsgenossenschaft"), auf dem Gebiete der Invalidenversicherung hatten sie die Bezeichnung „Schiedsgericht für die Invaliditäts- und Altersversicherung". In beiden Versicherungszweigen waren übrigens die Schiedsgerichte verschiedene, weil sich die Bezirke der für die einzelnen Berufsgenossenschaften errichteten Schiedsgerichte in der Regel nicht mit den Bezirken der Versicherungsanstalten deckten, vielmehr vielfach die letzteren kreuzten. Auch erschien, wie die Begründung zum Invaliditäts- und Altersversicherungsgesetz ausführt, „die nach Berufszweigen gegliederte Zusammensetzung" der Unfall-Schiedsgerichte nicht geeignet „für ein Schiedsgericht, vor welchem alle Berufszweige eines bestimmten örtlichen Bezirkes gleichmäßig Recht zu nehmen hätten". Übrigens umfaßten die Schiedsgerichte für die Invaliditäts- und Altersversicherung keineswegs die Bezirke der Versicherungsanstalten, sondern kleinere, z. B. in Preußen in der Regel den eines Kreises. Im Jahre 1899 bestanden für die Unfallversicherung allein 1443 Schiedsgerichte, nämlich 1026 für die 113 Berufsgenossenschaften (für die Versicherungsanstalten der Baugewerks-Berufsgenossenschaften und der Tiefbau-Berufsgenossenschaft waren keine besonderen Schiedsgerichte geschaffen) und 417 Schiedsgerichte für die 416 Ausführungsbehörden. Für die Invalidenversicherung bestanden im Jahre 1899 525 Schiedsgerichte, davon entfielen auf die 31 Versicherungsanstalten 495, auf die 9 besonderen Kasseneinrichtungen 30. Mit dem 1. Januar 1900, dem Tage des Inkrafttretens des Invalidenversicherungsgesetzes vom 13. Juli 1899, wurden die Schiedsgerichte, die bis dahin für diesen Versicherungszweig bestanden hatten, aufgehoben. An ihre Stelle traten die „Schiedsgerichte für Invalidenversicherung". Diesen wurde dann durch das Gesetz, betreffend die Abänderung der Unfallversicherungsgesetze, vom 30. Juni 1900 (§§ 3 ff.) auch die Entscheidung von Streitigkeiten über Entschädigungen auf Grund der Unfallversicherungsgesetze übertragen. Sie erhielten die Bezeichnung: „Schiedsgericht für Arbeiterversicherung" mit Angabe des Bezirkes und Sitzes. Zur Zeit bestehen 124 solcher Schiedsgerichte mit Einschluß derjenigen, welche für die zur Durchführung der Invalidenversicherung zugelassenen besonderen Kasseneinrichtungen errichtet sind und die jetzt ebenfalls auch in Unfallsachen Recht zu sprechen haben. Ihren Sitz haben die Schiedsgerichte in der Regel, namentlich in Preußen, am Sitze der Regierungsbehörden. Die Kosten des Schiedsgerichts sind nach Ablauf des Rechnungsjahrs der Versicherungsanstalt von den beteiligten Berufsgenossenschaften und Ausführungsbehörden anteilig zu erstatten, und zwar nach Maßgabe der Bestimmungen, die das Reichs-Versicherungsamt hierüber am 29. Januar 1902 erlassen hat.

Der Vorsitzende und dessen Stellvertreter werden von der Zentralbehörde des Bundesstaats, in welchem der Sitz des Schiedsgerichts belegen ist, aus der Zahl der öffentlichen Beamten ernannt. Die Hilfsbeamten des Schiedsgerichts (Protokollführer, Sekretäre und sonstige Bureaubeamte, Kanzlisten, Kanzleidiener usw.) sind nunmehr Beamte der Invaliden-Versicherungsanstalten oder Kasseneinrichtungen. Bestellt werden sie durch den Vorstand der Versicherungsanstalt usw. nach Anhörung des Vorsitzenden des Schiedsgerichts. Soweit sie nicht nach dem für sie geltenden Landesrecht als Staats- oder Kommunalbeamte anzusehen sind, müssen ihnen nach näherer Bestimmung der Landesregierung die Rechte und Pflichten solcher Beamten übertragen werden.

Außer dem Vorsitzenden (oder dessen Stellvertreter) besteht das Schiedsgericht aus Beisitzern, nämlich Vertretern der Arbeitgeber und der Versicherten, welche ebenso wie die Laienmitglieder des Reichs-Versicherungsamts und der Landes-Versicherungsämter als Vertreter der bei der Arbeiterversicherung beteiligten Bevölkerungskreise an der Rechtsprechung teilzunehmen haben und deren Zuziehung auch hier sich vortrefflich bewährt hat. Sie werden, wie schon unter dem älteren Rechte bei den Schiedsgerichten für Invalidenversicherung, durch die Ausschüsse der Versicherungsanstalten auf je 5 Jahre gewählt. Auch hier sind, wie beim Reichs-Versicherungsamte, Wiederwahlen sehr häufig. Die Zahl der Beisitzer muß für jedes Schiedsgericht mindestens je 20 aus der Klasse der Arbeitgeber und Versicherten betragen, kann aber von der zuständigen Zentralbehörde auch erhöht werden. An den Verhandlungen, die öffentlich sind, soweit nicht die Öffentlichkeit aus besonderen Gründen ausgeschlossen wird, haben stets 2 Beisitzer aus jeder dieser beiden Gruppen teilzunehmen. Das Schiedsgericht entscheidet also jetzt in der Besetzung von 5 Mitgliedern, während früher in der Invaliditäts- und Altersversicherung stets nur 1 Beisitzer aus jeder Gruppe an den schiedsgerichtlichen Entscheidungen teilnahm. Auch die Bestimmung des älteren Rechtes, wonach für die Unfallversicherung unter Umständen die Mitwirkung je eines Arbeitgebers und eines Versicherten als Beisitzer genügte, ist beseitigt. Im Hinblick auf die Eigenart der land- und forstwirtschaftlichen und der Bergbaubetriebe ist den beruflichen Interessen der Beteiligten in gewissen Grenzen durch die Vorschrift Rechnung getragen, daß bei der Verhandlung, soweit es sich um Unfälle in derartigen Betrieben handelt, Beisitzer aus diesen Berufszweigen zuzuziehen und Ausnahmen hiervon nur in einzelnen (namentlich in eilbedürftigen) Fällen aus besonderen Gründen zulässig sind. Im übrigen sind Beisitzer aus den sonstigen der Versicherung unterliegenden Betrieben zuzuziehen, jedoch kann der Vorsitzende auf Antrag eines Versicherungsträgers oder des Entschädigungsberechtigten in einzelnen Fällen zur Verhandlung und Entscheidung, abweichend von der festgesetzten Reihenfolge, Beisitzer aus den Betrieben derjenigen Berufsgenossenschaft oder Ausführungsbehörde zuziehen, welcher der Betrieb, in dem sich der Unfall ereignet hat, angehört. Durch diese Vorschriften ist dem Bedürfnisse nach einer Berücksichtigung besonderer Berufsarten, soweit ihm eine gewisse Berechtigung zugestanden werden kann, hinlänglich genügt. Die auch heutzutage noch bisweilen hervortretende, früher längere Zeit hindurch zu einer erheblichen Mißstimmung, namentlich in Unternehmerkreisen, gesteigerte Unzufriedenheit mit der Umwandlung der nach Berufszweigen gegliederten Schiedsgerichte in allgemeine Schiedsgerichte für örtliche Bezirke ist nicht berechtigt. Soweit es sich in den Unfallversicherungssachen um den Grad der Erwerbsunfähigkeit handelt, geben für die Beurteilung nicht die Verhältnisse eines einzelnen Berufs oder Gewerbszweigs, sondern die des allgemeinen Arbeitsmarktes den Maßstab. Auch sind die Verletzungen nach der Unfallstatistik des Reichs-Versicherungsamts größtenteils auf allgemeine Betriebsgefahren zurückzuführen. Zudem ist es jetzt den Beteiligten in Unfallsachen eher möglich, den schiedsgerichtlichen Verhandlungen beizuwohnen, als dies früher bei den großen berufsgenossenschaftlichen Bezirken oft der Fall war. Ein erheblicher Vorzug der jetzigen Schiedsgerichte gegenüber den früheren besteht darin, daß die Vorsitzenden nicht mehr so häufig zu wechseln pflegen und somit imstande sind, größere Erfahrungen zu sammeln und auch in dieser Instanz eine festere Rechtsprechung herbeizuführen und zu bewahren, ein Punkt, der früher viel zu wünschen übrig ließ. Freilich hat die Angliederung der Schiedsgerichte an die Invaliden-Versicherungsanstalten zu manchen anderen Unzuträglichkeiten, namentlich zu Streitigkeiten zwischen den Anstaltsvorständen und den Schiedsgerichtsvorsitzenden, auch zwischen Berufsgenossenschaften und Versicherungsanstalten, geführt, worauf jedoch hier nicht näher einzugehen ist. Der Entwurf einer Reichsversicherungsordnung will an die Stelle der Schiedsgerichte die Oberversicherungsämter setzen, die auch Verwaltungs- und Aufsichtsangelegenheiten übertragen erhalten und entweder an höhere Staatsbehörden angegliedert oder als selbständige Staatsbehörden errichtet werden sollen, und zwar in der Regel für den Bezirk einer höheren Verwaltungsbehörde.

Die Bezeichnungen der früheren und der jetzigen Schiedsgerichte nach Namen, Sitz und Bezirk, sowie die Namen ihrer Vorsitzenden sind in den Amtlichen Nachrichten des Reichs-Versicherungsamts von Zeit zu Zeit veröffentlicht worden (vgl. z. B. 1885 S. 292 ff., 1891 S. 304 ff., 1902 S. 457 ff. und 1906 S. 588 ff.). Einige Schiedsgerichtsvorsitzende sind später als ständige Mitglieder in das Reichs-Versicherungsamt eingetreten, andere, namentlich in Süddeutschland, sind in höhere Staatsstellungen aufgerückt.

Für das Verfahren vor den Schiedsgerichten sind außer den Vorschriften der Unfallversicherungsgesetze und des Invalidenversicherungsgesetzes bzw. der entsprechenden älteren Gesetze mehrfach Kaiserliche Verordnungen erlassen worden, die im folgenden Abschnitte näher aufgeführt werden sollen.

2. Stellung des Reichs-Versicherungsamts zu den Schiedsgerichten.

Die Stellung des Reichs-Versicherungsamts gegenüber den Schiedsgerichten ist eine so eigenartige, daß schwerlich etwas Ähnliches auf anderen Gebieten zu finden sein dürfte.

In erster Reihe ist das Reichs-Versicherungsamt Rekurs- und Revisionsinstanz für die Urteile der Schiedsgerichte in Unfall- und in Invalidenversicherungssachen. Sodann ist es zuständig zur Entscheidung auf solche Beschwerden der Parteien, welche die Prozeßführung der Schiedsgerichte betreffen. Schließlich stehen dem Reichs-Versicherungsamte den Schiedsgerichten gegenüber bestimmte Befugnisse zu, die man nur als Ausfluß eines gewissen Aufsichtsrechts bezeichnen kann, wenn auch das Reichs-Versicherungsamt weder für die Schiedsgerichte Aufsichtsbehörde ist, noch insbesondere eine Disziplinargewalt über die Vorsitzenden der Schiedsgerichte besitzt. Diese verschiedenartigen Befugnisse sichern dem Amte einen beträchtlichen Einfluß auf die Prozeßführung, zum Teil auch auf den sonstigen Geschäftsbetrieb und auf die Entscheidungen der Schiedsgerichte in formeller und sachlicher Hinsicht, wenngleich die Schiedsgerichte dem Reichs-Versicherungsamt als in der Rechtsprechung unabhängige Gerichte und ihm nicht unterstellte Behörden gegenüberstehen.

Naturgemäß haben die Rekurs- und Revisionsentscheidungen des Reichs-Versicherungsamts einen großen Einfluß auf die Rechtsprechung der Schiedsgerichte, wie dies bei jedem höchsten Gerichtshof im Verhältnisse zu den nachgeordneten Instanzen der Fall ist und sein soll. Ausdrücklich vorgeschrieben ist im Gesetz eine Bindung des Schiedsgerichts an die rechtliche Beurteilung des Reichs-Versicherungsamts in einer bestimmten Sache für den Fall, daß im Rekurs- oder Revisionsverfahren das Urteil des Schiedsgerichts aufgehoben wird, das Reichs-Versicherungsamt aber in der Sache nicht selbst entscheidet, sondern sie an das Schiedsgericht zur anderweiten Verhandlung und Entscheidung zurückverweist. Die rechtliche Beurteilung, die das Schiedsgericht alsdann seinen weiteren Entscheidungen zugrunde legen muß, ist diejenige, auf welche das Reichs-Versicherungsamt die Aufhebung gestützt hat. Eine sachliche Einwirkung auf die Entscheidungen der Schiedsgerichte über Berufungen gegen Bescheide der Versicherungsträger steht dem Reichs-Versicherungsamte nicht zu. Ebensowenig kann es auf Beschwerde oder außerhalb eines Rekurs- oder Revisionsverfahrens von Amts wegen den materiellrechtlichen Inhalt von Zwischenentscheidungen, die den Endentscheidungen in der Sache selbst vorausgehen, wie Beweisbeschlüssen usw., beanstanden. Diese sind vielmehr nur im Zusammenhange mit den Rechtsmitteln des Rekurses und der Revision anfechtbar und nachzuprüfen. Eine besondere Beschwerde an das Reichs-Versicherungsamt ist nur gegeben 1. bei Strafverfügungen und sonstigen Beschlüssen des Schiedsgerichts gegen Zeugen oder Sachverständige wegen Ausbleibens oder nicht rechtzeitigen Erscheinens in den Terminen, zu denen sie geladen sind, oder wegen grundloser Verweigerung ihrer Aussage oder der Eidesleistung, 2. gegen die Entscheidung des Schiedsgerichts über die Anfechtung einer Festsetzung gerichtlicher Kosten des Verfahrens durch den Schiedsgerichtsvorsitzenden. Im ersten Falle tritt in Streitsachen aus der Unfallversicherung an die Stelle des Reichs-Versicherungsamts das Landes-Versicherungsamt, sofern die Entscheidung auf einen Rekurs diesem zusteht. Im zweiten Falle ist das Reichs-Versicherungsamt ausschließlich zuständig. Dies erklärt sich daraus, daß bei der Kostenfestsetzung immer die Eigenschaft des Schiedsgerichts als einer Einrichtung der Invalidenversicherung mit in Betracht kommt, und daß außerdem nach § 10 Abs. 3 des Gesetzes, betreffend die Abänderung der Unfallversicherungsgesetze, vom 30. Juni 1900 das Reichs-Versicherungsamt auch für den Erlaß von Bestimmungen über die Verteilung und Erstattung der Kosten des Schiedsgerichts ausschließlich zuständig ist.

Eine weitere besondere Befugnis des Reichs-Versicherungsamts, die aber auch die Landes-Versicherungsämter in ihrem Zuständigkeitsbereiche besitzen, ist die, daß es zu entscheiden hat, wenn unter mehreren Schiedsgerichten Streit über ihre Zuständigkeit entsteht. Es handelt sich dabei um die örtliche Zuständigkeit, die im § 5 Abs. 2 der Kaiserlichen Verordnung vom 22. November 1900 geregelt ist. Ein Streit im Sinne dieser Vorschrift ist nach der Rechtsübung des Reichs-Versicherungsamts schon dann als vorliegend anzusehen, wenn sich die Vorsitzenden mehrerer Schiedsgerichte in gegenseitigem Schriftwechsel für örtlich unzuständig erklären. Die Zuständigkeit wird vom Reichs-Versicherungsamt im Verwaltungswege festgestellt. Die Entscheidung darüber unterliegt nicht der Nachprüfung des zur Entscheidung in der Hauptsache berufenen Rekurssenats.

Was die Beschwerden der Parteien über die Prozeßführung betrifft, so ist folgendes zu bemerken: Schon die Kaiserliche Verordnung über das Verfahren vor den auf Grund des Unfallversicherungsgesetzes errichteten Schiedsgerichten vom 2. November 1885 bestimmte (im § 25): „Auf Beschwerden über den Geschäftsbetrieb bei den Schiedsgerichten entscheidet das Reichs- bzw. Landes-Versicherungsamt“. Das Reichs-Versicherungsamt hat selbst mehrfach seine Zuständigkeit in dieser Beziehung der Lage der Verhältnisse entsprechend abgegrenzt. Es hat zunächst ausgesprochen, daß die durch diese Vorschrift gegebene Beschwerde sich gegen die Art und Form der Geschäftsbehandlung, nicht aber gegen den sachlichen Inhalt der schiedsgerichtlichen Entscheidungen richte. Namentlich ist danach diese Beschwerde wegen Verzögerung des Verfahrens, insbesondere auch wegen verzögerter Zustellung der Urteile zulässig, ebenso hinsichtlich der Frage, ob einem schiedsgerichtlichen Verfahren Fortgang zu geben, und besonders, ob eine Entscheidung des Gerichts herbeizuführen ist. Im übrigen hat das Reichs-Versicherungsamt wiederholt auf die Zuständigkeit der Behörden verwiesen, deren Dienstaufsicht die Schiedsgerichte unterliegen. Eine diesen Auslegungen im wesentlichen entsprechende klarere Abgrenzung zwischen den Befugnissen der beteiligten Behörden enthielt die Kaiserliche Verordnung, betreffend das Verfahren vor den auf Grund des Invaliditäts- und Altersversicherungsgesetzes errichteten Schiedsgerichten, vom 1. Dezember 1890. Es hieß dort (im § 25): „Die Schiedsgerichte unterliegen der Beaufsichtigung durch die für ihre Sitze zuständigen Landes-Zentralbehörden oder die von denselben zu bestimmenden anderen Behörden. Auf Beschwerden über eine das Prozeßverfahren vor dem Schiedsgerichte leitende Verfügung entscheidet das Reichs-Versicherungsamt." Demgegenüber hat zunächst die Kaiserliche Verordnung, betreffend das Verfahren vor den auf Grund des Invalidenversicherungsgesetzes errichteten Schiedsgerichten, vom 6. Dezember 1899, welche auf Grund des § 106 Abs. 6 des Invalidenversicherungsgesetzes vom 13. Juli 1899 erging, die Befugnisse des Reichs-Versicherungsamts wesentlich erweitert. Alsdann hat die noch jetzt geltende Kaiserliche Verordnung, betreffend das Verfahren vor den Schiedsgerichten für Arbeiterversicherung, vom 22. November 1900, welche auf Grund derselben gesetzlichen Vorschrift und „im Hinblick auf § 3 des Gesetzes, betreffend die Abänderung der Unfallversicherungsgesetze, vom 30. Juni 1900" erlassen wurde, und sowohl für die Unfall- wie für die Invalidenversicherung gilt, (im § 33) die entsprechende Bestimmung der Verordnung vom 6. Dezember 1899 (§ 26) wörtlich übernommen, nur mit der durch die Einbeziehung der Unfallversicherung gebotenen Berücksichtigung der Landes-Versicherungsämter. Zwar blieb es nach diesen beiden Verordnungen (Abs. 1 der §§ 26 bzw. 33) bezüglich der „Beaufsichtigung" bei dem, was die Verordnung vom 1. Dezember 1890 (§ 25 Abs. 1) darüber bestimmt hatte. Aber schon die Vorschrift über die Beschwerden der Parteien (Abs. 2 der §§ 26 bzw. 33 der Verordnungen von 1899 und 1900) erfuhr eine Änderung, indem hier nicht mehr lediglich die Beschwerden „über eine das Prozeßverfahren vor dem Schiedsgerichte leitende Verfügung", sondern schlechthin die Beschwerden, „die die Prozeßführung betreffen", der Entscheidung durch das Reichs-Versicherungsamt unterstellt wurden. Darin liegt insofern eine Erweiterung, als das allgemeinere Wort „Prozeßführung" die gesamte Tätigkeit des Vorsitzenden umfaßt, da seine Aufgabe darin besteht, die Prozeßsachen durchzuführen, welche bei dem ihm unterstellten Schiedsgericht anhängig werden. Auch braucht nicht mehr eine „Verfügung" des Vorsitzenden vorzuliegen, gegen die sich die Beschwerde richtet. Eine neue, weitergehende Befugnis hat nun der Abs. 3 der in Rede stehenden Vorschriften dem Reichs-Versicherungsamte verliehen. Danach hat das Amt, „auch ohne daß Beschwerden der Parteien vorliegen", „auf die Beseitigung von Verzögerungen oder sonstigen Unregelmäßigkeiten in der Prozeßführung hinzuwirken". Nach der Auffassung des Reichs-Versicherungsamts schließt dieses Recht auch gleichzeitig eine ihm übertragene Pflicht in sich. Das Reichs-Versicherungsamt hält sich daher für befugt und verpflichtet, einzugreifen, sobald es von einer Verzögerung oder Unregelmäßigkeit Kenntnis erhält, und zwar gleichviel, ob dies, wie es meist der Fall sein wird, gelegentlich eines Rekurs- oder Revisionsverfahrens oder bei anderem Anlasse geschieht. Ob eine Verzögerung vorliegt, ist Tatfrage und im einzelnen Falle vom Reichs-Versicherungsamte zu entscheiden. Unter „Unregelmäßigkeiten in der Prozeßführung" versteht das Reichs-Versicherungsamt Verstöße gegen die dem Schiedsgerichte nach den Arbeiterversicherungsgesetzen, der Kaiserlichen Verordnung und den entsprechend anzuwendenden Vorschriften der Zivilprozeßordnung obliegenden Verpflichtungen im weitesten Sinne. Der letzte Satz des Abs. 3 (§ 33 der Verordnung vom 22. November 1900, § 26 der Verordnung vom 6. Dezember 1899) besagt: „Bleiben die aus diesem Anlaß ergangenen Weisungen ohne Erfolg, so sind die Aufsichtsbehörden um Abhilfe zu ersuchen." Daß mit den „Weisungen" solche des Reichs-Versicherungsamts (oder des zuständigen Landes-Versicherungsamts) gemeint sind, kann nach dem Zusammenhang und im Hinblick auf die Fassung der Verordnung vom 6. Dezember 1899, welche vor dem Worte „ergangenen" die Worte „vom Reichs-Versicherungsamt" enthielt, keinem Zweifel unterliegen. Diese Weisungen müssen auch befolgt werden, denn das Reichs-Versicherungsamt hat dadurch auf die Beseitigung der Mängel „hinzuwirken" und kann, wenn seine Weisungen „ohne Erfolg" bleiben, die Machtmittel der Aufsichtsbehörden in Anspruch nehmen.

Damit ist unleugbar dem Reichs-Versicherungsamt auch eine gewisse Aufsichtsbefugnis über die Schiedsgerichte übertragen. Da ihm jedoch, wie erwähnt, eine allgemeine Dienstaufsicht über die Schiedsgerichte oder eine Disziplinargewalt über deren Vorsitzende nicht zusteht, — was seinen Grund in der staatsrechtlichen Stellung der Schiedsgerichte und zugleich in dem Umstande hat, daß die Schiedsgerichtsvorsitzenden Beamte des Bundesstaats sind, der ihnen das Amt übertragen hat, — so kann es nicht selbst Zwangsmaßregeln gegen diese zur Durchführung seiner Weisungen verhängen, sondern muß darum die Aufsichtsbehörde ersuchen, welche im gegebenen Falle die Disziplinargewalt ausübt. Diese Behörde darf aber ihrerseits nicht die sachliche Richtigkeit der Weisungen des Reichs-Versicherungsamts nachprüfen, namentlich ist sie nicht befugt, zu erklären, daß keine Verzögerungen oder Unregelmäßigkeiten vorliegen. Sie hat vielmehr dafür zu sorgen, daß die Weisung des Reichs-Versicherungsamts ausgeführt wird, und nur den dazu geeigneten Weg, insbesondere die Art der Zwangsmaßregel nach eigenem Ermessen zu bestimmen. Auch hat sie, wie unbedenklich anzunehmen ist, das Reichs-Versicherungsamt von der getroffenen Maßnahme zu benachrichtigen.

Schließlich ist noch zu erwähnen, daß die Vorsitzenden der Schiedsgerichte dem Reichs-Versicherungsamte zu einem von ihm zu bestimmenden Zeitpunkt und nach dem von ihm vorzuschreibenden Muster alljährlich einen Geschäftsbericht einzureichen haben. Auch diese Vorschrift, die schon die Kaiserliche Verordnung vom 2. November 1885 enthielt und nach ihr alle Kaiserlichen Verordnungen über das Verfahren vor den Schiedsgerichten wiederholt haben, weist dem Reichs-Versicherungsamt eine Stellung zu, wie sie sonst nur Aufsichtsbehörden zu haben pflegen. Die Berichte sind dem Reichs-Versicherungsamte nach seiner Anordnung alljährlich bis zum 10. Januar einzureichen. Über ihre Form hat das Reichs-Versicherungsamt wiederholt Rundschreiben erlassen, auch hat es den Vorsitzenden empfohlen, ihre Prozeßlisten und Geschäftsbücher unter Berücksichtigung der vom Reichs-Versicherungsamte für die Geschäftsberichte vorgeschriebenen Formulare so einzurichten, daß sie am Jahresschlusse leicht die erforderten Nachrichten entnehmen können. Im übrigen wird auf die Anmerkungen im Handbuche der Unfallversicherung, in der 2. Auflage zu § 27 der Kaiserlichen Verordnung vom 2. November 1885, in der 3. Auflage zu § 35 der Kaiserlichen Verordnung vom 22. November 1900, verwiesen. Bemerkt sei noch, daß das Reichs-Versicherungsamt zahlreiche Rundschreiben an die Schiedsgerichtsvorsitzenden über mannigfache Fragen hat ergehen lassen, die entweder in den Geschäftsberichten der Vorsitzenden erörtert worden waren, oder dem Reichs-Versicherungsamt auf Grund der von ihm anderweit gemachten Wahrnehmungen einer näheren Darlegung bedürftig erschienen. Es handelte sich dabei öfter um Angelegenheiten des schiedsgerichtlichen Prozeßverfahrens, wie Beweiserhebung, Zustellungen, persönliches Erscheinen der Berufungskläger in den Verhandlungsterminen usw., aber auch um andere Punkte des Geschäftsbetriebs der Schiedsgerichte. Zusammenstellungen dieser einen umfangreichen und wertvollen Stoff für die Entwicklung der Arbeiterversicherung und insbesondere der schiedsgerichtlichen Tätigkeit enthaltenden Rundschreiben des Reichs-Versicherungsamts finden sich, soweit sie auf dem Gebiete der Unfallversicherung ergangen sind, in dem Gesamtregister der Amtlichen Nachrichten des Reichs-Versicherungsamts für die Jahrgänge 1885 bis 1905 unter dem Stichworte „Rundschreiben" im letzten Absatz auf Seite 217, für die Invalidenversicherung ebenda unter den Stichworten „Schiedsgericht" und „schiedsgerichtliches Verfahren" Seite 403.

Die Versicherungsträger.

I. Die Träger der Unfallversicherung.

1. Die Berufsgenossenschaften.

Als Träger der Unfallversicherung wurden durch das Unfallversicherungsgesetz vom 6. Juli 1884 zunächst die Berufsgenossenschaften ins Leben gerufen. Der grundlegende Gedanke dieser Schöpfung ist, wie als sicher angenommen werden darf, auf den Fürsten Bismarck zurückzuführen. Die Kaiserliche Botschaft vom 17. November 1881 gab ihm Ausdruck durch die Worte: „Der engere Anschluß an die realen Kräfte dieses Volkslebens und das Zusammenfassen der letzteren in der Form korporativer Genossenschaften unter staatlichem Schutz und staatlicher Fürsorge werden, wie Wir hoffen, die Lösung auch von Aufgaben möglich machen, denen die Staatsgewalt allein in gleichem Umfange nicht gewachsen sein würde.“ Aber erst dem dritten Entwurfe des Unfallversicherungsgesetzes, der von dem nachmaligen ersten Präsidenten des Reichs-Versicherungsamts, Dr. Bödiker, ausgearbeitet worden war, gelang es, für den damit in den Grundzügen vorgezeichneten Plan die lebensfähige Form zu finden. Die hierdurch vorgeschlagene Gestaltung erlangte den Beifall des Kanzlers und erhielt die Genehmigung der gesetzgebenden Körperschaften. Hatte der erste Entwurf eine „Reichsversicherungsanstalt“ als Versicherungsgeberin in Aussicht genommen und daneben nur eine freiwillige genossenschaftliche Vereinigung der Betriebsunternehmer, lediglich zur Aufbringung der Mittel, zugelassen, so wollte der zweite Entwurf genossenschaftlich eingerichtete Betriebsverbände („Betriebsgenossenschaften“) einführen, die nach örtlichen Bezirken gegliedert sein sollten. Der erste Entwurf bedeutete die „bureaukratisch zentralisierte Versicherung“ (von Woedtke). Der zweite verwertete zwar schon den Genossenschaftsgedanken, nahm aber die Gleichheit der Unfallgefahr verschiedenartiger Betriebszweige zur Grundlage, er gliederte nach Betriebseinrichtungen und gelangte deshalb zu Betriebsvereinigungen. Der dritte Entwurf dagegen fand den Weg zur Lösung in der Gemeinsamkeit der wirtschaftlichen Interessen des Berufs.

Von diesem Gesichtspunkt aus betrachtet sind die Berufsgenossenschaften Verbände für wirtschaftlich gleiche oder verwandte Betriebe. Sie sind ferner lediglich Unternehmerverbände. Denn nur die Unternehmer der versicherungspflichtigen Betriebe tragen die Lasten der berufsgenossenschaftlichen Unfallversicherung, sie sind nach versicherungsrechtlicher Bezeichnung die Versicherer, denen die Arbeiter und sonstigen Personen, für welche die Versicherung bestimmt ist, als die Versicherten gegenüberstehen. Den Unternehmern steht auch allein die Verwaltung auf diesem Gebiete der Versicherung zu. Das Interesse der Versicherten an der ordnungsmäßigen Durchführung der Versicherung wird gewahrt durch ihre Beteiligung an der Rechtsprechung der Schiedsgerichte und des Reichs-Versicherungsamts bzw. der Landes-Versicherungsämter, sowie durch ihre Mitwirkung beim Erlasse der Unfallverhütungsvorschriften. Unternehmer solcher Betriebe, die nicht der gesetzlichen Versicherungspflicht unterliegen, können nicht in eine Berufsgenossenschaft aufgenommen werden. Anderseits sind die Berufsgenossenschaften Zwangseinrichtungen, das heißt die Unternehmer der versicherungspflichtigen Betriebe sind kraft Gesetzes verpflichtet, sich zu Berufsgenossenschaften nach Maßgabe des Gesetzes zusammenzuschließen oder der für die Art ihres Betriebs schon bestehenden Berufsgenossenschaft beizutreten. Diese Zwangspflicht der Unternehmer erachtete man für erforderlich, um die Erfüllung der ihnen obliegenden sozialen Pflichten sicherzustellen. Da der Gesetzgeber weiter davon ausging, daß es sich bei der wirtschaftlichen Sicherung der Arbeiter gegen die Folgen der Betriebsunfälle um eine „öffentlich-rechtliche“ Verpflichtung handele, so hielt er es auch für notwendig, zur Durchführung dieser Aufgabe „öffentlich-rechtliche" Gebilde zu schaffen, für die eben die berufsgenossenschaftliche Form gewählt wurde. Die Berufsgenossenschaften sind demnach „Körperschaften des öffentlichen Rechtes"; öffentliche „Behörden" sind sie jedoch nicht. Abgelehnt wurde — und zwar seitens der Regierung von vornherein (vgl. namentlich die Begründung zum II. Gesetzentwurf), seitens des Reichstags durch die Annahme des Unfallversicherungsgesetzes vom 6. Juli 1884 — nicht nur die Benutzung der Privatversicherungsanstalten zum Zwecke der sozialen Unfallversicherung, sondern auch die Zulassung privater Anstalten neben der gesetzlich geregelten öffentlichen Veranstaltung. In den früheren wie in den jetzigen Unfallversicherungsgesetzen wird ferner hervorgehoben, daß die Versicherung durch die zu diesem Zwecke in Berufsgenossenschaften vereinigten Unternehmer „auf Gegenseitigkeit" erfolgt. Damit ist zum Ausdrucke gebracht, daß diejenigen, welche die Kosten der Versicherung tragen, die Beiträge leisten, in ihrer gegenseitigen Verbindung selbst die Träger der Versicherung sind, nicht die Versicherung bei einem anderen nehmen. Zugleich geht daraus hervor, daß die Versicherer verpflichtet sind, durch ihre Leistungen einander gegenseitig zur Deckung aller in Betracht kommenden Bedarfsfälle zu helfen. Wesentlich ist den Berufsgenossenschaften endlich die ihnen übertragene Selbstverwaltung. Nach der Begründung des Unfallversicherungsgesetzes vom 6. Juli 1884 sollte „die Organisation des Unfallversicherungswesens durch den Gedanken beherrscht werden, daß die daran interessierten Berufskreise diesen Zweig wirtschaftlicher Fürsorge nach tunlichst freier Selbstbestimmung zu übernehmen haben". Nur eine Beaufsichtigung durch Organe des Reichs bzw. von Bundesstaaten wurde eingeführt mit Rücksicht auf das erhebliche öffentliche Interesse des Reichs an der ordnungsmäßigen Erfüllung der den Berufsgenossenschaften übertragenen sozialen Pflichten.

Die Berufsgenossenschaften können unter ihrem Namen Rechte erwerben und Verbindlichkeiten eingehen, vor Gericht klagen und verklagt werden. Für ihre Verbindlichkeiten haftet ihren Gläubigern nur das Genossenschaftsvermögen. Zur Sicherung ihrer Leistungsfähigkeit haben sie einen starken Reservefonds anzusammeln. Im äußersten Falle, nämlich wenn sie wegen Leistungsunfähigkeit aufgelöst werden, hat das Reich, bei den einem Landes-Versicherungsamt unterstellten Berufsgenossenschaften der betreffende Bundesstaat, für die Verbindlichkeiten der Berufsgenossenschaften aufzukommen.

Die Berufsgenossenschaften sind nach dem Gesetze für bestimmte Bezirke zu bilden, die aber auch das gesamte Reichsgebiet umfassen können. Auf dieses erstreckt sich der Wirkungskreis von 30 gewerblichen Berufsgenossenschaften (einschließlich der See- und der Tiefbau-Berufsgenossenschaft). Die übrigen 36 gewerblichen Berufsgenossenschaften, z. B. die Baugewerks-, die Holz-, die Textil-, die Eisen- und Stahl-Berufsgenossenschaften usw., sind für örtlich begrenzte Wirtschaftsgebiete des Reichs gebildet.

Innerhalb ihres Bezirkes umfaßt jede Berufsgenossenschaft alle Betriebe derjenigen Gewerbszweige, für welche sie errichtet ist. Sie umschließt entweder eine bestimmte Art von Betrieben oder, was die Regel ist, eine ganze Gruppe von Betriebsarten. So umfaßt z. B. die Knappschafts-Berufsgenossenschaft alle Betriebe, welche landesgesetzlich bestehenden Knappschaftsverbänden angehören, mit Ausnahme der Hochöfen und Stahlhütten sowie der Eisen- und Stahl- usw. fabriken, die Berufsgenossenschaft der Feinmechanik und Elektrotechnik die Verfertigung von Telegraphen- und Telephonanlagen und -apparaten, elektrischen Beleuchtungsanlagen, die Uhrmacherei, die Nähmaschinen- und Nähnadelfabrikation, die Büchsenmacherei und Gewehrfabrikation usw. Die vollständigen Angaben hierüber enthält das „alphabetische Verzeichnis der Gewerbszweige nach ihrer berufsgenossenschaftlichen Zugehörigkeit", das in neuer Bearbeitung in dem kürzlich erschienenen 3. Bande des Handbuchs der Unfallversicherung (S. 1 bis 88) abgedruckt ist. Aus ihm sind auch die gewerblichen Berufsgenossenschaften nach Ordnungsnummer und Bezeichnung zu ersehen.

Verwaltet werden die Berufsgenossenschaften nach Maßgabe der Gesetze und ihrer Statuten, d. h. autonomer Satzungen, welche sie sich selbst geben, und die von dem Reichs-Versicherungsamte bzw. dem zuständigen Landes-Versicherungsamte zu genehmigen sind.

Zur Erleichterung der Verwaltung können die Berufsgenossenschaften in Sektionen eingeteilt werden, was bei der Mehrzahl geschehen ist. Die Sektionen haben gewisse selbständige Befugnisse.

Die Führung der berufsgenossenschaftlichen Verwaltung liegt den Organen der Berufsgenossenschaft ob. Als solche bestehen der Genossenschaftsvorstand und die Genossenschaftsversammlung, außerdem, wo Sektionsbildung vorhanden ist, der Sektionsvorstand und die Sektionsversammlung. Den genannten Versammlungen, die aus den Genossenschafts- bzw. Sektionsmitgliedern oder gewählten Vertretern dieser Mitglieder gebildet werden, sind besonders wichtige, im Statute bestimmte Angelegenheiten vorbehalten.

Als örtliche Organe sind vielfach Vertrauensmänner bestellt, denen namentlich auch nach statutarischer Vorschrift oft die Unfallanzeigen zu erstatten oder Abschriften dieser Anzeigen mitzuteilen sind. Durch technische Aufsichtsbeamte überwachen die Berufsgenossenschaften die Befolgung der von ihnen erlassenen Unfallverhütungsvorschriften, durch Rechnungsbeamte können sie zur Nachprüfung der Unterlagen für die Beitragserhebung Einblick in die Geschäftsbücher, Lohnlisten usw. nehmen.

Die Unfallversicherungsgesetze lassen ferner die Bildung eines Ausschusses des Genossenschaftsvorstandes oder des Sektionsvorstandes oder die Einsetzung besonderer Kommissionen zu, denen durch das Statut die Feststellung der Entschädigungen übertragen werden kann. Auf demselben Wege kann diese Aufgabe auch örtlichen Beauftragten (Vertrauensmännern) zugewiesen werden.

Die Mitglieder der Vorstände und die Vertrauensmänner verwalten ihr Amt als unentgeltliches Ehrenamt. Für den durch Wahrnehmung der Genossenschaftsgeschäfte ihnen erwachsenden Zeitverlust kann durch das Statut eine Entschädigung bestimmt werden. Die Höhe der Entschädigung unterliegt der Genehmigung des Reichs-Versicherungsamts. Diese Aufgabe haben dem Reichs-Versicherungsamt erst die Unfallversicherungsgesetze vom 30. Juni 1900 übertragen, und zwar, wie die Begründung zum Entwurfe des Gewerbe-Unfallversicherungsgesetzes ausführt, um dadurch die Handhabe zu schaffen, zu weit gehenden Bewilligungen, die das Ansehen der genossenschaftlichen Verwaltung gefährden könnten, entgegenzutreten. Wie das Reichs-Versicherungsamt zu Werke geht, um das Vertrauen zu rechtfertigen, das der Gesetzgeber ihm geschenkt hat, mag aus den Anmerkungen zu § 44 des Gewerbe-Unfallversicherungsgesetzes und zu § 55 des Neuen Musterstatuts für gewerbliche Berufsgenossenschaften im Handbuche der Unfallversicherung (Bd. 1 S. 412 ff., Bd. 3 S. 173 ff.) entnommen werden. Hervorgehoben sei hier nur, daß über Genehmigungen dieser Art stets in einer Abteilungssitzung Beschluß gefaßt wird, nachdem die öfter noch erforderlichen Feststellungen getroffen sind. Im übrigen werden den ehrenamtlichen Organen bare Auslagen von der Genossenschaft ersetzt, und zwar, soweit sie in Reisekosten bestehen, nach festen von der Genossenschaft zu bestimmenden Sätzen.

Die Mitglieder der Vorstände sowie die Vertrauensmänner haften der Genossenschaft für treue Geschäftsverwaltung wie Vormünder ihren Mündeln und unterliegen, wenn sie absichtlich zum Nachteile der Genossenschaft handeln, der im Strafgesetzbuche (§ 266) wegen „Untreue“ angedrohten Strafe.

Unbeschadet dieser Verantwortung kann der Vorstand bestimmte Geschäfte besoldeten Geschäftsführern übertragen. Die zur Ausführung dieser Bestimmung erforderlichen Vorschriften hat das Reichs-Versicherungsamt auf Grund der ihm durch das Gesetz übertragenen Ermächtigung unter dem 18. September 1903 erlassen und sie den Berufsgenossenschaften durch Rundschreiben vom gleichen Tage mitgeteilt. Sie sind nebst dem Rundschreiben als Anlage 3 des Anhanges im 3. Bande des Handbuchs der Unfallversicherung abgedruckt. Durch diese Vorschriften sind die Befugnisse der Geschäftsführer erschöpfend geregelt. Das Reichs-Versicherungsamt hat deshalb Ausnahmen und abweichende Bestimmungen für einzelne Berufsgenossenschaften nicht zugelassen.

In der ersten Zeit nach dem Inkrafttreten der Unfallversicherungsgesetze wurden alle wichtigeren Geschäfte der berufsgenossenschaftlichen Verwaltung ausschließlich von den ehrenamtlichen Organen der Berufsgenossenschaften selbst wahrgenommen. Im übrigen waren deshalb nur Personen nötig, die unter Aufsicht dieser Organe lediglich rein mechanische Dienstleistungen verrichteten. Mitunter verwandten die Vorstandsmitglieder sogar ihre Betriebsangestellten zur Besorgung der einfacheren Arbeiten. Noch unter der Herrschaft der alten Unfallversicherungsgesetze ergab jedoch das Wachsen der Zahl und der Schwierigkeit der berufsgenossenschaftlichen Arbeiten die unabweisliche Notwendigkeit, einen besonderen Beamtenstand zu schaffen, der, für seine Tätigkeit eigens vorgebildet, in ihr auch seine Lebensaufgabe erblickte. So entwickelte sich bei den Berufsgenossenschaften allmählich ein wohlgegliederter Beamtenkörper, dessen Mitgliederzahl allein bei den gewerblichen Berufsgenossenschaften auf beträchtlich mehr als 2000 gestiegen ist. Gibt es doch nicht nur Berufsgenossenschaften, sondern sogar einzelne Sektionen von solchen, deren Beamtenschaft weit mehr als 100 Köpfe zählt.

Dieselben Gründe haben auch mehr und mehr das Bedürfnis nach Bestellung von Geschäftsführern entstehen lassen und die Bedeutung dieser Stellung gehoben. Mit wenigen Ausnahmen haben alle gewerblichen Berufsgenossenschaften und Sektionen jetzt Geschäftsführer, manche auch noch Stellvertreter. Die Geschäftsführer haben zum Teil den Titel „Verwaltungsdirektor", bisweilen auch „Syndikus". Mehrere von ihnen sind juristisch vorgebildet (Rechtsanwälte usw.).

Manche Besonderheiten gelten, was die Träger der Versicherung anlangt, für die Unfallversicherung in der Land- und Forstwirtschaft. Zwar konnte auch hier von dem Grundsatze der berufsgenossenschaftlichen Regelung im Sinne der Zusammenfassung von Betriebsunternehmern mit gemeinsamen wirtschaftlichen Interessen nicht abgewichen werden. Aber da die Gliederung hier eine ausschließlich örtliche ist und man überdies bestrebt war, die Verwaltung möglichst billig zu gestalten, so lag es nahe, daß der Anschluß an die einzelstaatlichen Grenzen und an vorhandene gemeindliche Einrichtungen gesucht wurde. Das Gesetz (§ 26 des früheren, § 43 Abs. 3 des jetzigen landwirtschaftlichen Unfallversicherungsgesetzes) hat denn auch die Übertragung der berufsgenossenschaftlichen Verwaltung an kommunale Selbstverwaltungsbehörden ausdrücklich zugelassen. Es hat ferner dadurch, daß es der Landesgesetzgebung weitgehende Befugnisse zur anderweiten Regelung wichtiger Gebiete der Organisation und Verwaltung der Berufsgenossenschaften verliehen hat, — insbesondere ihres Beitragsverfahrens und ihrer Vertretung durch Organe, sowie auch sonst hinsichtlich gewisser Einzelbestimmungen — das Gesamtbild der land- und forstwirtschaftlichen Unfallversicherung mannigfaltiger und für die Tätigkeit des Reichs-Versicherungsamts keineswegs einfacher als das der gewerblichen Unfallversicherung gestaltet. Dieses Bild wäre sicherlich noch bunter, ja für die sachlich nötige Übersichtlichkeit und Vergleichbarkeit der Verhältnisse allzu abwechselungsvoll geworden, wenn nicht die bisher erlassenen Landesgesetze, namentlich Preußens, in den sachlichen Änderungen im allgemeinen Maß gehalten hätten. Was die Organisation anlangt, so ist aber gerade in dem dem Reichs-Versicherungsamt unmittelbar unterstellt gebliebenen Hauptgebiete, Preußen, jener vom Reichsgesetz ermöglichte Anschluß an bestehende Behörden weitgehend vollzogen worden. Der Provinzialausschuß bildet hier den Genossenschaftsvorstand, der Kreisausschuß den Sektionsvorstand. Beide Kommunalorgane und ihre ständigen Vertreter, der Landeshauptmann (Landesdirektor) und der Landrat, sind aber, ebenso wie die einem Vorstande gemäß § 141 des landwirtschaftlichen Unfallversicherungsgesetzes vom 30. Juni 1900 angehörenden Staatsbeamten, in ihrer Tätigkeit als berufsgenossenschaftliche Organe der Aufsicht des Reichs-Versicherungsamts keineswegs entzogen. Der § 132 a. a. O. schränkt nur die Strafbefugnis des Reichs-Versicherungsamts gegen die Inhaber der Genossenschaftsämter mit Rücksicht auf die dienstlichen Verhältnisse dieser beamteten Personen ein und verweist damit das Reichs-Versicherungsamt nötigenfalls auf die Inanspruchnahme ihrer dienstlichen Vorgesetzten im Hauptamte. Über die Anwendbarkeit der landesgesetzlich für jene Kommunalbehörden und -beamten geltenden Normen auf ihre Tätigkeit für die Unfallversicherung und ferner über die zweckmäßige Regelung dieser Tätigkeit im Statute der Berufsgenossenschaft sind wiederholt eingehende Verhandlungen geführt und Entscheidungen getroffen worden, wobei öfter Fragen des öffentlichen Landesrechts zu erörtern waren.

Bei den 18 nichtpreußischen, der Aufsicht des Reichs-Versicherungsamts unterstellten landwirtschaftlichen Berufsgenossenschaften hat ein ähnlicher Anschluß an Verwaltungsbehörden des Staates oder der Gemeinden nirgends stattgefunden. Dort sind vielmehr durchweg durch Wahl der Mitglieder besonders bestellte Organe für die Aufgaben der Berufsgenossenschaft in Tätigkeit.

Die Wirksamkeit des Reichs-Versicherungsamts auf dem Gebiete der Unfallversicherung berührt sich selbstverständlich unausgesetzt und in den mannigfaltigsten Beziehungen mit den Organen der Berufsgenossenschaften und deren Amtstätigkeit. Die größten hierbei in Betracht kommenden Aufgabenkreise des Amtes, seine Aufsichtführung (im allgemeinen wie hinsichtlich der Vermögensverwaltung der Berufsgenossenschaften) und seine Rechtsprechung, sollen nachstehend in besonderen Abschnitten behandelt werden. An dieser Stelle sei jedoch noch seiner organisatorischen Tätigkeit sowie seiner Wirksamkeit in einigen anderen Beziehungen gedacht.

In der ersten Zeit hatte das Reichs-Versicherungsamt eine umfangreiche, vielfach schwierige und bedeutsame Tätigkeit hinsichtlich der Bildung der Berufsgenossenschaften, insbesondere der gewerblichen, zu entfalten. Zunächst galt es, die für die Organisation der Berufsgenossenschaften notwendigen statistischen Unterlagen zu beschaffen. Zu diesem Zwecke wurde in den Unfallversicherungsgesetzen den Betriebsunternehmern eine Verpflichtung zur Anmeldung der versicherungspflichtigen Betriebe bei der unteren Verwaltungsbehörde auferlegt. Die untere Verwaltungsbehörde hatte ein nach den Gruppen, Klassen und Ordnungen der Reichs-Berufsstatistik geordnetes Verzeichnis der in ihrem Bezirke belegenen Betriebe aufzustellen und der höheren Verwaltungsbehörde vorzulegen. Ein Verzeichnis sämtlicher versicherungspflichtiger Betriebe ihres Bezirkes hatte die höhere Verwaltungsbehörde dem Reichs-Versicherungsamt einzureichen. Diese Verzeichnisse bildeten später die Grundlage der berufsgenossenschaftlichen Kataster. Das Reichs-Versicherungsamt hatte nach den angeführten gesetzlichen Vorschriften eine Frist für die Anmeldung der Betriebe zu bestimmen und öffentlich bekannt zu machen. Es hat aber darüber hinaus diese Vorarbeiten dadurch zu fördern gesucht, daß es die beteiligten Unternehmer und Behörden durch „Anleitungen" über ihre Obliegenheiten und über grundlegende Fragen der Versicherung belehrte und aufklärte, den Behörden außerdem eine Nachweisung der Gruppen, Klassen und Ordnungen der Reichs-Berufs-(Gewerbe-)statistik sowie ein Formular für die Zusammenstellung der Anmeldung mitteilte. Während nun im Bau- und im See-Unfallversicherungsgesetze selbst die Bildung der Tiefbau- und der See-Berufsgenossenschaft vorgeschrieben und ihre Zuständigkeit umgrenzt ist, so daß bei ihnen nur die Ermittlung der versicherten Betriebe und Arbeiter erforderlich war, schloß sich auf dem Gebiete der übrigen gewerblichen Unfallversicherung an die Ermittlung der versicherungspflichtigen Betriebe erst die umfangreiche und schwierige Aufgabe an, alle diese verschiedenartigen Gewerbszweige berufsgenossenschaftlich zu vereinigen. Hierfür hatte das Unfallversicherungsgesetz vom 6. Juli 1884 zwei Möglichkeiten vorgesehen: die freiwillige Bildung der Berufsgenossenschaften und die Bildung der Berufsgenossenschaften durch den Bundesrat. Im ersten Falle hatte der Bundesrat die von den Generalversammlungen der Betriebsunternehmer gefaßten Beschlüsse zu genehmigen, im anderen Falle wurden die Berufsgenossenschaften durch Beschluß des Bundesrats nach Anhörung von Vertretern der beteiligten Industriezweige gebildet. In beiden Fällen aber lag die Vorbereitung der Beschlußfassung des Bundesrats dem Reichs-Versicherungsamt ob. Die Bildung der Berufsgenossenschaften durch den Bundesrat sollte nur eintreten, wenn innerhalb der gesetzlich vorgesehenen oder der vom Bundesrat etwa gewährten weiteren Frist die freiwillige Bildung nicht zustande gekommen wäre. Der Gesetzgeber wünschte also in erster Reihe die freiwillige Errichtung, und deshalb mußte auch das Reichs-Versicherungsamt darauf bedacht sein, daß sich die berufsgenossenschaftliche Organisation auf diesem Wege möglichst lückenlos vollzog. Das Amt hat sich daher nicht auf die ausdrücklich im Gesetz ihm zugewiesene Entgegennahme von Anträgen auf Einberufung einer Generalversammlung der Betriebsunternehmer beschränkt. Es hat sich vielmehr bemüht, bei den beteiligten Kreisen Verständnis für die Bedeutung und den Wert der neuen Form ihres Zusammenschlusses zu wecken, und hat sich zum Mittelpunkt ihrer auf dieses Ziel gerichteten Veranstaltungen gemacht. Dazu hat es sich mit 47 Berufsvereinigungen und Vertretungen von Handel und Gewerbe in Verbindung gesetzt und ihnen die erforderlichen Unterlagen, die es mit Hilfe der unteren Verwaltungsbehörden beschafft hatte, zugänglich gemacht. Es haben denn auch fast sämtliche Gewerbszweige rechtzeitig Anträge auf Einberufung von Generalversammlungen zum Zwecke der freiwilligen Bildung von Berufsgenossenschaften gestellt. Dabei sind allerdings auch mannigfache Sonderbestrebungen hervorgetreten, welche die Bildung örtlich eng begrenzter und nicht hinreichend leistungsfähiger Berufsgenossenschaften bezweckten. Obwohl das Reichs-Versicherungsamt von Anfang an diesen einheitswidrigen Neigungen, die eine nachteilige Zersplitterung der Industrie in zahlreiche kleine Berufsgenossenschaften zur Folge gehabt hätten, nach Kräften entgegengearbeitet hat, mußte es doch in 32 Fällen die Entscheidung des Bundesrats gemäß § 13 Abs. 3 des Unfallversicherungsgesetzes vom 6. Juli 1884 einholen, weil seiner Überzeugung nach die Anzahl der Betriebe zu gering war, um die dauernde Leistungsfähigkeit der in Aussicht genommenen Berufsgenossenschaft in bezug auf die bei der Unfallversicherung ihr obliegenden Pflichten zu gewährleisten (§ 12 Ziffer 1 a. a. O.). Soweit geeignete Anträge auf Abhaltung von Generalversammlungen vorlagen, hat das Reichs-Versicherungsamt ausgiebigen Gebrauch von dem ihm nach § 13 Abs. 4 des Unfallversicherungsgesetzes vom 6. Juli 1884 zustehenden Rechte gemacht, in allen Fällen, in denen nach den gestellten Anträgen Betriebe von der Aufnahme in die Berufsgenossenschaft ausgeschlossen werden sollten, die wegen ihrer geringen Zahl oder wegen der geringen Zahl der in ihnen beschäftigten Arbeiter eine eigene leistungsfähige Berufsgenossenschaft zu bilden außerstande waren und auch einer anderen Berufsgenossenschaft zweckmäßig nicht zugeteilt werden konnten, die Unternehmer der in Betracht kommenden Betriebe zum Zwecke der Beschlußfassung über die Abgrenzung der Berufsgenossenschaft zu der Generalversammlung einzuladen. Zu den Generalversammlungen hatte das Reichs-Versicherungsamt auf Grund der Anmeldeverzeichnisse die Betriebsunternehmer unter Mitteilung ihrer von ihm auszurechnenden Stimmenzahl einzeln einzuladen und einen Vertreter zu entsenden, dem die Eröffnung und Leitung der Versammlung bis zur Vornahme der Vorstandswahl oblag. Hierbei fand das Reichs-Versicherungsamt weiteren reichlichen Anlaß, auf eine zweckmäßige berufsgenossenschaftliche Gliederung der Industrie hinzuwirken. Die Niederschriften über die Verhandlungen der Generalversammlungen, für die das Reichs-Versicherungsamt ein Muster aufgestellt hatte, waren binnen einer Woche einzureichen. Soweit geeignete Anträge auf freiwillige Bildung einer Berufsgenossenschaft nicht gestellt wurden, hatte das Reichs-Versicherungsamt die Anhörung von Vertretern der betreffenden Gewerbszweige zu veranlassen. Die in den Generalversammlungen der Betriebsunternehmer gefaßten Beschlüsse sowie eine Zusammenstellung der Äußerungen der gemäß § 15 des Unfallversicherungsgesetzes vom 6. Juli 1884 gehörten Unternehmer hat das Reichs-Versicherungsamt dann mit seinen eigenen Vorschlägen in der Form von Denkschriften der Beschlußfassung des Bundesrats unterbreitet. Bei allen diesen Maßnahmen war das Bestreben des Reichs-Versicherungsamts darauf gerichtet, der Absicht des Gesetzgebers zur Verwirklichung zu verhelfen, daß möglichst leistungsfähige Berufsgenossenschaften errichtet und dabei, dem berufsgenossenschaftlichen Grundgedanken entsprechend, die engeren Berufsgenossen innerhalb eines größeren Gebiets, womöglich des ganzen Reichs, zusammengefaßt würden. Im allgemeinen war dieses Bemühen von Erfolg begleitet. In der Denkschrift vom 29. April 1885 faßt das Reichs-Versicherungsamt das Gesamtergebnis seiner ersten organisatorischen Tätigkeit dahin zusammen, daß „eine den Wünschen der großen Mehrzahl der Beteiligten entsprechende und sowohl ihren Interessen als auch den an die Leistungsfähigkeit zu stellenden Anforderungen genügende berufsgenossenschaftliche Organisation in Vorschlag gebracht wurde". Die endgültige Bildung der Berufsgenossenschaften durch den Bundesrat entsprach in der Hauptsache den Anträgen des Reichs-Versicherungsamts. Durch den Zusammenschluß gleichartiger Gruppen des gewerblichen Lebens in Berufsgenossenschaften, die das ganze Reich oder doch große Teile des Reichs umfassen, ist auch nicht unwesentlich zur Stärkung des Reichsgedankens beigetragen worden.

Nachdem die Errichtung und Einrichtung der gewerblichen Berufsgenossenschaften abgeschlossen ist, sind folgende Änderungen in ihrem Bestande möglich:

1. Änderungen lediglich durch anderweite Abgrenzung des sachlichen oder örtlichen Umfanges der einzelnen Berufsgenossenschaften, entweder auf übereinstimmenden Beschluß der beteiligten Genossenschaftsversammlungen mit Genehmigung des Bundesrats oder durch Beschluß des Bundesrats auf Anrufen seitens einer Berufsgenossenschaft.

2. Änderungen, die den Untergang oder die Neuentstehung einer Berufsgenossenschaft zur Folge haben, sei es durch Vereinigung mehrerer Berufsgenossenschaften auf übereinstimmenden Beschluß der Genossenschaftsversammlungen mit Genehmigung des Bundesrats, oder durch Ausscheidung einzelner Gewerbszweige oder örtlich abgegrenzter Teile aus einer Berufsgenossenschaft und Bildung einer besonderen Berufsgenossenschaft für sie durch Beschluß des Bundesrats, endlich durch Auflösung einer leistungsunfähigen Berufsgenossenschaft durch den Bundesrat

auf Antrag des Reichs-Versicherungsamts und Zuteilung der zu der aufgelösten Berufsgenossenschaft gehörig gewesenen Gewerbszweige an andere Berufsgenossenschaften.

Bisher sind weder mehrere Berufsgenossenschaften zu einer einzigen vereinigt, noch ist eine Berufsgenossenschaft aufgelöst worden. Dagegen wurden durch Beschluß des Bundesrats vom 14. Juli 1896 die Fleischereibetriebe aus der Nahrungsmittel-Industrie-Berufsgenossenschaft ausgeschieden und zu einer eigenen, der Fleischerei-Berufsgenossenschaft vereinigt. Auf Grund des § 2 des Abänderungsgesetzes vom 30. Juni 1900 ist sodann nach Ausdehnung der Versicherungspflicht auf sämtliche Schmiedebetriebe eine eigene Schmiede-Berufsgenossenschaft errichtet, und es sind die bis dahin bei den Eisen- und Stahl-Berufsgenossenschaften versichert gewesenen Schmiedebetriebe aus diesen Genossenschaften ausgeschieden worden, während die übrigen durch das Gewerbe-Unfallversicherungsgesetz der Versicherung neu unterstellten Gewerbszweige, ebenso wie schon früher die durch Beschluß des Bundesrats für versicherungspflichtig erklärten Bauarbeiten, den bestehenden Berufsgenossenschaften angegliedert worden sind. Eine anderweite Abgrenzung des sachlichen und örtlichen Umfanges der bestehenden Berufsgenossenschaften hat in mehreren Fällen stattgefunden.

Das Reichs-Versicherungsamt hat in allen Fällen, in denen die Änderung des Bestandes einer Berufsgenossenschaft angestrebt wird, die Beschlußfassung des Bundesrats vorzubereiten. Daß diese Vorbereitung zum Teil umfangreiche und schwierige Verhandlungen mit den davon berührten Kreisen aus Gewerbe, Handel usw. sowie den unmittelbar beteiligten Berufsgenossenschaften erfordert, bedarf kaum der Hervorhebung. An berechtigten und unberechtigten Bestrebungen nach anderweiten berufsgenossenschaftlichen Gliederungen hat es in den verflossenen 25 Jahren nicht gefehlt. Nicht nur waren Sonderbestrebungen im Sinne einzelstaatlicher Abschließung zurückzuweisen, sondern es haben namentlich auch die Gewerbszweige, die nach den geltenden Zuständigkeitsbestimmungen auf verschiedene Berufsgenossenschaften verteilt waren, diese Zersplitterung, die ihnen bei keiner Berufsgenossenschaft den von ihnen beanspruchten Einfluß gewährte, unliebsam empfunden und einen einheitlichen berufsgenossenschaftlichen Zusammenschluß der zu ihnen gehörenden Betriebe angestrebt. Vielfach sind auch Wünsche hervorgetreten, eine Berufsgenossenschaft für einen engeren Kreis von Berufsgenossen zu bilden. Zum Teil bezweckten solche Anträge zugleich eine Ausdehnung der gesetzlichen Unfallversicherung. Auch katasterrechtliche Schwierigkeiten und die daraus entspringende Gefährdung des bisherigen Katasterbestandes gaben Anlaß zu Anträgen auf Änderungen der berufsgenossenschaftlichen Zugehörigkeit oder Gliederung.

Ferner sind aus den Kreisen des Kleingewerbes, insbesondere des Handwerkes, Bestrebungen zutage getreten, sich aus der berufsgenossenschaftlichen Verbindung mit der Großindustrie loszulösen. Solche Erwägungen haben bei der Bildung der Fleischerei- und besonders der Schmiede-Berufsgenossenschaft eine maßgebende Rolle gespielt und in neuerer Zeit jahrelange Verhandlungen über die Frage, ob eine Schlosser-Berufsgenossenschaft zu bilden sei, veranlaßt. Das Reichs-Versicherungsamt hat übrigens gerade bei der Schmiede-Berufsgenossenschaft die Unterscheidung zwischen fabrik- und handwerksmäßigen Betrieben als Merkmal der berufsgenossenschaftlichen Zugehörigkeit für unvereinbar mit den gesetzlichen Bestimmungen gehalten und mit Überwindung großer Schwierigkeiten eine Abgrenzung der Schmiedebetriebe von den übrigen Eisen und Stahl verarbeitenden Betrieben nach technischen Gesichtspunkten zu ziehen versucht.

Im Anschluß an die organisatorischen Bestimmungen über die sachliche Zuständigkeit der Berufsgenossenschaften ist noch auf die Vorschrift des § 59 Abs. 1 Schlußsatz des Gewerbe-Unfallversicherungsgesetzes hinzuweisen, wonach ein Betrieb, der keiner der vorhandenen Berufsgenossenschaften zugehört, vom Reichs-Versicherungsamte derjenigen Berufsgenossenschaft zuzuweisen ist, der er seiner Natur nach am nächsten steht. Damit ist zum Ausdrucke gebracht, daß die berufsgenossenschaftliche Organisation lückenlos sein soll, insofern jeder versicherungspflichtige Betrieb einer der vorhandenen Berufsgenossenschaften angehören muß. Die „Zuweisung" eines Betriebs nach der angeführten Gesetzesvorschrift hat daher trotz des Wortlauts dieser Bestimmung nicht die („konstitutive") Bedeutung, daß dem Reichs-Versicherungsamte das Recht zu einer Bestandsabänderung der Berufsgenossenschaft zustände, sondern sie ist rein „deklaratorischer" Natur. Sie bildet lediglich eine besonders geartete Katasterentscheidung, die veranlaßt ist durch die Vielgestaltigkeit und den Fortschritt der gewerblichen Entwicklung. Anlaß zur Anwendung dieser Befugnis hat z. B. in jüngster Zeit die Entwicklung der Luftschiffahrt gegeben. Das Reichs-Versicherungsamt hat nicht nur den Bau der Motorluftschiffe, sondern — wegen des zur Zeit noch bestehenden engen Zusammenhanges mit den Herstellungsbetrieben — auch die Luftschiffahrtsbetriebe der Berufsgenossenschaft der Feinmechanik und Elektrotechnik zugewiesen.

Im übrigen hat das Reichs-Versicherungsamt den Bestand der Berufsgenossenschaften tunlichst vor Angriffen zu schützen gesucht.

Die Bildung der landwirtschaftlichen Berufsgenossenschaften ist in der Hauptsache auf Grund landesgesetzlicher Regelung erfolgt. Soweit landwirtschaftliche Berufsgenossenschaften gemäß § 18 des landwirtschaftlichen Unfallversicherungsgesetzes vom 5. Mai 1886 durch den Bundesrat gebildet worden sind, hat sich die Tätigkeit des Reichs-Versicherungsamts auf eine Äußerung über die Leistungsfähigkeit der zu errichtenden Berufsgenossenschaften beschränkt. Die Mitwirkung des Reichs-Versicherungsamts bei der Abänderung des Bestandes und der Auflösung von landwirtschaftlichen Berufsgenossenschaften erstreckt sich infolge der landesgesetzlichen Regelungen nur auf wenige Berufsgenossenschaften.

Die diesen sozialpolitischen Verbänden vom Gesetzgeber verliehene Satzungsgewalt hat sich vor allem auf dem Gebiete ihrer inneren Verfassung, der Verwaltungseinrichtungen und der Geschäftsordnung betätigt. Deshalb ist den Berufsgenossenschaften und Versicherungsanstalten möglichste Freiheit bei Einrichtung ihrer Verwaltung gewährt worden. Dementsprechend beschränken sich die bindenden gesetzlichen Bestimmungen über die Verwaltung auf das geringste Maß, während die weitere Ausgestaltung der inneren Angelegenheiten der Regelung durch Statut überlassen worden ist, das Vertreter der Beteiligten selbst zu vereinbaren haben, und das nur der behördlichen Genehmigung bedarf. Diese Genehmigung ist in die Hand der Aufsichtsbehörde, also des Reichs-Versicherungsamts und der Landes-Versicherungsämter gelegt. Der Gesetzgeber hat es nicht lediglich dem Belieben der Berufsgenossenschaften und Versicherungsanstalten anheimgestellt, ob sie von der autonomen Satzungsgewalt Gebrauch machen wollen oder nicht, er hat vielmehr die Errichtung von Statuten vorgeschrieben und deren Zustandekommen dadurch gesichert, daß die Genehmigungsbehörde äußerstenfalls das Recht hat, das Statut selbst zu erlassen. Das Gesetz setzt ferner den notwendigen Inhalt der Statuten fest, indem es diejenigen Gegenstände aufzählt, über die das Statut Bestimmung treffen muß. Darüber hinaus ist die Satzungsgewalt eine freiwillige, die dadurch begrenzt ist, daß sie sich im Rahmen des Gesetzes halten muß. Mehrfach sind in den Gesetzen ausdrücklich statutarische Vorschriften zugelassen, die teils die gesetzlichen Bestimmungen lediglich ergänzen sollen, teils auch eine von den gesetzlichen Vorschriften abweichende Regelung ermöglichen. Ein gesetzlicher Zwang besteht in diesen Fällen nur insofern, als die Bestimmungen zur Ergänzung und Abänderung der gesetzlichen Vorschriften nur durch Statut und nicht etwa auf anderem Wege, z. B. durch Beschluß der Genossenschafts- oder Anstaltsorgane, erlassen werden können.

Hand in Hand mit der Vorbereitung der Beschlußfassung des Bundesrats über die Bildung der (gewerblichen) Berufsgenossenschaften hat das Reichs-Versicherungsamt wirksam an der Aufstellung der Genossenschaftsstatuten mitgearbeitet. Zweifellos war es die Absicht des Gesetzgebers, daß das Amt seine Tätigkeit nicht auf die Prüfung und Genehmigung der ihm vorgelegten Statutentwürfe beschränken, sondern das Zustandekommen gesetz- und zweckmäßiger Statuten in jeder Weise fördern sollte. Dies war im Unfallversicherungsgesetze vom 6. Juli 1884 (§ 16) dadurch zum Ausdrucke gebracht, daß die Beteiligung eines Vertreters des Amtes an der zur Beschlußfassung über das (erste) Statut berufenen Genossenschaftsversammlung angeordnet war. Alsbald nach der Verkündung dieses Gesetzes hat das Reichs-Versicherungsamt ein Normalstatut für die Berufsgenossenschaften ausgearbeitet und demnächst in seinen Amtlichen Nachrichten veröffentlicht. Schon in den Generalversammlungen, die gemäß § 14 a. a. O. abzuhalten waren, ist von den Vertretern des Reichs-Versicherungsamts nach Erledigung des Hauptgegenstandes der Tagesordnung eine Besprechung über die wesentlichen Punkte des Statuts herbeigeführt und außerdem die Einsetzung eines Ausschusses zur Vorbereitung des der nächsten Genossenschaftsversammlung vorzulegenden Statutentwurfs angeregt worden. Die von diesen

Ausschüssen an der Hand des Normalstatuts ausgearbeiteten Statutentwürfe wurden vom Reichs-Versicherungsamte vorgeprüft. Die Anstände und Bedenken, die sich dabei ergaben, wurden tunlichst im Wege der Verhandlungen beseitigt. So war es möglich, daß unmittelbar nach der Beschlußfassung des Bundesrats über die Bildung der Berufsgenossenschaften die Genossenschaftsversammlungen, in denen das Statut endgültig beschlossen wurde, abgehalten werden konnten und schon am 10. Juli 1885 das letzte Statut der auf Grund des Unfallversicherungsgesetzes gebildeten Berufsgenossenschaften genehmigt worden ist. Wenn durch die Kaiserliche Verordnung vom 25. September 1885 das Unfallversicherungsgesetz vom 6. Juli 1884 und ein Teil des Ausdehnungsgesetzes vom 28. Mai 1885 schon zum 1. Oktober 1885 in Kraft gesetzt werden konnte, so gebührt ein gut Teil des Verdienstes an dem raschen und glatten Abschlusse der Vorarbeiten auch dem Reichs-Versicherungsamt und insbesondere der Tatkraft und dem Verwaltungsgeschick seines ersten Präsidenten.

Kurze Zeit nach der Verkündung des landwirtschaftlichen Unfallversicherungsgesetzes vom 5. Mai 1886 hat das Reichs-Versicherungsamt sowohl für die nur auf Grund dieses Reichsgesetzes als auch für die auf Grund des preußischen Ausführungsgesetzes vom 20. Mai 1887 errichteten land- und forstwirtschaftlichen Berufsgenossenschaften Normalstatuten aufgestellt. Nach dem Erlasse des Bau-Unfallversicherungsgesetzes vom 11. Juli 1887 hat es einen Nachtrag zum Normalstatute der gewerblichen Berufsgenossenschaften und ein Normalstatut für die Versicherungsanstalten der Baugewerks-Berufsgenossenschaften und der Tiefbau-Berufsgenossenschaft ausgearbeitet. Die weiteren Erfahrungen sind dann in dem im Jahre 1892 aufgestellten „Revidierten Normalstatute für gewerbliche Berufsgenossenschaften“ für künftige Statutabänderungen und Neuaufstellungen von Statuten nutzbar gemacht worden. Zur Erleichterung der durch die Unfallversicherungsgesetze vom 30. Juni 1900 gebotenen Änderungen der Statuten hat das Reichs-Versicherungsamt ein „Neues Musterstatut für gewerbliche Berufsgenossenschaften“, ein „Neues Musternebenstatut für die Baugewerks-Berufsgenossenschaften und die Tiefbau-Berufsgenossenschaft“ und „Neue Musterstatuten Ausgabe I für die nichtpreußischen und Ausgabe II für die preußischen land- und forstwirtschaftlichen Berufsgenossenschaften“ aufgestellt. Alle diese „Neuen Musterstatuten“ sind im dritten Bande des Handbuchs (S. 89 bis 318) abgedruckt und erläutert.

Die Genehmigung von Statuten und Statutänderungen ist zu versagen, wenn der Inhalt des Statuts gegen das Gesetz verstößt, oder wenn es Bestimmungen nicht enthält, die zum notwendigen Inhalte des Statuts gehören. Im übrigen ist das Genehmigungsrecht an das Fehlen gesetzlich festgesetzter Versagungsgründe nicht gebunden. Gegen die Entscheidung des Reichs-Versicherungsamts, durch welche die Genehmigung eines Statuts oder einer Statutänderung versagt wird, ist die Beschwerde an den Bundesrat zugelassen.

Bei Prüfung der Statuten oder Statutänderungen sind nicht nur gesetzwidrige, sondern auch unzweckmäßige Bestimmungen zu verhindern. Auf der anderen Seite hat das Reichs-Versicherungsamt stets der Eigenartigkeit der Verhältnisse der Berufsgenossenschaften, Versicherungsanstalten und dem diesen Verbänden eingeräumten Selbstbestimmungsrechte möglichst weitgehend Rechnung getragen. Anstände und Bedenken gegen geplante statutarische Bestimmung hat das Reichs-Versicherungsamt wie zu Anfang bei Aufstellung, so auch bei späteren Änderungen der Statuten durch geeignete Vorstellungen und Belehrungen zu beheben gesucht, und seine Anregungen haben auch in den meisten Fällen bei den Vorständen der Berufsgenossenschaften bereitwilliges Entgegenkommen gefunden. Der Inhalt der Statuten ist, wie bereits hervorgehoben, teils ein notwendiger, teils ein zugelassener. In der Hauptsache beziehen sich die statutarischen Vorschriften auf die innere Verfassung und Verwaltung der Berufsgenossenschaften, sie sind also im wesentlichen organisatorischer Natur. Sie enthalten aber auch — vor allem die zugelassenen statutarischen Bestimmungen der Berufsgenossenschaften, und zwar besonders der landwirtschaftlichen — Rechtsnormen, die unmittelbar Rechte und Pflichten für Genossenschaftsmitglieder und Versicherte erzeugen. Solche in der autonomen Satzungsgewalt begründete Rechtsnormen betreffen namentlich die Zwangsversicherung der Kleinunternehmer, die Ausdehnung des Rechtes zur freiwilligen Versicherung der Betriebsunternehmer, die Zwangsversicherung der Hausgewerbetreibenden, die Feststellung und Ausdehnung der Versicherungspflicht der Betriebsbeamten und land- und forstwirtschaftlichen Facharbeiter, die Ausdehnung der

Versicherung auf andere im Betriebe beschäftigte oder die Betriebsstätte nur besuchende Personen, auf Beamte und Organe der Berufsgenossenschaften, die Unterstellung landwirtschaftlicher Nebenbetriebe unter das Gewerbe-Unfallversicherungsgesetz, die Regelung der Beitragserhebung für landwirtschaftliche Nebenbetriebe, ferner für Betriebe ohne Bodenbewirtschaftung und Betriebsbeamte und Facharbeiter beim Steuerfuße, sowie die Festsetzung einheitlicher Beiträge für kleinere landwirtschaftliche Betriebe beim Maßstabe des Arbeitsbedarfs.

Nach § 20 Abs. 3 des landwirtschaftlichen Unfallversicherungsgesetzes vom 5. Mai 1886 lag es dem Reichs-Versicherungsamte ferner ob, die Wahlordnung für die Wahlen der konstituierenden Genossenschaftsversammlung zu erlassen. Jetzt steht dem Reichs-Versicherungsamte nur noch zu der Erlaß einer Wahlordnung für die nach § 114 des Gewerbe-Unfallversicherungsgesetzes, § 40 des Bau-Unfallversicherungsgesetzes vorzunehmenden Wahlen von Vertretern der Arbeiter zur Beratung und Beschlußfassung über Unfallverhütungsvorschriften sowie zur Begutachtung der nach § 120e Abs. 2 der Gewerbe-Ordnung zu erlassenden Vorschriften und die Leitung dieser Wahlen durch einen Beauftragten des Amtes.

Neben einer Reihe von Anordnungen und sonstigen Maßnahmen des Reichs-Versicherungsamts, die bei den Ausführungen über seine Aufsichtstätigkeit und über die Vermögensverwaltung der Berufsgenossenschaften zu erwähnen sein werden, kommt für die innere Verwaltung dieser Versicherungsträger namentlich die Einwirkung in Betracht, die es auf die Rechtsverhältnisse der Beamten der Berufsgenossenschaften ausgeübt hat. Schon frühzeitig hat sich das Reichs-Versicherungsamt bemüht, Einfluß auf die Gestaltung dieser Angelegenheit zu gewinnen. Nach den früheren Unfallversicherungsgesetzen konnte die Befugnis hierzu nur aus seinem allgemeinen Aufsichtsrechte gegenüber den Berufsgenossenschaften hergeleitet werden. Anders wurde die Rechtslage mit dem Inkrafttreten der Unfallversicherungsgesetze vom 30. Juni 1900. Sie bestimmten — das landwirtschaftliche Unfallversicherungsgesetz nur für diejenigen Beamten der Berufsgenossenschaften, welche nicht Staats- oder Kommunalbeamte sind —, daß die Genossenschaftsversammlung eine Dienstordnung zu beschließen habe, durch welche die Rechtsverhältnisse und allgemeinen Anstellungsbedingungen der Genossenschaftsbeamten geregelt werden, und daß diese Dienstordnung der Bestätigung durch das Reichs-Versicherungsamt bedürfe. Bei Erledigung dieser Aufgabe hat das Reichs-Versicherungsamt besonders zwei Ziele im Auge behalten. Einmal erschien es ihm erwünscht, daß das Ansehen des ganzen Standes gehoben werde. Zu diesem Zwecke wurde erstrebt, den Beamten möglichst lange Kündigungsfristen zu verschaffen und ihnen nach einer gewissen Zeit der Bewährung die Möglichkeit einer dauernden und tunlichst lebenslänglichen Anstellung zu geben. Dabei war aber auch dafür Sorge zu tragen, daß durch ein geordnetes, etwaige Willkür ausschließendes Disziplinarverfahren ungeeignete Persönlichkeiten entfernt würden. Sodann galt es, die wirtschaftliche Lage der Beamtenschaft zu verbessern, ihnen also nicht nur ausreichende Gehälter, sondern auch vor allem das Recht auf Pension und auf Witwen- und Waisenversorgung zu verschaffen. Es darf festgestellt werden, daß dank den Bemühungen des Reichs-Versicherungsamts das Pensionsrecht wenigstens dem Grundsatze nach — man kann sagen durchweg — in den berufsgenossenschaftlichen Verwaltungen anerkannt worden ist. Wenn im übrigen nicht alle Wünsche erfüllt worden sind, so ist doch durch die Dienstordnungen und die Einwirkung, die das Reichs-Versicherungsamt bei deren Bestätigung ausgeübt hat, gegenüber dem früheren Zustand ein wesentlicher Fortschritt erzielt worden.

Sowohl für den sachlichen Umfang (Bestand) der einzelnen Berufsgenossenschaften wie für die Rechte und Pflichten der Unternehmer, namentlich die Höhe ihrer Geldleistungen, — übrigens auch, was später zu erwähnen sein wird, für die Rechte der Versicherten — sind von großer Wichtigkeit die Fragen, ob ein Betrieb der Versicherungspflicht unterliegt und welcher Berufsgenossenschaft er anzugehören hat. Die §§ 58, 59 des Gewerbe-Unfallversicherungsgesetzes regeln ein besonderes Verfahren, in dem endgültig die Versicherungspflichtigkeit und die berufsgenossenschaftliche Zugehörigkeit der einzelnen Betriebe festzustellen ist. Danach haben die Berufsgenossenschaften dem Unternehmer bei Aufnahme seines Betriebs in das Kataster einen Mitgliedschein, über die Ablehnung der Aufnahme einen mit Gründen versehenen förmlichen Bescheid zu erteilen, und sowohl gegen die Aufnahme wie gegen die Ablehnung steht dem Unternehmer binnen einer bestimmten Frist die Beschwerde an das Reichs-Versicherungsamt zu. Beide Fragen können auch im Spruchverfahren zur Entscheidung kommen. Es ist daher im Reichs-Versicherungsamte von jeher darauf geachtet worden, zu einer einheitlichen Verwaltungsübung und Rechtsprechung zu gelangen. Die Abgrenzung der versicherungspflichtigen Betriebe untereinander und von den zur Zeit der Versicherung noch nicht unterliegenden Betrieben ist zum Teil recht schwierig und erfordert eine genaue Kenntnis nicht nur der wirtschaftlichen Verhältnisse, sondern auch der technischen Betriebsvorgänge und der Einzelheiten der gewerblichen Gütererzeugung. Ein Bild von der Mannigfaltigkeit der hier auftauchenden Zweifelsfragen gibt der Inhalt der Anmerkungen 61 bis 140 zu § 1 des Gewerbe-Unfallversicherungsgesetzes im ersten Bande des Handbuchs. Mitunter waren erst neue, in der technischen Wissenschaft noch nicht genügend herausgearbeitete Begriffsbestimmungen aufzustellen. Auch die Fortschritte in Industrie und Technik berühren nicht nur — manchmal sehr einschneidend — den Bestand der Berufsgenossenschaften, sie stellen auch dem Reichs-Versicherungsamte stets neue Aufgaben in technischer und versicherungsrechtlicher Beziehung. Bei den Entscheidungen dieser Art hat es das Amt von jeher für notwendig erachtet, neben den Rechtsgründen auch Gesichtspunkten der Zweckmäßigkeit, insbesondere solchen des öffentlichen Wohles und der Billigkeit, Rechnung zu tragen. Am meisten hat es sich in dieser Beziehung von der Erwägung leiten lassen, daß für einen möglichst ungestörten Bestand der Genossenschaftskataster Sorge zu tragen ist, und deshalb Veränderungen im Bestande der Berufsgenossenschaften nur aus zwingenden Gründen zuzulassen sind. Anderseits aber hat das Reichs-Versicherungsamt kein Bedenken getragen, trotz der formellen Rechtskraft einer Katasterentscheidung die Versicherungspflichtigkeit oder berufsgenossenschaftliche Zugehörigkeit eines Betriebs von neuem zu prüfen, wenn dies nach der einen oder anderen Richtung hin billig erschien. Bloße Zweifel an der Richtigkeit der Entscheidung, die niemals vermeidbar sind, konnten allerdings nicht genügen, ein nochmaliges Aufrollen des Streites zuzulassen. Auch der selten vorkommende Umstand, daß trotz aller Vorsicht dennoch — etwa infolge einer unrichtigen Auskunft — unzutreffende Tatsachen unterstellt worden sind, wurde zur Änderung einer Katasterentscheidung des Reichs-Versicherungsamts, sofern nicht alle Beteiligten damit einverstanden waren, nur dann für ausreichend erachtet, wenn deren Aufrechterhaltung zu einer Unbilligkeit oder zu anderen schweren Unzuträglichkeiten geführt hätte. In der Regel mußte die Rücksicht auf die Wahrung der Rechtssicherheit die Oberhand behalten, die auf diesem Gebiete durch den vorerwähnten Grundsatz des Reichs-Versicherungsamts von der Erhaltung des Katasterbestandes eine besondere Ausgestaltung erfahren hat. Dagegen ist eine Abweichung von früheren Entscheidungen namentlich dann für geboten erachtet worden, wenn die Überzeugung begründet war, daß gewisse Arten von Betrieben, die früher als nicht versicherungspflichtig angesehen wurden, fortan in die Versicherungspflicht einzubeziehen wären. Ein derartiger, freilich nicht häufiger Wechsel in allgemeinen Auffassungen traf selbstverständlich ganze Klassen von Betrieben. Die geänderte Auffassung konnte und sollte sich auch nicht auf neu errichtete Unternehmungen beschränken, und so ist denn wiederholt für eine große Zahl von Betrieben die Versicherungspflicht ausgesprochen worden, für die sie früher vom Reichs-Versicherungsamte verneint worden war, womit die älteren Entscheidungen von selbst hinfällig wurden. Beispiele für solche Wandlungen bietet die Abgrenzung des Begriffs der versicherten Lagerei- und Lagerungsbetriebe. Die Förderung der Wohlfahrt derjenigen Klassen, für welche die Versicherung bestimmt ist, überwiegt in solchen Fällen die Vorteile, die das Festhalten an endgültigen Entscheidungen und einer darauf sich gründenden Rechtsübung mit sich bringt. Ähnliche Erwägungen können auch in Einzelfällen zu späteren Änderungen von Katasterentscheidungen führen.

Überwiegend sind es aber Änderungen der gesetzlichen Vorschriften oder der tatsächlichen Verhältnisse, die zum Aufgeben früherer Katasterentscheidungen nötigen, also Umstände, welche die Sach- und Rechtslage derart anders gestalten, daß in Wahrheit nicht mehr derselbe Streitfall vorliegt wie beim Erlasse der älteren Entscheidung, sollten auch die Parteien dieselben geblieben sein. Als Änderungen des Sachverhalts kommen in Betracht: Änderungen hinsichtlich des Gegenstandes der Fabrikation oder eingreifende technische Änderungen der Fabrikationsweise, ferner Verschiebungen mehrerer in einer Hand vereinigter Betriebe zueinander, insbesondere Änderung des Verhältnisses von Haupt- und Nebenbetrieb, sodann Wechsel in der Person des Unternehmers und schließlich Einstellung des Betriebs und Wegfall der die Versicherungspflichtigkeit bedingenden Eigenschaften. Bei Streitigkeiten, die aus solchem Anlaß entstehen, hat das Reichs-Versicherungsamt als einzige Instanz zu entscheiden, und zwar über das gesamte Sach- und Rechtsverhältnis, so daß dadurch die Katasterzugehörigkeit nach allen Seiten hin festgestellt wird.

Unter den Fragen rechtlicher oder wirtschaftlicher Art sind es auch hier sehr oft Begriffe wie Betrieb, Fabrik, Unternehmer, Arbeiter usw., die in ihrer allgemeinen Bedeutung festzustellen sind, und deren Anwendbarkeit auf den zu entscheidenden Fall zu prüfen ist. Zu welchen Zweifeln dabei allein schon die anscheinend so klar unterschiedenen Begriffe „Unternehmer" und „Arbeiter" Anlaß gegeben haben, zeigen die umfangreichen (freilich auch Spruchentscheidungen enthaltenden) Ausführungen über den Begriff des Unternehmers im ersten Bande des Handbuchs (vgl. die Anmerkungen 18 bis 35 zu § 28 des Gewerbe-Unfallversicherungsgesetzes, Band 1 S. 356 bis 379), wo zunächst „Allgemeine Grundsätze" für den Begriff und sodann Entscheidungen über seine Anwendung „bei den einzelnen Gewerbszweigen" zusammengestellt sind. Eine wohl ebenso große Zahl von Entscheidungen knüpft sich an die Klarstellung und Anwendung der Begriffe „Hauptbetrieb", „Nebenbetrieb", „Gesamtbetrieb" und „Betriebsteil", die für die Fragen der Versicherungspflicht und der berufsgenossenschaftlichen Zugehörigkeit von großer Bedeutung sind (vgl. die Anmerkungen 7 bis 17 a. a. O. S. 342 bis 356).

Für die Feststellung des Sachverhalts, die allen diesen Entscheidungen vorausgehen muß, bieten oft die Ermittlungen und Auskünfte der unteren Verwaltungsbehörden, die das Reichs-Versicherungsamt darum ersucht, im Zusammenhalte mit den Anführungen der Beteiligten eine hinreichende Grundlage. Nicht selten kann sich indessen das Reichs-Versicherungsamt mit dieser Art der Aufklärung nicht begnügen, namentlich dann nicht, wenn mehrere Berufsgenossenschaften über die berufsgenossenschaftliche Zugehörigkeit eines großen Betriebs oder einer Gruppe von Betrieben streiten. In solchen meist recht bedeutsamen Angelegenheiten pflegt das Reichs-Versicherungsamt sich nicht auf eine Erörterung im Schriftwege zu beschränken, sondern außerdem in mündliche Verhandlungen mit Vertretern der Berufsgenossenschaften, auch wohl mit den beteiligten Betriebsunternehmern zu treten, um noch bestehende Unklarheiten zu beseitigen, insbesondere auch ein besseres Bild von den Betriebsverhältnissen zu gewinnen. Auf diese Weise sind zahlreiche Streitigkeiten, die oft lange bestanden hatten, zu einem alle Teile befriedigenden Austrage gebracht worden. Führen auch Besprechungen mit den Genossenschaftsvertretern, zu denen übrigens im Bedarfsfall auch auf dem streitigen Gebiete besonders erfahrene Sachverständige zugezogen werden, nicht zum Ziele, oder erscheinen sie nach Lage der Sache nicht angebracht, so findet öfter eine Besichtigung der Betriebe durch Mitglieder des Reichs-Versicherungsamts zusammen mit Vertretern der Berufsgenossenschaften statt. Dieser erst in neuerer Zeit mehr angewandten Maßnahme war es wiederholt zu verdanken, daß Mißverständnisse und Meinungsverschiedenheiten an Ort und Stelle leicht beseitigt wurden. So sind z. B. zur Beilegung der zahlreichen Katasterstreitigkeiten zwischen der Steinbruchs-Berufsgenossenschaft und Baugewerks-Berufsgenossenschaften über die Zugehörigkeit von Steinbruchsbetrieben viele Steinbrüche und Steinhauereien im Odenwald und in der bayerischen Rheinpfalz besichtigt worden. Die seit Jahren zwischen der Schmiede-Berufsgenossenschaft und der Maschinenbau- und Kleineisenindustrie-Berufsgenossenschaft bestehenden Streitigkeiten über die Zugehörigkeit verschiedener Betriebsgruppen sind auf Grund wiederholter mündlicher Verhandlungen mit Vertretern der beiden Berufsgenossenschaften und nach Besichtigung einer größeren Anzahl von Betrieben beigelegt worden. Erwähnt seien auch die langwierigen, aber erfolgreichen Verhandlungen, die zur Abgrenzung des Begriffs der bei der Lagerei-Berufsgenossenschaft versicherten Lagerungsbetriebe und der nicht versicherten Verkaufstätigkeit in offenen Verkaufsstellen notwendig waren.

Von welcher wirtschaftlichen Tragweite für den einzelnen Unternehmer die Entscheidung der Frage sein kann, welcher Berufsgenossenschaft sein Betrieb zugehört, zeigen folgende Beispiele: In einem Falle aus neuerer Zeit, in dem zwischen einer Baugewerks-Berufsgenossenschaft und der Tiefbau-Berufsgenossenschaft die Zugehörigkeit eines Baubetriebs streitig war, handelte es sich für die eine Berufsgenossenschaft um einen Beitrag von 9520 Mark, für die andere um einen solchen von 16 249 Mark, für den Unternehmer also um einen Unterschied von jährlich 6729 Mark, in einem zweiten ähnlichen Falle um Beiträge von 16 370 Mark und 32 235 Mark, also um einen Unterschied von jährlich 15 865 Mark, in einem dritten Falle, in welchem streitig war, ob ein Bahnbau Teil eines gewerbsmäßigen Tiefbaubetriebs oder Teil des staatlichen Bahnbetriebs war, handelte es sich sogar für ein Baujahr schon um einen Beitrag von 49 500 Mark, der fortfiel, wenn der Fiskus für zuständig erklärt wurde.

Im Anschlusse hieran sei noch erwähnt, daß das Gesetz dem Reichs-Versicherungsamte mehrfach die Aufgabe übertragen hat, den Umfang der Versicherungspflicht von Betrieben durch begriffserklärende Auslegungen und Bestimmungen festzustellen. Dahin gehören die Bestimmungen auf Grund des § 2 Abs. 4 des Gewerbe-Unfallversicherungsgesetzes (früher § 1 Abs. 5 des Unfallversicherungsgesetzes vom 6. Juli 1884) darüber, welche Betriebe außer den im § 2 Abs. 2 und 3 bezeichneten als „Fabriken" im Sinne des Gesetzes anzusehen sind. In welch weitem Umfange das Reichs-Versicherungsamt von der ihm hierdurch erteilten Ermächtigung Gebrauch gemacht hat und mit Rücksicht auf die wirtschaftlichen und technischen Verhältnisse auch Gebrauch machen mußte, läßt die Zusammenstellung der bezüglichen Bestimmungen im Handbuche der Unfallversicherung (Band 1 S. 199 bis 223, Anmerkung 19 zu § 2 des Gewerbe-Unfallversicherungsgesetzes) erkennen. Weiter gehören dahin die Bestimmungen auf Grund des § 1 Abs. 3 Ziffer 2 des landwirtschaftlichen Unfallversicherungsgesetzes darüber, welche Betriebe, die der Unternehmer eines land- oder forstwirtschaftlichen Betriebs neben und in Abhängigkeit von diesem betreibt, wegen ihres erheblichen Umfanges oder wegen besonderer maschineller Einrichtungen oder wegen der Zahl der verwendeten gewerblichen Arbeiter nicht als land- oder forstwirtschaftliche Betriebe anzusehen, sondern den unter das Gewerbe-Unfallversicherungsgesetz fallenden Fabriken zuzurechnen sind. Ebenso hat das Reichs-Versicherungsamt auf Grund des § 1 Abs. 8 des landwirtschaftlichen Unfallversicherungsgesetzes vom 30. Juni 1900 zu bestimmen, welche Betriebszweige im Sinne dieses Gesetzes als land- oder forstwirtschaftliche Betriebe zu gelten haben, endlich auf Grund des § 1 Abs. 3 des jetzigen See-Unfallversicherungsgesetzes, welche Betriebe im Sinne dieses Gesetzes versicherungspflichtig sind (vgl. zu den drei zuletzt genannten Punkten Handbuch der Unfallversicherung Band 2 S. 37, Anmerkung 44 zu § 1 des landwirtschaftlichen Unfallversicherungsgesetzes, S. 69 ff., Anmerkung 62 bis 67 zu demselben Paragraphen und S. 492, Anmerkung 9 zu § 1 des See-Unfallversicherungsgesetzes). Im übrigen bieten die Darlegungen in den Abschnitten „Industrie", „Baugewerbe", „Bergbau", „Handel und Verkehr" und „Land- und Forstwirtschaft" in dem Aufsatze „Geschichte und Wirkungskreis des Reichs-Versicherungsamts" manche für diese Sondergebiete wichtige Einzelheiten, bei denen es sich um die Fragen der Versicherungspflicht oder der berufsgenossenschaftlichen Zugehörigkeit von Betrieben und einzelnen Tätigkeiten handelt.

Gegenwärtig bestehen auf Grund des Gewerbe-Unfallversicherungsgesetzes 64 Berufsgenossenschaften, die zusammen 677 904 Betriebe umfassen, und bei denen 8 534 151 Personen oder 7 624 749 sogenannte „Vollarbeiter" versichert sind. Die Zahl der Vollarbeiter ist im großen und ganzen nach 300 Arbeitstagen oder Arbeitsschichten berechnet. Weiter bestehen auf Grund des Unfallversicherungsgesetzes für Land- und Forstwirtschaft 48 Berufsgenossenschaften mit 5 434 100 Betrieben und 17 179 000 Versicherten, ferner auf Grund des Bau-Unfallversicherungsgesetzes eine Berufsgenossenschaft mit 17 277 Betrieben und 306 276 Versicherten oder 172 291 Vollarbeitern, und endlich auf Grund des See-Unfallversicherungsgesetzes eine Berufsgenossenschaft mit 1643 Betrieben und 77 345 Versicherten oder 71 491 Vollarbeitern. Hiernach sind im ganzen 114 Berufsgenossenschaften und 6 130 924 versicherte Betriebe vorhanden. Die Zahl der durchschnittlich Versicherten würde sich auf 26 096 772 stellen, wenn dafür die Summe der oben bei den gewerblichen und bei den landwirtschaftlichen Berufsgenossenschaften angegebenen Zahlen als zutreffend gelten könnte. Das ist aber insofern nicht der Fall, als eine Anzahl von Personen gleichzeitig in gewerblichen und in landwirtschaftlichen Betrieben beschäftigt und versichert und deshalb bei dieser Berechnungsweise doppelt gezählt ist. Auch bei den später zu erwähnenden Versicherten der Reichs-, Staats- und Kommunalbetriebe, für welche Ausführungsbehörden bestehen, ist eine solche Doppelzählung aus demselben Grunde unvermeidlich. Die somit im ganzen zu hoch angesetzte Zahl wird auf etwa 3,4 Millionen geschätzt. Danach darf angenommen werden, daß der Versichertenbestand der Unfallversicherung, also die Zahl der Versicherten sämtlicher Berufsgenossenschaften und Ausführungsbehörden (die Versicherten der letzteren treten den obigen 26 Millionen Versicherten noch hinzu), rund 24,1 Millionen Personen beträgt, d. i. 37,7 v. H. der Gesamtbevölkerung des Reichs.

Überblickt man die Entwicklung und die Leistungen der Unfallversicherung in den verflossenen 25 Jahren, so darf unbedenklich gesagt werden, daß sich die Einrichtung der Berufsgenossenschaften vollkommen bewährt hat. Noch heute gilt, was das Reichs-Versicherungsamt aus Anlaß der Jahrhundertfeier des Geburtstags Kaiser Wilhelms I. von ihnen rühmte: „Die schweren Lasten an Geld und ehrenamtlicher Arbeit werden willig getragen". Noch heute darf, wie damals, „die Behörde, welche das Vertrauen der Gesetzgeber zur Durchführung der Unfall- und der Invaliditätsversicherung an erster Stelle berufen hat, den Männern Dank sagen, die lange Jahre hindurch neben den Mühen und Sorgen des eigenen Berufs ihre Kraft zur Durchführung jener Gesetzgebung in ehrenamtlicher Wirksamkeit eingesetzt haben" (Amtliche Nachrichten des Reichs-Versicherungsamts 1897 S. 189). Ihrer wird in einem besonderen Abschnitte dieser Schrift am Ende näher gedacht werden, wobei auch in einem Verzeichnisse die Namen der Männer aufgeführt werden sollen, die seit dem Bestehen der Berufsgenossenschaften in leitender Stellung tätig sind. Wie gleich hier bemerkt werden darf, werden sich die Angaben daselbst auch auf die Versicherungs-Anstalten und zugelassenen Kasseneinrichtungen der Invalidenversicherung erstrecken. Den in der Verwaltung dieser Versicherungsträger bewährten Beamten gebührt die hier den Berufsgenossenschaften gezollte dankbare Anerkennung in nicht minderem Grade.

Von der Betätigung der Berufsgenossenschaften im Rahmen der ihnen vom Gesetze zugewiesenen Aufgaben wird im folgenden mehrfach eingehender zu handeln sein. Die berufsgenossenschaftliche Einrichtung und die Arbeiterversicherung überhaupt sind aber auch über die Zwecke hinaus, für die sie geschaffen waren, von Nutzen geworden, nicht allein für die Unternehmer selbst, sondern auch für wichtige Seiten des wirtschaftlichen und sogar des politischen Lebens. Zwar sind den Berufsgenossenschaften nicht, wie Fürst Bismarck es ursprünglich beabsichtigt hatte, neue Wirkungskreise durch die Gesetzgebung zugewiesen worden. Man hat sie weder zu Trägern der Invaliden- oder der Krankenversicherung gemacht, wohin manche Pläne gingen, noch sie zu einer Mitwirkung bei der Durchführung der Gewerbegesetzgebung oder anderer Aufgaben des Arbeiterrechts ausersehen. Die Berufsgenossenschaften dürfen auch als solche ihre Tätigkeit nicht auf andere als die im Gesetz ihnen übertragene Gebiete erstrecken oder gar für andere Zwecke berufsgenossenschaftliche Mittel aufwenden. Mehr und mehr haben aber die Unternehmer daneben aus eigenem Antrieb und mit eigenen Mitteln Bestrebungen gefördert, die in mannigfacher Art der Industrie und der Landwirtschaft, dem Baugewerbe, dem Handel und dem Verkehre zugute gekommen sind. Dahin gehört die Gründung verschiedenartiger Unternehmerverbände zur Verfolgung gemeinschaftlicher beruflicher Zwecke, die Veranstaltung großer Ausstellungen, die Vervollkommnung von Betriebseinrichtungen und Betriebsmitteln und dergleichen mehr. Es dürfte nicht zuviel gesagt sein, wenn man behauptet, daß auf diese Wirksamkeit zu einem guten Teile der Aufschwung zurückzuführen ist, den namentlich die Industrie in den letzten 25 Jahren genommen hat, trotz der sicherlich nicht geringen Lasten, die sie für die Arbeiterversicherung zu tragen hatte. Die Hebung zahlreicher Wirtschaftszweige und des Gesamtwohlstandes ist aber auch für die Lage der Arbeiter vorteilhaft gewesen, deren Löhne in demselben Zeitraume beträchtlich gestiegen sind. Das alles wäre nicht in dem Maße möglich gewesen ohne den Zusammenschluß der Unternehmer, den ihre Vereinigung in Berufsgenossenschaften zustande gebracht hatte. Ein Kenner dieser Verhältnisse hat jüngst auf einem berufsgenossenschaftlichen Verbandstage „aus dreißigjähriger Erfahrung heraus" geäußert, „in dieser Zeit habe kaum eine Tatsache so fördernd auf die deutsche Industrie eingewirkt wie die Begründung der deutschen Berufsgenossenschaften". „Die einzelnen Industriellen", so fuhr er fort, „standen sich fremd, unter dem Gesichtspunkte der Konkurrenz zum Teil feindlich gegenüber, und erst in dem Augenblicke, wo die sozialpolitische Gesetzgebung sie zusammenführte, sie persönlich einander näherte, sie in Fühlung treten ließ und sie lehrte, zu gemeinsamen Zwecken gemeinsam zu arbeiten, seitdem entwickelte sich die Industrie weiter. Sie wurde diszipliniert, sie gewöhnte sich daran, die eigenen, persönlichen Interessen den allgemeinen Interessen unterzuordnen, und damit ist ein ganz mächtiger Hebel für die Entwicklung der Industrie geschaffen." Selten wohl treten die heilsamen Wirkungen des Gemeinschaftssinns, auf dessen Bedeutung als eines der Ausgangspunkte unserer Arbeiterversicherung schon in der Einleitung hingewiesen wurde, deutlicher zutage als in dieser Wandlung, die auch im Auslande nicht unbemerkt geblieben ist. Ohne die dadurch erzielte Einmütigkeit hätten auch manche der schwierigen Aufgaben, welche die sozialpolitische Gesetzgebung den Berufsgenossenschaften und damit insbesondere der Industrie stellte, nicht so umfassend und sachkundig gelöst werden können, wie dies beispielsweise auf dem — an späterer Stelle noch zu besprechenden — Gebiete der gewerblichen Unfallverhütung geschehen ist. Unleugbar hat ferner der Umstand, daß die Berufsgenossen aus den verschiedensten Gebietsteilen des Reichs durch die gemeinsame Arbeit in persönliche Berührung miteinander gebracht wurden, das Gefühl der Zusammengehörigkeit in ihnen wachgerufen und gestärkt. Dadurch ist ein Band geknüpft worden, das auch für die tatsächliche Einigung der Stämme innerhalb unseres Vaterlandes von nicht zu unterschätzendem Werte ist.

Den Unternehmern selbst kommen die ihnen durch die Arbeiterversicherung entzogenen Gelder durch die Hebung der wirtschaftlichen Lage mittelbar zum Teil wieder zugute. Sie haben auch von der Schaffung und Erhaltung einer arbeitsfreudigen und leistungsfähigen Arbeiterschaft einen erheblichen und unmittelbaren Vorteil. Endlich darf nicht übersehen werden, daß die Lasten, welche die reichsgesetzliche Unfallversicherung der Industrie auferlegt, wenigstens zum Teil ausgeglichen werden durch die Entlastung der Betriebsunternehmer von der Schadenersatzpflicht und den Haftpflichtprozessen, die für manchen Unternehmer eine schwere Schädigung, wenn nicht gar den wirtschaftlichen Untergang zur Folge haben konnten.

Die Gemeinsamkeitsbestrebungen der Berufsgenossenschaften kommen auch zum Ausdruck in den Vereinigungen, welche sie gebildet haben. Die größte davon ist der „Verband der Deutschen Berufsgenossenschaften", der seinen Sitz in Berlin hat und alljährlich einen Genossenschaftstag abhält. Ihm gehören jetzt sämtliche gewerbliche Berufsgenossenschaften an. Eine größere Zahl von solchen ist dem Verband erst in neuerer Zeit beigetreten, zum Teil infolge der Bemühungen des Reichs-Versicherungsamts. Weiter bestehen noch der „Verband der Deutschen Baugewerks-Berufsgenossenschaften" und der „Verband der Deutschen Eisen- und Stahl-Berufsgenossenschaften". Für die landwirtschaftliche Unfallversicherung hat sich eine „Ständige Kommission der Deutschen landwirtschaftlichen Berufsgenossenschaften" gebildet; außerdem finden alljährlich Konferenzen dieser Berufsgenossenschaften statt. In neuerer Zeit sind noch entstanden die „Freie Vereinigung im Rheinlande tätiger berufsgenossenschaftlicher Verwaltungen", die „Westfälische Vereinigung berufsgenossenschaftlicher Verwaltungen" und die „Freie Vereinigung berufsgenossenschaftlicher Verwaltungen in Württemberg".

Einer besonderen Besprechung bedarf die Einrichtung der Versicherungsanstalten bei den Berufsgenossenschaften (Unfallversicherungsanstalten).

Die berufsgenossenschaftlichen Einrichtungen sind im wesentlichen für beständige Verhältnisse bestimmt. Zwar sind, wie im vorstehenden dargelegt worden ist, auch Änderungen im Bestande der Berufsgenossenschaften aus mannigfachen Gründen möglich und zulässig, aber im großen und ganzen ist doch hier, wo der Beruf den Grund und das Mittel des Zusammenschlusses bildet, eine gewisse Dauer der Zugehörigkeit unumgänglich. In der Hauptsache sind daher bei den Berufsgenossenschaften nur Betriebe, also Unternehmungen, die auf ein Fortbestehen berechnet sind, versichert. Dagegen erschien es nicht zweckmäßig, ihnen unmittelbar die Versicherung solcher Arbeiten zu überweisen, die ihrer Natur nach von vorübergehender Dauer sind. Es sind dies in erster Reihe die sogenannten „Regie- (Eigen-) Bauarbeiten", d. h. solche Bauarbeiten, welche von Privatpersonen oder privaten Körperschaften oder auch von öffentlichen Verbänden oder Körperschaften als Bauherren durch eigens angenommene Arbeiter, ohne Übertragung an einen selbständigen Baugewerbetreibenden, ausgeführt werden. Solchen Bauherren, deren Beziehungen zum Bauwesen wie zur Unfallversicherung mit der Beendigung des Baues aufhören, konnte man nicht wohl die Rechte und Pflichten der Genossenschafts-mitglieder übertragen. Auch eignete sich für diese Verhältnisse nicht das bei den Berufsgenossenschaften eingeführte Umlageverfahren zur Aufbringung der Mittel. Es sind deshalb besondere Einrichtungen getroffen worden, um die Versicherung dieser Arbeiten und der dabei beteiligten Personen zu vermitteln. Dies sind die Unfallversicherungsanstalten, die schon durch das Bau-Unfallversicherungsgesetz vom 11. Juli 1887 (§ 16 ff.) als besondere der Tiefbau-Berufsgenossenschaft und den 12 Baugewerks-Berufsgenossenschaften angegliederte Versicherungseinrichtungen ins Leben gerufen und auch durch das Bau-Unfallversicherungsgesetz vom 30. Juni 1900 (§ 18 ff.) aufrecht erhalten worden sind. Bei den Versicherungsanstalten sind jedoch nicht versichert die Bauarbeiten, die das Reich oder ein Bundesstaat für eigene Rechnung ausführt, und ebensowenig die Eigenbauarbeiten derjenigen Kommunalverbände und anderen öffentlichen Körperschaften, die auf ihren Antrag von der Landes-Zentralbehörde zur Übernahme der Lasten der Unfallversicherung für leistungsfähig erklärt worden sind. Es gehören ferner nicht dahin die von solchen Verbänden oder Körperschaften als Unternehmer in Eisenbahnbetrieben ausgeführten Bauarbeiten, endlich auch nicht diejenigen Eigenbauarbeiten eines Privatmanns oder irgendeiner Körperschaft, die als Teile eines bei einer Berufsgenossenschaft versicherten Betriebs anzusehen sind. Dagegen sind bei den Versicherungsanstalten auch versichert die freiwillig versicherten Unternehmer von Regie-Bauarbeiten und die von Unternehmern, welche nicht einen auf die Dauer berechneten Baubetrieb unterhalten, gelegentlich (und somit nicht gewerbsmäßig) für eigene Rechnung im Auftrag eines anderen ausgeführten Arbeiten. Außerdem kann das Genossenschaftsstatut bestimmen, daß auch die — zwangsweise oder freiwillige — Versicherung von Unternehmern, welche als Baugewerbetreibende Mitglieder der Genossenschaften sind, namentlich die der sogenannten „Kleinmeister", sowie anderer von diesen Baugewerbetreibenden bei der Bauausführung beschäftigter, nicht bereits anderweit versicherter Personen bei der Versicherungsanstalt zu erfolgen hat. Anfänglich hatten alle Baugewerks-Berufsgenossenschaften und die Tiefbau-Berufsgenossenschaft die Versicherung dieser Personen den Versicherungsanstalten überwiesen. Gegenwärtig haben nur noch 4 Baugewerks-Berufsgenossenschaften (die Hamburgische, die Hannoversche, die Bayerische und die Südwestliche) diese Zuteilung beibehalten. Die übrigen Baugewerks-Berufsgenossenschaften sowie die Tiefbau-Berufsgenossenschaft haben sowohl die Zwangsversicherung der Kleinmeister als auch die freiwillige Versicherung der anderen Baugewerbetreibenden und die Versicherung der von Genossenschaftsmitgliedern beschäftigten „anderen" Personen auf die Berufsgenossenschaft übernommen. Die Schlesisch-Posensche Baugewerks-Berufsgenossenschaft hat die Zwangsversicherung der Kleinmeister wieder aufgehoben.

Das See-Unfallversicherungsgesetz vom 30. Juni 1900 hat auch auf dem Gebiete der See-Unfallversicherung eine Versicherunganstalt geschaffen, die der See-Berufsgenossenschaft angegliedert worden und am 1. Januar 1902 ins Leben getreten ist. Sie ist für die durch das genannte Gesetz begründete Unfallversicherung „im Kleinbetriebe der Seeschiffahrt sowie in der See- und Küstenfischerei" gebildet worden. Diese Versicherung erstreckt sich auf die Besatzung der in § 152 a. a. O. näher bezeichneten Seefahrzeuge und zur Fischerei bestimmten Fahrzeuge sowie auf die Unternehmer gewerblicher Schiffahrts- und Fischereibetriebe derselben Arten (§ 153). Für diese Zwecke ist — ausweislich der Begründung des Gesetzentwurfs — die Form der Versicherungsanstalt gewählt worden, weil der See-Berufsgenossenschaft nicht Kleinbetriebe in so großer Zahl als Mitglieder zugewiesen werden sollten und die Leistungsfähigkeit der hierbei in Frage kommenden Betriebsunternehmer „in finanzieller und geschäftlicher Hinsicht größeren Ansprüchen nicht gewachsen" erschien.

Für die sämtlichen 14 Versicherungsanstalten gilt folgendes: Träger der Versicherungsanstalt ist die Berufsgenossenschaft, der sie angegliedert ist. Dieser fällt also das Risiko der Versicherungsanstalt zur Last. Der Genossenschaftsvorstand und die Genossenschaftsversammlung sowie die sonstigen Organe der Berufsgenossenschaft führen die Verwaltung der Versicherungsanstalt, soweit nicht statutarisch etwas anderes bestimmt ist. Die Genossenschaftsversammlung hat für die Versicherungsanstalt ein Nebenstatut zu errichten, das über die im Gesetze vorgesehenen Punkte Bestimmung treffen muß. Die Einnahmen und Ausgaben der Versicherungsanstalt sind besonders zu verrechnen und ihre Bestände gesondert zu verwahren. Das für die Zwecke der Versicherungsanstalt bestimmte Vermögen darf für die übrigen Zwecke der Genossenschaft nicht verwendet werden. Die für den Geschäftsbetrieb der Versicherungsanstalt etwa erforderlichen Mittel hat die Berufsgenossenschaft vorzuschießen. Bei den Versicherungsanstalten der Tiefbau-Berufsgenossenschaft und der Baugewerks-Berufsgenossenschaften ist ein besonderer Reservefonds anzusammeln, dessen Verwendung zu Zwecken der Berufsgenossenschaft ebenfalls unstatthaft ist. Die Verwaltungskosten haben hier die Versicherungsanstalten selbst aufzubringen, und zwar in Höhe der durch ihre besondere Verwaltung tatsächlich erforderlich gewesenen Aufwendungen. Daneben kann der Versicherungsanstalt nach Bestimmung des Reichs-Versicherungsamts ein Pauschbetrag als Anteil an den gemeinsamen Verwaltungskosten auferlegt werden. Bei der Versicherungsanstalt der See-Berufsgenossenschaft trägt die Berufsgenossenschaft die Verwaltungskosten, auch ist hier die Ansammlung eines besonderen Reservefonds nicht vorgeschrieben. Nach alledem besitzen die Versicherungsanstalten zwar keine eigene Rechtspersönlichkeit, dennoch aber eine gewisse Selbständigkeit.

Diese eigenartige Gestaltungsform der Versicherungseinrichtung hat auch das Reichs-Versicherungsamt vor eine ganze Reihe besonderer Aufgaben gestellt. Am schwerwiegendsten ist seine Pflicht zur Aufstellung der Prämientarife für die Versicherungsanstalten der Tiefbau-Berufsgenossenschaft und der Baugewerks-Berufsgenossenschaften sowie zur Feststellung der Beiträge zur Versicherungsanstalt der See-Berufsgenossenschaft. Auf diese Arbeiten des Amtes wird unten näher einzugehen sein. Für die Bau-Unfallversicherung ist ferner vorgeschrieben, daß bei den Beratungen der Genossenschaftsversammlungen über das Nebenstatut ein Vertreter des Reichs-Versicherungsamts zugegen sein und auf sein Verlangen jederzeit gehört werden muß. Sodann hat das Reichs-Versicherungsamt das Formular vorzuschreiben, nach welchem die Regie-Bauarbeiten bei der von der Landes-Zentralbehörde bestimmten Behörde (monatweise) nachzuweisen sind. Dieses Formular ist durch Bekanntmachung vom 12. Dezember 1887 vorgeschrieben und nebst einer eingehenden Anleitung darüber, in welchen Fällen und auf welche Art (Frist, Stelle usw.) die Nachweisungen einzureichen sind, veröffentlicht worden (jetzt abgedruckt als Anlage 8 im Handbuche der Unfallversicherung Band 3 S. 469 ff.). Die Bestimmung der Kostenverteilung ist bereits erwähnt, von anderem kann hier abgesehen werden.

2. Die übrigen Träger der Unfallversicherung.

Für die land- und forstwirtschaftliche Unfallversicherung ist, wie oben dargelegt, grundsätzlich an der berufsgenossenschaftlichen Gestaltung der Versicherungsträger festgehalten und nur die Möglichkeit eröffnet worden, für die Verwaltung dieser Berufsgenossenschaften vorhandene Einrichtungen der Staats- oder Kommunalverwaltungen nutzbar zu machen. Ausnahmen von der berufsgenossenschaftlichen Organisation sind dagegen in sämtlichen Zweigen der Unfallversicherung zugunsten derjenigen Betriebe und Arbeiten eingeführt worden, deren Unternehmer das Reich, ein Bundesstaat oder zur Tragung der Lasten der Bau-Unfallversicherung für leistungsfähig erklärte Kommunalverbände oder andere öffentliche Körperschaften sind. An die Stelle der Berufsgenossenschaft tritt hier das Reich, der Bundesstaat, der Kommunalverband oder die Körperschaft, für deren Rechnung der Betrieb geführt wird. Sie sind Träger der Versicherung in demselben Sinne wie die Berufsgenossenschaften für die ihnen nicht entzogenen Betriebe. Zum ersten Male wurde eine solche Abweichung zugelassen durch das Gesetz über die Ausdehnung der Unfall- und Krankenversicherung vom 28. Mai 1885 (§§ 2, 3) für die dadurch in die Versicherung einbezogenen Betriebe der Post-, Telegraphen- und Eisenbahnverwaltungen, der Marine- und Heeresverwaltungen, ferner für die Baggerei-, Binnenschiffahrts-, Flößerei-, Prahm- und Fährbetriebe. Demnächst sind entsprechende Bestimmungen getroffen worden durch das landwirtschaftliche Unfallversicherungsgesetz vom 5. Mai 1886 (§§ 102 ff.) und durch das See-Unfallversicherungsgesetz vom 13. Juli 1887 (§§ 102 ff.) für die unter diese Gesetze fallenden Reichs- und Staatsbetriebe, sowie durch das Bau-Unfallversicherungsgesetz vom 11. Juli 1887 (§ 4 Ziffer 2 und 3) für die vom Reiche, einem Bundesstaat oder einem für leistungsfähig erklärten Kommunalverband usw. als Unternehmer ausgeführten Bauarbeiten. Die jetzigen Unfallversicherungsgesetze haben diese Regelungen beibehalten. Das Ausdehnungsgesetz hatte es jedoch der Reichsverwaltung und den Landesregierungen freigestellt, vor der Beschlußfassung des Bundesrats über die Bildung der Berufsgenossenschaften zu erklären, daß die von ihnen verwalteten Baggerei-, Binnenschiffahrts- usw. Betriebe den zuständigen Berufsgenossenschaften angehören sollten, wovon auch zum Teil Gebrauch gemacht wurde (bezüglich des jetzigen Standes dieser Angelegenheit vgl. Amtliche Nachrichten des Reichs-Versicherungsamts 1906 S. 634). Ebenso konnte der Reichskanzler oder die Landes-Zentralbehörde vor der Errichtung der land- und forstwirtschaftlichen Berufsgenossenschaften für den betreffenden Bezirk erklären, daß diesen Berufsgenossenschaften auch Reichs- oder Staatsbetriebe der Land- oder Forstwirtschaft angehören sollten. Auf dem Gebiete der Bau-Unfallversicherung ist es noch jetzt zulässig, daß das Reich oder die Bundesstaaten bezüglich aller oder einzelner Arten der von ihnen als Unternehmer ausgeführten selbständigen Bauarbeiten durch eine Erklärung des Reichskanzlers oder der Landes-Zentralbehörde der Tiefbau-Berufsgenossenschaft oder der Baugewerks-Berufsgenossenschaft des fraglichen Bezirkes als Mitglied beitreten. Dieselbe Befugnis steht hier auch den Kommunalverbänden und anderen öffentlichen Körperschaften zu, für welche dann die Erklärung von ihrem Vorstand abzugeben ist. Ebenso kann noch jetzt, wie früher, der Reichskanzler oder eine Landes-Zentralbehörde erklären, daß unter das See-Unfallversicherungsgesetz fallende Betriebe des Reichs oder des fraglichen Bundesstaats der See-Berufsgenossenschaft angehören sollen.

Soweit hiernach das Reich oder ein Bundesstaat, ein Kommunalverband oder eine andere öffentliche Körperschaft die Stelle der Berufsgenossenschaft einnimmt, werden die Befugnisse und Obliegenheiten der Genossenschaftsversammlung und des Vorstandes der Genossenschaft durch Ausführungsbehörden wahrgenommen. Diese Behörden bestimmt für die Heeresverwaltungen die oberste Militärverwaltungsbehörde des Heeresteils, im übrigen für die Reichsverwaltungen der Reichskanzler, für die Landesverwaltungen die Landes-Zentralbehörde. Dem Reichs-Versicherungsamt ist mitzuteilen, welche Behörden als Ausführungsbehörden bezeichnet worden sind. Zur Zeit bestehen 550 solcher Ausführungsbehörden, und zwar 214 für Reichs- und Staatsbetriebe und 336 für Kommunalverbände und andere öffentliche Korporationen. Ein genaues Verzeichnis aller dieser Ausführungsbehörden nach Namen, Sitz und Geschäftsbereich (nach dem Stande von Januar 1910) befindet sich im Handbuche der Unfallversicherung (Band 3 Anhang, Anlage 1 S. 365 ff.). Als Beispiele seien hier nur angeführt: die Kaiserlichen Werften, die Intendanturen der Armeekorps usw., die Post-Versicherungskommission in Berlin, das Eisenbahnzentralamt in Berlin, die Eisenbahndirektionen, die oberste Baubehörde im Königlichen Staatsministerium des Innern in München, ferner Oberpräsidenten, Regierungspräsidenten, Regierungsabteilungen, Landeshauptleute, Vorsitzende von Kreisausschüssen, Magistrate, Stadträte in Sachsen, Bezirksräte in Württemberg usw.

II. Die Träger der Invalidenversicherung.

1. Die Versicherungsanstalten (Landes-Versicherungsanstalten).

Daß „auch diejenigen, welche durch Alter und Invalidität erwerbsunfähig werden, der Gesamtheit gegenüber einen begründeten Anspruch auf ein höheres Maß staatlicher Fürsorge" haben, als ihnen vordem zuteil geworden war, hatte schon die Botschaft des ersten Kaisers anerkannt. Auch zur Erfüllung dieser Pflicht der Allgemeinheit „die rechten Mittel und Wege zu finden", war dort als die nach Vollendung der Unfall- und der Krankenversicherung zu lösende Aufgabe hingestellt worden. Fast genau sieben Jahre später, am 22. November 1888, verkündete der jetzige Herrscher in der Thronrede, mit der er den Reichstag eröffnete, daß er „als ein teures Vermächtnis Seines in Gott ruhenden Herrn Großvaters die Aufgabe übernommen habe, die von Ihm begonnene sozialpolitische Gesetzgebung fortzuführen". Zugleich wurde die Einbringung einer Vorlage in Aussicht gestellt, die „als die Frucht umfänglicher Vorarbeiten" „einen gangbaren Weg zur Erreichung dieses Zieles" in Vorschlag bringen sollte.

Bei den hier angedeuteten Untersuchungen und Plänen war selbstverständlich auch die Frage der Organisation eingehend erwogen worden. Die „Grundzüge zur Alters- und Invalidenversicherung der Arbeiter", die als erstes Ergebnis der Vorarbeiten des Reichsamts des Innern im Jahre 1887 veröffentlicht worden waren, hatten diesen neuen Versicherungszweig den Berufsgenossenschaften sowie dem Reiche, den Bundesstaaten, den Kommunalverbänden und anderen öffentlichen Verbänden, soweit diese nach den Unfallversicherungsgesetzen an die Stelle von Berufsgenossenschaften treten, übertragen wollen. Es sollte zu diesem Zwecke bei jeder Berufsgenossenschaft eine besondere Versicherungsanstalt in ähnlicher Weise errichtet werden, wie dies damals für die Unfallversicherung von Arbeitern bei Regiebauten beabsichtigt wurde und später durch das Bau-Unfallversicherungsgesetz vom 11. Juli 1887 zur Ausführung gelangt ist. Der Bundesrat setzte aber an die Stelle der Berufsgenossenschaften usw. Versicherungsanstalten für weitere Kommunalverbände, deren Errichtung an die Genehmigung des Bundesrats geknüpft wurde. Der Vorstand der Versicherungsanstalt erhielt im wesentlichen dieselbe Gestalt, die ihm später das Invaliditäts- und Altersversicherungsgesetz verlieh. Der so umgearbeitete Entwurf des Reichsamts des Innern war die in jener Thronrede in Aussicht gestellte Vorlage. Die ihr beigegebene Begründung nahm ausführlich zu der Organisationsfrage Stellung. Alle Gründe, die dafür sprechen konnten, den Berufsgenossenschaften diese neue Aufgabe zuzuweisen, wurden nicht minder gründlich erwogen als die Gegengründe. Aus den letzteren sei nur hervorgehoben, daß man es für nötig hielt, die Alters- und Invaliditätsversicherung auf breitere Schultern zu legen als die Unfallversicherung. Denn bei ihr handele es sich — so wurde ausgeführt — nicht nur um das Erfordernis dauernder Leistungsfähigkeit, es müsse vielmehr auch eine ausreichende Stetigkeit in der Zahl und den Verhältnissen der Versicherten gewährleistet sein, wenn anders eine zuverlässige Altersgruppierung und eine gewisse Gleichmäßigkeit in dem Eintritte der Invalidität ermöglicht werden solle, beides Umstände, welche für die auf Erfahrungssätzen beruhenden Berechnungen von Leistung und Gegenleistung unerläßlich seien. Weiter wurde hervorgehoben, daß die Fürsorge für Invalidität, da diese in den meisten Fällen keine eigentliche Berufsinvalidität, sondern Folge des Alters oder allgemeiner Krankheiten sei, weit hinausgreife über die Grenzen einer Angelegenheit, für welche die Berufsgenossenschaften als solche einzutreten hätten.

So machte denn das Invaliditäts- und Altersversicherungsgesetz vom 22. Juni 1889 (§ 41) zu Trägern dieses Versicherungszweigs besondere Versicherungsanstalten mit örtlich abgegrenzten Bezirken. Sie wurden nach Bestimmung der Landesregierungen für weitere Kommunalverbände ihres Gebiets (Provinzen usw.) oder für das Gebiet eines Bundesstaats errichtet. Auch konnte für mehrere Bundesstaaten oder Gebietsteile von solchen, sowie für mehrere weitere Kommunalverbände eines Bundesstaats eine gemeinsame Versicherungsanstalt errichtet werden. Die Errichtung bedurfte der Genehmigung des Bundesrats und konnte bei deren Versagung vom Bundesrate selbst nach Anhörung der beteiligten Landesregierungen angeordnet werden. Den Sitz der Versicherungsanstalt bestimmte die Landesregierung, bei gemeinsamen Versicherungsanstalten, sofern sich die beteiligten Regierungen nicht einigten, der Bundesrat. Für die Verbindlichkeiten der Versicherungsanstalten haftete ihren Gläubigern in erster Linie das Anstaltsvermögen, und, wenn dieses nicht ausreichte, der Kommunalverband, für welchen die Anstalt errichtet war. Die Haftung des Bundesstaats war vorgesehen bei den Versicherungsanstalten, die für den Bezirk eines solchen errichtet würden, für den Fall der Unzulänglichkeit ihres Vermögens, bei den übrigen für den Fall, daß nicht nur die Anstalt, sondern auch der Kommunalverband, für den sie errichtet würde, unvermögend sein sollte. Die Versicherungsanstalt hatte juristische Persönlichkeit. Ihr Vorstand, durch den sie verwaltet sowie gerichtlich und außergerichtlich vertreten wurde, hatte die Eigenschaft einer öffentlichen Behörde und bestand aus einem oder mehreren Beamten des weiteren Kommunalverbandes oder des Bundesstaats, für den die Anstalt errichtet war.

In allen diesen Beziehungen ist durch das jetzt geltende Invalidenversicherungsgesetz vom 13. Juli 1899 keine Änderung eingetreten, abgesehen von der Bestimmung, daß Versicherungsanstalten jetzt auch für Gebietsteile eines Bundesstaats errichtet werden können. Es trifft daher auch jetzt noch zu, was in dem Kommentar von Bosse und v. Woedtke (1891 S. 4*) gesagt ist: „Die territorialen Versicherungsanstalten sind nach ihrem ganzen rechtlichen Aufbau nicht etwa Kommunal- oder Staatsanstalten (wie Landarmenanstalten, provinzielle Feuerversicherungen usw.), sondern selbständige Korporationen mit eigener juristischer Persönlichkeit (§ 44), eigenen Organen (§§ 46 ff.), eigener Verfassung (§ 54) und eigener

Vermögensverwaltung (§§ 44, 129). Sie haben nur insofern Beziehungen zu den Kommunalverbänden bzw. Staaten, als ihre Bezirke mit den Bezirken der letzteren zusammenfallen (sich an Bezirke weiterer Kommunalverbände oder Bundesstaaten „anlehnen"); ferner insofern, als die Geschäfte des Vorstandes von höheren Beamten des betreffenden Kommunalverbandes oder Bundesstaats (§ 47), nicht von besonderen, durch die Versicherungsanstalt selbst bestellten Beamten wahrgenommen werden; endlich insofern, als der betreffende Kommunalverband bzw. Bundesstaat für die Verbindlichkeiten der Versicherungsanstalt Garantie leistet (§ 44). Die Versicherungsanstalten haben hiernach Ähnlichkeit mit den zur Durchführung der Unfallversicherung errichteten Berufsgenossenschaften, am meisten mit den land- und forstwirtschaftlichen Berufsgenossenschaften, ohne sich jedoch mit denselben vollständig zu decken." Mit den Berufsgenossenschaften haben die Versicherungsanstalten namentlich auch das gemein, daß sie das Recht der Selbstverwaltung besitzen und nur der durch das Reichs-Versicherungsamt oder ein Landes-Versicherungsamt ausgeübten Staatsaufsicht unterstehen.

Bödiker bemerkt in seiner Schrift „Die Entwicklung der Arbeiterversicherung in Deutschland", die er dem Internationalen Arbeiterversicherungs-Kongreß in Wien (September 1905) als Referat überreicht hat, bezüglich der Organisation der Invalidenversicherung: „Man könnte sie nach Art des ‚aufgeklärten Absolutismus' einen ‚aufgeklärten Bureaukratismus' nennen, was gewiß nichts schlechtes ist." Diesem Urteile kann sich das Reichs-Versicherungsamt auf Grund seiner Erfahrungen insofern anschließen, als es der Meinung ist, daß sich die Verbindung von Berufsbeamtentum und ehrenamtlicher Mitwirkung von Laienvertretern, die Mischung von behördlichem Gepräge und Selbstverwaltung für die Zwecke der Invalidenversicherung, bei denen in der Tat die beruflichen Gesichtspunkte zurücktreten, an sich als durchaus geeignet erwiesen hat. Auch die Bezirke der Versicherungsanstalten sind im Hinblick auf die großen ihnen obliegenden Aufgaben in vermögensrechtlicher und gesundheitlicher Beziehung an und für sich nicht zu ausgedehnt gewählt. Was der Einrichtung fehlt, sind jedoch geeignete örtliche Stellen, die den wirtschaftlichen und sozialen Verhältnissen und auch, soweit angängig, den Persönlichkeiten der Versicherten und anderer Bevölkerungskreise in kleineren Bezirken näher stehen, und die sowohl durch ihr Urteil darüber wie durch sonstige Mitarbeit die Anstaltsvorstände unterstützen könnten.

Diesem Mangel wollte das jetzt geltende Invalidenversicherungsgesetz vom 13. Juli 1899 durch die Einrichtung der örtlichen Rentenstellen und die anderweite Regelung der Mitwirkung der unteren Verwaltungsbehörden abhelfen. Die Rentenstellen haben jedoch nicht die von der Regierung erhoffte Bedeutung erlangt, weil der von ihr in dieser Beziehung gemachte Vorschlag vom Reichstage fast in das Gegenteil umgewandelt wurde. Die Vorlage wollte die Rentenstellen grundsätzlich einführen und nur als Ausnahme zulassen, daß die unteren Verwaltungsbehörden ihre Obliegenheiten sollten übernehmen können. Das Gesetz hat nach lebhaften Kämpfen in der Reichstagskommission den Vorständen der Versicherungsanstalten nur die Befugnis übertragen, für die Wahrnehmung der den unteren Verwaltungsbehörden obliegenden — zugleich neugeregelten — Geschäfte Rentenstellen zu errichten. Die Besorgung dieser Geschäfte durch die unteren Verwaltungsbehörden ist also hiernach die Regel. Von der Befugnis zur Errichtung von Rentenstellen haben nur 3 Versicherungsanstalten (die Landes-Versicherungsanstalten Schlesien, Hessen-Nassau und Rheinprovinz) Gebrauch gemacht. Sie haben insgesamt 3 Rentenstellen errichtet.

Ein wichtiger Unterschied, den die Versicherungsanstalten gegenüber den Berufsgenossenschaften aufweisen, ist die Teilnahme der Versicherten an der Verwaltung. Die Begründung zum Gesetzentwurfe vom 22. November 1888 hob bereits hervor, daß auf eine ausgiebige Beteiligung der Versicherten bei der Verwaltung Wert gelegt werde. Sie wurde schon deshalb für unerläßlich erachtet, weil die Versicherten zu den Kosten dieses Versicherungszweigs in erheblichem Maße beitragen sollten. Die Organe, in denen nach dem früheren Gesetze die Beteiligung der Versicherten zum Ausdrucke kam, waren: der Ausschuß, den jede Versicherungsanstalt haben mußte, der Aufsichtsrat, der durch Statut eingeführt werden konnte, und die Vertrauensmänner, deren Bestellung wiederum notwendig war. Das Invalidenversicherungsgesetz hat nur den Ausschuß beibehalten. Zum Ausgleiche für den Wegfall der beiden anderen Einrichtungen ist aber vorgeschrieben worden, daß dem Vorstande neben den beamteten Mitgliedern unbesoldete Vertreter der Arbeitgeber und der Versicherten angehören müssen. Der Ausschuß besteht, wie früher, aus mindestens je 5 Vertretern der Arbeitgeber und der Versicherten. Die Zahl der Vertreter wird bis zur Genehmigung des Statuts durch die für den Sitz der Versicherungsanstalt zuständige Landes-Zentralbehörde, später durch das Statut bestimmt. Die Vertreter gehen aus Wahlen hervor, die getrennt von den Arbeitgebern und den Versicherten für jede dieser Gruppen vorgenommen werden. Der Ausschuß hat insbesondere die Aufgabe, ein Statut für die Versicherungsanstalt zu errichten, das der Genehmigung des Reichs-Versicherungsamts oder des zuständigen Landes-Versicherungsamts unterliegt und, wie bei den Berufsgenossenschaften, über die im Gesetze vorgezeichneten Punkte Bestimmung treffen muß.

Beseitigt ist durch das jetzige Gesetz auch die Stellung des „Staatskommissars". Nach dem früheren Gesetze mußte ein solcher für den Bezirk jeder Versicherungsanstalt bestellt werden. Als seine Aufgabe wurde bezeichnet: die „Wahrung der Interessen der übrigen Versicherungsanstalten und des Reichs". Nach der Begründung des Invalidenversicherungsgesetzes ist diese Stellung entbehrlich geworden durch die im Gesetze vorgesehene bessere Ausgestaltung des Rentenbewilligungsverfahrens und die zugleich eingerichtete finanzielle Interessengemeinschaft aller Versicherungsträger.

Auf Grund des § 42 des Invaliditäts- und Altersversicherungsgesetzes und der Beschlüsse der beteiligten Landesregierungen genehmigte der Bundesrat in der Sitzung vom 8. März 1890 die Errichtung von 31 Versicherungsanstalten, worunter sich 8 gemeinsame Versicherungsanstalten für mehrere Bundesstaaten oder Gebietsteile von solchen befanden. In die Lage, seinerseits die Errichtung einer Versicherungsanstalt anzuordnen, kam der Bundesrat nicht, da vorher bereits vollständiges Einverständnis aller beteiligten Landesregierungen erzielt worden war. Die einzige Veränderung, die seither in den Bezirken dieser Versicherungsanstalten eingetreten ist, besteht darin, daß der gemeinsamen Versicherungsanstalt für den weiteren Kommunalverband der Provinz Schleswig-Holstein und das Fürstentum Lübeck durch Beschluß des Bundesrats vom 30. November 1893 der Kreis Herzogtum Lauenburg und die Gemeinde Helgoland hinzugetreten sind.

Auch nach dem Inkrafttreten des Invalidenversicherungsgesetzes vom 13. Juli 1899 sind die 31 Versicherungsanstalten mit ihren Bezirken beibehalten worden. Vor Aufstellung der neuen Statuten war jedoch auf Anregung des Reichs-Versicherungsamts eine möglichst gleichmäßige Bezeichnung der Versicherungsanstalten angestrebt worden. Sie führen jetzt nach den genehmigten Statuten und einigen Nachträgen dazu überwiegend die Bezeichnung „Landes-Versicherungsanstalt" unter Hinzufügung des Namens ihres Bezirkes (z. B. „Landes-Versicherungsanstalt Ostpreußen"). Nur die 8 bayerischen Versicherungsanstalten und die württembergische Versicherungsanstalt haben diese Bezeichnung nicht angenommen. Sie heißen „Versicherungsanstalt für Oberbayern" usw., „Versicherungsanstalt Württemberg". Die früheren Namen sowie die Sitze und Bezirke der früheren Versicherungsanstalten finden sich u. a. in den Amtlichen Nachrichten des Reichs-Versicherungsamts 1891 Seite 36, die jetzigen Bezeichnungen nebst Sitz und Bezirk sind ebenda 1906 Seite 584 angegeben.

In der Versicherungsanstalt sind alle diejenigen Personen zu versichern, welche in deren Bezirk beschäftigt werden. Hiernach ist für die Zuständigkeit der Beschäftigungsort entscheidend. Für dessen Bestimmung sind die Vorschriften des § 5a des Krankenversicherungsgesetzes maßgebend. Man wollte sich mit Rücksicht auf die beabsichtigte weitere Ausbildung des Einzugsverfahrens und aus anderen Gründen möglichst den für die Krankenversicherung geltenden Vorschriften anschließen. Nach dem früheren Gesetze galt als Beschäftigungsort, soweit die Beschäftigung in einem inländischen Betriebe stattfand, also in der Mehrzahl aller Fälle, der Betriebssitz. Dies hatte bei der Anwendung der Vorschrift vielfach zu Zweifeln Anlaß gegeben, da die Frage oft schwer zu entscheiden ist, wo der Sitz eines Betriebs sich befindet. Jetzt kommt es auf den Betriebssitz nur noch insofern an, als die Versicherung auch bei der Versicherungsanstalt des Betriebssitzes erfolgen kann, wenn die Beschäftigung in einem Betriebe stattfindet, dessen Sitz in dem Bezirk einer anderen Versicherungsanstalt belegen ist.

Nach den Ergebnissen der Berufszählung von 1907 betrug die Zahl der Versicherungspflichtigen bei den 31 Versicherungsanstalten 9 052 324 Männer und 4 591 832 Frauen, zusammen 13 644 156 Personen. Von dem Rechte der Selbstversicherung (§ 14 Abs. 1

des Invalidenversicherungsgesetzes) wird immer noch sehr wenig Gebrauch gemacht, obwohl manche Anstaltsvorstände (u. a. namentlich der der Landes-Versicherungsanstalt Ostpreußen) sich die Belehrung über die Vorteile dieser Einrichtung besonders haben angelegen sein lassen. Die Gesamtzahl der freiwillig Versicherten läßt sich nicht genau feststellen; sie wird nach angestellten Beobachtungen und Berechnungen auf etwa 600 000 geschätzt.

Abweichend von der Unfallversicherung war das Reichs-Versicherungsamt bei der Bildung der Träger der Invalidenversicherung nicht beteiligt. Was die Statuten anlangt, so konnte sich auch hier seine Tätigkeit einfacher gestalten. Ein Musterstatut hat das Reichs-Versicherungsamt für die auf Grund des Invaliditäts- und Altersversicherungsgesetzes errichteten Anstalten nicht veröffentlicht. Vielmehr sind nur in einer vom Reichs-Versicherungsamt einberufenen Konferenz preußischer Landesdirektoren und anderer Vertreter von Versicherungsanstalten, die am 30. Juni und 1. Juli 1890 stattfand, für die Statuten wichtige, die Durchführung des Invaliditäts- und Altersversicherungsgesetzes betreffende Fragen erörtert worden. Auch nach Inkrafttreten des Invalidenversicherungsgesetzes vom 13. Juli 1899 wurde von der Ausarbeitung von Musterstatuten abgesehen, weil die Abweichungen der bisherigen Statuten der Versicherungsanstalten untereinander gerade auf die verschiedenen Verhältnisse und Bedürfnisse der einzelnen Anstaltsbezirke zurückzuführen waren und sich daher schwer hätten ausgleichen lassen, übrigens auch bei Errichtung und Abänderung der Statuten keine besonderen Schwierigkeiten hervorgetreten waren. Das Reichs-Versicherungsamt ist ferner nicht genötigt gewesen, selbst ein Statut für eine Versicherungsanstalt zu erlassen. Hierzu wäre es nach dem früheren wie nach dem jetzigen Gesetze verpflichtet gewesen, wenn dem von dem Ausschusse der Anstalt beschlossenen und auch dem nach Anordnung abermaliger Beschlußfassung anderweit beschlossenen Statute die Genehmigung endgültig versagt worden wäre. Ebensowenig hat es die nach dem Invalidenversicherungsgesetz erforderlichen Änderungen eines Statuts selbst vornehmen müssen, wie dieses Gesetz für den Fall vorgeschrieben hatte, daß die Änderungen nicht rechtzeitig, d. h. bis zum 1. Januar 1900, von der Versicherungsanstalt selbst bewirkt worden wären. Sonach war das Reichs-Versicherungsamt hier im wesentlichen nur mit der Genehmigung der Statuten und der Abänderung von solchen befaßt.

Ein Einfluß auf die Rechtsverhältnisse der Beamten der Versicherungsanstalten ist dem Reichs-Versicherungsamte gesetzlich nicht ausdrücklich zugestanden. Die höheren Beamten sind, wie erwähnt, Staats- oder Kommunalbeamte und unterliegen demnach den für solche geltenden Bestimmungen. In welcher Weise sich hiermit das dem Reichs-Versicherungsamte gesetzlich übertragene Aufsichtsrecht und die ihm zu dessen Durchführung gegebenen Zwangsbefugnisse vereinigen, wird unten bei der besonderen Besprechung des Aufsichtsrechts darzulegen sein. Für die bei den Versicherungsanstalten oder ihren Organen im Hauptamte beschäftigten Bureau-, Kanzlei- und Unterbeamten ist durch das jetzige Gesetz ausdrücklich vorgeschrieben, daß ihnen, soweit sie nicht nach dem für sie geltenden Landesrecht als Staats- oder Kommunalbeamte anzusehen sind, nach näherer Bestimmung der Landesregierung die Rechte und Pflichten von Staats- oder Kommunalbeamten zu übertragen sind. Demgemäß unterliegen die von den Versicherungsanstalten beschlossenen Dienstreglements der Genehmigung der Landesregierung. Der Reichskanzler (Reichsamt des Innern) hat indessen durch Erlaß vom 14. Dezember 1903 den Landesregierungen der vom Reichs-Versicherungsamte beaufsichtigten Versicherungsanstalten empfohlen, diesem vor Erlaß derartiger Reglements Gelegenheit zur Äußerung zu geben. Die auf Grund des § 98 des Invalidenversicherungsgesetzes beschlossenen Reglements bilden eine gesetzlich vorgesehene Ergänzung des Gesetzes selbst und gehören somit zu den gesetzlichen Vorschriften im Sinne des § 108 a. a. O., auf deren Beobachtung durch die Versicherungsanstalten sich das allgemeine Aufsichtsrecht des Reichs-Versicherungsamts erstreckt. Unter diesem Gesichtspunkte hat das Amt darüber zu wachen und gegebenenfalls in geeigneter Weise darauf hinzuwirken, daß den Beamten die ihnen gesetzlich zustehenden Rechte tatsächlich gewährt werden. In Erfüllung dieser Aufgaben hat das Reichs-Versicherungsamt auch in zahlreichen Fällen Entscheidung treffen müssen über die für die Beamten aus dem Beamtenverhältnisse dem Vorstand oder der Versicherungsanstalt gegenüber sich ergebenden Rechte und Pflichten. Insbesondere kamen hierbei in Betracht Streitigkeiten über Anstellungs- und Beförderungsfragen, über die Zulässigkeit der Einführung von Prüfungen, über die Einreihung der Beamten in die ihrer Beschäftigung entsprechenden Beamtenklassen und die Gewährung der entsprechenden Amtsbezeichnungen, über die Feststellung des Besoldungsdienstalters und das Aufrücken in die höheren Besoldungsklassen, über die Zulässigkeit der Kündigung des Dienstverhältnisses und dergleichen mehr.

Von größter Bedeutung ist für jede Versicherungsanstalt selbstverständlich der Bestand an Versicherungspflichtigen, da hierdurch die Höhe ihrer Beitragseinnahmen beeinflußt wird. Demnach ist die Frage, ob jemand der Versicherungspflicht unterliegt, nicht nur für ihn und seinen Arbeitgeber — hinsichtlich der Beitragspflicht beider und hinsichtlich der den Versicherten zugute kommenden Leistungen (Invaliden- oder Altersrente und Heilverfahren) —, sondern auch für die Vermögenslage und damit für die gesamte Wirksamkeit der Versicherungsanstalt wichtig. Bei der ungeheuren Mannigfaltigkeit der in Betracht kommenden Beschäftigungen und den vielfach eigenartigen und verwickelten Verhältnissen tatsächlicher und rechtlicher Art war es namentlich im Anfang außerordentlich schwierig, diese Frage in den Einzelfällen klarzustellen, und noch mehr, durch beständige Beachtung leitender Gesichtspunkte eine Einheitlichkeit in ihrer Behandlung herbeizuführen. Das Reichs-Versicherungsamt hat sich von vornherein bemüht, solche Gesichtspunkte zu finden und durch seine Rechtsübung in Verwaltung und Rechtsprechung immer wieder zur Geltung zu bringen. Unter der Herrschaft des früheren Rechtes wurde der Erfolg dieses Strebens dadurch beeinträchtigt, daß dem Reichs-Versicherungsamte kein unmittelbarer Einfluß auf die Entscheidung der Streitigkeiten über die Beitragspflicht eingeräumt war. Nach § 122 des Invaliditäts- und Altersversicherungsgesetzes hatte vielmehr die für den Beschäftigungsort zuständige untere Verwaltungsbehörde und auf Beschwerde die höhere Verwaltungsbehörde — diese endgültig — zu entscheiden über Streitigkeiten zwischen den Organen der Versicherungsanstalten einerseits und Arbeitgebern oder Arbeitnehmern oder Personen, für welche die Selbstversicherung oder die Weiterversicherung nach § 8 a. a. O. in Frage kam, anderseits, oder auch zwischen Arbeitgebern und Arbeitnehmern über die Frage, ob und zu welcher Versicherungsanstalt oder in welcher Lohnklasse Beiträge zu entrichten waren. Auf diesem weiten Gebiete war also dem Reichs-Versicherungsamte jede unmittelbare Einwirkung unmöglich gemacht. Es war dies geschehen, weil man es nicht für nötig gehalten hatte, das Amt mit diesen Angelegenheiten zu belasten. Aber man hatte dabei, wie bei den Beratungen über das jetzige Gesetz anerkannt wurde, die Bedeutung dieser Sachen und die Tragweite der getroffenen Regelung unterschätzt, indem man angenommen hatte, daß bei jenen Streitigkeiten nur „unwichtige, meist bereits anderweit entschiedene Fragen mehr tatsächlicher Natur und kaum nennenswerte Beträge zur Sprache kommen würden". Im Gegenteil zeigte es sich mehr und mehr, daß hierbei vorwiegend die Frage der Versicherungspflicht zur Entscheidung kam, und diese Frage erwies sich zugleich als eine der schwierigsten. Dazu kam, daß sich bei dem Fehlen einer gemeinsamen höchsten Instanz keine einheitliche Rechtsübung entwickeln konnte, zum Teil sogar einander widersprechende Entscheidungen in den verschiedenen Verwaltungsbezirken gefällt wurden. Um diese Übelstände abzustellen, hatte die Reichstagskommission bei Beratung des jetzt geltenden Gesetzes anfangs sogar beabsichtigt, zur Herbeiführung der auf diesem Gebiete dringend erforderlichen Rechtssicherheit die letztinstanzliche Entscheidung in allen derartigen Streitigkeiten dem Reichs-Versicherungsamte zu übertragen. Man überzeugte sich aber davon, daß dem Zwecke der Rechtseinheit auch genügt werde durch die Bindung der entscheidenden Behörden an die vom Reichs-Versicherungsamt aufgestellten Grundsätze. Demgemäß wurde zwar die Zuständigkeit der Verwaltungsbehörden beibehalten, aber das Reichs-Versicherungsamt in doppelter Weise beteiligt. Einmal wurde ihm die endgültige Entscheidung an Stelle der höheren Verwaltungsbehörde übertragen in Streitigkeiten über Fragen von grundsätzlicher Bedeutung, sofern die Versicherungsanstalt innerhalb der Beschwerdefrist die Überweisung der Sache an das Amt beantragt. Weiter aber wurde — und dies war fast noch wichtiger — ausgesprochen, daß die Verwaltungsbehörden bei ihren Entscheidungen an die vom Reichs-Versicherungsamt aufgestellten Grundsätze gebunden seien (§ 155 des Invalidenversicherungsgesetzes). Ein solcher Grundsatz kann sowohl in einem Verfahren derselben Art aufgestellt worden sein, als auch in einer Revisionsentscheidung über einen Entschädigungsanspruch oder im Wege einer einfachen Verfügung; nur muß er den beteiligten Verwaltungsbehörden in ausreichender Weise bekannt gegeben sein. Demnach wirkt hier die Entscheidung des Einzelfalls durch das Reichs-Versicherungsamt, mag es sich um eine richterliche, verwaltungsgerichtliche oder im Verwaltungswege getroffene Entscheidung handeln, nicht nur für die Parteien, deren Streit sie schlichtet, oder deren Gesuch sie erledigt, und nicht bloß für die Angelegenheit, in der sie ergeht, sondern sie wirkt wie objektives Recht. Denn die zuständigen Behörden sind bei der Entscheidung von Streitfällen genau so gehalten, die Grundsätze des Reichs-Versicherungsamts zu befolgen, als wenn diese in das Gesetz selbst aufgenommen wären. Da den Landes-Versicherungsämtern keine dieser beiden Aufgaben übertragen worden ist, so ist das Reichs-Versicherungsamt für das ganze Gebiet der reichsgesetzlichen Invalidenversicherung allein berufen, den Willen des Gesetzgebers hinsichtlich der bei jenen Streitigkeiten zu entscheidenden grundsätzlichen Fragen mit einer Wirkung auszulegen, die kraft ausdrücklicher Gesetzesbestimmung der Bedeutung von Rechtsnormen gleichkommt.

Schon ehe dem Reichs-Versicherungsamte diese Stellung übertragen wurde, hat es sich bemüht, wenigstens mittelbar auf eine einheitliche Rechtsbildung hinsichtlich der Fragen der Versicherungspflicht und des Rechtes zur freiwilligen Versicherung auch außerhalb seiner rechtsprechenden Tätigkeit hinzuwirken. Dies ist namentlich geschehen durch den Erlaß einer „Anleitung, betreffend den Kreis der nach dem Invaliditäts- und Altersversicherungsgesetze versicherten Personen“, vom 31. Oktober 1890 (Amtliche Nachrichten des Reichs-Versicherungsamts, Invaliditäts- und Altersversicherung, 1891 S. 4). Darin wurden den Beteiligten Fingerzeige gegeben, die zum großen Teil auch bei den zur Entscheidung berufenen Verwaltungsbehörden Beachtung fanden. Eine Neubearbeitung dieser Anleitung wurde unter dem 19. Dezember 1899 herausgegeben (Amtliche Nachrichten des Reichs-Versicherungsamts 1900 S. 275). Sie war erheblich eingehender als die erste Anleitung und verwertete namentlich vollständig die inzwischen über die Versicherungspflicht und -berechtigung ergangenen, in den Amtlichen Nachrichten des Reichs-Versicherungsamts veröffentlichten Entscheidungen. Eine noch beträchtlich mehr erweiterte Bearbeitung, die besonders auch alle zu dem jetzigen Gesetz ergangenen Entscheidungen über jene Fragen berücksichtigte, ist schließlich am 6. Dezember 1905 erschienen unter dem Titel „Anleitung, betreffend den Kreis der nach dem Invalidenversicherungsgesetze vom 13. Juli 1899 versicherten Personen“ (abgedruckt a. a. O. 1905 S. 613 bis 682).

2. Besondere Kasseneinrichtungen.

Die Gliederung nach örtlichen Bezirken, die für die Träger der Invalidenversicherung die Regel bildet, ist bereits durch das Invaliditäts- und Altersversicherungsgesetz zugunsten gewisser Kasseneinrichtungen durchbrochen worden. Solche Einrichtungen bestanden schon früher für Reichs-, Staats- und Kommunalbetriebe. Ihre Leistungen gingen nicht selten erheblich über das Maß der Fürsorge hinaus, das der Entwurf jenes ersten Gesetzes in Aussicht stellte. Bei der öffentlich-rechtlichen Natur der Träger dieser Einrichtungen war auch in der Regel an ihrer dauernden Leistungsfähigkeit nicht zu zweifeln. Unter diesen Umständen war man der Meinung, daß es an einem ausreichenden Grunde fehle, die solchen Einrichtungen angehörenden Personen auch noch der allgemeinen Invaliditäts- und Altersversicherung zu unterwerfen. Vielmehr erschien es — auch zur Aufrechterhaltung solcher Kasseneinrichtungen — empfehlenswert, deren Mitglieder von der Beteiligung an den auf Grund des Gesetzes zu errichtenden Versicherungsanstalten auszunehmen und diesen Mitgliedern zu gestatten, schon durch ihre Beteiligung an jenen besonderen Kasseneinrichtungen ihrer gesetzlichen Versicherungspflicht zu genügen. Allerdings konnte dies nur dann geschehen, wenn jeder Zweifel darüber ausgeschlossen war, daß die Mitglieder durch ihre Zugehörigkeit zu diesen Kassen nicht ungünstiger gestellt würden als durch die Versicherung bei den Versicherungsanstalten. Die Prüfung nach dieser Richtung hin, die sich sowohl auf die Leistungsfähigkeit der Kassen, als auch auf die Gleichwertigkeit ihrer Leistungen mit den reichsgesetzlich vorgesehenen zu erstrecken hatte, wurde dem Bundesrat übertragen. Bezüglich der Kasseneinrichtungen, die diesen Anforderungen genügten, wurde es aber auch für billig erachtet, ihnen im wesentlichen dieselbe

Stellung einzuräumen, welche die zur Durchführung der allgemeinen Versicherung errichteten Versicherungsanstalten erhalten sollten. Namentlich sollten sie gleich diesen als reichsgesetzliche Träger der Invaliditäts- und Altersversicherung gelten und zu den von ihnen zu leistenden Invaliden- und Altersrenten den Reichszuschuß erhalten. Auf Grund der §§ 5 bis 7 des Invaliditäts- und Altersversicherungsgesetzes, in denen diese Beschlüsse gesetzlichen Ausdruck gefunden hatten, wurden vom Bundesrat im Jahre 1890 folgende Kasseneinrichtungen zur selbständigen Durchführung der Invaliditäts- und Altersversicherung zugelassen: 1. Die Pensionskasse für die Arbeiter der Preußischen Staatseisenbahnverwaltung in Berlin, 2. Die Norddeutsche Knappschafts-Pensionskasse in Halle a. S., 3. Die Knappschaftskasse des Saarbrücker-Knappschaftsvereins in St. Johann an der Saar, 4. die Arbeiter-Pensionskasse der Königlich Bayerischen Staatseisenbahnverwaltung in München, 5. die Pensionskasse für die Arbeiter der Sächsischen Staatseisenbahnverwaltung in Dresden, 6. die Allgemeine Knappschafts-Pensionskasse für das Königreich Sachsen in Freiberg i. S., 7. die Arbeiter-Pensionskasse für den Bereich der Großherzoglich Badischen Staatseisenbahn- und Bodenseedampfschiffahrts- und der Großherzoglichen Salinen-Verwaltung in Karlsruhe, 8. die Pensionskasse für die Arbeiter der Reichseisenbahnverwaltung in Elsaß-Lothringen in Straßburg i. E.

Sie erhielten die Nummern 32 bis 39; die vorhergehenden Nummern führten die Versicherungsanstalten. Unter dem 22. Dezember 1891 beschloß der Bundesrat die Anerkennung des Allgemeinen Knappschaftsvereins zu Bochum als besondere Kasseneinrichtung. Dieser erhielt die Nummer 40.

Das Invalidenversicherungsgesetz übernahm (in §§ 8 bis 10) die angegebenen Vorschriften des früheren Gesetzes und fügte noch zwei weitere Bedingungen für die Zulassung von Kasseneinrichtungen hinzu, deren erste dahin geht, daß bei der Verwaltung der Kassen die Versicherten mindestens nach Maßgabe des Verhältnisses ihrer Beiträge zu den Beiträgen der Arbeitgeber durch geheim gewählte Vertreter beteiligt sein müssen, und deren zweite die Anrechnung der reichsgesetzlichen Renten auf die sonstigen Kassenleistungen im Falle der Erhebung besonderer Beiträge für die Gewährung der reichsgesetzlichen Leistungen betrifft. Die früher zugelassenen Kasseneinrichtungen blieben bestehen. Ihre jetzigen Namen, Sitze usw. sind in den Amtlichen Nachrichten des Reichs-Versicherungsamts (1906 S. 587) angegeben, jedoch lautet der Name der Kasseneinrichtung 35 jetzt „Arbeiter-Pensionskasse der Königlich Bayerischen Verkehrsanstalten", auch ist ihr Sitz von München nach Rosenheim verlegt; ferner heißt die Pensionskasse 39 jetzt „Pensionskasse der Reichseisenbahnen".

Eine wichtige Neuerung brachten die §§ 11 bis 13 des jetzigen Gesetzes. Danach konnte der See-Berufsgenossenschaft durch Bundesratsbeschluß gestattet werden, eine besondere Einrichtung zur Übernahme der Invalidenversicherung für die der Berufsgenossenschaft angehörenden Versicherten zu begründen, wenn zugleich eine Witwen- und Waisenversorgung für die Hinterbliebenen der darin versicherten Personen begründet wurde. Auf Grund dieser Vorschriften hat der Bundesrat in der Sitzung vom 16. Juni 1906 die von der See-Berufsgenossenschaft in der außerordentlichen Genossenschaftsversammlung zu Berlin vom 11. Dezember 1905 beschlossene Einrichtung als „Invaliden-, Witwen- und Waisen-Versicherungskasse der See-Berufsgenossenschaft" nebst Satzungen genehmigt. Diese 10. Kasseneinrichtung, welche die Nummer 41 erhielt, trat am 1. Januar 1907 ins Leben. Ihr Sitz ist in Hamburg. Näheres hierüber wird bei der Besprechung der Aufsichtstätigkeit des Reichs-Versicherungsamts angegeben werden.

Bei den 10 zugelassenen Kasseneinrichtungen sind insgesamt 971 241 Männer und 15 993 Frauen, zusammen 987 234 Personen versichert.

Die Kasseneinrichtung der See-Berufsgenossenschaft ist die einzige, die unter der Aufsicht des Amtes steht. Die übrigen werden von einer anderen Reichsbehörde oder von Landesbehörden beaufsichtigt. Aus ihrer Stellung als Mitträger der reichsgesetzlichen Versicherung, deren wesentliche Vorschriften auf die Kasseneinrichtungen nach Maßgabe des § 173 des Gesetzes Anwendung finden, folgt im übrigen, daß sie an grundlegenden Verwaltungseinrichtungen, wie Lastenverteilung, Feststellung der Geschäftsergebnisse, Statistik, ebenso wie die Versicherungsanstalten beteiligt und den dieserhalb von Reichs wegen ergehenden Anordnungen ohne weiteres unterworfen sind. Insbesondere haben sie danach zu dem Gemeinvermögen aller Versicherungsträger beizutragen, und die von ihnen im Rahmen des Invalidenversicherungsgesetzes festgestellten Renten unterliegen der Verteilung durch die Rechnungsstelle des Reichs-Versicherungsamts behufs Zuweisung des Reichszuschusses an die Kasseneinrichtungen und Mitbelastung der anderen Träger der Versicherung. Danach erstreckt sich auch die Verwaltungstätigkeit des Reichs-Versicherungsamts in mannigfacher Beziehung auf die Kasseneinrichtungen. Im Streitverfahren über die reichsgesetzlichen Ansprüche ist das Reichs-Versicherungsamt als Revisionsinstanz ebenso zuständig wie bei den Versicherungsanstalten.

Von den zugelassenen Kasseneinrichtungen sind zu unterscheiden die bloßen Zuschußkassen der §§ 52, 53 des Invalidenversicherungsgesetzes. Ihre Mitglieder sind von der Versicherung bei den Versicherungsanstalten nicht befreit und erhalten die Leistungen ihrer Kasse gegebenenfalls neben der Reichsrente. Diese Zuschußkassen sind daher keine Versicherungsträger der reichsgesetzlichen Arbeiterversicherung.

Mitwirkende Organe und Behörden des Reichs und der Bundesstaaten.

Außer den Versicherungsbehörden (den Schiedsgerichten, dem Reichs-Versicherungsamt und den Landes-Versicherungsämtern), denen die Durchführung der Versicherung gemeinsam mit den Versicherungsträgern obliegt, ist noch eine größere Anzahl von Organen und Behörden des Reichs und der Bundesstaaten zur Mitwirkung hierbei berufen. Von den Aufgaben der Behörden, die als „Ausführungsbehörden" die Stelle der Genossenschaftsversammlung und des Genossenschaftsvorstandes einnehmen, wenn das Reich, ein Bundesstaat, ein Kommunalverband oder eine andere öffentliche Körperschaft Träger der Unfallversicherung ist, war im vorstehenden bereits die Rede, ebenso auch von den Aufsichtsbehörden der für die Invalidenversicherung zugelassenen besonderen Kasseneinrichtungen. Es bedürfen aber noch der Erwähnung die mannigfaltigen Aufgaben, die einigen Reichs- und Landesbehörden usw. für die Gebiete der Unfall- und der Invalidenversicherung übertragen worden sind.

I. Organe und Behörden des Reichs.

In erster Linie ist hier der Tätigkeit des Bundesrats zu gedenken. Als Reichsbehörden kommen in Betracht der Reichskanzler (Reichsamt des Innern) und die Behörden der Reichspostverwaltung.

1. Der Bundesrat.

Der Wirkungskreis des Bundesrats in dieser Beziehung ist teils normenbildender, teils organisatorischer, teils mehr verwaltender Art. Zu der ersten Gruppe von Aufgaben gehört der Erlaß von Rechtsvorschriften, die das Gesetz ergänzen, und deren Aufstellung dem Bundesrate durch das Gesetz ausdrücklich übertragen ist. In der Unfallversicherung hatte der Bundesrat u. a. nach § 1 Abs. 8 des Unfallversicherungsgesetzes vom 6. Juli 1884 die Befugnis, Arbeiter und Betriebsbeamte in Betrieben, die sich auf die Ausführung von Bauarbeiten erstrecken und nicht unter Absatz 2 desselben Paragraphen fielen, für versicherungspflichtig zu erklären. Auf Grund dieser Bestimmung sind auch drei Bundesratsbeschlüsse ergangen, durch die z. B. Tüncher-, Verputzer-, Glaser-, Klempnerarbeiten bei Bauten, ferner Schreiner-, Einsetzer-, Schlosser- und Anschlägerarbeiten bei Bauten, endlich das Bohnen von Fußböden, das Anbringen, Ausbessern und Abnehmen von Öfen, Tapeten, Wettervorhängen usw. bei Bauten der Versicherung unterstellt worden sind, soweit solche Arbeiten von Arbeitern oder Betriebsbeamten ausgeführt werden, welche von einem Gewerbetreibenden, dessen Gewerbebetrieb sich auf derartige Arbeiten erstreckt, in diesem Betriebe beschäftigt werden (vgl. Amtliche Nachrichten des Reichs-Versicherungsamts 1885 S. 81, 1886 S. 87, 1888 S. 71). Ebenso konnte der Bundesrat nach § 1 Abs. 5 des früheren See-Unfallversicherungsgesetzes Personen, die nach § 1 Abs. 2 dieses Paragraphen von der Versicherung ausgeschlossen waren, für versicherungspflichtig erklären. Er hat dies durch zwei Beschlüsse getan hinsichtlich der Besatzungen deutscher Hochseefischereidampfer und deutscher Heringslogger (vgl. Amtliche Nachrichten des Reichs-Versicherungsamts 1895 S. 207, 1896 S. 216). Dahin gehören auch die Vorschriften des § 152 Ziffer 3 des jetzigen See-Unfallversicherungsgesetzes, wonach der Bundesrat die örtlichen Grenzen zu bestimmen hat, innerhalb deren die Vorschriften des Gesetzes auf die Besatzung von Fischereifahrzeugen entsprechende Anwendung finden sollen. Der hierüber am 19. Juni 1908 ergangene Bundesratsbeschluß, der an die Stelle früherer Beschlüsse getreten ist und seit dem 1. Januar 1909 gilt, ist in den Amtlichen Nachrichten (1908 S. 547) abgedruckt. Anderseits kann der Bundesrat nach § 1 Abs. 3 des Gewerbe-Unfallversicherungsgesetzes (ebenso auch schon nach § 1 Abs. 7 des Unfallversicherungsgesetzes vom 6. Juli 1884) für Betriebe, welche mit besonderer Unfallgefahr für die darin beschäftigten Personen nicht verknüpft sind, die Versicherungspflicht ausschließen. Bisher hat der Bundesrat derartige Anträge, die in nicht geringer Anzahl an ihn gelangt sind, abgelehnt. Auf dem Gebiete der Invalidenversicherung kann der Bundesrat nach § 2 des jetzigen Gesetzes die Versicherungspflicht auf Gewerbetreibende und sonstige Betriebsunternehmer, welche nicht regelmäßig wenigstens einen Lohnarbeiter beschäftigen, sowie auf Hausgewerbetreibende ausdehnen. Hierzu ergangene Bundesratsbeschlüsse haben die Hausgewerbetreibenden der Tabakfabrikation und einen Teil der Hausgewerbetreibenden der Textilindustrie dem Versicherungszwang unterworfen (bezüglich der ersteren vergl. die Bekanntmachung des Reichskanzlers vom 16. Dezember 1891, abgedruckt in den Amtlichen Nachrichten des Reichs-Versicherungsamts 1892 S. 7, bezüglich der letzteren die Bekanntmachungen vom 1. März 1894 und vom 9. November 1895, abgedruckt ebenda 1894 S. 87 und 1895 S. 263). Durch §§ 4, 7 des Invalidenversicherungsgesetzes ist dem Bundesrate die Befugnis beigelegt worden, gewisse Personen oder Tätigkeiten von dem Versicherungszwange zu befreien. Besonders wichtig sind die Bestimmungen, die der Bundesrat auf Grund des § 4 über die Befreiung vorübergehender Dienstleistungen von der Versicherungspflicht erlassen hat. Sie hatten bereits unter der Herrschaft des früheren Gesetzes eine dreimal abgeänderte Fassung erhalten. An die Stelle dieser vier Beschlüsse ist nach dem Inkrafttreten des Invalidenversicherungsgesetzes ein neuer Bundesratsbeschluß getreten, der vom Reichskanzler unter dem 27. Dezember 1899 bekannt gemacht und in den Amtlichen Nachrichten des Reichs-Versicherungsamts 1900 Seite 181 abgedruckt ist. Ein weiterer Beschluß vom 21. Februar 1901 (Bekanntmachung des Reichskanzlers vom 7. März 1901) hat für polnische Arbeiter russischer und österreichischer Staatsangehörigkeit unter gewissen Voraussetzungen die Befreiung von der Versicherungspflicht nach dem Invalidenversicherungsgesetze für die Dauer ihrer Beschäftigung in Deutschland ausgesprochen.

Zur normenbildenden Tätigkeit des Bundesrats auf dem Gebiete der Invalidenversicherung ist ferner zu rechnen der Erlaß von Bestimmungen über das Quittungskartenwesen und über die Entwertung von Beitragsmarken.

Weiter bedurfte und bedarf es zu den Kaiserlichen Verordnungen über das Inkrafttreten der Gesetze, ferner über das Verfahren und den Geschäftsgang der Schiedsgerichte und des Reichs-Versicherungsamts, weiter über die Wiederaufnahme des Verfahrens und schließlich über die Gebühren der Rechtsanwälte im Verfahren vor den Schiedsgerichten und dem Reichs-Versicherungsamt usw. der Zustimmung des Bundesrats.

Sodann gehört hierher auch die Befugnis des Bundesrats, die in der Unfall- und in der Invalidenversicherung bestehenden Vorschriften über das Ruhen der Renten im Ausland und über die Kapitalabfindung, für die Unfallversicherung auch die Bestimmungen über das Nichtbestehen eines Rentenanspruchs der Hinterbliebenen von Ausländern, für gewisse Grenzbezirke und für die Angehörigen auswärtiger Staaten außer Kraft zu setzen.

Endlich ist hier auch die Aufgabe des Bundesrats zu nennen, seine Zustimmung zu Abkommen zu erteilen, die der Reichskanzler mit den Regierungen anderer Staaten abschließen kann zu dem Zwecke, die Anwendung der deutschen Gesetze auf inländische Bestandteile eines ausländischen Betriebs auszuschließen oder auf ausländische Bestandteile eines inländischen Betriebs zu erstrecken.

In organisatorischer Beziehung hat der Bundesrat nach früherem und jetzigem Rechte in mannigfacher Weise bei der Bildung und Auflösung von Berufsgenossenschaften sowie bei der Abänderung ihres Bestandes in Tätigkeit zu treten. Ebenso steht ihm zu: die Genehmigung der Errichtung, unter Umständen die Anordnung der Errichtung von Invaliden-Versicherungsanstalten, die Genehmigung zur Veränderung ihrer Bezirke, wobei jedoch zu bemerken ist, daß eine Zusammenlegung, Teilung oder Aufhebung bestehender Versicherungsanstalten der Zustimmung des Reichstags bedarf, weiter die Zulassung von Kasseneinrichtungen und die Wahrnehmung einzelner Obliegenheiten der bei gemeinsamen Versicherungsanstalten beteiligten Landesregierungen bei Meinungsverschiedenheiten zwischen ihnen. Auch die Vorschrift, daß gegen Beschlüsse des Reichs-Versicherungsamts oder der Landes-Versicherungsämter, durch welche die Genehmigung der Statuten oder Statutänderungen von Berufsgenossenschaften oder Versicherungsanstalten versagt wird, Beschwerde an den Bundesrat zulässig ist, fällt in dieses Gebiet.

Schließlich lassen sich verschiedene Befugnisse des Bundesrats zu Anordnungen und Entscheidungen, die ihrem Wesen nach einer Verwaltungstätigkeit nahestehen, in eine Gruppe zusammenfassen. Als dahin gehörend seien aus der Unfallversicherung erwähnt: die Genehmigung zu Beschlüssen der Genossenschaftsversammlung, durch welche Einrichtungen zu einer Haftpflichtversicherung der Betriebsunternehmer oder zur Errichtung von Rentenzuschuß- und Pensionskassen für Betriebsbeamte, Mitglieder der Berufsgenossenschaften usw. getroffen werden, ferner die Genehmigung von gewissen Vermögensanlagen der Berufsgenossenschaften (§§ 109, 110 des Gewerbe-Unfallversicherungsgesetzes). Auf dem Gebiete der Invalidenversicherung gebührt dem Bundesrat in gewissen Fällen vorbehaltlich der Zustimmung des Reichstags die Entscheidung in einigen grundlegenden Verwaltungsangelegenheiten, bei denen es sich u. a. um die Höhe der Beiträge, die Bildung des Gemeinvermögens sowie die Genehmigung von Anstaltsbeschlüssen über die Gewährung von Mehrleistungen aus den Überschüssen des Sondervermögens handelt.

Daß der Bundesrat 6 nichtständige Mitglieder des Reichs-Versicherungsamts, darunter mindestens 4 aus seiner Mitte, zu wählen hat, und daß auf seinen Vorschlag der Präsident und die übrigen ständigen Mitglieder des Reichs-Versicherungsamts ernannt werden, ist bereits oben erwähnt.

2. Der Reichskanzler (Reichsamt des Innern).

Abgesehen von der schon erwähnten Wirksamkeit des Reichskanzlers (Reichsamts des Innern) bei Ausübung der verfassungsmäßigen Aufsicht über das Reichs-Versicherungsamt und als vorgesetzte Dienstbehörde dieses Amtes kommt für die Unfall- wie für die Invalidenversicherung folgendes in Betracht: In einer Anzahl von Fällen steht dem Reichskanzler das an sich den Landesregierungen gebührende Bestimmungsrecht in Organisationssachen zu, wenn es sich um Berufsgenossenschaften oder Versicherungsanstalten handelt, deren Bezirke sich über die Gebiete mehrerer Bundesstaaten erstrecken. In der Regel hat der Reichskanzler solche Bestimmungen nur zu treffen, wenn ein Einverständnis der beteiligten Landesregierungen nicht zu erzielen ist, mitunter aber auch ohne diese Voraussetzung nach Benehmen mit den Landesregierungen. Als ein Beispiel der letzteren Art sei erwähnt die Bestimmung der Stellen, die zur Entsendung von Delegierten für eine konstituierende Genossenschaftsversammlung befugt sind. Fälle der anderen Art enthalten § 4 des Abänderungsgesetzes vom 30. Juni 1900 sowie §§ 63, 74, 77, 79, 82, 86, 103 des Invalidenversicherungsgesetzes. Ähnlich ist der Grund für die Zuständigkeit des Reichskanzlers in den Fällen des § 155 Abs. 2 desselben Gesetzes.

Der Reichskanzler schließt ferner die oben in dem Abschnitt über den Bundesrat erwähnten Abkommen mit auswärtigen Staaten.

Er bezeichnet für die Reichsverwaltungen mit Ausnahme der Heeresverwaltung die Ausführungsbehörden, welche die Befugnisse und Obliegenheiten der Genossenschaftsversammlung und des Genossenschaftsvorstandes wahrzunehmen haben, wenn das Reich an die Stelle der Berufsgenossenschaft tritt, auch erläßt er die Ausführungsbestimmungen zur Regelung der hierbei in Betracht kommenden Verhältnisse. Anderseits ist es auch der Reichskanzler, der für Betriebe der Reichsverwaltung den Beitritt zu einer Baugewerks-, zur Tiefbau- oder zur See-Berufsgenossenschaft zu erklären befugt ist, früher auch den Beitritt zu einer land- und forstwirtschaftlichen Berufsgenossenschaft erklären konnte.

Gemäß § 10 des See-Unfallversicherungsgesetzes wird der für den Jahresarbeitsverdienst von Personen der Schiffsbesatzung maßgebende Durchschnittsbetrag vom Reichskanzler nach Anhörung der Landes-Zentralbehörden festgesetzt.

Für die Invalidenversicherung gilt schließlich noch die Vorschrift, daß dem Reichskanzler Vorlage zu machen ist über den Teil der Rentenlast, den das Reich nach der Verteilung dieser Last durch die Rechnungsstelle des Reichs-Versicherungsamts zu übernehmen hat.

3. Die Postverwaltungen.

Daß sich die deutsche Unfall- und Invalidenversicherung als tatsächlich durchführbar erwiesen hat, ist in beträchtlichem Maße auch der Mitwirkung der Post zu danken. Namentlich hätte sich schwerlich die Auszahlung der ungeheuren Zahl von Renten so glatt bewerkstelligen lassen, wie es tatsächlich der Fall gewesen ist, hätte der Gesetzgeber nicht auch diese große Verkehrsanstalt in den Dienst der Arbeiterversicherung gestellt. Die Leistungen der Postverwaltungen sollen an dieser Stelle im Zusammenhange betrachtet werden, obwohl außer der Reichspostverwaltung auch die Postverwaltungen von Bayern und Württemberg beteiligt sind.

Sowohl in der Unfall- wie in der Invalidenversicherung werden die Entschädigungen grundsätzlich durch die Post vorschußweise ausgezahlt. Außerdem haben die Postanstalten an erster Stelle den Verkauf der als Beiträge zur Invalidenversicherung zu verwendenden Marken zu bewirken. Diese auf den ersten Blick vielleicht einfach erscheinende Einrichtung hat nicht nur bei ihrer ursprünglichen Regelung erhebliche Mühe verursacht, sondern erfordert auch fortgesetzt eine Fülle organisatorischer Tätigkeit der Zentral-Postbehörden, die diese zum Teil allein, zum Teil in Verbindung mit dem Reichs-Versicherungsamte durchzuführen haben, und bedingt eine Arbeitsleistung der sämtlichen beteiligten Postbehörden, von deren Umfang sich der Fernerstehende kaum einen rechten Begriff machen dürfte.

Die Auszahlung der Renten usw. geschieht auf Anweisung des Vorstandes des verpflichteten Versicherungsträgers. Bei der Verschiedenartigkeit der Leistungen — Unfallrenten an Verletzte und an Angehörige (Ehefrauen, Kinder, Verwandte der aufsteigenden Linie), Invaliden- und Altersrenten, Heilverfahrenskosten, Beitragserstattungen —, die sich teils als fortlaufende, teils als einmalige Zahlungen darstellen, mußten verschiedene Formen für die Anweisungen aufgestellt und den Bedürfnissen der Versicherungsträger wie denen der Postverwaltungen angepaßt werden. Die Art der Vollziehung der Anweisungen mußte mit Rücksicht auf die Sicherheit des Verkehrs geregelt, die Form, in der von den Empfängern Quittung zu leisten ist, mußte bestimmt, und es mußte auch dafür gesorgt werden, daß die Identität des Empfangsberechtigten mit dem Quittierenden sowie das Bestehen der Empfangsberechtigung des die Leistung Begehrenden bei der Zahlung in möglichst einfacher Art und doch so festgestellt werde, daß den Ansprüchen auf Sicherheit des Verkehrs sowie auf Verhinderung von Unredlichkeiten möglichst weitgehend Rechnung getragen werde. Zur Regelung aller dieser Fragen hat das Reichs-Versicherungsamt auf Grund von Verhandlungen mit dem Reichs-Postamt und den Zentral-Postbehörden von Bayern und Württemberg zuerst unter dem 27. September 1885 eine Geschäftsanweisung, betreffend die Auszahlungen durch die Post, erlassen, die zunächst für die Berufsgenossenschaften bestimmt war, doch auch ohne weiteres für die Ausführungsbehörden, die ja der Aufsicht des Reichs-Versicherungsamts nicht unterstehen, maßgebend wurde. Diese Geschäftsanweisung enthielt noch 11 Formulare zu Zahlungsanweisungen, je mit anhängenden oder besonderen (8) Quittungsformularen und ferner ein 12. Formular für die Anweisung zur Einstellung von Rentenzahlungen. Im Verlaufe der Zeit ist man dann zu der jetzigen geringen Zahl von nur 3 Formularen zur Anweisung von Zahlungen (monatlichen, vierteljährlichen, einmaligen), ferner von nur 1 Formular zu Zahlungseinstellungen und 2 Formularen zu Quittungen (für Renten und für einmalige Zahlungen) im Gebiete der Unfallversicherung gelangt. Bessere Kenntnis der Verhältnisse und neu auftretende Bedürfnisse haben auch in anderen Punkten nach und nach vielfach Änderungen und Ergänzungen dieser Geschäftsanweisung erfordert. Schon im Dezember 1889 erhielt sie eine neue Fassung. Für den Bereich der Invalidenversicherung hat eine besondere Geschäftsanweisung erlassen werden müssen. Mit Rücksicht auf die inzwischen gemachten Erfahrungen und die Neugestaltung der Unfallversicherungsgesetze im Jahre 1900 sowie der Invalidenversicherung im Jahre 1899 mußte im Jahre 1900 eine vollständige Neubearbeitung der beiden Geschäftsanweisungen für die Unfallversicherung und für die Invalidenversicherung vorgenommen werden.

Einen Einblick in die gewaltigen organisatorischen und geschäftlichen Leistungen, welche die Reichspostverwaltung sowie die Postverwaltungen von Bayern und Württemberg auf Grund der Arbeiterversicherungsgesetze unentgeltlich erledigen, wird die folgende Übersicht gewähren:

Aus der Reichspostkasse sind vorschußweise gezahlt worden: im Jahre 1906 rund 249 Millionen Mark an 2 156 000 Empfänger in 16 494 000 Einzelzahlungen, im Jahre 1907 rund 260 Millionen Mark an 2 222 000 Empfänger in 17 005 000 Einzelzahlungen, im Jahre 1908 rund 270 Millionen Mark an 2 269 000 Empfänger in 17 277 000 Einzelzahlungen.

Davon entfielen 1908 auf:

1. Unfallentschädigungen 134 440 667 Mark an rund 1 133 000 Empfänger in 7 301 000 Zahlungen,
2. Invalidenrenten 109 998 872 Mark an rund 829 000 Empfänger in 8 444 000 Zahlungen,
3. Altersrenten 14 719 567 Mark an rund 115 000 Empfänger in 1 194 000 Zahlungen,
4. Krankenrenten 2 653 552 Mark an rund 26 000 Empfänger in 172 000 Zahlungen,
5. Beitragserstattungen 8 111 908 Mark an rund 166 000 Empfänger in 166 000 Zahlungen.

Die entsprechenden Zahlen für Bayern sind folgende:

Insgesamt sind vorschußweise gezahlt worden: im Jahre 1906 rund 29 187 000 Mark an 294 000 Empfänger in 2 098 000 Einzelzahlungen, im Jahre 1907 rund 30 323 000 Mark an 301 000 Empfänger in 2 195 000 Einzelzahlungen, im Jahre 1908 rund 31 727 000 Mark an 309 000 Empfänger in 2 257 000 Einzelzahlungen.

Davon entfielen 1908 auf:

1. Unfallentschädigungen 15 883 429 Mark an rund 153 000 Empfänger in 1 067 000 Zahlungen,
2. Invalidenrenten 13 574 774 Mark an rund 125 000 Empfänger in 1 053 000 Zahlungen,
3. Altersrenten 1 073 464 Mark an rund 10 000 Empfänger in 89 000 Zahlungen,
4. Krankenrenten 467 549 Mark an rund 6 000 Empfänger in 33 000 Zahlungen,
5. Beitragserstattungen 727 567 Mark an rund 15 000 Empfänger in 15 000 Zahlungen.

In Württemberg sind vorschußweise gezahlt worden: im Jahre 1906 rund 10 078 500 Mark an 99 750 Empfänger in 764 000 Einzelzahlungen, im Jahre 1907 rund 10 576 700 Mark an 103 900 Empfänger in 805 000 Einzelzahlungen, im Jahre 1908 rund 11 258 000 Mark an 108 500 Empfänger in 843 000 Einzelzahlungen.

Davon entfielen 1908 auf:

1. Unfallentschädigungen 5 346 024 Mark an rund 61 700 Empfänger in 400 390 Zahlungen,
2. Invalidenrenten 4 922 286 Mark an rund 35 890 Empfänger in 385 020 Zahlungen,
3. Altersrenten 465 328 Mark an rund 3 540 Empfänger in 36 050 Zahlungen,
4. Krankenrenten 252 039 Mark an rund 2 270 Empfänger in 16 400 Zahlungen,
5. Beitragserstattungen 272 176 Mark an rund 5 140 Empfänger in 5 140 Zahlungen.

An der Auszahlung der Renten waren Ende 1908 im Reichspostgebiete rund 14 900, in Bayern 3055, in Württemberg 842 Postanstalten beteiligt, von denen manche am ersten jedes Monats 3000 bis 4000 Zahlungsempfänger abzufertigen haben. Bei diesen Ämtern sind an diesen Tagen je 10 bis 15 Beamte allein erforderlich, um den Rentenzahlungsverkehr glatt abzuwickeln. Insgesamt waren beispielsweise am 1. April 1908 allein bei den Postämtern mit mehr als 200 Rentenempfängern im Reichspostgebiete rund 3600 Beamte, in Bayern 330 Beamte mit der Auszahlung der Renten und dem Prüfen der Quittungen befaßt. Bei diesem Umfange des Zahlungsverkehrs müssen schon bei der Anmietung oder Herstellung neuer Diensträume von vornherein besondere, genügend große Zahlräume vorgesehen oder aber für die Zahlungen außerhalb der Postdiensträume besondere Räume beschafft werden. Letzteres ist nicht immer leicht, weil die Räume nur für den ersten und höchstens den zweiten Tag des Monats gebraucht werden und, um einer Vergeudung der Rentenbeträge tunlichst vorzubeugen, nicht wohl Räume, die mit Schankwirtschaften in Verbindung stehen, gewählt werden können. Für Rentenempfänger in Landbestellbezirken haben es die Postverwaltungen über ihre gesetzliche Pflicht hinaus übernommen, alle einmaligen Zahlungen und unter Umständen (bei bescheinigter Körperschwäche durch Alter, Krankheit und andere Gebrechen oder aus sonstigen zwingenden Gründen) auch Renten durch die Landbriefträger dem Berechtigten ins Haus bringen zu lassen.

Fällt auch die Hauptarbeit der Postanstalten im Rentenzahlungsverkehr auf die beiden ersten Tage des Monats, so ist doch auch im Laufe des Monats eine große Anzahl von Beamten lediglich aus diesem Anlaß erforderlich, und zwar zur Nachprüfung der vielfach unvollständigen oder unrichtigen Rentenquittungen, zur Bearbeitung der neu eingehenden Zahlungsanweisungen, zur Erledigung des Schriftwechsels anläßlich des Wohnungswechsels oder Ablebens von Rentenempfängern usw. Außerdem sind bei den Rentenrechnungsstellen der Ober-Postdirektionen des Reichspostgebiets rund 220, in Bayern 30, in Württemberg 9 Beamte ausschließlich zur Erledigung der dort vorzunehmenden Arbeiten erforderlich, und zwar zur Prüfung der eingehenden Zahlungs- und Wegfallanweisungen (beispielsweise im März 1909 im Reiche 166 000 Stück, in Bayern 16 000 Stück), zu deren Übersendung an die Postanstalten, zur Rechnungslegung gegenüber den Versicherungsträgern und zur Erledigung des Schriftwechsels mit ihnen (jährlich im Reichspostgebiete mehr als 300 000, in Bayern rund 64 000, in Württemberg über 12 000 Schriftstücke).

Zu alledem kommt die Arbeit beim Verkaufe der Beitragsmarken der Invalidenversicherung, von denen im Jahre 1908 verkauft worden sind: im Reichspostgebiete 422 936 519 Stück Einwochenmarken, 46 065 532 Stück Zweiwochenmarken, 4 913 649 Stück Dreizehnwochenmarken; in Bayern 54 526 976 Stück Einwochenmarken, 2 124 553 Stück Zweiwochenmarken, 129 156 Stück Dreizehnwochenmarken; in Württemberg 14 841 098 Stück Einwochenmarken, 3 703 186 Stück Zweiwochenmarken, 55 123 Stück Dreizehnwochenmarken. Der Gesamtwert der verkauften Marken betrug 147 004 701,44 Mark im Reichspostgebiete, 14 765 359,04 Mark in Bayern und 6 146 474,04 Mark in Württemberg.

Alle Zahlungen mußten von der Post bisher nicht nur unentgeltlich, sondern im Bereiche der Unfallversicherung auch aus Mitteln des Reichs vorschußweise bis etwa zur Mitte des nächsten Kalenderjahrs geleistet werden, während die Versicherungsträger der Invalidenversicherung schon auf Grund des Invalidenversicherungsgesetzes der Postverwaltung auf Verlangen einen Betriebsfonds in der voraussichtlichen Höhe ihrer Zahlungen zu stellen hatten. Jetzt ist durch das Reichsgesetz vom 15. Juli 1909, betreffend Änderungen im Finanzwesen, auch den Versicherungsträgern der Unfallversicherung eine entsprechende Verpflichtung auferlegt worden. Auch so haben aber die Postverwaltungen den ganzen ansehnlichen Betrag an baren Aufwendungen für Räume, Material und Personal zum Nutzen der Arbeiterversicherung nach wie vor endgültig zu tragen.

Ergibt das Vorstehende einen ungefähren Überblick über den Umfang der Arbeiten der Postverwaltungen, so bleibt daneben auch für das Reichs-Versicherungsamt, außer seiner Arbeit bei der Gestaltung der grundlegenden Geschäftsanweisungen, noch ein erhebliches Gebiet der Betätigung sowohl durch den Erlaß allgemeiner Anweisungen zur Regelung von Gruppen von Fällen oder Fragen, als auch durch Vermittlung und Entscheidung bei der Lösung von Zweifeln und Schlichtung von Streitigkeiten in Einzelfällen. In ersterer Beziehung mag hier beispielsweise auf die Regelung der Mitwirkung der Post beim Ruhen der Renten von Strafgefangenen verwiesen werden sowie auf die Verhandlungen und Anweisungen bei der Ausführung des bereits erwähnten Gesetzes, betreffend Änderungen im Finanzwesen, vom 15. Juli 1909.

Im übrigen bietet auch die Durchführung des Zahlungsgeschäfts im einzelnen (z. B. die Form und Art der Quittungsleistung), daneben aber auch die Erstattung der Auslagen der Post seitens der Versicherungsträger dem Reichs-Versicherungsamte mannigfach Anlaß zu Verhandlungen mit den Beteiligten, zu Anweisungen an die Versicherungsträger und zur Entscheidung von Zweifelsfragen.

II. Behörden und andere Stellen der Bundesstaaten.

Wie schon die Begründung zum ersten Unfallversicherungsgesetz erkennen läßt, war man sich von vornherein darüber klar, daß auch die Beteiligung von Landesbehörden bei der Handhabung der Arbeiterversicherungsgesetze nicht entbehrt werden könne. Insbesondere wurde dort ausgesprochen, „der Entwurf beruhe auf der Annahme eines harmonischen Zusammenwirkens der Landesbehörden mit dem Reichs-Versicherungsamt“. Es sind denn auch Behörden und sonstige Stellen der Einzelstaaten in mannigfaltiger Weise auf den Gebieten der Unfall- und der Invalidenversicherung tätig. Hauptsächlich kommen in Betracht die Landes-Zentralbehörden, die höheren Verwaltungsbehörden, die unteren Verwaltungsbehörden und die Ortspolizeibehörden. Die Aufgaben dieser Behörden sind so zahlreich und vielseitig, daß hier nur das Wichtigste hervorgehoben werden kann.

1. Die Landes-Zentralbehörden.

Die diesen Behörden vom Gesetze zugewiesenen Aufgaben sind von großer Bedeutung. In der Regel sind es für einen einzelnen Bundesstaat dieselben, die bei der Beteiligung mehrerer Bundesstaaten dem Bundesrat oder dem Reichskanzler obliegen. In einzelnen Fällen ist freilich diesen Stellen allgemein eine Ermächtigung erteilt. Gewöhnlich haben sie dann vor ihrer Entschließung die beteiligten Landes-Zentralbehörden zu hören.

Öfter, namentlich im Invalidenversicherungsgesetze, werden auch die Ausdrücke „Landesregierungen" oder „Regierung eines Bundesstaats" gebraucht. Welche Behörden dann die fraglichen Geschäfte wahrzunehmen haben, bestimmt sich nach dem Landesstaatsrecht. In der Unfall- und in der Invalidenversicherung sind auch in solchen Fällen fast ausnahmslos die Landes-Zentralbehörden zuständig. Von ihren Aufgaben organisatorischer Art sind hier zu nennen: die Bestimmung der Stellen, die zur Entsendung von Delegierten für eine konstituierende Genossenschaft befugt sind, ferner Bestimmungen über die Zahl und die Wahl der Schiedsgerichtsbeisitzer, sodann die Bezeichnung von Ausführungsbehörden für Landesverwaltungen, der Erlaß von Ausführungsvorschriften für diese Behörden und die Erklärung des Beitritts zu einer Berufsgenossenschaft für einzelstaatliche Betriebe. In der landwirtschaftlichen Unfallversicherung liegt den Landes-Zentralbehörden ob die Auflösung einer auf Grund landesgesetzlicher Bestimmungen gebildeten Berufsgenossenschaft. In der Bau-Unfallversicherung können die Landes-Zentralbehörden Kommunalverbände oder andere öffentliche Körperschaften auf deren Antrag zur Übernahme der durch die Versicherung entstehenden Lasten für leistungsfähig erklären. Auch können sie mehrere derartige Verbände oder Körperschaften zur gemeinsamen Durchführung der Unfallversicherung bei den von ihnen als Unternehmern ausgeführten Bauarbeiten zu einem Verbande vereinigen.

In der Invalidenversicherung haben die Landesregierungen die Errichtung der Versicherungsanstalt anzuordnen; im Falle der Errichtung durch den Bundesrat sind sie vorher zu hören. Sie bestimmen auch den Sitz der Versicherungsanstalten, sofern sich deren Bezirk auf das Gebiet des Bundesstaats beschränkt. Besonders wichtig ist ferner für beide Versicherungszweige, daß die Zuständigkeit der einzelnen Landesbehörden durch die Landes-Zentralbehörden geregelt wird. Insbesondere bestimmen diese, von welchen Staats- oder Gemeindebehörden die in den Gesetzen den höheren Verwaltungsbehörden, den unteren Verwaltungsbehörden und den Ortspolizeibehörden oder den Staats- und Gemeindeorganen oder den Vertretungen der weiteren Kommunalverbände zugewiesenen Verrichtungen wahrzunehmen sind. Auch bestimmen sie, welche Verbände als weitere Kommunalverbände zu gelten haben. Weiter haben sie die Behörden zu bestimmen, die über Beschwerden gegen Straffestsetzungen des Vorstandes einer Berufsgenossenschaft zu entscheiden haben, sowie diejenigen Behörden, denen die Regiebaunachweisungen nach dem vom Reichs-Versicherungsamte vorgeschriebenen Formular einzureichen sind.

In mannigfacher Art haben die Landes-Zentralbehörden Einfluß auf die Anlegung und Verwaltung der Vermögensbestände von Berufsgenossenschaften und Versicherungsanstalten. Es muß ihnen vor der Festsetzung von Unfallverhütungsvorschriften Gelegenheit zur Äußerung gegeben werden. Der Reichskanzler muß sie vor der Festsetzung des Durchschnittsbetrags, der für den Jahresarbeitsverdienst der zur Besatzung von Seeschiffen gehörenden Personen maßgebend ist, hören, und sie regeln die Entrichtung der Beiträge zu der Versicherungsanstalt der See-Berufsgenossenschaft, die von den weiteren Kommunalverbänden der Seeuferstaaten zu leisten sind. In der Invalidenversicherung erlassen sie, sofern sie nicht damit eine andere Behörde betrauen, die Wahlordnungen für die Wahl der Beisitzer der unteren Verwaltungsbehörden und der Rentenstellen sowie der Vertreter der Arbeitgeber und der Versicherten im Ausschusse der Versicherungsanstalten. Sie ordnen ergänzend das Verfahren vor den unteren Verwaltungsbehörden und üben in verschiedener Beziehung einen maßgebenden Einfluß aus bei der Begründung, Besetzung und weiteren Entwicklung der Rentenstellen sowie bei der Einführung und Gestaltung des Einzugsverfahrens.

2. Die höheren Verwaltungsbehörden.

Ein Verzeichnis der höheren und der unteren Verwaltungsbehörden hat das Reichs-Versicherungsamt von Zeit zu Zeit in seinen Amtlichen Nachrichten veröffentlicht (zuletzt im Jahrgange

1906 S. 518 ff.). In Preußen sind höhere Verwaltungsbehörden regelmäßig die Regierungspräsidenten, in Bayern die Kreisregierungen (Kammer des Innern), in Sachsen die Kreishauptmannschaften, in Württemberg das Verwaltungskollegium der Zentralstelle für Gewerbe und Handel, zum Teil auch die Kreisregierungen, in Baden teils das Ministerium des Innern, teils die Bezirksämter oder die Bezirksräte usw. Sie sind mehrfach zu Entscheidungen, teils als erste, teils als zweite Instanz berufen. So sind sie in der Unfallversicherung zuständig zur Entscheidung über Beschwerden gegen die Anordnung der unteren Verwaltungsbehörde, daß Bauherren oder Zwischenunternehmer für Beitragsrückstände zahlungsunfähiger gewerbsmäßiger Bauunternehmer zu haften haben, sowie gegen die Versagung einer solchen Anordnung. In der Invalidenversicherung sind sie, vorbehaltlich der Zuständigkeit des Reichs-Versicherungsamts, Beschwerdeinstanz für Streitigkeiten über die Frage, ob oder zu welcher Versicherungsanstalt oder in welcher Lohnklasse Beiträge zu entrichten sind; desgleichen für die meisten Straffestsetzungen, ferner für Anträge auf Befreiung von der Versicherungspflicht, für die Enthebung von Schiedsgerichtsbeisitzern usw.

Des weiteren liegen den höheren Verwaltungsbehörden mancherlei Verwaltungsmaßnahmen ob; so die Festsetzung des durchschnittlichen Arbeitsverdienstes für landwirtschaftliche Arbeiter und des Wertes der Naturalleistungen bei der Gewährung von solchen an Stelle der Rente, die Veröffentlichung der Unfallverhütungsvorschriften der Tiefbau-Berufsgenossenschaft usw., in der Invalidenversicherung mancherlei das Beitrags- und das Einzugsverfahren betreffende Maßnahmen.

3. Die unteren Verwaltungsbehörden.

Nach den Bestimmungen der Landes-Zentralbehörden sind die in den Gesetzen der unteren Verwaltungsbehörde zugewiesenen Verrichtungen von Staats- oder Gemeindebehörden wahrzunehmen. In Preußen sind dazu bestimmt die Landräte, in Städten von über 10 000 Einwohnern die Gemeindebehörden, in Bayern die Bezirksämter und Magistrate, in Sachsen die Amtshauptmannschaften und die Stadträte, in Württemberg die Oberämter, in Baden die Bezirksämter usw.

Sie haben von allen Landesbehörden die umfangreichste Tätigkeit in den Zweigen der Unfall- und der Invalidenversicherung zu entfalten, vorzüglich auf dem letzteren Gebiete. Alles in allem bilden sie den Unterbau der gesamten Verwaltungstätigkeit auf den Gebieten der Unfall- und der Invalidenversicherung, der nicht entbehrt werden kann, aber bisher wenig einheitlich gestaltet ist.

Für die Unfallversicherung sind der unteren Verwaltungsbehörde zunächst in mehrfacher Hinsicht Amtshandlungen übertragen, welche die Renten oder deren Inanspruchnahme betreffen. Unter anderem wird die Frist für die Verfolgung des Entschädigungsanspruchs durch seine Anmeldung bei der unteren Verwaltungsbehörde gewahrt, der Einspruch gegen den Vorbescheid kann zu Protokoll der unteren Verwaltungsbehörde erklärt werden, von der Feststellung der Unfallrenten muß der Genossenschaftsvorstand dieser Mitteilung machen, vor der Beschlußfassung über eine Kapitalabfindung bei einer Rente von 15 v. H. oder weniger ist die untere Verwaltungsbehörde zu hören. Sie ist ferner Beschwerdeinstanz im Prämienstreitverfahren der Bau-Unfallversicherung, hat die schon erwähnte Anordnung über die Haftung von Bauherren und Zwischenunternehmern zu erlassen oder aufzuheben, kann durch Geldstrafen die Unternehmer zur Vorlegung von Büchern und Listen behufs Einsichtnahme durch technische Aufsichts- und Rechnungsbeamte anhalten und verpflichtet diese Beamten eidlich zur Amtsverschwiegenheit. Endlich hat die untere Verwaltungsbehörde in verschiedener Hinsicht bei der Ermittlung und Anmeldung versicherungspflichtiger Betriebe sowie bei Betriebsveränderungen mitzuwirken.

In der Invalidenversicherung haben die unteren Verwaltungsbehörden in Renten- und Erstattungsangelegenheiten die Entscheidungen des Anstaltsvorstandes vorzubereiten. Über die Zulassung eines nach früherer Abweisung mangels Erwerbsunfähigkeit vorzeitig wiederholten Anspruchs auf Invalidenrente haben sie selbständig und endgültig zu befinden. Ferner haben sie den Beteiligten in allen die Invalidenversicherung betreffenden Fragen Auskunft zu erteilen, den Vorstand zu benachrichtigen, wo ein Heilverfahren, die Entziehung oder die Einstellung einer Rente in Frage kommt. Weiter entscheiden sie in erster Instanz über die Befreiung von der Versicherungspflicht, sowie bei Streitigkeiten über die Versicherungspflicht, die Versicherungsberechtigung und andere die Versicherung betreffende Fragen. Sie beseitigen im Anschluß an die zuletzt erwähnten Entscheidungen die Mängel der Beitragsleistung, sind zur Verhängung von Ordnungsstrafen und mannigfachen anderen Maßnahmen berufen, deren Aufzählung zu weit führen würde.

Ihre wichtigste Tätigkeit ist auf diesem Gebiete die in einem besonderen Abschnitte des Invalidenversicherungsgesetzes (§§ 57 bis 64) geregelte Mitwirkung bei der Vorbereitung der Entscheidung über die Rentenanträge.

4. Die Ortspolizeibehörden (Ortsbehörden).

Diese Behörden treten in der Unfallversicherung hauptsächlich zur Vornahme von Erhebungen in Tätigkeit. Die Unfallanzeige ist ihnen schriftlich zu erstatten, und sie haben daraufhin die Unfalluntersuchung nach Maßgabe der gesetzlichen Vorschriften vorzunehmen. Auch polizeiliche Maßnahmen kommen in Betracht, so die Erzwingung einer vom Schiedsgericht angeordneten Augenscheineinnahme bei Widersetzlichkeit des Betriebsunternehmers und in einzelnen Fällen die Festsetzung von Geldstrafen wegen Zuwiderhandlung gegen Unfallverhütungsvorschriften.

Auf dem Gebiete der Invalidenversicherung haben die Ortsbehörden, abgesehen davon, daß sie als untere Verwaltungsbehörden bestellt sein können, hauptsächlich die Aufgabe, den Umtausch der Quittungskarten zu besorgen. Im Zusammenhange damit sind ihnen Zwangs- und Strafbefugnisse in bezug auf die Ausstellung und die Vorlegung von Quittungskarten sowie deren Aushändigung an den Berechtigten im Falle unbefugter Einbehaltung beigelegt.

Im übrigen werden die Ortsbehörden auf beiden Versicherungsgebieten zur Aufklärung des Sachverhalts in allen Arten von Streitigkeiten, zur Erteilung von Auskünften, Ausstellung von Bescheinigungen und dergleichen mehr verwendet. In der Regel werden sie durch Auftrag der vorgesetzten Verwaltungsbehörde oder durch Ersuchen einer andern Dienststelle in Tätigkeit gesetzt.

5. Andere Behörden und Stellen.

Schließlich kommen hie und da noch andere Behörden und Stellen außer den bisher genannten in die Lage, für die Unfall- oder die Invalidenversicherung wirksam zu werden, und zwar teils kraft gesetzlicher Bestimmung, teils ebenfalls zufolge Auftrags oder im Wege des Ersuchens. Als solche Behörden und Stellen seien hier nur genannt die Kommunalaufsichtsbehörden, die Gemeindebehörden, die Aufsichtsbehörden der ersatzberechtigten Gemeinden und Armenverbände sowie der Krankenkassen, ferner die Krankenkassen selbst und schließlich die ordentlichen Gerichte. Die Verpflichtung dieser Stellen und Behörden, den an sie ergehenden Ersuchen der Versicherungsträger und der Versicherungsbehörden zu entsprechen, beruht auf § 144 des Gewerbe-Unfallversicherungsgesetzes und den entsprechenden Vorschriften der übrigen Unfallversicherungsgesetze sowie auf § 172 des Invalidenversicherungsgesetzes. In verwaltungsgerichtlichen Streitfällen (Kataster-, Beitragsverfahren usw.) sowie in dem Spruchverfahren über Entschädigungsansprüche besteht sehr häufig auch für das Reichs-Versicherungsamt die Notwendigkeit, zur Ausführung von Beweiserhebungen, zu anderen Ermittlungen verschiedener Art, zur Bewirkung von Zustellungen und Zwangsvollstreckungen und dergleichen mehr andere Behörden in Anspruch zu nehmen.

Mitwirkung der Ärzte.

Zur Erfüllung der wichtigsten Aufgaben der Arbeiterversicherung bedarf es endlich, wie schon in der Einleitung hervorgehoben worden ist, der eifrigen und verständnisvollen Mitarbeit der Ärzte. Darüber ist niemand im Zweifel, der, in welcher Stellung auch immer, an der Erfüllung dieser Aufgaben beteiligt ist. Ebensowenig kann geleugnet werden und wird von irgend einer Seite ernstlich in Abrede gestellt, daß der im ganzen glückliche Verlauf, den die Durchführung der sozialpolitischen Gesetze genommen hat, zum Teil auch dem Umstande zu verdanken ist, daß wir in Deutschland einen auf so hoher sittlicher und wissenschaftlicher Stufe stehenden Ärztestand besitzen. Um so bedauerlicher ist es, daß auf dem Gebiete der Krankenversicherung das Verhältnis zwischen Ärzten und Organen der Krankenkassen sich in neuerer Zeit so unerfreulich gestaltet hat. Jeder, dem eine gedeihliche Weiterentwicklung der deutschen Arbeiterversicherung am Herzen liegt und der anderseits auch Verständnis für die Leistungen wie für die wirtschaftlichen und sozialen Bedürfnisse der Ärzte hat, wird aufrichtig wünschen, daß dem großen Gesetzgebungswerke, das gegenwärtig zur Beratung steht, auch die schwere Aufgabe gelingen möge, hier einen Weg zu finden, der zum Frieden führt und den Ansprüchen beider Teile, soweit sie Beachtung verdienen, genügt. Glücklicherweise ist die Unfall- und die Invalidenversicherung von derartigen Kämpfen, wie sie sich im Bereiche der Krankenversicherung abgespielt haben, bisher verschont geblieben. Zwar sind auch auf diesen Gebieten Reibungen nicht ganz vermeidbar gewesen. Zuweilen ist es sogar zu ernsten Zwisten zwischen einer Berufsgenossenschaft oder einer Versicherungsanstalt und einem Arzte oder auch den Ärzten eines ganzen Bezirkes gekommen. Aber es ist schließlich immer noch gelungen, eine friedliche Lösung herbeizuführen. Es handelte sich in solchen Fällen um Meinungsverschiedenheiten über die Höhe der Gebühren oder die zur Durchführung eines ordnungsmäßigen Heilverfahrens erforderlichen Maßnahmen oder auch bezüglich des Abschlusses von Vereinbarungen mit den ärztlichen Standesvertretungen. Solche Streitigkeiten haben die Beteiligten regelmäßig dem Reichs-Versicherungsamt unterbreitet, und zwar auch dann, wenn an sich die ordentlichen Gerichte zuständig waren. Fast in allen diesen Fällen ist es dem Reichs-Versicherungsamte möglich gewesen, durch seine Vermittlung zwischen den berechtigten Ansprüchen der Ärzte und den gesetzlichen Verpflichtungen der Versicherungsträger eine Einigung herbeizuführen. Auch sonst hat das Reichs-Versicherungsamt es stets für eine seiner vornehmsten Aufgaben erachtet, die Beziehungen zwischen den Versicherungsträgern der Unfall- und der Invalidenversicherung und der Ärzteschaft zu pflegen, um ein einmütiges und ungestörtes Zusammenarbeiten der beiden Teile zu erzielen. Es ist ihm vergönnt gewesen, auf diesem Gebiet eine umfangreiche und segensreiche Tätigkeit zu entfalten. Dabei hat sich das Amt zugleich auch immer von dem Grundsatze leiten lassen, daß über dem Streite der Parteien das Wohl des verletzten oder kranken Arbeiters steht, und daß unter keinen Umständen die Erledigung der eilbedürftigen Unfall- oder Invalidenversicherungssachen durch Meinungsverschiedenheiten, wie z. B. über die Höhe der Gebühren oder dergleichen, verzögert werden darf. Versicherungsträger und Ärzte haben regelmäßig hierfür volles Verständnis bewiesen. Beide sind sich bewußt gewesen, daß nur dann etwas erreicht werden kann, wenn sie Hand in Hand miteinander arbeiten, und haben gezeigt, daß auch in dieser Beziehung, wo ein Wille ist, ein Weg sich findet. Demgemäß haben denn auch seit längerer Zeit die Streitigkeiten sehr nachgelassen, und es sind solche erheblicherer Art nur noch in ganz vereinzelten Fällen an das Reichs-Versicherungsamt gelangt.

Was die Stellung der Ärzte im einzelnen zu den Trägern der Unfall- und der Invalidenversicherung anlangt, so sind die Verhältnisse bei den zahlreichen Berufsgenossenschaften, Ausführungsbehörden, Versicherungsanstalten und zugelassenen Kasseneinrichtungen derartig verschieden geregelt, daß sich allgemeine Grundsätze daraus überhaupt nicht entnehmen lassen und es nicht möglich ist, in dem engen Rahmen dieser Darstellung die einschlägigen Verhältnisse einigermaßen ausreichend zu schildern. Nur eine verhältnismäßig kleine Zahl von Berufsgenossenschaften steht mit bestimmten Ärzten in einem festen Vertragsverhältnisse dergestalt, daß die Ärzte vertraglich angestellt und daß somit durch den Vertrag alle dienstlichen und wirtschaftlichen Beziehungen zwischen der Berufsgenossenschaft und dem Arzte geregelt sind. Wohl aber haben viele mit einer größeren Anzahl von Ärzten Vereinbarungen über die Honorierung im Falle ihrer Heranziehung, namentlich zur Erstattung von Gutachten, getroffen. Die meisten Berufsgenossenschaften verstehen unter der Bezeichnung „Vertrauensärzte" nur vertraglich angestellte, andere nennen diese Ärzte „Vertrauensärzte im engeren Sinne" und bezeichnen auch die Ärzte, mit denen nur Honorarbedingungen für die Einzelfälle ihrer Zuziehung vereinbart sind, ebenfalls als „Vertrauensärzte". Die vertraglich angestellten Vertrauensärzte der Genossenschaftsvorstände führen zuweilen auch die Bezeichnung „Ärztlicher Beirat" oder „Ärztlicher Berater". In der Regel kommen für die Stellung eines Vertrauensarztes nur solche Ärzte in Frage, die auf dem Gebiete der Unfallheilkunde als besonders erfahren bekannt sind, namentlich Leiter größerer Heilanstalten oder auch beamtete Ärzte. Verträge sind von Berufsgenossenschaften bezüglich der nicht angestellten Ärzte teils mit Ärztevereinigungen, teils mit einem Kreise von Ärzten unter Mitwirkung von Ärztevertretungen abgeschlossen. Meist regeln sie nur die Honorarfrage, insbesondere das Honorar für Gutachten, vereinzelt bestimmen sie auch sonstige Beziehungen zwischen der Berufsgenossenschaft und den Ärzten. Die Berechnung der ärztlichen Gebühren für Heilbehandlung und Begutachtung richtet sich sowohl bei den einzelnen Berufsgenossenschaften wie auch innerhalb dieser bei den einzelnen Sektionen nach ganz verschiedenen Gesichtspunkten. Regelmäßig bestehen hierüber keine besonderen Grundsätze. Soweit nicht Verträge vorliegen, berechnen die Ärzte nach eigenem Ermessen die Höhe des Honorars. Mehrfach haben auch Ärztevereine einseitig gewisse Sätze festgelegt, die dann von den Berufsgenossenschaften zumeist anerkannt und bezahlt werden. Teilweise haben sich gewohnheitsmäßig feste Sätze herausgebildet. Die Gebühren für die Heilbehandlung bewegen sich bei vielen Berufsgenossenschaften innerhalb der Sätze der von den einzelnen Bundesstaaten erlassenen Gebührenordnungen für Ärzte. Bei einer nicht geringen Anzahl von Berufsgenossenschaften werden regelmäßig die Mindestsätze der jeweilig maßgebenden Gebührenordnung in Ansatz gebracht. Die Honorare für Begutachtungen sind meist verschieden, je nachdem nur ein kurzer Befundbericht oder ein ausführliches Gutachten erfordert wird, oder je nachdem es sich um erstmalige oder erneute Begutachtung desselben Arztes handelt.

Die freie Wahl des behandelnden Arztes ist den Verletzten bei den gewerblichen Berufsgenossenschaften nur in verschwindend wenigen Ausnahmen und dann auch nur in beschränktem Umfang überlassen, nämlich nur in leichten Fällen und da, wo nichtständige Behandlung ausreicht. Bei den landwirtschaftlichen Berufsgenossenschaften kommt sie häufiger vor. Besonderen Wünschen des Verletzten bezüglich der Person des behandelnden Arztes tragen die Berufsgenossenschaften nach Möglichkeit Rechnung. Bei der Eigenart der Verletzungen, die vielfach fachärztliche Behandlung erfordern, ist es aber unumgänglich, den Berufsgenossenschaften in der Auswahl der behandelnden Ärzte freie Hand zu lassen. Ein Recht der Verletzten, sich einen Arzt selbst auszusuchen, diesen beliebig zu wechseln und hierdurch jede Kontrolle unmöglich zu machen, kann für die Unfallversicherung nicht anerkannt werden und ist auch vom Reichs-Versicherungsamte nicht anerkannt worden.

Ganz ähnlich liegen die Verhältnisse auf dem Gebiete der Invalidenversicherung, soweit Versicherungsanstalten in Frage kommen. Diese beschäftigen und besolden vielfach einen oder auch mehrere Vertrauensärzte als Hilfsarbeiter des Vorstandes. Bei einer dieser Versicherungsanstalten ist einer der Vertrauensärzte Mitglied des Vorstandes, bei einer anderen sind zwei Ärzte als Landesmedizinalräte und beamtete stellvertretende Vorstandsmitglieder durch Beschluß des Provinzialausschusses angestellt. Im übrigen haben auch zahlreiche Versicherungsanstalten Vertrauensärzte, d. h. solche Ärzte, die ihnen besonders vertrauenswürdig erscheinen, und die sie mit der

Untersuchung der Rentenbewerber vor Bewilligung einer Rente oder auch vor Übernahme eines Heilverfahrens betrauen. Häufig, aber nicht immer, stehen diese Ärzte in einem festen Vertragsverhältnisse, wodurch auch die Honorierung und die Stellung des Arztes dem Vorstande gegenüber geregelt wird. Im übrigen bestehen auch hier Vereinbarungen mit mehreren an verschiedenen Orten ansässigen Ärzten über die ihnen für Einzelleistungen, mit denen sie in jedem Falle besonders beauftragt werden, zu gewährenden Gebühren.

Das Recht der freien Arztwahl in dem Sinne, daß die Versicherten sich zur Begründung ihrer Anträge auf Invalidenrente einen beliebigen Arzt wählen könnten, und die Versicherungsanstalt diesen dafür zu honorieren hätte, besteht auch hier nicht. Es ist vielmehr in erster Reihe Sache des Rentenbewerbers, ein Gutachten auf eigene Kosten zu beschaffen. Bei Mittellosigkeit des Rentensuchers pflegen aber zumeist die Versicherungsanstalten das zur Prüfung der Erwerbsunfähigkeit unumgängliche Gutachten von einem ihrer Vertrauensärzte oder von demjenigen Arzte einzuholen, der den Rentenbewerber unmittelbar vorher behandelt hat. In diesem Falle zahlen sie dem Arzte ein Honorar, dessen Höhe bei mehreren Versicherungsanstalten auf Vereinbarungen mit der Ärztekammer der Provinz beruht.

Während im allgemeinen die Art und der Umfang der zu erhebenden Beweise dem pflichtmäßigen Ermessen der Versicherungsträger überlassen ist, sind diese in dem Falle des § 69 Abs. 3 des Gewerbe-Unfallversicherungsgesetzes und der entsprechenden Paragraphen der übrigen Unfallversicherungsgesetze an eine bestimmte Vorschrift gebunden. Hiernach kann die Ablehnung einer Entschädigung oder die Bewilligung einer Teilrente auf Grund eines ärztlichen Gutachtens nur dann ausgesprochen werden, wenn vorher der behandelnde Arzt gehört ist. Steht dieser zu der Genossenschaft in einem Vertragsverhältnisse, so ist auf Antrag des Berechtigten ein anderer Arzt zu hören. Die Auslegung dieser Vorschriften und ihre Übertragung auf die tatsächlichen Verhältnisse des Lebens haben zahlreiche Entscheidungen des Reichs-Versicherungsamts erforderlich gemacht. Wegen des Inhalts dieser Entscheidungen wird auf das Handbuch der Unfallversicherung (Band 1 S. 474) und den darin enthaltenen Aufsatz über die Geschichte und den Wirkungskreis des Reichs-Versicherungsamts Bezug genommen.

In früherer Zeit kam der Arzt fast nur bei Strafsachen in die Lage, seine wissenschaftliche Kenntnis und Erfahrung als Berater des Richters zur Verfügung zu stellen. Durch die Arbeiterversicherungsgesetze aber hat die Gutachtertätigkeit der Ärzte einen so gewaltigen Zuwachs erhalten, daß sie für viele fast gleichbedeutend mit ihrer behandelnden Tätigkeit ist, und eine erheblich größere Zahl von Ärzten dazu gelangt, als Sachverständige in Anspruch genommen zu werden, als dies vor dem Bestehen der sozialen Gesetzgebung der Fall war. Für die Versicherungsträger sind die Ärzte die unentbehrlichen sachkundigen Ratgeber sowohl bei der Beratung der Rentenanträge und den Nachprüfungen der Rentenempfänger als auch bei allen Maßnahmen der Heilfürsorge. Das letztere Gebiet fällt weg für die höheren Rechtsprechungsinstanzen, die Schiedsgerichte, das Reichs-Versicherungsamt und die Landes-Versicherungsämter. In sehr ausgedehntem Maße sind für sie aber die Ärzte als eigentliche Sachverständige und Gutachter tätig. Die Hauptfragen, die sie dabei zu beantworten haben, betreffen das Bestehen und den Grad einer Beeinträchtigung der Erwerbsfähigkeit, auf dem Gebiete der Unfallversicherung außerdem die Frage des ursächlichen Zusammenhanges zwischen einem Leiden und einer bestehenden Erwerbsunfähigkeit einerseits sowie einem Unfall anderseits, oder zwischen dem Tode eines Versicherten und einem Unfalle. Durch die jetzt geltende Gesetzgebung ist vorgesehen, daß bei den Schiedsgerichten sogenannte „Vertrauensärzte" bei Beginn eines jeden Geschäftsjahrs aus der Zahl der am Sitze des Schiedsgerichts wohnenden approbierten Ärzte gewählt und zu den Sitzungen des Schiedsgerichts in der Regel nach Bedarf zugezogen werden müssen. Das Reichs-Versicherungsamt hat weder unter seinen Mitgliedern Ärzte, noch irgend welche bestimmten Vertrauensärzte. Es holt aber zur Aufklärung des Sachverhalts in Unfallversicherungssachen zahlreiche Obergutachten ein, in der Regel von beamteten oder besonders hervorragenden Ärzten, namentlich von Universitätsprofessoren und leitenden Ärzten großer Krankenhäuser. In Invalidenrentensachen ist die Beiziehung von ärztlichen Obergutachten oder die Vernehmung von ärztlichen Sachverständigen in der Revisionsinstanz, also auf Veranlassung des Reichs-Versicherungsamts, ausgeschlossen, weil hier mit Rücksicht auf die eigenartige Natur des Rechtsmittels der Revision eine Beweiserhebung unzulässig ist. Über die Würdigung der ärztlichen Gutachten hat sich das Reichs-Versicherungsamt vielfach sowohl in Rekurs- und Revisionsentscheidungen als auch in Äußerungen gegenüber den Versicherungsträgern ausgesprochen. Die viel umstrittene Frage, inwieweit die ärztlichen Gutachten für die Feststellung des Maßes der Erwerbsunfähigkeit in Unfall- und in Invalidenrentenangelegenheiten maßgebend sind, hat das Reichs-Versicherungsamt namentlich in einem Rundschreiben vom 31. Dezember 1901 klargestellt. Danach findet die Aufgabe der ärztlichen Begutachtung im allgemeinen ihre Begrenzung in der Feststellung der physiologischen Folgen des Unfalls oder der eine Invalidität begründenden Gebrechen. Dagegen bieten die sonstigen ärztlichen Äußerungen, insbesondere darüber, welchen Einfluß der Befund auf die Erwerbsfähigkeit des Rentenbewerbers ausübt, den in ihrer Entscheidung selbständigen Feststellungsinstanzen zwar wertvolle und bei inneren Krankheiten sogar oft unentbehrliche, aber keineswegs bindende Unterlagen für die Urteilsfindung. Danach würde es unzulässig sein, wenn die Feststellungsinstanzen einfach den von einem Arzte angegebenen Prozentsatz der Erwerbsunfähigkeit ihrer Entscheidung zugrunde legten, ohne die Frage nach dem Grade der Erwerbsunfähigkeit selbst geprüft zu haben. Ein derartiges Verfahren, durch das eine der wichtigsten Aufgaben der Feststellungsorgane zu einer mechanischen Wiederholung des Ergebnisses der ärztlichen Gutachten herabgedrückt werden würde, entspricht, wie das Reichs-Versicherungsamt in jenem Rundschreiben ausdrücklich hervorgehoben hat, nicht der Absicht des Gesetzes. Für die Invalidenversicherung insbesondere ist in der Revisionsentscheidung 1192 unter Bezugnahme auf jenes Rundschreiben hinzugefügt, wenn die ärztlichen Sachverständigen, wie es vielfach Brauch sei, auch über die Fähigkeit des Rentenbewerbers gehört würden, den Mindestlohn zu verdienen, so seien die rechtsprechenden Stellen an derartige Schätzungen keinesfalls gebunden. Der Brauch sei aber anderseits auch nicht zu mißbilligen, denn solche Äußerungen könnten für die Urteilsfindung wertvolle Grundlagen abgeben, wenn sie von Ärzten ausgingen, denen Lebenserfahrung und sozialpolitische Schulung eigen sei. Deshalb werde es sogar erwünscht sein, daß sich die ärztlichen Sachverständigen auch nach dieser Richtung hin aussprächen. Immer aber blieben es Meinungsäußerungen, die ein unter allen Umständen entscheidendes Gewicht nicht beanspruchen könnten. Was die Mitteilung der ärztlichen Gutachten an die Parteien anlangt, so hat sich das Reichs-Versicherungsamt wiederholt dahin ausgesprochen, daß solche Gutachten den Rentensuchern zwar nicht immer vollständig (abschriftlich) mitgeteilt werden müßten, daß es vielmehr in geeigneten Fällen genüge, wenn nur ihr wesentlicher Inhalt soweit mitgeteilt werde, als er für die Entschließung des Feststellungsorgans mitbestimmend war. Anderseits aber hat das Reichs-Versicherungsamt stets betont und noch in neuester Zeit nachdrücklich dargelegt, daß es einen wesentlichen Mangel des Verfahrens bilde, wenn das der Rentenfeststellung zugrunde liegende ärztliche Gutachten nicht wenigstens in seinem wesentlichen Inhalte mitgeteilt werde. In einer diese Frage eingehend behandelnden Rekursentscheidung vom 26. November 1908 heißt es: Zu den Unterlagen des berufungsfähigen Bescheids gehöre in erster Linie der ärztliche Befund. Dieser sei in dem Bescheid oder in besonderer Abschrift, wenn nicht vollständig, so doch in seinen wesentlichen Teilen so ausführlich dem Rentensucher zur Kenntnis zu bringen, daß er in der Lage sei, selbst dazu Stellung zu nehmen oder ihn durch einen anderen Arzt auf seine Richtigkeit nachprüfen zu lassen.

Einer großen Zahl der ärztlichen Obergutachten, die dem Reichs-Versicherungsamt auf sein Ersuchen in Unfallversicherungssachen fortgesetzt erstattet werden, kommt nach Inhalt und Form eine über ihren ursprünglichen Zweck hinausgehende Bedeutung zu. Um eine weitere Nutzbarmachung dieser wertvollen Arbeiten für die Rechtsprechung wie für fachwissenschaftliche Zwecke zu ermöglichen, werden seit dem Jahre 1897 einzelne dieser Gutachten mit Einwilligung ihrer Verfasser im Nichtamtlichen Teile der Amtlichen Nachrichten des Reichs-Versicherungsamts veröffentlicht. Die bisher veröffentlichten 120 Gutachten sind zu zwei Sammlungen vereinigt, von denen die erste, die Jahrgänge 1897 bis 1902 umfassend, im Jahre 1903, die zweite, die Jahrgänge 1903 bis 1908 umfassend, im Jahre 1909 in Buchform besonders herausgegeben ist. Das Reichs-Versicherungsamt wollte mit diesen Sammlungen mehrfach geäußerten Wünschen entgegenkommen und bezweckte zugleich, auch hierdurch die Verbreitung der bedeutsamen Gutachten zu fördern. Ein ausführliches Sachregister, aus dem die in den Gutachten enthaltenen wichtigsten Sätze von allgemeinerer Bedeutung ohne weiteres ersichtlich sind, erleichtert das Verständnis und die Benutzung der Obergutachten. Das dem zweiten Bande beigegebene Sachregister erstreckt sich einheitlich auf beide Bände.

Aus der großen Reihe der Leiden, die in den veröffentlichten Gutachten hinsichtlich ihrer etwaigen Beziehungen zu Unfällen erörtert werden, seien hier nur folgende hervorgehoben: Rückenmarkserkrankung eines Caissonarbeiters infolge Luftdrucks, Hundswut, Osteomalacie, Beri-Berikrankheit, Akromegalie, Unfälle durch elektrische Schläge, Verbrennung durch Röntgenstrahlen, Vergiftungen durch Leuchtgas, Grubengas, Nitrobenzol, Blei usw. Daneben finden sich zahlreiche Gutachten über Gehirn-, Herz-, Lungen-, Nervenleiden der verschiedensten Art und deren Zusammenhang mit Unfällen, ferner über Augenverletzungen, Frauenleiden usw.

Um den an der Rechtsprechung des Reichs-Versicherungsamts Beteiligten, namentlich auch den richterlichen Beisitzern wie den Vertretern der Arbeitgeber und der Versicherten, Gelegenheit zur Erlangung einer noch größeren Vertrautheit mit dem neuesten Stande der medizinisch-fachwissenschaftlichen Erkenntnis zu geben, werden seit Anfang 1907 im Reichs-Versicherungsamte durch angesehene Ärzte Vorträge über ärztliche Fragen gehalten. Selbstverständlich soll und kann das Ziel dieser Veranstaltungen ebenso wie das der Veröffentlichung und Sammlung der Obergutachten nicht das sein, die Gutachtertätigkeit der Ärzte in größerem oder auch nur in geringerem Umfang entbehrlich zu machen. Vielmehr sollen die Vorträge gleich jenen Veröffentlichungen — abgesehen von etwaiger fachwissenschaftlicher Verwertung — nur dazu dienen, bei den zur Durchführung der Arbeiterversicherung berufenen Personen und Körperschaften die Fähigkeit zur Beurteilung der von Ärzten zu begutachtenden Fragen zu fördern. Die Verwirklichung dieses Zieles ist sowohl für die Art der Fragestellung an die Sachverständigen, als auch für die Verwendung ihrer Äußerungen zur Urteilsfindung von besonderem Nutzen. Die Aufgabe der Vorträge ist danach, die wesentlichsten Ergebnisse der ärztlichen Forschung und Erfahrung aus bestimmt umgrenzten Gebieten, wie Nervenleiden, Lungenleiden, Vergiftungen, Augenverletzungen und -erkrankungen usw., soweit sie für die Arbeiterversicherung unmittelbar von Bedeutung sind, in ihrer Anwendung auf diese zur Darlegung zu bringen. Bisher sind 12 solcher Vorträge gehalten worden. Sie werden im Wortlaut in den Amtlichen Nachrichten des Reichs-Versicherungsamts veröffentlicht; eine kurze Inhaltsangabe bringen in der Regel alsbald, nachdem ein Vortrag gehalten ist, die „Monatsblätter für Arbeiterversicherung".

Wie sonach die Mitglieder des Reichs-Versicherungsamts von den Ärzten zu lernen suchen und das Amt sich bemüht, die Ergebnisse der medizinischen Wissenschaft und der ärztlichen Erfahrung den an der Durchführung der Arbeiterversicherung Beteiligten zu vermitteln, so haben umgekehrt auch die Ärzte nicht nur aus der Arbeiterversicherung überhaupt, sondern auch aus der Tätigkeit des Reichs-Versicherungsamts mannigfachen Gewinn gezogen.

Neben der wechselseitigen wissenschaftlichen Förderung, die durch solche Maßnahmen sowohl den Beamten des Reichs-Versicherungsamts wie den Ärzten zuteil wird, bietet sich beiden Gruppen hierdurch auch mannigfache Gelegenheit, in persönliche Beziehung miteinander zu treten, was naturgemäß wesentlich dazu beiträgt, gegenseitiges Vertrauen herbeizuführen und etwaige Mißverständnisse alsbald zu beseitigen. Den gleichen Erfolg haben vielfach die gemeinsamen Verhandlungen in den zahlreichen Vereinigungen zu gesundheitlichen und anderen Wohlfahrtszwecken, denen der Präsident und mehrere Mitglieder des Reichs-Versicherungsamts angehören. Auf ein gutes Einvernehmen mit den Ärzten legt das Reichs-Versicherungsamt fortgesetzt besonderen Wert in der Überzeugung, daß hierdurch der hohen und oft recht schwierigen Aufgabe, die sie gemeinsam zu erfüllen haben, wesentlich gedient wird: die Arbeiterversicherung mit wahrhaft sozialpolitischem Verständnis, aber auch mit Gerechtigkeit zur Durchführung zu bringen.

Die Aufsichtführung des Reichs-Versicherungsamts über die Versicherungsträger.

Das weitgehende Selbstverwaltungsrecht, das die Gesetzgebung den Berufsgenossenschaften und den Invaliden-Versicherungsanstalten zugestanden hat, erforderte notwendig das Korrektiv der staatlichen „Aufsicht" zur Überwachung der Tätigkeit dieser Versicherungsträger. Die Pflicht und das Recht zu dieser Aufsichtführung wurde dem Reichs-Versicherungsamt und den Landes-Versicherungsämtern schon durch das Unfallversicherungsgesetz vom 6. Juli 1884 und dann auch in allen späteren Unfallversicherungsgesetzen hinsichtlich der Berufsgenossenschaften übertragen. Dasselbe mußte in den Invalidenversicherungsgesetzen bezüglich der Versicherungsanstalten geschehen, da diese, ungeachtet der ihren Vorständen zustehenden Eigenschaft öffentlicher Behörden das Recht der Selbstverwaltung in gleichem Umfange wie die Berufsgenossenschaften genießen. Die hierüber in den früheren Unfallversicherungsgesetzen und im Invaliditäts- und Altersversicherungsgesetze vom 22. Juni 1889 enthaltenen Vorschriften sind unverändert in die jetzt geltenden, entsprechenden Gesetze übergegangen. Die Aufsicht des Reichs-Versicherungsamts greift nicht Platz, soweit das Reich oder ein Bundesstaat auf den Gebieten der gewerblichen, der landwirtschaftlichen, der Bau- oder der See-Unfallversicherung, oder auch ein Kommunalverband oder eine andere öffentliche Körperschaft auf dem Gebiete der Bau-Unfallversicherung an die Stelle der Berufsgenossenschaft tritt und demgemäß Reichs-, Staats-, Provinzial- oder Kommunal-Ausführungsbehörden die Rechte und Pflichten des Genossenschaftsvorstandes haben. Ebenso unterliegen der Aufsicht des Reichs-Versicherungsamts nicht die für die Durchführung der Invalidenversicherung zugelassenen besonderen Kasseneinrichtungen mit Ausnahme der Invaliden-, Witwen- und Waisen-Versicherungskasse der See-Berufsgenossenschaft, die durch § 12 des Invalidenversicherungsgesetzes schon für den Fall ihrer Errichtung der Beaufsichtigung durch das Reichs-Versicherungsamt unterworfen wurde. Die Ausführungsbehörden und die Kasseneinrichtungen (außer der Seekasse) werden, abgesehen von einigen, die Landes-Versicherungsämtern unterstellt sind, durch höhere Behörden des Reichs, der Bundesstaaten (öfter Ministerien) usw. beaufsichtigt.

In der Unfallversicherung stehen von den 66 gewerblichen Berufsgenossenschaften 61, von den 14 Versicherungsanstalten der Baugewerks-Berufsgenossenschaften und der Tiefbau-Berufsgenossenschaft 12 und von den 48 land- und forstwirtschaftlichen Berufsgenossenschaften 30, im ganzen also 91 Berufsgenossenschaften und 12 Versicherungsanstalten unter der Aufsicht des Reichs-Versicherungsamts, dagegen 5 gewerbliche und 18 land- und forstwirtschaftliche Berufsgenossenschaften sowie 2 Versicherungsanstalten unter der Aufsicht von Landes-Versicherungsämtern. Von den 6 130 900 Betrieben, die den 114 gewerblichen und landwirtschaftlichen Berufsgenossenschaften angehören, entfallen 4 473 800 auf die dem Reichs-Versicherungsamt unterstehenden, 1 657 100 auf die von Landes-Versicherungsämtern beaufsichtigten Berufsgenossenschaften; zu der ersten Gruppe gehören 20 480 400, zur zweiten 5 616 300 Versicherte. Die der Aufsicht des Reichs-Versicherungsamts unterliegenden Berufsgenossenschaften umfassen, obgleich 16 der gewerblichen von dem Rechte der Sektionsbildung keinen Gebrauch gemacht haben, im ganzen 916 Sektionen, davon die gewerblichen Berufsgenossenschaften 322, die land- und forstwirtschaftlichen 594.

Von den 31 Versicherungsanstalten der Invalidenversicherung unterliegen 19 der Aufsicht des Reichs-Versicherungsamts, nämlich die 13 Landes-Versicherungsanstalten, die das preußische Gebiet und die

Gebiete einiger kleinerer Bundesstaaten und kleine Gebietsteile von solchen umfassen, sowie die Thüringische Landes-Versicherungsanstalt und die Landes-Versicherungsanstalten Mecklenburg, Oldenburg, Braunschweig, der Hansestädte und Elsaß-Lothringen. Die übrigen 12 Versicherungsanstalten werden von den Landes-Versicherungsämtern für die Königreiche Bayern, Sachsen und Württemberg und für die Großherzogtümer Baden und Hessen beaufsichtigt, während die beiden mecklenburgischen Landes-Versicherungsämter und das Landes-Versicherungsamt für das Fürstentum Reuß älterer Linie in Angelegenheiten der Invalidenversicherung überhaupt nicht zuständig sind.

Der Inhalt des Aufsichtsrechts des Reichs-Versicherungsamts ist sowohl in den Unfallversicherungsgesetzen wie im Invalidenversicherungsgesetze dahin bestimmt, daß es sich „auf die Beobachtung der gesetzlichen und statutarischen Vorschriften“ zu erstrecken hat. Diese Bestimmungen, die in den älteren Gesetzen bereits ebenso lauteten, sollten selbstverständlich nur den Rahmen abgeben, innerhalb dessen sich die Aufsichtstätigkeit des Reichs-Versicherungsamts zu bewegen habe. Die Absicht ging, wie schon die in der Begründung zum Unfallversicherungsgesetze vom 6. Juli 1884 gewählte Bezeichnung „zentrale Aufsichtsbehörde“ erkennen läßt, offenbar dahin, daß das Reichs-Versicherungsamt eine Stelle sein sollte, bei der alle Fäden des vielumspannenden Gewebes zusammenliefen, von der aus das Getriebe der zur Durchführung der Arbeiterversicherung berufenen Kräfte überwacht würde, und die darauf zu halten hätte, daß das Gesetz, bei aller Freiheit im einzelnen, doch im ganzen einheitlich und überall im Geiste des Gesetzgebers gehandhabt würde. Seine Grenze findet das Aufsichtsrecht, abgesehen von den Einschränkungen durch die Zuständigkeit der Landes-Versicherungsämter und der oben erwähnten anderen Aufsichtsbehörden, an der Befugnis der Berufsgenossenschaften und Versicherungsanstalten, nach freiem, pflichtmäßigem Ermessen zu verfahren, soweit dies nicht irgendwie den Gesetzen oder den auf ihnen beruhenden Statuten zuwiderläuft. Diese Abgrenzung ist freilich ziemlich unbestimmt. Sie läßt sich aber allgemein nicht genauer festlegen. Gegenseitiges Vertrauen zwischen den Versicherungsträgern und der Aufsichtsbehörde, Achtung vor der durch diese vertretenen Staatsgewalt auf der einen, Wahrung der gesetzlich verbürgten Selbstverwaltung auf der anderen Seite müssen sich vereinigen, um so heikle Machtfragen zu lösen und ein gedeihliches Zusammenwirken zu ermöglichen. Sie sind aber auch weit mehr geeignet, dieses Ziel zu erreichen, als eingehende Gesetzesvorschriften, zumal wenn überall das redliche Bestreben besteht, rein sachliche Zwecke nach bestem Wissen und Wollen zu verfolgen. Das gute Einvernehmen, das zwischen dem Reichs-Versicherungsamt und den von ihm beaufsichtigten Versicherungsträgern jederzeit geherrscht hat, ist der beste Beweis dafür, daß solche Kräfte auf beiden Seiten stets lebendig waren, und bietet die Gewähr, daß von der Zukunft das gleiche erwartet werden darf. Dazu hat nicht zum wenigsten der stets gepflegte persönliche Verkehr zwischen den Präsidenten, den Direktoren und ständigen Mitgliedern des Reichs-Versicherungsamts einerseits und den Vorstandsmitgliedern und sonstigen Vertretern der Versicherungsträger anderseits beigetragen. Gelegenheit hierzu bieten in erster Reihe die Versammlungen der größeren Verbände der Berufsgenossenschaften, insbesondere der alljährlich stattfindende ordentliche Berufsgenossenschaftstag, an dessen Verhandlungen von jeher in der Regel der Präsident des Reichs-Versicherungsamts persönlich teilnimmt, meist auch der Direktor der Abteilung für Unfallversicherung und ein oder mehrere ständige Mitglieder. Ebenso pflegen Vertreter des Amtes, bisweilen gleichfalls der Präsident selbst, den Tagungen der Verbände der Deutschen Baugewerks-Berufsgenossenschaften und der Deutschen Eisen- und Stahl-Berufsgenossenschaften, den Versammlungen landwirtschaftlicher Berufsgenossenschaften, den Genossenschaftsversammlungen der See-Berufsgenossenschaft und sonstigen Beratungen berufsgenossenschaftlicher Vereinigungen oder auch einzelner Berufsgenossenschaften beizuwohnen. Auf dem Gebiete der Invalidenversicherung sind es namentlich die Konferenzen mit Vertretern der Landes-Versicherungsämter, Versicherungsanstalten und zugelassenen Kasseneinrichtungen im Reichs-Versicherungsamte, die zur Förderung persönlicher Fühlung und zu wechselseitigem Austausche von Meinungen und Erfahrungen zwischen dem Reichs-Versicherungsamt und den seiner Aufsicht unterstellten Versicherungsträgern dienen. Auch sonst werden besonders wichtige Angelegenheiten häufig in Unterredungen mit Vorstandsmitgliedern der Versicherungsanstalten, die sich zu solchem Zwecke bereitwillig im Reichs-Versicherungsamt einzufinden pflegen, erörtert und dadurch in der Regel zu einem befriedigenden Abschlusse gebracht.

Bisweilen wird ferner die Entsendung eines Mitglieds an den Sitz einer genossenschaftlichen Verwaltung oder an einen Unfallort veranlaßt. Letzteres geschah in neuerer Zeit z. B. bei dem Massenunglück auf der Zeche Radbod am 12. November 1908, bei dem 341 Personen getötet und 27 verletzt wurden. Die Abordnung hatte den Zweck, durch Benehmen mit dem Vorsitzenden und den Beamten der zuständigen Sektion der Knappschafts-Berufsgenossenschaft die möglichste Beschleunigung des Entschädigungsverfahrens sicherzustellen. Es mag an dieser Stelle des rühmlichen Eifers gedacht werden, mit dem dieses Genossenschaftsorgan seinen Pflichten nachkam. Kaum eine Woche nach dem Unglück waren fast sämtliche Renten für die Hinterbliebenen der getöteten Bergleute festgesetzt und zur Zahlung angewiesen. In den wenigen Fällen, in denen die Bewilligung noch ausstand, weil Aufklärungen erforderlich waren, wurden, soweit irgend angängig, Vorschüsse gezahlt. Auch das Sterbegeld war unverzüglich angewiesen worden. Mit Recht wies aus diesem Anlasse die „Soziale Praxis" (XVIII. Jahrg. 1908-1909, S. 509 ff.) darauf hin, daß in Deutschland bei solchen Gelegenheiten in der Öffentlichkeit, namentlich in der Tagespresse, regelmäßig fast nur der oft recht unzweckmäßig wirkenden freiwilligen Wohltätigkeit gedacht und darüber vergessen werde, daran zu erinnern, welche vorzüglichen und trefflich arbeitenden öffentlichen Einrichtungen für das Gemeinwohl wir in unserer Arbeiterversicherung besitzen.

Bei der Handhabung des Aufsichtsrechts vermeidet es das Reichs-Versicherungsamt, soweit irgend möglich, in die Regelung des inneren Dienstes bei den Vorständen der Berufsgenossenschaften und Versicherungsanstalten einzugreifen. Aus wichtigen Gründen hält es sich aber auch dazu für befugt. Mehr die innere Geschäftsführung der Versicherungsträger betreffende, auf dem Aufsichtsrechte beruhende Anordnungen sind z. B. die über die Dauer der Aufbewahrung und die Zulässigkeit der Vernichtung von Akten der Berufsgenossenschaften und Versicherungsanstalten und über das bei der Vernichtung zu beobachtende Verfahren. Da aber bei diesen Maßnahmen auch Rechte anderer Beteiligter, namentlich der Versicherten, wesentlich in Betracht kommen, so kann es keinem Zweifel unterliegen, daß das Reichs-Versicherungsamt zum Erlasse solcher Vorschriften befugt ist, wie es denn auch in den für die Berufsgenossenschaften und für die Versicherungsanstalten getrennt erlassenen Vorschriften jedesmal ausdrücklich hervorgehoben hat, es verfolge damit lediglich den Zweck, die Durchführung der den Versicherungsträgern gesetzlich und statutarisch obliegenden Aufgaben dauernd zu gewährleisten.

Das Reichs-Versicherungsamt nimmt ferner an, daß unter den „gesetzlichen Vorschriften", auf deren Beobachtung es im Aufsichtswege zu halten hat, nicht lediglich solche zu verstehen sind, die den Versicherungsträgern ausdrücklich bestimmte Verpflichtungen auferlegen, daß vielmehr von dem Aufsichtsrecht auch diejenigen Maßnahmen erfaßt werden, die zu treffen die Versicherungsträger zwar nicht ausdrücklich gesetzlich verpflichtet, wohl aber befugt sind, sofern nur die Art und der Umfang der Befugnis gesetzlich geregelt ist.

Von solchen Gesichtspunkten ausgehend, hält sich das Reichs-Versicherungsamt z. B. zwar für befugt, Beschwerden darüber nachzuprüfen, ob und in welchem Umfange die seiner Aufsicht unterstellten Versicherungsanstalten ein Heilverfahren nach § 18 des Invalidenversicherungsgesetzes zu gewähren haben. Freilich erachtet es sich im allgemeinen nicht zu einer sachlichen Abänderung der Entschließungen der Versicherungsanstalten auf diesem Gebiete für berechtigt, weil diese zur Gewährung eines Heilverfahrens nur befugt, aber nicht verpflichtet sind und auch der Umfang des Heilverfahrens in ihr Ermessen gestellt ist. Das Reichs-Versicherungsamt nimmt jedoch aus den fraglichen Beschwerden öfter Anlaß, die Versicherungsanstalten zur nochmaligen Prüfung der Sache zu veranlassen oder auch auf möglichste Beschleunigung der Entscheidung über den Antrag auf Gewährung eines Heilverfahrens hinzuwirken. Seinen Ersuchen nach diesen Richtungen hin wird stets bereitwillig stattgegeben, öfter mit dem Erfolge, daß sich die Versicherungsanstalt doch noch zur Übernahme eines abgelehnten Heilverfahrens entschließt.

Auf dem Gebiete der Unfallversicherung ist wiederholt ausgesprochen worden, daß sich die Aufsichtsbefugnis des Reichs-Versicherungsamts nicht nur auf die Geschäftsführung der Genossenschaftsvorstände, sondern auch auf die Sektionsverwaltungen erstreckt und demgemäß das Reichs-Versicherungsamt bei Beschwerden über diese auch unmittelbar, unter Übergehung des Genossenschaftsvorstandes, angerufen werden und entscheiden kann.

Mannigfache Entscheidungen und Anordnungen sind über den Geschäftsverkehr der Berufsgenossenschaften mit dem Reichs-Versicherungsamt, über Aktenführung, Unterschriften und andere Formen der Geschäftsführung, über Kassen- und Rechnungsführung usw. ergangen. Näheres hierüber kann aus den Anmerkungen zu den einschlägigen Vorschriften der Unfallversicherungsgesetze in den beiden ersten Bänden des Handbuchs ersehen werden.

Vermöge des Aufsichtsrechts hat das Reichs-Versicherungsamt ferner seinen Einfluß dahin geltend gemacht, daß die Versicherungsanstalten bei Anwendung der Invalidenhauspflege auf Grund des § 25 des Invalidenversicherungsgesetzes, insbesondere soweit sie eigene Invalidenhäuser besitzen, eine Ordnung über die Ausübung dieser Pflege erlassen und dem Reichs-Versicherungsamte zur Genehmigung einreichen. Hierbei ist vom Reichs-Versicherungsamte darauf hingewirkt worden, daß namentlich die Gründe, die zur Aufhebung der Invalidenhauspflege führen können, klar zum Ausdrucke kommen und dem Pflegling ein Recht zur Beschwerde bei dem Reichs-Versicherungsamt eingeräumt wird.

Das wichtigste Mittel zur wirksamen Handhabung des Aufsichtrechts bildet die in den Unfallversicherungsgesetzen und im Invalidenversicherungsgesetze dem Reichs-Versicherungsamt ausdrücklich übertragene Befugnis, jederzeit eine Prüfung der Geschäftsführung der ihm unterstellten Berufsgenossenschaften, Unfallversicherungsanstalten und Invaliden-Versicherungsanstalten vorzunehmen. Solche Prüfungen haben im Laufe der Jahre bei sämtlichen vorbezeichneten Versicherungsträgern, bei der überwiegenden Mehrzahl sogar wiederholt stattgefunden, und zwar bei den Berufsgenossenschaften sowohl bei den Genossenschafts- wie bei den Sektionsvorständen. Entsprechend dem Wesen der Aufsicht des Reichs-Versicherungsamts, unbeschadet des Selbstverwaltungsrechts der Versicherungsträger, auf eine ordnungsmäßige, der Absicht des Gesetzgebers gerecht werdende Durchführung der Reichsversicherung hinzuwirken, erstreckten sich diese Prüfungen auf alle Zweige der Verwaltungen. Besonders wurde das Augenmerk gerichtet auf die Vermögensverwaltung, die Sicherheit und Zweckmäßigkeit der Vermögensanlagen, das Kassen- und Rechnungswesen, die Beamtenverhältnisse, die Art und die Dauer der Erledigung der Eingänge, namentlich der Rentensachen, die Beziehung zu den Schiedsgerichten und anderen Behörden, die Handhabung des Heilverfahrens, bei den Versicherungsanstalten und der Kasseneinrichtung der See-Berufsgenossenschaft auch die Beitragsentrichtung und ihre Überwachung. In der Invalidenversicherung werden diese Geschäftsprüfungen durch ein ständiges Mitglied, in der Regel einen Senatsvorsitzenden, vorgenommen. Bei den Revisionen der berufsgenossenschaftlichen Verwaltungen wird in dieser Weise nur noch die Prüfung der allgemeinen Geschäftsführung gehandhabt. Bis zum Jahre 1900 war mit dieser auch die Prüfung der Vermögensverwaltung und der Kassen- und Rechnungsführung der Berufsgenossenschaften verbunden, die von dem mit der Revision beauftragten ständigen Mitglied und einem ihm zu diesem Zwecke beigegebenen Rechnungsbeamten des Reichs-Versicherungsamts vorgenommen wurde. Der Umfang, den die Vermögensbestände und die Kassengeschäfte der Berufsgenossenschaften mit der Zeit annahmen, machte es erforderlich, eingehendere und häufigere Prüfungen des Kassenwesens zu veranlassen und hiermit einen besonders geschulten Beamten zu betrauen. So entstand die Dienststelle des „Ober-Rechnungsrevisors“, die durch den Reichshaushaltsetat für 1900 errichtet wurde. Der Ober-Rechnungsrevisor hat die Vermögensverwaltung und die Kassen- und Rechnungsführung der Berufsgenossenschaften und ihrer Sektionen unvermutet an Ort und Stelle auf die Befolgung der Vorschriften der Unfallversicherungsgesetze und der Statuten zu prüfen. Er hat sich ferner davon zu überzeugen, ob die vom Reichs-Versicherungsamt in Ausführung der gesetzlichen Vorschriften auf diesem Gebiet erlassenen Bestimmungen sowie allgemeine, zum Teil in anderen Gesetzen enthaltene Vorschriften und gewisse Sicherheitsmaßregeln, die sich im Kassenwesen der öffentlichen Behörden als notwendig oder zweckmäßig erwiesen haben, befolgt werden. Für die Amtstätigkeit des Ober-Rechnungsrevisors ist eine ausführliche Geschäftsanweisung vom Reichs-Versicherungsamt ausgearbeitet worden. Der Reiseplan für die von ihm vorzunehmenden Prüfungen wird ebenfalls vom Reichs-Versicherungsamte festgesetzt. Die Bemerkungen des Ober-Rechnungsrevisors über die Ergebnisse der Prüfung gehen zunächst dem Vorstande der Berufsgenossenschaft zu. Bei Meinungsverschiedenheiten zwischen ihm und diesem Vorstand über die Zweckmäßigkeit und Durchführbarkeit seiner Anregungen entscheidet das Reichs-Versicherungsamt, das auch das Erforderliche zur Durchführung der für nötig erachteten Änderungen veranlaßt. Dieser Regelung des Prüfungsrechts des Reichs-Versicherungsamts — in Verbindung allerdings mit der von dem „Verbande der Deutschen Berufsgenossenschaften" durch Errichtung einer „Zentralrevisionsstelle" getroffenen ähnlichen Einrichtung — ist es zu danken, daß sich die Ergebnisse dieser Prüfungen mehr und mehr gebessert haben und dem Rechnungswesen der Berufsgenossenschaften, abgesehen von den seltenen Fällen ernsterer Unregelmäßigkeiten, kaum noch wesentliche Mängel anhaften.

Zu besonderen Prüfungen gab eine Zeitlang das eigenartige Verhältnis der Unfallversicherungsanstalten zu den Berufsgenossenschaften Anlaß. Träger einer solchen Versicherungsanstalt ist die Berufsgenossenschaft, der sie angegliedert ist. Diese hat auch die Verwaltung ihrer Versicherungsanstalt mitzuversehen. Allerdings können für die Führung der Verwaltung besondere Organe durch das Nebenstatut bestimmt werden. Von dieser Befugnis hat jedoch weder die Tiefbau-Berufsgenossenschaft noch eine der Baugewerks-Berufsgenossenschaften Gebrauch gemacht, so daß alle diese Versicherungsanstalten durch die Organe der Berufsgenossenschaften mitverwaltet werden. Trotzdem sind die Einnahmen und Ausgaben der Versicherungsanstalten besonders zu verrechnen, ihre Vermögensbestände gesondert zu verwahren und für die Versicherungsanstalten besondere Reservefonds anzusammeln. Durch diese Verwaltung entstehen naturgemäß sowohl solche Kosten, die durch die besondere Verwaltung der Versicherungsanstalt erforderlich werden, als auch solche, an denen die Berufsgenossenschaft und die Versicherungsanstalt zugleich beteiligt sind. Während die Aufwendungen der zuerst bezeichneten Art von der Versicherungsanstalt vollständig zu tragen sind, kann als Ersatz des auf die Versicherungsanstalt entfallenden Anteils an den gemeinsamen Verwaltungskosten ein Pauschbetrag erhoben werden, worüber das Reichs-Versicherungsamt das Nähere zu bestimmen hat. Das Reichs-Versicherungsamt hat denn auch nicht nur über die Berechnung des Pauschbetrags das Erforderliche angeordnet, sondern auch für die Verteilung dieser sogenannten „unausscheidbaren Kosten" auf die Berufsgenossenschaft und die Versicherungsanstalt von vornherein Anweisungen gegeben, die später mehrfach erläutert und ergänzt worden sind. Hierbei hat sich das Amt mehr und mehr bemüht, dahin zu wirken, daß nicht die an sich schon verhältnismäßig hohen Verwaltungskosten der Versicherungsanstalten noch durch irrtümliche Maßnahmen der Berufsgenossenschaften beim Ausscheiden der Kosten vermehrt werden. Die Beachtung dieser Vorschriften wird vom Reichs-Versicherungsamte fortgesetzt überwacht. Als besonders wirksam haben sich auch dabei Nachprüfungen am Sitze der Verwaltungen erwiesen.

Auf dem Gebiete der Invalidenversicherung hat das Reichs-Versicherungsamt von jeher die Bewegung beim Zugange neuer Invalidenrenten verfolgt. Unter der Herrschaft des Invaliditäts- und Altersversicherungsgesetzes vom 22. Juni 1889 entsprach die Zahl der jährlich neu bewilligten Invalidenrenten im wesentlichen den im voraus angestellten, der Bemessung der Beiträge zugrunde gelegten Berechnungen. Die neuen Bestimmungen des am 1. Januar 1900 in Kraft getretenen Invalidenversicherungsgesetzes vom 13. Juli 1899 über den Begriff der Erwerbsunfähigkeit und über die Abkürzung der Wartezeit, ließen ein mäßiges Ansteigen der Invalidenrentenbewilligungen nach diesem Zeitpunkt erwarten. Statt dessen zeigte das Jahr 1900 ein überraschend hohes Anwachsen der Rentenzahl gegenüber dem Jahre 1899. Das starke Ansteigen der Zahl der Invalidenrenten, das auch noch in den Jahren 1901, 1902 und 1903 anhielt, machte es erforderlich, den Ursachen dieser auffallenden Erscheinung nachzugehen. Dies erschien um so mehr geboten, als seit 1900 ein Teil jeder von den einzelnen Versicherungsträgern bewilligten Rente, die sogenannte „Gemeinlast", von der Gesamtheit der Versicherungsanstalten und zugelassenen Kasseneinrichtungen zu tragen ist, und deshalb eine außergewöhnlich hohe Zunahme der Rentenzahl bei einzelnen Versicherungsträgern auch die Vermögenslage der übrigen ungünstig beeinflußt. Es galt insbesondere zu ermitteln, ob und inwieweit das Anwachsen der Rentenzahl durch die neuen, die Rentengewährung erleichternden Vorschriften des Invalidenversicherungsgesetzes oder sonstige in der Natur der Sache liegende Gründe zu erklären, oder ob und inwieweit es auf eine anfechtbare Handhabung des Gesetzes zurückzuführen sei. Das Reichs-Versicherungsamt hat zu diesem Zwecke seit dem Jahre 1901 fortgesetzt Erhebungen an Ort und Stelle durch Nachprüfung abgeschlossener Rentensachen angestellt. Derartige Erhebungen sind nunmehr bei sämtlichen der Aufsicht des Reichs-Versicherungsamts unterstellten Versicherungsanstalten und auch bei einer Kasseneinrichtung vorgenommen worden, zuerst bei denjenigen Versicherungsanstalten, bei denen eine besonders auffallende Zunahme der Rentenbewilligungen beobachtet wurde. Die Verhandlungen, die regelmäßig an den Sitzen der unteren Verwaltungsbehörden stattfanden, leitete ein Beauftragter des Reichs-Versicherungsamts (ein Senatsvorsitzender). An ihnen nahmen häufig Beauftragte des Reichsamts des Innern und in den letzten Jahren auch solche der zuständigen preußischen Ressortminister teil. Zugezogen wurden zu den Verhandlungen die Rentenempfänger, ferner Vertreter der Versicherungsträger, die Vorsitzenden der unteren Verwaltungsbehörden, ärztliche Sachverständige, Vertreter der Arbeitgeber und der Versicherten und an den Sitzen der Schiedsgerichte auch die Schiedsgerichtsvorsitzenden. Das Ergebnis der Erhebungen war fast überall das gleiche. Nur ganz vereinzelt konnten örtliche Gründe für das Anwachsen der Rentenzahl ermittelt werden. Dagegen mußten in vielen Fällen Rentenbewilligungen wegen unzulänglicher Aufklärung der tatsächlichen, namentlich der wirtschaftlichen Verhältnisse oder wegen unzutreffender ärztlicher Begutachtung, insbesondere wegen Überschätzung der Altersfolgen, Verwischung der Grenzen zwischen reichsgesetzlicher und Berufsinvalidität usw. beanstandet werden. Dabei zeigte sich, daß noch nicht überall eine ausreichende Kenntnis der für die Behandlung und Begutachtung der Rentensachen maßgebenden Grundsätze in die beteiligten Kreise eingedrungen war. Durch Aussprachen und sonstige auf Grund der Erfahrungen bei den Bereisungen getroffene Maßnahmen, insbesondere Änderung der Vordrucke für die Rentenanträge, für die ärztlichen Gutachten und die Gutachten der unteren Verwaltungsbehörden, ist auf eine der Absicht des Gesetzes entsprechende Behandlung der Rentenanträge mit sichtlichem Erfolge hingewirkt worden. Diese Punkte sind in neuerer Zeit namentlich auf einer Konferenz des Reichs-Versicherungsamts mit Vertretern der Landes-Versicherungsämter, der Versicherungsanstalten und der Kasseneinrichtungen verhandelt worden. Demnächst hat ein von dieser Konferenz gewählter Ausschuß, bestehend aus Vorstandsmitgliedern und Ärzten von Versicherungsanstalten usw., mit Vertretern des Amtes je ein Muster für den Antrag auf Bewilligung einer Invalidenrente und für ein ärztliches Gutachten zu einem solchen Antrage festgestellt; das Ergebnis dieser Beratung ist nebst je einem Abdrucke des Musters den sämtlichen Trägern der Invalidenversicherung durch Rundschreiben mitgeteilt worden.

Zu ähnlichen Maßnahmen führten im Bereiche der land- und forstwirtschaftlichen Unfallversicherung die wachsenden Klagen der Unternehmer und der ihnen nahestehenden Kreise über die fortgesetzte und ihrer Meinung nach weder den gesetzlichen Vorschriften noch den tatsächlichen Verhältnissen entsprechende Steigerung der Rentenlast. Das Reichs-Versicherungsamt hielt sich für verpflichtet, der Berechtigung dieser Klagen nachzugehen und, falls sie zuträfen, auf Abstellung der vorgefundenen Mängel hinzuwirken. Zu diesem Zwecke wurden örtliche Erhebungen durch Mitglieder des Reichs-Versicherungsamts unter Leitung eines Senatsvorsitzenden veranlaßt. Zugezogen wurden hierbei Vertreter der beteiligten Genossenschafts- und Sektionsvorstände sowie andere örtliche Organe der Berufsgenossenschaften, ferner Vertreter der staatlichen und kommunalen Verwaltungsstellen und Ärzte. Auch an diesen Erhebungen haben sich wegen der gesetzgeberischen Maßnahmen, die dabei ins Auge gefaßt werden sollten, mehrfach Beauftragte des Reichsamts des Innern beteiligt. Bei den Bereisungen in Preußen haben auch Beauftragte der Minister des Innern und für Medizinalangelegenheiten teilgenommen, um die Tätigkeit der Kreisausschüsse als Sektionsvorstände und ihrer Vorsitzenden, der Landräte, sowie der Medizinalbeamten und Ärzte auf diesem Gebiete näher kennen zu lernen. Derartige Untersuchungen haben seit dem Jahre 1907 alljährlich, und zwar bisher bei 4 preußischen und 2 nichtpreußischen der Aufsicht des Reichs-Versicherungsamts unterstellten Berufsgenossenschaften stattgefunden. Wie bei den Bereisungen in Invalidenversicherungssachen, hat sich auch hier gezeigt, daß es in zahlreichen Fällen an der für die zutreffende Beurteilung der Erwerbsfähigkeit erforderlichen Aufklärung der medizinischen und sonst maßgebenden Verhältnisse gefehlt hatte, und daß insbesondere bei der Überwachung der laufenden Renten vielfach Verbesserungen erforderlich waren. Nach den auf Grund dieser Erfahrungen getroffenen Maßnahmen läßt sich auch hier erhoffen, daß die Rentenfestsetzungen künftig mehr den tatsächlichen Verhältnissen und den gesetzlichen Vorschriften entsprechend erfolgen werden.

Wie bereits erwähnt, unterliegt der Beaufsichtigung durch das Reichs-Versicherungsamt auch die auf Grund der §§ 11 bis 13 des Invalidenversicherungsgesetzes vom 13. Juli 1899 von der See-Berufsgenossenschaft begründete Kasseneinrichtung. Durch diese Vorschriften war der See-Berufsgenossenschaft, die bis dahin nur die Unfallversicherung im Rahmen des See-Unfallversicherungsgesetzes durchzuführen hatte, die Möglichkeit gegeben, die Invalidenversicherung nach Maßgabe des Invalidenversicherungsgesetzes für die Seeleute zu übernehmen, falls sie gleichzeitig für deren Hinterbliebene eine Witwen- und Waisenversorgung einführte. Der Beschluß der Berufsgenossenschaft, eine Kasseneinrichtung für diese beiden Versicherungszweige zu begründen, ist nebst der dafür errichteten Satzung vom Bundesrate mit Wirkung vom 1. Januar 1907 ab genehmigt worden. Mit diesem Tage ist die Kasseneinrichtung, die den Namen „Invaliden-, Witwen- und Waisen-Versicherungskasse der See-Berufsgenossenschaft in Hamburg" führt, der Kürze halber aber gewöhnlich „Seekasse" genannt wird, ins Leben getreten. Hierdurch ist die Witwen- und Waisenversicherung, die nach dem Entwurf einer Reichsversicherungsordnung allgemein — wenn auch in mancher Hinsicht in anderer Weise als bei der Seekasse geschehen (z. B. nur für erwerbsunfähige, nicht, wie bei der Seekasse, für alle Witwen) — eingeführt werden soll, für ein begrenztes Gebiet (rund 70 000 Seeleute sind bei der Kasse versichert) auf reichsgesetzlicher Grundlage bereits durchgeführt worden. Damit ist auch für das Reichs-Versicherungsamt als Aufsichtsbehörde ein neues, wichtiges Aufgabengebiet eröffnet worden, auf dem für die künftige allgemeine Hinterbliebenenversicherung wertvolle Erfahrungen gesammelt werden können. Das Amt hat bei den Beratungen der Satzungen mitgewirkt, die für den Aufbau der Kasse erforderlichen versicherungstechnischen Unterlagen durch seine Rechnungsstelle feststellen lassen und alle das Inslebentreten der Kasse vorbereitenden Anordnungen getroffen. Aber auch später und bis in die neueste Zeit hinein hatte das Reichs-Versicherungsamt wiederholt Anlaß zu Maßnahmen, durch die dieser jüngsten Schöpfung der sozialpolitischen Gesetzgebung die Wege geebnet wurden.

In den das Aufsichtsrecht des Reichs-Versicherungsamts regelnden Vorschriften der Unfallversicherungsgesetze ist auch ausdrücklich bestimmt, daß der Aufsicht des Reichs-Versicherungsamts die von den Berufsgenossenschaften errichteten oder unterhaltenen Heilanstalten unterliegen, und daß das Reichs-Versicherungsamt zu den zum Zwecke der Aufsicht stattfindenden Revisionen dieser Heilanstalten Vertreter der Berufsgenossenschaften und der Arbeiter zuziehen kann. Diese Vorschrift ist vom Reichs-Versicherungsamte dahin ausgelegt worden, daß unter den von den Berufsgenossenschaften „unterhaltenen" Heilanstalten auch solche zu verstehen sind, die zwar nicht im Eigentum oder in der eigenen Verwaltung von Berufsgenossenschaften stehen, die sich aber ausschließlich oder fast ausschließlich mit der Behandlung von Unfallverletzten befassen, die ihnen von den Berufsgenossenschaften überwiesen werden. Hierfür war die Erwägung maßgebend, daß das Fortbestehen solcher Anstalten vollständig von der Heilbehandlung berufsgenossenschaftlicher Kranker abhängig sei, diese Anstalten demnach ihren Unterhalt ausschließlich durch die Berufsgenossenschaften bezögen. Im Laufe der Jahre ist eine große Anzahl der in diesem weiteren Sinne von Berufsgenossenschaften unterhaltenen Heilanstalten durch Beauftragte des Reichs-Versicherungsamts, zum Teil durch den Präsidenten persönlich, besichtigt worden. Die regelmäßig zugezogenen Vertreter der Arbeitgeber und der Arbeitnehmer beteiligten sich hierbei mit reger Anteilnahme. Die Anstalten entsprachen im allgemeinen den Anforderungen, welche an sie zum Wohle der ihnen überwiesenen Verletzten gestellt werden müssen. Die vorgefundenen geringen Mängel wurden von den Anstaltsleitern beseitigt. Die Pfleglinge, denen überall Gelegenheit zu offener Aussprache gegeben wurde, hatten niemals wesentliche Beschwerden vorzubringen. Soweit Klagen oder Wünsche laut wurden, konnte ihnen alsbald Rechnung getragen werden. Gleiches gilt auch von den

Besichtigungen der zahlreichen eigenen Heilanstalten, welche die der Aufsicht des Reichs-Versicherungsamts unterstehenden Landes-Versicherungsanstalten besitzen. Nur ist das Recht zur Prüfung dieser Heilanstalten dem Reichs-Versicherungsamte nicht ausdrücklich im Invalidenversicherungsgesetz erteilt, sondern aus dem Rechte zur Prüfung der Geschäftsführung herzuleiten. Auch die Zuziehung von Vertretern der Arbeitgeber und der Versicherten ist bei den Revisionen dieser Heilanstalten nicht im Gesetze vorgesehen, gleichwohl bestehen auch hier keine Bedenken gegen die Zulässigkeit dieser Maßnahme. Näheres über diese Heilanstalten selbst, namentlich über die zahlreichen Lungenheilstätten und Genesungsheime der Versicherungsanstalten und Kasseneinrichtungen der Invalidenversicherung wird an anderer Stelle noch auszuführen sein.

Auf das Aufsichtsrecht des Reichs-Versicherungsamts über die Versicherungsträger ist auch seine Betätigung bezüglich einer Gruppe von Angelegenheiten zurückzuführen, die als „Arbeiterhilfsgesuche" bezeichnet zu werden pflegen. Es handelt sich dabei um Eingaben von Versicherten und Nichtversicherten, Hinterbliebenen und Angehörigen von solchen, auch von Vertretern und anderen Personen, die sich ihrer annehmen. Die Gründe, aus denen die Gesuchsteller an das Reichs-Versicherungsamt herantreten, sind sehr verschiedene. In erster Linie betreffen die Eingaben die Feststellung der Entschädigungen, sei es, daß nach Ansicht der Antragsteller das Verfahren nicht mit der genügenden Eile betrieben wird, sei es, daß nach ihrer Meinung die Versicherungsträger zu Unrecht die Erteilung eines berufungsfähigen Bescheids, die Anordnung einer ärztlichen Untersuchung, die Übernahme eines Heilverfahrens und dgl. abgelehnt haben. In anderen Fällen richtet sich die Beschwerde gegen die Verrechnung von Rentenbeträgen auf gezahlte Vorschüsse, Ersatzforderungen von Krankenkassen, Landes-Versicherungsanstalten oder Armenverbänden, gegen die Wiedereinziehung überhobener Rentenbeträge, gegen die Ablehnung einer erbetenen Kapitalabfindung, auch gegen die Höhe der Kosten, die dem Beschwerdeführer aus Anlaß von ärztlichen Untersuchungen oder ähnlichen Maßnahmen der Berufsgenossenschaften oder Versicherungsanstalten durch Reisen, entgangenen Arbeitsverdienst und dgl. entstanden sind. Vielfach wird nur im allgemeinen um Auskunft oder Rat gebeten, namentlich wird wegen der Versicherungspflicht oder Versicherungsberechtigung angefragt. Nicht selten handelt es sich auch um Angelegenheiten auf dem Gebiete der Krankenversicherung. Die Erledigung von Gesuchen des zuletzt erwähnten Inhalts muß regelmäßig wegen Unzuständigkeit des Reichs-Versicherungsamts abgelehnt werden, indes wird hierbei der Beschwerdeführer meist auf den Weg hingewiesen, den er zur Verfolgung seiner Ansprüche einzuschlagen hat. In allen Angelegenheiten aber, in denen das Reichs-Versicherungsamt einzugreifen berechtigt ist, beschränkt es sich nicht etwa auf kurze Antworten an die Antragsteller und Benachrichtigungen oder Anweisungen an die Versicherungsträger, gegen die sich die Beschwerden richten. Vielmehr sucht das Reichs-Versicherungsamt zunächst durch Einforderung von Berichten, Einsichtnahme von Akten und sonstige Aufklärung des Sachverhalts, wozu es nötigenfalls die unteren Verwaltungsbehörden in Anspruch nimmt, über die Berechtigung der Beschwerden nach allen Richtungen hin Klarheit zu schaffen. Je nach dem Ergebnisse der Ermittlungen wird dann der Beschwerdeführer entweder mit ausführlicher Begründung auf die Aussichtslosigkeit seiner Ansprüche hingewiesen oder eingehend über den wirklichen Sachverhalt und die sich daraus ergebende Rechtslage belehrt. Er wird auch über die Maßnahmen aufgeklärt, die er zur Erreichung seines Zieles zu treffen hat, z. B. über die ihm zustehenden Rechtsmittel und die Stelle, bei der sie einzulegen sind. Ferner wird der beteiligte Versicherungsträger benachrichtigt, daß das Reichs-Versicherungsamt zum Einschreiten keinen Anlaß gefunden habe, oder er wird angewiesen, dem berechtigten Verlangen des Antragstellers zu entsprechen. In Fällen, in denen zwar mangels einer Verletzung bestehender Vorschriften Anlaß zum unmittelbaren Eingreifen nicht gegeben ist, immerhin aber aus Gründen der Billigkeit das Gesuch des Versicherten Berücksichtigung verdient, wird nach Möglichkeit auf die Vermeidung unnötiger Härten gegenüber dem Versicherten hingewirkt. In dieser Weise sind von jeher die „Arbeiterhilfsgesuche" aufs eingehendste behandelt worden. Unzweifelhaft hat diese Tätigkeit des Reichs-Versicherungsamts manchem Versicherten zu seinem Rechte verholfen. Zeit, Mühe und Kosten beanspruchende Streitigkeiten werden dadurch vielfach in ihrem Beginn aus der Welt geschafft, und die Versicherten bleiben häufig vor Rechtskonsulenten bewahrt, deren Rat selten sachgemäß, fast immer aber mit nicht unerheblichen Kosten für die Hilfesuchenden verbunden ist. Die große Zahl der Arbeiterhilfsgesuche auf dem Gebiete der landwirtschaftlichen Unfallversicherung erklärt sich zum Teil aus der Unkenntnis der Gesetze und der Ungewandtheit der ländlichen Bevölkerung, zum Teil aber auch aus der schwer zu übersehenden, eigenartigen rechtlichen und behördlichen Gestaltung der sozialen Fürsorge auf diesem Gebiete. Bei der großen Menge derartiger Gesuche und den dadurch gesammelten Erfahrungen aus fast allen Teilen Deutschlands ist es möglich gewesen, auch hier erfolgreich zu wirken.

Die umfangreiche und besonders verantwortliche Tätigkeit, die das Reichs-Versicherungsamt bei der Aufsichtführung über die Vermögensverwaltung der Berufsgenossenschaften und der Versicherungsanstalten der Unfall- und der Invalidenversicherung zu entfalten hat, wird bei der Darstellung dieser Aufgaben der Versicherungsträger zum Ausdruck gelangen.

Um die Aufsichtstätigkeit des Reichs-Versicherungsamts wirksam zu unterstützen, hat ihm das Gesetz gewisse Zwangsbefugnisse verliehen.

Vor allem mußte die Gesetzgebung dafür sorgen, daß die den Inhabern der Ämter bei den Versicherungsträgern nach Gesetz und Satzung obliegenden Maßnahmen unter allen Umständen zur Ausführung gelangen. Der Aufsichtsbehörde, die darüber zu wachen hat, mußten deshalb auch Machtmittel verliehen werden, ihren in Ausführung dieser Aufgabe ergehenden Anordnungen den gehörigen Nachdruck zu verleihen. Dabei war allerdings zu unterscheiden zwischen den ehrenamtlichen Organen der Berufsgenossenschaften und den den Vorständen der Invaliden-Versicherungsanstalten angehörenden Beamten. Verweigern die gesetzlichen Organe einer Berufsgenossenschaft die Erfüllung ihrer gesetzlichen oder statutarischen Obliegenheiten, so hat das Reichs-Versicherungsamt das Recht und die Pflicht, solange und soweit die Weigerung besteht, die Obliegenheiten auf Kosten der Genossenschaft wahrzunehmen oder durch Beauftragte wahrnehmen zu lassen. Mit dieser Wahrnehmung kann das Reichs-Versicherungsamt auch ein anderes Organ der Berufsgenossenschaft, z. B. den Genossenschaftsvorstand an Stelle des Sektionsvorstandes, beauftragen. So kann beispielsweise die von einem Sektionsvorstande verweigerte Rentenfestsetzung dem Genossenschaftsvorstand übertragen werden. Selbstverständlich hat das Reichs-Versicherungsamt nicht das Recht, die Bescheidung eines Entschädigungsanspruchs in einem bestimmten Sinne zu verlangen, wohl aber kann es darauf bestehen, daß zu einem solchen Anspruch überhaupt durch Erteilung eines berufungsfähigen Bescheids Stellung genommen werde. Nötigenfalls kann das Reichs-Versicherungsamt so weit gehen, daß es eine Art Zwangsverwaltung einer Berufsgenossenschaft anordnet. Es hat alsdann die Geschäfte des Vorstandsvorsitzenden sowie die Leitung der gesamten Bureauverwaltung auf Kosten der Berufsgenossenschaft einem Mitgliede des Reichs-Versicherungsamts oder einem sonstigen Beauftragten, der dann in entsprechender Weise zu verpflichten ist, zu übertragen. Von diesem Rechte ist in zwei Fällen Gebrauch gemacht worden. Zu denselben Maßnahmen ist das Reichs-Versicherungsamt auch dann befugt, wenn eine Wahl der gesetzlichen Organe der Berufsgenossenschaft nicht zustande kommt. Derartig weitgehende Rechte stehen dem Reichs-Versicherungsamt auf dem Gebiete der Invalidenversicherung nicht zu, da der Vorstand der Versicherungsanstalt die Eigenschaft einer öffentlichen Behörde hat. Wohl aber hat das Reichs-Versicherungsamt in beiden Zweigen der Versicherung das Recht, die Inhaber der Ämter der Versicherungsträger zur Befolgung der gesetzlichen und statutarischen Vorschriften durch Geldstrafen bis zu 1000 Mark anzuhalten. In der Invalidenversicherung kann dieses Zwangsmittel dazu verwendet werden, den Vorsitzenden eines Anstaltsvorstandes anzuhalten, Beschlüsse der Organe der Versicherungsanstalt, welche gegen die gesetzlichen oder statutarischen Vorschriften verstoßen, gemäß § 75 des Invalidenversicherungsgesetzes vom 13. Juli 1899 mittels Beschwerde bei der Aufsichtsbehörde anzufechten. Die Androhung und Festsetzung solcher Geldstrafen in derselben Höhe ist von den Gesetzen für beide Gebiete auch als ein Mittel vorgesehen, um die Organe der Versicherungsträger zur Vorlegung ihrer Bücher, Belege, Wertpapiere und Geldbestände sowie ihrer auf den Inhalt der Bücher und die Festsetzung der Renten usw. (in der Unfallversicherung auch der Jahresbeiträge) bezüglichen Schriftstücke an die Beauftragten des Reichs-Versicherungsamts oder an das Reichs-Versicherungsamt selbst zu zwingen. Im Invalidenversicherungsgesetz ist noch hinzugefügt, daß die Mitglieder der Vorstände und die sonstigen Organe der Versicherungsanstalten auf dieselbe Weise auch angehalten werden können, alle anderen Mitteilungen zu machen, die zur Ausübung des Aufsichtsrechts als erforderlich erachtet werden. Im übrigen stehen dem Reichs-Versicherungsamte gegenüber den beamteten Mitgliedern der Vorstände der Versicherungsanstalten und gegenüber den Vorsitzenden der Rentenstellen eigentliche Disziplinarbefugnisse nicht zu. Die Geldstrafen, die das Amt als Aufsichtsbehörde nach den eben besprochenen Vorschriften gegen die bezeichneten Personen androhen und festsetzen kann, sind Exekutivstrafen. Soweit sie nicht zum Ziele führen, muß die vorgesetzte Dienstbehörde der betreffenden Beamten um disziplinarisches Einschreiten angegangen werden. Umgekehrt steht dieser Behörde keine Aufsichts- oder Disziplinarbefugnis gegenüber den Organen der Versicherungsanstalt als solchen zu. Übrigens kann das Reichs-Versicherungsamt die Exekutivstrafen sowohl in der Unfall- wie in der Invalidenversicherung, wenn sie keinen Erfolg erzielen, auch zu wiederholten Malen androhen und festsetzen.

Bei dem fast ausnahmslos entgegenkommenden Verhalten der Inhaber von Ämtern der Versicherungsträger hat das Reichs-Versicherungsamt nur ganz vereinzelt Anlaß gehabt, von seinen Zwangs- und Strafbefugnissen Gebrauch zu machen. Das Amt selbst hat auch in dieser Beziehung jederzeit die größte Zurückhaltung geübt, weil es auch den Schein einer Beeinträchtigung der Selbstverwaltung vermeiden wollte und den allergrößten Wert darauf legt, das gute Einvernehmen mit den Versicherungsträgern zu erhalten. In den wenigen Fällen, in denen überhaupt ein gesetzlicher Grund zur Anwendung von Zwangsmaßnahmen gegeben gewesen wäre, hat schließlich fast immer noch eine eindringliche Vorstellung der Aufsichtsbehörde zum Ziele geführt.

Die Entschädigungsleistungen der Versicherungsträger und die Rechtsprechung des Reichs-Versicherungsamts.

I. Leistungen der Versicherungsträger.

Die Leistungen, um deretwillen die Versicherung geschaffen ist, werden Entschädigungsleistungen genannt, weil sie im wesentlichen zum Ausgleich eines wirtschaftlichen Schadens bestimmt sind. Sie sind teils pflichtmäßige, teils freiwillige, immer aber, wenigstens in ihrer Grundlage, gesetzlich geregelte. Zugute kommen sie den Versicherten, in gewissen Fällen auch deren Angehörigen oder Hinterbliebenen. Geleistet werden sie von den Versicherungsträgern, den Berufsgenossenschaften usw., den Versicherungsanstalten und den zugelassenen Kasseneinrichtungen der Invalidenversicherung. Von diesen werden sie auch vorbehaltlich der Abänderung durch die Instanzen der Rechtsprechung durch Bescheid festgesetzt und, soweit es sich um Geldleistungen handelt, ausgezahlt, und zwar in der Regel durch Vermittlung der Post, vereinzelt (bei einigen Kasseneinrichtungen) auch durch Einrichtungen der Versicherungsträger.

In einer Darstellung der Gesamtleistungen der Unfall- und der Invalidenversicherung kann ein kurzer Überblick über den Inhalt der gesetzlichen Vorschriften, die für Art und Höhe der Entschädigungsleistungen die Grundlage bilden, nicht wohl entbehrt werden, wenn auch selbstverständlich die Kenntnis der Mehrzahl dieser Bestimmungen in weiten Kreisen als bekannt vorausgesetzt werden darf. Da bei der Stellungnahme der Versicherungsträger zu den Entschädigungsansprüchen dieselben Fragen zu prüfen sind wie in der Rechtsprechung des Reichs-Versicherungsamts, so kann die Darstellung dieses Wirkungskreises des Amtes zweckmäßig an die Besprechung jener Leistungen angeschlossen werden.

1. Unfallversicherung.

Die gesetzlichen Leistungen der Unfallversicherung bestehen in dem Ersatze des Schadens, den versicherte Personen oder ihre Hinterbliebenen infolge eines Betriebsunfalls, d. i. des Unfalls eines Versicherten bei einem Betriebe, durch Körperverletzung oder Tod des Verunglückten erleiden. Hat der Verletzte den Unfall vorsätzlich herbeigeführt, so ist ihm oder seinen Hinterbliebenen die Entschädigung völlig zu versagen. Sie kann ganz oder teilweise versagt werden, wenn sich der Verletzte den Unfall bei Begehung eines durch strafgerichtliches Urteil festgestellten Verbrechens oder vorsätzlichen Vergehens zugezogen hat. Die Art und die Höhe der Entschädigungen ist gesetzlich festgelegt. Es sind zu gewähren:

1. bei Verletzungen vom Beginne der 14. Woche nach Eintritt des Unfalls ab freie ärztliche Behandlung nebst den erforderlichen Heil- und Hilfsmitteln und von demselben Zeitpunkt oder von dem früheren Wegfalle des aus der Krankenversicherung bezogenen Krankengeldes ab für die Dauer der Erwerbsunfähigkeit eine Rente, und zwar bei völliger Erwerbsunfähigkeit die Vollrente, die zwei Drittel des Jahresarbeitsverdienstes beträgt, bei geringerer Beeinträchtigung der Erwerbsfähigkeit eine entsprechende Teilrente in einem Prozentsatze der Vollrente,

oder an Stelle dieser Leistungen unter gewissen Voraussetzungen:

freie Kur und Verpflegung in einer Heilanstalt bis zum beendigten Heilverfahren und in diesem Falle daneben eine Rente für Angehörige in Höhe der ihnen im Falle des Todes des Verunglückten zustehenden Rente,

2. bei **Tötungen** als Sterbegeld der 15. Teil des Jahresarbeitsverdienstes, jedoch mindestens 50 Mark, sowie vom Todestage des Verunglückten ab für die Hinterbliebenen eine Rente. Witwen und erwerbsunfähige Witwer sowie Kinder unter 15 Jahren erhalten Renten von je 20 v. H. des Jahresarbeitsverdienstes; bedürftige Eltern, Großeltern usw. sowie bedürftige elternlose Enkel erhalten, sofern der Verstorbene ihren Lebensunterhalt ganz oder überwiegend bestritten hat, für die Dauer der Bedürftigkeit Renten, die für die Verwandten der aufsteigenden Linie insgesamt 20 v. H. des Jahresarbeitsverdienstes und ebensoviel für die Enkel betragen. Die Renten der Hinterbliebenen dürfen insgesamt 60 v. H. des Jahresarbeitsverdienstes nicht übersteigen, sonst werden sie verhältnismäßig gekürzt.

Die Verletztenrente muß bei Hilflosigkeit für deren Dauer angemessen, bis höchstens zum Betrage des vollen Jahresarbeitsverdienstes, erhöht werden. Bei unverschuldeter Arbeitslosigkeit kann vorübergehend eine Erhöhung der Teilrente bis zum Betrage der Vollrente eintreten. Außerdem sind noch weitere freiwillige Leistungen der Berufsgenossenschaften zugunsten der Versicherten zugelassen, so die Gewährung besonderer Unterstützungen an einen in einer Heilanstalt untergebrachten Verletzten sowie an seine Angehörigen, ferner die Gewährung von Invalidenhauspflege an Stelle der Rente usw. Dahin gehört auch die Übernahme des Heilverfahrens durch die Träger der Unfallversicherung innerhalb der ersten 13 Wochen nach dem Unfalle gemäß §§ 76c, 76d des Krankenversicherungsgesetzes. Hierauf wie auf das Heilverfahren überhaupt wird an anderer Stelle näher einzugehen sein.

Als Jahresarbeitsverdienst gilt in der Regel das 300 fache des eigenen Durchschnittstagelohns des Verletzten oder eines gleichartigen Arbeiters desselben oder eines benachbarten Betriebs während des letzten Jahres vor dem Unfalle. Von diesem Verdienste kommt jedoch der 1500 Mark übersteigende Betrag nur mit einem Drittel in Anrechnung. Mindestens aber wird das 300 fache des ortsüblichen Tagelohns gewöhnlicher Tagearbeiter der Rentenberechnung zugrunde gelegt. In der landwirtschaftlichen Unfallversicherung gelten diese Bestimmungen nur für Betriebsbeamte und Facharbeiter. Der Berechnung von Renten für andere Arbeiter wird ein durchschnittlicher Jahresarbeitsverdienst zugrunde gelegt, den die höhere Verwaltungsbehörde festsetzt.

Die soziale Unfall- und Invalidenversicherung würde ihren Zweck verfehlen, hätte sie nicht die Rentenversicherung bevorzugt. Nur durch solche kann dem Bedürfnisse genügt werden, den unbemittelten Bevölkerungsklassen für die Dauer einer durch Unfall oder Invalidität bewirkten Einbuße an Erwerbsfähigkeit eine Fürsorge zu gewähren, deren der Berechtigte nicht durch eigenes unwirtschaftliches Verhalten oder Mißgeschick verlustig gehen kann, wie dies bei der — in der privaten Unfallversicherung vielfach bevorzugten — Kapitalabfindung leicht möglich ist. Deshalb ist auch in der Arbeiterversicherung nur in wenigen Ausnahmefällen eine Ablösung der Renten durch Kapitalzahlung zugelassen. Eine Kapitalabfindung erhält die rentenberechtigte Witwe im Falle der Wiederverheiratung (60 v. H. des Jahresarbeitsverdienstes, d. i. der dreifache Jahresbetrag der vollen Witwenrente). Ferner können Teilrenten von 15 oder weniger Prozent durch eine „entsprechende Kapitalzahlung" abgelöst werden. Dasselbe ist der Fall bei einem Ausländer, wenn er seinen Wohnsitz im Deutschen Reiche aufgibt; nur ist hier das Abfindungskapital auf den dreifachen Betrag der Jahresrente festgelegt. In den beiden letzten Fällen bedarf es eines Antrags des Rentenberechtigten.

Die Unfallrente wird herabgesetzt oder aufgehoben, wenn eine wesentliche Besserung in dem auf den Unfall zurückzuführenden Zustande des Verletzten eintritt; sie wird erhöht, wenn sich dieser Zustand wesentlich verschlimmert. Um Beunruhigungen der Rentenempfänger durch zu häufige ärztliche Untersuchungen und zu häufige Änderungen ihrer Rente zu vermeiden, bestimmen die jetzigen Unfallversicherungsgesetze, daß eine Rentenänderung, wenn seit der ersten endgültigen Feststellung der Rente zwei Jahre verflossen sind, nur in Zeiträumen von mindestens einem Jahre erfolgen und nach Ablauf von fünf Jahren seit der ersten endgültigen Feststellung nicht mehr durch die Berufsgenossenschaft (Ausführungsbehörde), sondern nur noch durch das Schiedsgericht vorgenommen werden darf.

Entzieht sich ein Verletzter, sei es daß er sich schon im Genuß einer Rente befindet oder nicht, einem zulässiger Weise angeordneten Heilverfahren ohne gesetzlichen oder sonst triftigen Grund, so kann ihm die Rente auf bestimmt zu bemessende Zeit ganz oder teilweise versagt werden, wenn er auf diese Folge hingewiesen worden ist und nachgewiesen wird, daß durch sein Verhalten die Erwerbsfähigkeit ungünstig beeinflußt wird.

Zur Erlangung einer Unfallrente bedarf es nicht einer ausdrücklichen Antragstellung, da die Berufsgenossenschaften das Verfahren von Amts wegen zu betreiben haben. Der Anspruch auf Unfallrente verjährt aber in zwei Jahren nach Eintritt des Unfalls, wenn eine Entschädigung nicht von Amts wegen festgestellt und der Anspruch nicht innerhalb dieser Frist bei irgendeiner Berufsgenossenschaft oder einem Genossenschaftsorgan oder bei der für den Wohnort des Berechtigten zuständigen unteren Verwaltungsbehörde angemeldet ist. Nur in einzelnen Ausnahmefällen verlängert sich diese Frist; für Hinterbliebene beginnt sie mit dem Todestage, wenn der Verletzte infolge der Verletzung gestorben ist und für ihn bereits eine Entschädigung festgestellt war.

Von jedem in einem versicherten Betriebe vorkommenden Unfalle, durch den eine dort beschäftigte Person getötet wird oder eine Körperverletzung erleidet, die eine völlige oder teilweise Arbeitsunfähigkeit von mehr als drei Tagen oder den Tod zur Folge hat, ist von dem Betriebsunternehmer bei der Ortspolizeibehörde und dem durch das Statut zu bestimmenden Genossenschaftsorgane schriftlich Anzeige zu erstatten. Die Anzeige muß binnen drei Tagen nach dem Tage erfolgen, an welchem der Betriebsunternehmer von dem Unfalle Kenntnis erlangt hat.

Das Verfahren bei der Feststellung der Entschädigungen ist eingehend dargestellt in den Rundschreiben des Reichs-Versicherungsamts vom 11. Januar 1888 und vom 15. November 1904 (Amtliche Nachrichten des Reichs-Versicherungsamts 1888 S. 48 und 1904 S. 643).

Um nur in Kürze ein Bild von der Größe der Entschädigungsleistungen auf dem Gebiete der Unfallversicherung zu geben, sei angeführt, daß diese im Jahre 1885 mit 20010 Mark begonnen haben, bereits nach 5 Jahren auf mehr als das Hundertfache gestiegen waren, nach 5 weiteren Jahren 50 Millionen Mark überschritten hatten, im Jahre 1900 mehr als 87 Millionen Mark, im Jahre 1905 rund 136, im Jahre 1908 nahezu 158 Millionen und in der Zeit von 1885 bis 1908 insgesamt über eine Milliarde und 646 Millionen Mark betrugen. In diesen Summen waren Ausgaben für Krankenfürsorge in Höhe von 19 Mark, rund 2, 4, 6, 9 und 10 Millionen, im ganzen von 129 Millionen Mark enthalten. Genauere Zahlen ergeben die statistischen Nachweise am Schlusse dieser Schrift.

2. Invalidenversicherung.

Auf dem Gebiete der Invalidenversicherung ist Gegenstand der Versicherung die Gewährung eines Anspruchs auf Invaliden- oder Altersrente.

Invalidenrente erhält ohne Rücksicht auf das Lebensalter jeder Versicherte, der infolge von Alter, Krankheit oder anderen Gebrechen dauernd erwerbsunfähig, d. h. nicht mehr imstande ist, durch eine seinen Kräften und Fähigkeiten entsprechende Tätigkeit, die ihm unter billiger Berücksichtigung seiner Ausbildung und seines bisherigen Berufs zugemutet werden kann, ein Drittel desjenigen zu erwerben, was körperlich und geistig gesunde Personen derselben Art mit ähnlicher Ausbildung in derselben Gegend durch Arbeit zu verdienen pflegen. Aber auch wer nicht dauernd erwerbsunfähig in demselben Sinne ist, erhält die Invalidenrente (sogenannte „Krankenrente"), wenn diese Erwerbsunfähigkeit während eines halben Jahres ununterbrochen bestanden hat. Jedoch wird diese Rente nicht, wie die Rente für dauernde Erwerbsunfähigkeit, vom Eintritte der Invalidität ab, sondern von einem um ein halbes Jahr späteren Zeitpunkt, also vom Beginne der 27. Woche nach dem Eintritte der Erwerbsunfähigkeit ab, gewährt. Ähnlich wie in der Unfallversicherung, darf auch hier die Erwerbsunfähigkeit nicht vorsätzlich herbeigeführt sein, widrigenfalls keine Rente gewährt wird. Ebenso kann die Rente ganz oder teilweise versagt werden, wenn der Bewerber sich die Erwerbsunfähigkeit bei Begehung eines durch strafgerichtliches Urteil festgestellten Verbrechens oder vorsätzlichen Vergehens zugezogen, oder wenn er sich einem angeordneten Heilverfahren widerrechtlich entzogen hat. In letzterem Falle darf aber, wie in der Unfallversicherung, die Rente immer nur für eine gewisse Zeit vorenthalten werden. Außer dem Nachweise der Erwerbsunfähigkeit ist zur Erlangung der

Invalidenrente noch die Erfüllung einer Wartezeit erforderlich, die, wenn mindestens 100 Beiträge auf Grund der Versicherungspflicht geleistet worden sind, 200 Beitragswochen, andernfalls 500 Beitragswochen beträgt. Die Wartezeit wird erfüllt durch Verwendung von Beiträgen, die entweder für eine versicherungspflichtige Beschäftigung oder nach Aufgabe einer solchen zur freiwilligen Fortsetzung der Versicherung („Weiterversicherung") oder im Wege der sogenannten „Selbstversicherung" geleistet werden. An Stelle der Beiträge können auch Krankheiten und Zeiten militärischer Dienstleistungen auf die Wartezeit angerechnet werden. Unter welchen Voraussetzungen und in welchem Umfange diese sogenannten „Ersatztatsachen" sowie die für die freiwillige Versicherung geleisteten Beiträge auf die Wartezeit angerechnet werden dürfen, ist durch eingehende Gesetzesvorschriften und durch die sie auslegende Rechtsprechung des Reichs-Versicherungsamts mannigfach geregelt. Die auf die Erfüllung der Wartezeit bezüglichen Fragen sowie die damit zusammenhängende Frage des Erlöschens einer Anwartschaft (d. h. des durch Beitragsleistung und Ersatztatsachen, soweit es auf die Erfüllung der Wartezeit ankommt, erworbenen Anspruchs auf Rente) bereiten bei der Beurteilung der Einzelfälle oft erhebliche Schwierigkeiten.

Altersrente erhält ohne Rücksicht auf das Vorhandensein von Erwerbsunfähigkeit jeder Versicherte, der das 70. Lebensjahr vollendet und eine Wartezeit von regelmäßig 1200 Beitragswochen erfüllt hat. Bezüglich der Wartezeit gilt im übrigen das für die Invalidenrente hierüber Gesagte. Eine Abweichung von den Vorschriften für die Invalidenrente besteht noch in der für die Altersrente erleichterten Anrechnung von Marken der freiwilligen Versicherung. Die Altersrente beginnt mit dem ersten Tage des 71. Lebensjahrs, wenn bis dahin die Wartezeit erfüllt ist, sonst von ihrer Erfüllung ab.

Die Gewährung der Invaliden- und der Altersrente ist — im Gegensatze zur Unfallrente — von der Stellung eines Antrags abhängig. Dieser Antrag ist bei der für den Wohnort oder den Beschäftigungsort des Versicherten zuständigen unteren Verwaltungsbehörde zu stellen. Nur der Versicherte selbst oder ein von ihm Bevollmächtigter ist dazu befugt.

Der Jahresbetrag der Invalidenrente setzt sich zusammen aus einem festen Reichszuschusse von je 50 Mark und einem von den Versicherungsträgern aufzubringenden, nach der Zahl und Lohnklasse der Beitragswochen wechselnden Betrage. Dieser wiederum besteht aus einem Grundbetrag und aus Steigerungssätzen. Der Grundbetrag wird stets nach 500 Beitragswochen berechnet. Sind weniger Wochen nachgewiesen, so gilt für die fehlenden die Lohnklasse I, sind es mehr, so scheiden die überzähligen Beiträge der niedrigsten Lohnklasse aus. Ein in den einzelnen Fällen verschiedener (durchschnittlicher) Grundbetrag ist zu berechnen, wenn Marken verschiedener Lohnklassen verwendet sind. Sind nur Beitragsmarken einer Lohnklasse zu berücksichtigen, so beläuft sich der Grundbetrag für die Lohnklassen I bis V auf 60, 70, 80, 90, 100 Mark. (Diese Lohnklassen sind im übrigen für die Höhe der Beiträge maßgebend, welche für die 5 Klassen 14, 20, 24, 30, 36 Pfennig betragen. Sie werden nach dem Jahresarbeitsverdienste gebildet, und zwar so, daß die Klasse I für einen Verdienst bis zu 350 Mark gilt, Klasse II für einen solchen von mehr als 350 bis zu 550 Mark, Klasse III bis zu 850 Mark, Klasse IV bis zu 1150 Mark und Klasse V für einen darüber hinausgehenden Verdienst.) Die Steigerungssätze für die Invalidenrente werden nach den anrechnungsfähigen Beitragswochen, d. h. den tatsächlich und gültig verwendeten Marken und den solchen gleichzuachtenden Krankheits- und militärischen Dienstzeiten, berechnet, wobei nur die Einschränkung besteht, daß für jede Beitragswoche nur ein Beitrag und demgemäß nur ein Steigerungssatz angerechnet werden kann. Die Steigerungssätze betragen in den Lohnklassen I bis V 3, 6, 8, 10, 12 Pfennig für jede Beitragswoche. Danach stellt sich die Invalidenrente bei Zurücklegung von 200 Beitragswochen auf 116 Mark, wenn nur Marken der I. Lohnklasse in Betracht kommen, auf 126, 134, 142, 150 Mark, wenn nur Marken der II., III., IV. oder V. Klasse in Betracht kommen. Einen Höchstbetrag kennt das Gesetz nicht, die Rente steigt vielmehr mit dem Nachweise weiterer Beitragswochen um die entsprechenden Sätze. In 50 Kalenderjahren (zu je 52, zusammen = 2600 Wochen) würde sich die Rente, wenn nur Marken je einer Lohnklasse verwendet sind, auf 188, 276, 338, 400, 462 Mark in den Lohnklassen I bis V stellen. Am Schlusse des Jahres 1910 können die Invalidenrenten unter derselben Voraussetzung in den Lohnklassen I bis IV (da dann seit dem 1. Januar 1891, dem Tage des Inkrafttretens des Invaliditäts- und Altersversicherungsgesetzes, 20 Jahre oder 1040 Beitragswochen vergangen sein werden) höchstens rd. 141, 182, 213, 244 Mark betragen. Auch die Altersrente setzt sich aus einem Reichszuschusse von 50 Mark und einem von den Versicherungsträgern aufzubringenden Anteile zusammen. Dieser Anteil beträgt in den Lohnklassen I bis V 60, 90, 120, 150, 180 Mark. Für Beiträge verschiedener Lohnklassen wird der entsprechende Durchschnitt gewährt. Sind über 1200 Beitragswochen nachgewiesen, so scheiden die überzähligen Beiträge der niedrigsten Lohnklassen aus. Hiernach beträgt die niedrigste Altersrente 110, die höchste 230 Mark.

Die Beträge aller dieser Renten sind, wie man sieht, freilich nicht hoch. Die Invalidenrenten sollen aber auch nach der Absicht des Gesetzes nur die Möglichkeit einer bescheidenen Lebenshaltung bieten. Auch darf nicht übersehen werden, daß bei der Mehrzahl der Invalidenrentenempfänger, wenigstens in der ersten Zeit des Rentenbezugs, noch ein nicht unerheblicher Teil von Erwerbsfähigkeit besteht, den sie nutzbringend verwerten können. Erfahrungsgemäß erzielen sie auch noch vielfach nicht unbeträchtliche Löhne. Die Altersrente ist nur dazu bestimmt, einen Zuschuß zu dem mit der Abnahme der Kräfte zwar verminderten, aber doch — da andernfalls wohl Invalidenrente beansprucht werden würde — immer noch in nicht unerheblicher Höhe vorhandenen Arbeitsverdienste zu bilden. Wie beträchtlich auch bei diesen Renten schon, neben den Beiträgen der Arbeitgeber und der Versicherten, die Leistungen des Reichs in Anspruch genommen werden, ergibt sich daraus, daß der Reichszuschuß zu den Invaliden- und Altersrenten von rund 6 Millionen Mark im Jahre 1891 auf rund 50½ Millionen Mark im Jahre 1908 gestiegen ist und im ganzen in diesem Zeitraume 535,7 Millionen Mark aus der Reichskasse für diese Renten aufgewendet werden mußten.

Die Invalidenrente (auch die Krankenrente) ist dem Empfänger zu entziehen, wenn sich sein Zustand soweit gebessert hat, daß er nicht mehr erwerbsunfähig im Sinne des Gesetzes ist. Eine Änderung der Höhe, wie sie bei der Unfallrente möglich ist, kann bei der Invaliden- oder Altersrente weder nach oben noch nach unten jemals vorgenommen werden.

Im übrigen gelten für Invaliden- und Altersrenten noch folgende gemeinsame Bestimmungen: Keine dieser Renten wird für Zeiträume gezahlt, die beim Eingange des Antrags auf Bewilligung der Rente länger als ein Jahr zurückliegen. Das ältere Gesetz enthielt keine derartige Vorschrift, was zur Folge hatte, daß bei verzögerter Antragstellung oft erhebliche Beträge auf einmal nachgezahlt werden mußten, die dann nicht selten unwirtschaftlich verwendet wurden. Für sogenannte Übergangszeiten nach dem Inkrafttreten des Gesetzes sind sowohl in dem früheren wie in dem jetzt geltenden Gesetz erleichternde Vorschriften über die Dauer und die Erfüllung der Wartezeit gegeben, die namentlich für die Altersrente den Versicherten sehr günstig sind. Sämtliche Renten werden — ebenso wie die Unfallrenten — im voraus in Monatsbeträgen ausgezahlt, die auf volle 5 Pfennig nach oben abzurunden sind. Die Hinterbliebenen eines Rentenberechtigten haben als solche auf dem Gebiete der Invalidenversicherung keinen Anspruch. Nur die bis zum Todestage fälligen Rentenbeträge erhält der Ehegatte, wenn er mit dem Rentenberechtigten bis zu dessen Tode in häuslicher Gemeinschaft gelebt hat, sonst tritt bezüglich dieser Beträge die Rechtsnachfolge nach dem bürgerlichen Rechte ein. Die Rechtsnachfolger sind auch zur Fortsetzung eines Rentenverfahrens berechtigt, wenn der Rentenantrag noch bei Lebzeiten des Versicherten bei der zuständigen Behörde eingegangen war. Daß hier überhaupt eine Rechtsnachfolge möglich ist, hat für das frühere Recht, da das Invaliditäts- und Altersversicherungsgesetz keine Vorschrift hierüber enthielt, erst die Rechtsprechung des Reichs-Versicherungsamts klargestellt (vgl. Revisionsentscheidung 230, Amtliche Nachrichten des Reichs-Versicherungsamts 1893 S. 73). Eine Kapitalabfindung ist auf dem Gebiete der Invalidenversicherung nur bei Ausländern zulässig. An Stelle der Renten kann auch hier Invalidenhauspflege gewährt werden. Unter Umständen ist es auch zulässig, statt der Barzahlung Naturalleistungen in Anrechnung auf die Rente zu gewähren, z. B. bei Trinkern.

Auf die Rechtsverhältnisse, die sich durch das Zusammentreffen von Invaliden- und Altersrenten mit Unfallrenten oder mit Leistungen von Armenverbänden und anderen Kassen ergeben, einzugehen, würde hier zu weit führen. Sie haben eine verschiedene gesetzliche Regelung erfahren und eine umfangreiche Spruchtätigkeit des Reichs-Versicherungsamts erforderlich gemacht. Auch die Vorschriften über das Ruhen der Renten, das sowohl in der Unfall- wie in der Invalidenversicherung eintreten kann, aber zum Teil unter verschiedenen Voraussetzungen auf beiden Gebieten, können im Rahmen dieser Schrift nicht erörtert werden.

Schließlich mögen auch für die Invalidenversicherung einige Zeilen veranschaulichen, welche Höhe die Rentengewährung im Laufe der Zeit angenommen hat. Im Jahre 1891 wurden 129 Mark an Invalidenrenten und 15 299 004 Mark an Altersrenten gezahlt, im Jahre 1900 53 573 150 Mark an Invalidenrenten, 651 407 Mark an Krankenrenten und 26 224 203 Mark an Altersrenten, im Jahre 1908 132 932 378 Mark an Invalidenrenten, 3 405 853 Mark an Krankenrenten und 16 353 246 Mark an Altersrenten, im ganzen in der Zeit von 1891 bis 1908 1 046 750 123 Mark an Invalidenrenten, 22 402 058 Mark an Krankenrenten und 407 968 587 Mark an Altersrenten. Diese Summen zeigen zugleich, daß die Invalidenrente (mit Einschluß der Krankenrente) den Schwerpunkt der Rentenleistungen der Invalidenversicherung bildet, wie dies auch vom Gesetze beabsichtigt worden ist. Nur durch die große Zahl der Personen, die beim Inkrafttreten des Invaliditäts- und Altersversicherungsgesetzes vom 22. Juni 1889 bereits 70 Jahre und darüber alt waren, sowie durch die äußerst milden Übergangsbestimmungen jenes Gesetzes erklärt sich die große Anzahl von Altersrentenempfängern in der ersten Zeit, zumal im Vergleiche zu den Invalidenrenten. Schon im Jahre 1897 standen beide Gruppen einander fast gleich, und seitdem ist die Zahl der Altersrenten beständig zurückgegangen, während die Zahl der Invalidenrenten erheblich gewachsen ist. Die große Mehrzahl der Versicherten wird eben lange vor Erreichung des 70. Lebensjahrs invalide im Sinne des Gesetzes.

Als Leistungen der Invalidenversicherung kommen endlich noch die Beitragserstattungen in Betracht. Solche Beitragserstattungen sind unter den gesetzlichen Voraussetzungen zu gewähren an weibliche Versicherte im Falle ihrer Verheiratung, ferner an solche Versicherte, die durch einen Unfall dauernd erwerbsunfähig geworden sind, denen aber für die Zeit des Bezugs der Unfallrente kein Anspruch auf Invalidenrente zusteht, und drittens in Todesfällen an die im Gesetze bezeichneten Hinterbliebenen. In allen diesen Fällen handelt es sich um geringfügige Beträge und in der Regel um einfache Verhältnisse. Aus diesen Gründen ist auch das Verfahren in diesen Sachen, das nach dem Invaliditäts- und Altersversicherungsgesetze vom 22. Juni 1889 (§ 95 Abs. 2) dasselbe war wie bei den Rentenanträgen (Berufung gegen den Bescheid der Versicherungsanstalt an das Schiedsgericht, Revision gegen die schiedsgerichtliche Entscheidung beim Reichs-Versicherungsamt), durch das Invalidenversicherungsgesetz vom 13. Juli 1899 (§ 128) dahin vereinfacht worden, daß gegen den Bescheid der Versicherungsanstalt nur die Beschwerde an das Reichs-Versicherungsamt gegeben ist. Immerhin wollte man die früher durch die Zulassung der Revision gewährleistete ausschließliche Zuständigkeit des Reichs-Versicherungsamts beibehalten, damit auch in diesen Angelegenheiten eine gleichmäßige Rechtsübung beobachtet werde. Deshalb wurde den Landes-Versicherungsämtern nicht die Befugnis übertragen, in diesen Sachen als Beschwerdeinstanz tätig zu sein. Das Reichs-Versicherungsamt hat wiederholt Gelegenheit genommen, die Erstattungsberechtigten darüber zu belehren, daß es im allgemeinen für sie vorteilhafter sei, die Versicherung aufrecht zu erhalten, als sich die Beiträge erstatten zu lassen. Freilich haben alle diese Warnungen, die auf Anregung des Reichs-Versicherungsamts, auch vielfach durch die Verwaltungsbehörden in den Kreisen der Versicherten verbreitet worden sind und die sich nicht minder die Versicherungsanstalten haben angelegen sein lassen, wenig gefruchtet. Die Verlockung, eine bei einfachen wirtschaftlichen Verhältnissen beträchtlich erscheinende Summe (30 Mark, 50 Mark oder auch mehr) in einem Augenblicke zu erhalten, wo durch Verheiratung, durch einen Todesfall oder auch infolge eines Unfalls besondere Bedürfnisse entstehen, ist zu stark, als daß sich die Berechtigten durch die Aussicht auf eine möglicherweise zu erlangende Rente davon abhalten ließen, den oft viel geringeren, aber allerdings sicheren Anspruch auf die Beitragserstattung vorzuziehen. Besonders gilt dies von den Erstattungen in Heiratsfällen; denn es ist gerade am meisten verfehlt, daß junge Frauen für alle Zeit die durch frühere Beitragsleistung erworbene Anwartschaft aufgeben. Gleichwohl lassen sich diese Berechtigten mit verschwindenden Ausnahmen durch keinerlei Mahnung davon zurückhalten, die Beitragserstattung zu wählen, um einige bare Mittel zur Aussteuer in die Ehe einzubringen. Der Entwurf einer Reichsversicherungsordnung will im Einklange mit der Auffassung des Reichs-Versicherungsamts die Erstattungsansprüche überhaupt beseitigen. Mitbestimmend ist hierfür nach der Begründung des Entwurfs, daß künftig mit der Erstattung der Beiträge auch die Anwartschaft auf die Hinterbliebenenbezüge verloren gehen würde.

II.

Rechtsprechung des Reichs-Versicherungsamts.

Unter der „Rechtsprechung" des Reichs-Versicherungsamts im Sinne von „Spruchtätigkeit" wird die Gesamtheit der Tätigkeiten des Amtes verstanden, die sich in Spruchkollegien vollziehen, mit Einschluß der sie vorbereitenden Amtshandlungen. Welche Angelegenheiten von den Spruchkollegien zu erledigen sind, bestimmen die Gesetze vollständig und ausschließlich, und zwar jetzt für die Unfallversicherung § 16 des Gesetzes, betreffend die Abänderung der Unfallversicherungsgesetze, vom 30. Juni 1900, für die Invalidenversicherung § 110 des Invalidenversicherungsgesetzes vom 13. Juli 1899. Vor allem gehören von jeher sowohl in der Unfall- wie in der Invalidenversicherung dahin die Streitigkeiten über die Ansprüche der Versicherten auf die gesetzlichen Leistungen der Versicherungsträger. Diese Streitigkeiten gelangen in der weitaus überwiegenden Mehrzahl durch die Einlegung der ordentlichen Rechtsmittel gegen die Urteile der Schiedsgerichte an das Reichs-Versicherungsamt, in der Unfallversicherung durch das Rechtsmittel des Rekurses, in der Invalidenversicherung durch das Rechtsmittel der Revision. Daneben kommt als außerordentlicher Rechtsbehelf die Wiederaufnahme des Verfahrens gegenüber rechtskräftigen Entscheidungen (die Nichtigkeits- und Restitutionsklage) in Betracht. Sie war unter der Herrschaft der früheren Unfallversicherungsgesetze lediglich durch die Rechtsübung des Reichs-Versicherungsamts in sinngemäßer Anwendung der einschlägigen Vorschriften der Zivilprozeßordnung zugelassen, ist dann aber schon durch das Invaliditäts- und Altersversicherungsgesetz vom 22. Juni 1889 und demnächst durch die Unfallversicherungsgesetze vom 30. Juni 1900 in derselben Weise gesetzlich eingeführt, auch im Invalidenversicherungsgesetze vom 13. Juli 1899 beibehalten worden.

Die Unfallversicherungsgesetze vom 30. Juni 1900 haben noch einige besondere Verfahren eingeführt, in denen — zum Teil in Verbindung mit einem Rekursverfahren, zum Teil ohne ein solches — die Entschädigung eines Versicherten oder seiner Hinterbliebenen den Gegenstand des Streites bildet, der entweder zwischen diesen Berechtigten und mehreren Berufsgenossenschaften (oder Ausführungsbehörden) oder nur zwischen solchen Versicherungsträgern sich abspielen kann. Es handelt sich dabei um zwei Gruppen von Vorschriften, deren erste in §§ 82, 83 Abs. 1, 2 und deren andere in §§ 73 Abs. 2, 85 des Gewerbe-Unfallversicherungsgesetzes und in den entsprechenden Paragraphen der übrigen Unfallversicherungsgesetze enthalten ist. Den Senaten des Reichs-Versicherungsamts ist ferner durch Ziffer 2 des § 16 Abs. 1 des Abänderungsgesetzes vom 30. Juni 1900 die Entscheidung vermögensrechtlicher Streitigkeiten, welche zwischen mehreren Berufsgenossenschaften bei Veränderung ihres Bestandes entstehen, übertragen. Auch haben sie schließlich insofern eine strafrichterliche Tätigkeit, als sie über Beschwerden gegen die Festsetzung von Geldstrafen und die Verhängung anderer vermögensrechtlicher Nachteile bei Zuwiderhandlungen gegen Unfallverhütungsvorschriften und bei einem die Überwachung und Kontrolle des Betriebs erforderlich machenden Verhalten des Unternehmers zu entscheiden haben. Nach den früheren Unfallversicherungsgesetzen war der strafrichterliche Aufgabenkreis der Spruchkollegien ein umfangreicherer und auch dem Inhalte nach ein anderer. Die Bestrafungen usw. wegen Verletzungen von Unfallverhütungsvorschriften fielen nicht darunter, wohl aber die Beschwerden gegen die Strafverfügungen der Genossenschaftsvorstände bei einer ganzen Reihe von Handlungen und Unterlassungen der Genossenschaftsmitglieder, so wegen Zuwiderhandlungen gegen die Pflicht zur Erstattung der Unfallanzeigen, zur Führung und Aufbewahrung von Lohnlisten, zur Einreichung von Lohn-(Gehalts-)nachweisungen usw. Die Entscheidung über diese Strafbeschwerden ist dem Reichs-Versicherungsamte zum Zwecke seiner Entlastung durch die Unfallversicherungsgesetze vom 30. Juni 1900 abgenommen und anderen Behörden übertragen worden. Ebenso hatte bereits das Invalidenversicherungsgesetz vom 13. Juli 1899 (§ 178) in Abweichung von dem Invaliditäts- und Altersversicherungsgesetze vom 22. Juni

1889 (§ 145) die Entscheidung über die Beschwerden gegen die Strafverfügungen in der überwiegenden Mehrzahl der Fälle nicht mehr dem Reichs-Versicherungsamte, sondern der höheren Verwaltungsbehörde übertragen. Freilich waren auf diesem Gebiet auch nach früherem Rechte nicht die Spruchkollegien zuständig, wie auch jetzt die Strafbeschwerden, deren Entscheidung dem Reichs-Versicherungsamte noch verblieben ist, durch die Abteilung für Invalidenversicherung im Beschlußverfahren erledigt werden, da eine besondere Besetzung der entscheidenden Stelle des Amtes hierfür nicht vorgeschrieben ist. In der Invalidenversicherung hat das jetzige Gesetz die Zuständigkeit der Spruchkollegien — abgesehen von dem bereits erwähnten Wegfalle der Revision in Beitragserstattungssachen — noch erweitert. Den Entscheidungen auf Revisionen gegen die Urteile der Schiedsgerichte und bei vermögensrechtlichen Streitigkeiten aus Anlaß von Veränderungen des Bestandes von Versicherungsanstalten, wozu bereits nach dem früheren Rechte die Spruchkammern des Reichs-Versicherungsamts berufen waren, hat es noch hinzugefügt die Entscheidungen über Anfechtungen von Beschlüssen der Organe der Versicherungsanstalten durch ihre Vorsitzenden nach § 75 des Invalidenversicherungsgesetzes und die Entscheidungen über Ersatzansprüche der Versicherungsanstalten gegen Berufsgenossenschaften. In den Fällen der zweiten Gruppe handelt es sich um Streitigkeiten wegen Kosten eines Heilverfahrens und wegen des Überganges des Anspruchs auf Unfallentschädigung auf die Versicherungsanstalten infolge gewährter Invalidenrente oder Beitragserstattung.

Die örtliche Zuständigkeit des Reichs-Versicherungsamts als höchster Rechtsprechungsinstanz wird lediglich durch die Landes-Versicherungsämter eingeschränkt, und zwar, was die Entschädigungssachen anlangt, nur auf dem Gebiete der Unfallversicherung (wovon wieder die See-Unfallversicherung ausgenommen ist), in der Invalidenversicherung dagegen nur hinsichtlich der Entscheidungen der erwähnten vermögensrechtlichen Streitigkeiten zwischen mehreren Versicherungsanstalten und hinsichtlich der Ersatzansprüche von Versicherungsanstalten gegen Berufsgenossenschaften. Der Zuständigkeit des Reichs-Versicherungsamts unterliegen also in der Unfallversicherung die Entscheidungen über Rekurse sowohl bei Ansprüchen gegen Berufsgenossenschaften, als auch da wo das Reich, ein Bundesstaat oder ein Kommunalverband an die Stelle der Berufsgenossenschaft tritt und deshalb Ausführungsbehörden die Geschäfte des Genossenschaftsvorstandes wahrzunehmen haben. In der Invalidenversicherung ist das Reichs-Versicherungsamt zuständig für die Entscheidungen über sämtliche Revisionen, nicht nur, wenn Versicherungsanstalten, sondern auch wenn zugelassene Kasseneinrichtungen als Versicherungsträger in Betracht kommen. Ebenso regelt sich die Zuständigkeit in beiden Versicherungszweigen bei der Wiederaufnahme des Verfahrens und in der Unfallversicherung bei den oben erwähnten besonderen Verfahrensarten. Indes ist auch in den Fällen, in denen an sich ein Landes-Versicherungsamt zuständig wäre, dennoch das Reichs-Versicherungsamt zur Entscheidung berufen, sobald eine der Aufsicht eines anderen Landes-Versicherungsamts oder des Reichs-Versicherungsamts unterstellte Berufsgenossenschaft oder eine Ausführungsbehörde eines anderen Bundesstaats mitbeteiligt ist.

Über das Bestehen verschiedener Arten von Spruchkollegien mit verschiedener Mitgliederzahl im Reichs-Versicherungsamte (Rekurssenate mit je 7, Revisionssenate mit je 5, Verstärkter Revisionssenat mit 7, Erweiterter Senat mit 11, Beschlußsenate mit 3 Mitgliedern) ist oben bereits das Erforderliche angegeben. Wichtiger als diese Vielheit verschieden großer Kollegien, die übrigens der Entwurf einer Reichsversicherungsordnung zum Teil beseitigen will, war für die Rechtsprechung des Reichs-Versicherungsamts die mehr oder weniger ihnen allen gemeinsame Zusammensetzung aus mehreren Personengruppen, deren jede aus anderen Rücksichten zur Teilnahme an der Rechtsprechung des höchsten sozialen Gerichtshofs berufen ist und in anderer Weise auf sie eingewirkt hat. Neben den ständigen Mitgliedern des Amtes, die mit Ausnahme der wenigen Mitglieder mit höherer technischer Ausbildung sämtlich die Befähigung zum höheren Justiz- oder Verwaltungsdienste besitzen, gehören dazu Mitglieder einer gesetzgebenden Körperschaft sowie von dieser gewählte Räte aus Ministerien, sodann Berufsrichter und schließlich Laien, welche die an der Rechtsprechung beteiligten Kreise, die Arbeitgeber und die Versicherten, vertreten und die verschiedensten Berufsarten des Erwerbslebens zur Geltung bringen. Angesichts dieser Eigenart und

Mannigfaltigkeit der Zusammensetzung drängt sich von vornherein die Frage auf, wie sich eine solche Gestaltung bewährt hat. Das Urteil darf unbedenklich dahin lauten, daß die Schöpfer der Gesetze, namentlich des ersten Unfallversicherungsgesetzes, auch in diesem wichtigen Punkte mit weitschauendem Blicke das Richtige getroffen haben. Jederzeit hat diese Kollegien ein einmütiger Geist beherrscht, der eine ernstere Verstimmung zwischen den beteiligten Gruppen niemals hat aufkommen lassen. Auf der einen Seite zeigte sich jeder von dem Bewußtsein durchdrungen, daß er auf diesem Gebiete nur Richter sein dürfe. Anscheinend in einem gewissen Gegensatze hierzu, aber, wie die Erfahrung gelehrt hat, doch sehr wohl damit vereinbar, hat anderseits im allgemeinen eine Anschauungsweise die Urteilssprüche mitbestimmt, die als „sozialpolitisches Empfinden" bezeichnet werden muß. Daß die beamteten Mitglieder, die ja zum Teil dem Richterberufe noch angehören, zum Teil aus dieser oder einer ähnlichen Laufbahn hervorgegangen sind, nur nach Recht und Gewissen urteilen, würde selbstverständlich keiner Erwähnung bedürfen. Wohl aber verdient es anerkannt zu werden, daß auch die nicht geschulten Laienmitglieder im allgemeinen es verstanden haben, diese für das menschliche Gefühl oft harte Pflicht, welche die Stellung des Richters auferlegt, gewissenhaft zu erfüllen. Das ist nichts Geringes auf einem Gebiete, wo sozialpolitische Denkweise, d. h. das Bestreben, den wirtschaftlich Schwachen im Rahmen der Gesetze nach Möglichkeit behilflich zu sein, vom Gesetzgeber geradezu gewollt ist und dabei häufig bittere Not das menschliche Mitgefühl erregt. Gewissen und Urteil müssen nicht selten geschärft werden, um zwischen beiden Empfindungen die oft schwer erkennbare Grenze innezuhalten. Man denke beispielsweise an die zahlreichen Fälle, in denen Witwen und Waisen den Tod des Ernährers auf einen festgestellten Betriebsunfall zurückführen und das Gericht — vielleicht sogar bei einander widersprechenden ärztlichen Gutachten — sich zu der Entscheidung entschließen muß, daß der Tod nicht mit dem Unfalle, sondern mit einer gleichzeitigen, aber sachlich von ihm unabhängigen Krankheit in ursächlichem Zusammenhange steht. Ähnliche Beispiele ließen sich mit Leichtigkeit häufen. Um auch aus dem Gebiete der Invalidenversicherung ein solches anzuführen, sei erwähnt, daß oft die Versuchung besteht, eine wenig beglaubigte Arbeits- oder Krankheitszeit für nachgewiesen zu erachten, wenn davon die Erfüllung der Wartezeit und damit die Gewährung einer Rente abhängt, und es sich nur um wenige Wochen, vielleicht um eine einzige handelt. Fortgesetzt müssen sich alle Mitglieder der Senate vor Augen halten, daß es nicht darauf ankommt, einem Hilfsbedürftigen eine ihm vielleicht sehr nötige Unterstützung zu gewähren, sondern darauf, ob ein bestimmter Rechtsanspruch gegen einen bestimmten Versicherungsträger durch Erfüllung der gesetzlichen Voraussetzungen begründet ist. Ist es in allen diesen Beziehungen im ganzen gelungen, den richtigen Weg zu finden, so ist dies in erster Reihe der hohen Auffassung zu danken, mit der alle Mitglieder der Spruchkollegien, insbesondere auch die Laien, von vornherein an ihre Aufgabe herangetreten sind, und die sie sich jederzeit zu wahren gewußt haben. Nicht zum wenigsten dürfte aber auch gerade die Art der Zusammensetzung dieser Kollegien hierzu beigetragen haben. Außer der Mitwirkung der vom Bundesrate gewählten und größtenteils ihm angehörenden Mitglieder ist bei der Zusammensetzung der Senate des Reichs-Versicherungsamts — namentlich im Vergleiche zu der Besetzung der Schiedsgerichte — bemerkenswert, daß sie überwiegend aus juristisch vorgebildeten Kräften bestehen. Dies ist nicht nur durch die Wichtigkeit, die den letztinstanzlichen Entscheidungen für die Einzelfälle zukommt, sondern namentlich auch dadurch gerechtfertigt, daß dem Reichs-Versicherungsamte die Aufgabe der maßgebenden Gesetzesauslegung und der Fortbildung des Rechtes im Wege der rechtsprechenden Tätigkeit obliegt, seine Spruchübung also für das von ihr beherrschte Gebiet geradezu Rechtsquelle ist. Das Zusammenwirken der verschiedenartigen Bestandteile der Senate soll nach der Absicht des Gesetzgebers eine besondere Gewähr für die richtige Urteilsfindung bieten. Durch die Beteiligung der in ihrem Hauptamt als Zivil- oder Strafrichter tätigen richterlichen Beisitzer ist dafür gesorgt, daß auch der strengere Rechtsstandpunkt zur Geltung kommen kann, während die ständigen Mitglieder des Reichs-Versicherungsamts im allgemeinen als Verfechter einer freieren, mehr wirtschaftlichen Auffassung gelten dürfen und die Laienmitglieder berufen sind, die Anschauungsweise des Volksganzen, oder doch derjenigen Gruppe, welcher sie angehören, zu vertreten. In Wirklichkeit kommen diese Unterschiede freilich in der Regel bei den Beratungen und Beschlüssen nicht scharf zum Ausdrucke. Sie haben sich auch vielfach in jahrelanger Übung bis zu einem gewissen Grade abgeschliffen, und es ist eine wechselseitige Förderung eingetreten, wobei im allgemeinen jede Gruppe gleichzeitig gegeben und empfangen hat. Die Arbeitervertreter empfinden es mit einer berechtigten Genugtuung, daß sie an den höchstinstanzlichen Entscheidungen über die Leistungen der Arbeiterversicherung als allen übrigen Senatsmitgliedern gleichberechtigte Richter mitwirken. Sie haben aber — wenigstens in der Mehrzahl — durch diese Tätigkeit auch längst einsehen gelernt, daß hierbei allseitig nach Recht und Gerechtigkeit verfahren und den Versicherten wie ihren Hinterbliebenen gegenüber jedes zulässige Wohlwollen geübt wird. Die Vertreter der Arbeitgeber haben Gelegenheit, den Arbeiter als maßvollen und brauchbaren Richter über seine Standesgenossen zu würdigen. Beide Gruppen vermitteln dem entscheidenden Gerichte die Kenntnis des praktischen Lebens, öfter auch, soweit es darauf ankommt, von Einzelheiten bestimmter Berufszweige, ohne daß es dazu der umständlichen Vernehmung von Sachverständigen bedarf. Die richterlichen Beisitzer tauschen gegen die eigentliche Rechtsauffassung, in der sie ihrerseits die übrigen Mitglieder unter Umständen zu stützen vermögen, eine sozialpolitische Anschauungsweise ein, durch welche sie auch auf die Rechtsprechung der ordentlichen Gerichte anregend und befruchtend wirken können. Den Bundesratsvertretern, die vermöge ihrer Teilnahme an der Gesetzgebung vielfach in der Lage sind, über den für die Auslegung der Gesetze so wichtigen gesetzgeberischen Willen zuverlässige Auskunft zu geben, gewährt die dauernde Fühlung mit der Rechtsprechung des höchsten Gerichtshofs, wie sie nur durch persönliche Beteiligung hierbei gewonnen werden kann, die für ihre mannigfache gesetzgeberische und sonstige Wirksamkeit auf dem Gebiete der Arbeiterversicherung unentbehrliche Kenntnis der bestehenden Verhältnisse. Der Vorsitzende und die übrigen in den Senaten mitwirkenden ständigen Mitglieder des Reichs-Versicherungsamts endlich ziehen für ihre Tätigkeit von diesen sämtlichen Faktoren reichen Gewinn, während sie vor allen berufen sind, durch die Kenntnis und Beachtung der bestehenden Rechtsübung bei aller etwa nötigen Fortbildung des Rechtes für die Beständigkeit der Rechtsprechung und die Gleichmäßigkeit der Rechtsanwendung Sorge zu tragen.

Von den besonderen Spruchkollegien sind der „Verstärkte Revisionssenat" und der „Erweiterte Senat" für besonders wichtige Sachen bestimmt, wogegen mit den Beschlußsenaten eine Erleichterung des Geschäftsganges in einfacheren Sachen bezweckt ist. Der Verstärkte Revisionssenat hat die Aufgabe der Gesetzesauslegung, der Erweiterte Senat ist berufen, die Rechtseinheit zu wahren. Jener ist auf das Gebiet der Invalidenversicherung beschränkt, dieser ist sowohl für die Unfall- wie für die Invalidenversicherung zuständig und hat die Aufgabe, nicht nur abweichende Entscheidungen der Senate jeder dieser beiden Abteilungen, sondern auch solche zwischen einem Senate der einen und einem oder mehreren Senaten der anderen Abteilung zu verhüten. Beide Einrichtungen hatten bereits eine Vorgängerin in der „erweiterten Spruchkammer", die durch die Kaiserliche Verordnung, betreffend die Formen des Verfahrens und den Geschäftsgang des Reichs-Versicherungsamts in den Angelegenheiten der Invaliditäts- und Altersversicherung, vom 20. Dezember 1890 (Ziffer 5) und ebenso durch die fast gleichnamige Verordnung vom 6. Dezember 1899 (Ziffer 5) vorgesehen war. Mitgliederzahl und Zusammensetzung dieser Kammer war dieselbe wie die des Verstärkten Senats, auch beschränkte sich ihre Zuständigkeit ebenfalls auf die Invalidenversicherung. Für dieses Gebiet aber hatte sie nicht nur die Aufgaben, die gegenwärtig dem Verstärkten Senat obliegen, sondern auch diejenigen, die der jetzige Erweiterte Senat zu erfüllen hat. Da die letzteren Angelegenheiten, seitdem sie die Kaiserliche Verordnung, betreffend den Geschäftsgang und das Verfahren des Reichs-Versicherungsamts, vom 19. Oktober 1900 (§ 23) dem Erweiterten Senat übertragen hat, für den Verstärkten Senat weggefallen sind, und er im übrigen nur für solche gesetzlichen Bestimmungen, die von „erheblicher" grundsätzlicher Bedeutung sind, die (noch nicht feststehenden) Auslegungen geben soll, so hat er nicht allzu oft Anlaß, in Wirksamkeit zu treten. Er hat etwa alle sechs Wochen eine Sitzung abzuhalten, in der 6 bis 8 Sachen verhandelt werden. Noch weniger häufig braucht der Erweiterte Senat tätig zu werden. Wie es einem höchsten Gerichtshof in besonderem Maße ziemt, hat das Reichs-Versicherungsamt stets darauf Bedacht genommen, seine grundsätzlichen Entscheidungen so sorgfältig vorzubereiten und so eingehend — z. B. auch durch Beratungen in Abteilungs- oder Gesamtsitzungen — zu erwägen, daß sie die Gewähr für einen möglichst langen Bestand in sich tragen. Auch sind die ständigen Mitglieder des Amtes im allgemeinen zu sehr von der Wichtigkeit und Notwendigkeit einer festen Rechtsübung der höchsten Instanz (zumal auf einem Gebiete, auf dem jede grundsätzliche Entscheidung für viele Hunderte von Fällen maßgebend zu sein pflegt) durchdrungen, als daß sie ohne zwingenden Grund geneigt wären, auf die Änderung einer Rechtsprechung, die sich eingelebt hat, hinzuwirken. Immerhin hat der Erweiterte Senat bereits 102 Entscheidungen gefällt, die sich auf 29 Sitzungen verteilen. Die Invalidenversicherung ist daran mit 17 Sachen beteiligt. In der weitaus größten Zahl der Unfallversicherungssachen handelte es sich um die Auslegung von Vorschriften der Unfallversicherungsgesetze vom 30. Juni 1900 und des dazu gehörenden Abänderungsgesetzes. Daraus erklärt es sich auch, daß der Erweiterte Senat in der Zeit von Ende 1900 bis Ende 1902 bereits 11 Sitzungen, also nicht viel weniger als die Hälfte aller bisherigen, abzuhalten hatte, während später jährlich nur 2 bis 3 Sitzungen, in einem Jahre sogar keine, erforderlich waren. Über eine Reihe von Vorschriften der neuen Gesetze waren die Ansichten anfangs sehr geteilt, und es wurde begrüßt, daß sich in dem Erweiterten Senat ein mit besonderem Ansehen ausgestatteter Gerichtshof darbot, vor dem die widerstreitenden Meinungen nicht bloß der Parteien, sondern auch der Mitglieder des Reichs-Versicherungsamts zum Austrage gebracht werden konnten. Schon die Frage, ob im Einzelfalle das alte oder das neue Recht anzuwenden war, gab zu so erheblichen Zweifeln Anlaß, daß zu deren Lösung und zur Herbeiführung fester Grundsätze wiederholt der Erweiterte Senat angerufen werden mußte. In mehreren eingehend begründeten Entscheidungen hat er — unter grundsätzlicher Erörterung der vielfach streitigen und schwierigen Frage der rückwirkenden Kraft neuer Gesetze, insbesondere auch im Hinblick auf die Stellungnahme des Bürgerlichen Gesetzbuchs — nach allen Richtungen hin klargestellt, welche Bedeutung in dieser Beziehung der Übergangsvorschrift des § 27 des Abänderungsgesetzes zukommt, und nach welchen Gesichtspunkten außerhalb des Geltungsbereichs dieser Vorschrift die Anwendbarkeit der neuen Unfallversicherungsgesetze auf solche Rechtsverhältnisse zu beurteilen ist, die schon vor ihrem Inkrafttreten entstanden waren, sei es daß sie zu diesem Zeitpunkt unverändert fortbestanden, oder daß in ihnen nachher eine neue rechtserhebliche Tatsache eingetreten war. (Vgl. besonders die Rekursentscheidungen 1875, 1987, 1999, Amtliche Nachrichten des Reichs-Versicherungsamts 1901, S. 551, 1903 S. 349 u. 468.) Eine Reihe anderer Entscheidungen des Erweiterten Senats diente der Auslegung von Begriffen oder der Feststellung der Art und des Umfanges von Maßnahmen, die erst durch die neue Gesetzgebung eingeführt worden waren. Dahin gehört ein Urteil zur Auslegung des Begriffs „andere Dienste“ im Sinne des § 3 des Gewerbe-Unfallversicherungsgesetzes, desgleichen eine Entscheidung, die sich mit dem — gegenüber dem früheren Rechte gemilderten — Begriff „einziger Ernährer“ (von Verwandten der aufsteigenden Linie) beschäftigt, sowie ein Urteil über die Anwendung der neuen Vorschrift des § 8 Abs. 2 Satz 2 des Gewerbe-Unfallversicherungsgesetzes auf die im Geltungsbereiche des preußischen Allgemeinen Berggesetzes wegen der Höhe der dort angedrohten Strafe als „Vergehen“ sich darstellenden Zuwiderhandlungen gegen die Bergpolizeiverordnungen. Ferner sei auf die mehrfachen Entscheidungen des Erweiterten Senats zu § 69 Abs. 3 des Gewerbe-Unfallversicherungsgesetzes hingewiesen, wodurch diese für gewisse Fälle die Anhörung des „behandelnden Arztes“ anordnende Vorschrift nach verschiedenen Richtungen hin klargestellt worden ist. Einiger Entscheidungen des Erweiterten Senats bedurfte es auch zur Beseitigung von Meinungsverschiedenheiten über die Bedeutung des durch die Unfallversicherungsgesetze von 1900 geschaffenen „Vorbescheids“ und über die Frage, ob die gegen einen solchen Vorbescheid gerichtete, aber dem Schiedsgericht eingereichte Widerspruchserklärung als Berufung gegen den nach Abgabe dieser Äußerung erlassenen berufungsfähigen Bescheid gelten kann. Ebenso hatte der Erweiterte Senat mannigfache Zweifel zu lösen, die sich an die neuen Vorschriften über den Jahresarbeitsverdienst, besonders auf dem Gebiete der Gewerbe-Unfallversicherung, geknüpft hatten, und das gleiche gilt, wenn auch in beschränkterem Umfange, von der gesetzlichen Neuregelung der berufsgenossenschaftlichen Zugehörigkeit unfallbringender Arbeiten beim Ineinandergreifen mehrerer zu verschiedenen Berufsgenossenschaften gehörender Betriebe. Indes erwies sich die Einrichtung des Erweiterten Senats dann und wann auch als nützlich, um eine ältere Entscheidung, die auf die inzwischen veränderten Verhältnisse des Volkslebens nicht mehr zu passen schien, vielleicht auch aus anderen Gründen nicht mehr allgemeine Zustimmung fand, zu beseitigen. Vereinzelt wurde es auf diesem Wege sogar ermöglicht, mit einer Rechtsübung zu brechen, die sich in einer Weise entwickelt hatte und namentlich von einigen Berufsgenossenschaften verstanden wurde, daß man es im Reichs-Versicherungsamte selbst für erforderlich erachtete, ihr Einhalt zu gebieten. Dies geschah zugunsten der Versicherten vor allem in folgendem Falle: Unter der Herrschaft der früheren Unfallversicherungsgesetze hatte die — offenbar noch unter dem unbewußten Einflusse des Haftpflichtrechts ausgebildete — Rechtsauffassung Fuß gefaßt, daß eine Handlung, durch welche ein Versicherter wissentlich gegen ein wirksam durchgeführtes, „zur Abgrenzung des Betriebs geeignetes" Verbot des Betriebsunternehmers verstößt, nicht als Betriebstätigkeit gelten und daß ein dabei eingetretener Unfall daher keinen Anspruch auf Entschädigung begründen könne. Im Gegensatze dazu hat der Erweiterte Senat — übrigens auch unter Heranziehung der neuen Vorschriften im § 8 Abs. 2 Satz 2 und Abs. 3 des Gewerbe-Unfallversicherungsgesetzes — den Grundsatz aufgestellt: bei den zweifellos dem Betriebe zuzurechnenden Verrichtungen wird der zur Anerkennung eines Betriebsunfalls erforderliche ursächliche Zusammenhang zwischen Unfall und Betrieb nicht dadurch ausgeschlossen, daß der Versicherte einem Verbote der bezeichneten Art zuwidergehandelt und dabei den Unfall erlitten hat. Größer aber ist die Zahl der Fälle, in denen der Erweiterte Senat eine seit langer Zeit, bisweilen von Anbeginn der Rechtsprechung des Reichs-Versicherungsamts an, festgehaltene Spruchübung nach gründlicher Nachprüfung und unter Widerlegung der dagegen erhobenen Einwendungen aufrecht erhalten hat. Als Beispiele dieser Art seien folgende Grundsätze angeführt: Unfälle, die bei Spielereien eintreten, sind in der Regel keine Betriebsunfälle; Wege des Arbeiters von seiner außerhalb der Betriebsstätte befindlichen Wohnung zur Betriebsstätte und von dieser zur Wohnung sind an sich dem Betriebe nicht zuzurechnen und werden deshalb von dem Schutze der Versicherung nicht miterfaßt; das gleiche gilt von dem Zurechtmachen und Ausbessern des dem Arbeiter selbst gehörenden Arbeitsgeräts. Zweimal war der Erweiterte Senat genötigt, die alte Spruchübung wahrzuhalten und zu rechtfertigen gegenüber der widersprechenden Ansicht, daß auch eine unabhängig von dem Unfall eingetretene Veränderung in dem Gesundheitszustande des Verletzten — wenigstens bei Augenverletzungen — den Anspruch auf Erhöhung einer rechtskräftig festgestellten Rente begründe und füglich auch zu deren Minderung führen könne. Von den Entscheidungen des Erweiterten Senats auf dem Gebiete der Invalidenversicherung sei eine hervorgehoben, durch die in Abweichung von einer neueren Rekursentscheidung die Wiederaufnahme des Verfahrens für unzulässig erklärt wird, wenn sich nach Zurückweisung einer Revision wegen Verspätung herausstellt, daß der Versicherte durch einen an eine andere Behörde gerichteten Schriftsatz (§ 114 Abs. 3 des Invalidenversicherungsgesetzes) das Urteil des Schiedsgerichts angefochten hatte, ferner eine Entscheidung, welche die früheren — zum Vorteile der Versicherten von dem Standpunkte des bürgerlichen Rechtes ausdrücklich abweichenden — Grundsätze des Reichs-Versicherungsamts über die Rechtskraft und deren Wirkung sowie über den Einfluß der Erteilung eines neuen berufungsfähigen Bescheids auf die Rechtskraft aufrecht erhält, und endlich eine Entscheidung, in der ausgesprochen wird, daß das Ruhen der Rente nach § 48 Abs. 1 Ziffer 4 des Invalidenversicherungsgesetzes auch die Personen treffe, die lediglich aus Gesundheitsrücksichten ihren gewöhnlichen Aufenthalt im Auslande nehmen.

Die Einrichtung der sogenannten Beschlußsenate beruht für die Unfallversicherung auf § 16 Abs. 2 des Abänderungsgesetzes, für die Invalidenversicherung auf § 110 Abs. 2 des Invalidenversicherungsgesetzes. Nach diesen Vorschriften sind Beschlüsse, durch welche Rekurse bzw. Revisionen ohne mündliche Verhandlung zurückgewiesen werden, in der Besetzung von drei Mitgliedern, unter denen sich je ein Vertreter der Arbeitgeber und der Versicherten befinden muß, zu fassen. Der Rekurs muß ohne mündliche Verhandlung zurückgewiesen werden, wenn er unzulässig oder verspätet ist. Es kann so verfahren werden, wenn die bei dem Beschlusse mitwirkenden Mitglieder einstimmig den Rekurs für offenbar ungerechtfertigt erachten.

In der Invalidenversicherung ist die Entscheidung ohne mündliche Verhandlung für keinen Fall zwingend vorgeschrieben. Es ist vielmehr nur für zulässig erklärt, die Revision ohne mündliche Verhandlung zurückzuweisen, wenn sie verspätet eingelegt ist, oder wenn bei der Einlegung, entgegen der Vorschrift des § 117 Abs. 1 des Invalidenversicherungsgesetzes, die Angabe von Revisionsgründen unterblieben ist, oder wenn sich aus der Prüfung der Anträge ergibt, daß kein solcher Grund vorliegt. Nach § 25 der Kaiserlichen Verordnung vom 19. Oktober 1900 müssen, wenn im Beschlußverfahren entschieden werden soll, der Direktor der Abteilung oder der zuständige Vorsitzende eines Senats und der Berichterstatter übereinstimmend der Ansicht sein, daß die Voraussetzungen für die Zulässigkeit dieses Verfahrens vorliegen. Ist dies der Fall, so ist die Sache durch Verfügung einem Beschlußsenate von drei Mitgliedern zu überweisen. Den Vorsitz führt in solchem Senat ein Senatsvorsitzender, der die Sache vorbereitet und in der Sitzung vorträgt. In seiner Anwendung hat sich das Beschlußverfahren nur für die verspätet eingelegten Rechtsmittel und die unzulässigen Rekurse bewährt. Für die Unfallversicherung nimmt das Erfordernis der Einstimmigkeit unter den Mitgliedern des Beschlußsenats diesem Verfahren jede nennenswerte Anwendbarkeit für die Rekurse, die als „offenbar ungerechtfertigt“ erachtet werden können. In der Invalidenversicherung ist zwar nicht die gleiche Bedingung vorgesehen. Die Prüfung, ob ein Revisionsgrund vorliegt, ist aber, wie sich gezeigt hat, zu wichtig und verantwortungsvoll, als daß sie in erheblicherem Umfange dem vollbesetzten Senate vorenthalten und die mündliche Verhandlung entbehrt werden könnte. Das Reichs-Versicherungsamt hat sich auch nicht dazu verstehen können, deshalb eine Revision im Beschlußverfahren zurückzuweisen, weil keine Revisionsgründe angegeben sind, zumal das Reichs-Versicherungsamt nach § 117 Abs. 1 Satz 2 des Invalidenversicherungsgesetzes bei seiner Entscheidung an diejenigen Gründe nicht gebunden ist, welche zur Rechtfertigung der gestellten Anträge geltend gemacht worden sind.

Bevor zu dem — prozeß- und materiellrechtlichen — Inhalte der Rechtsprechung des Reichs-Versicherungsamts übergegangen wird, sei ein kurzer Rückblick auf die äußere Entwicklung der Spruchtätigkeit des Amtes gestattet.

Am 12. Juli 1886 hielt das Reichs-Versicherungsamt seine erste ordentliche öffentliche Spruchsitzung ab. Unmittelbar vorher hatte in einer Plenarsitzung in Vertretung des damals außerhalb Berlins weilenden Staatssekretärs des Innern, Staatsministers Dr. v. Boetticher, der Kaiserliche Unterstaatssekretär im Reichsamte des Innern, Wirkliche Geheime Rat Eck nach einigen einleitenden, die Bedeutung des Aktes hervorhebenden Worten die nichtständigen Mitglieder des Reichs-Versicherungsamts auf treue Erfüllung ihrer Amtsobliegenheiten mittels Handschlags an Eidesstatt verpflichtet. Die Spruchsitzung wurde von dem Präsidenten Dr. Bödiker in feierlicher Weise mit einer Ansprache eröffnet. Unter Hinweis auf die Entstehungsgeschichte der ohne Vorgang dastehenden deutschen sozialpolitischen Gesetzgebung und auf die in der Öffentlichkeit und Mündlichkeit des Verfahrens sowie in der Zusammensetzung des Reichs-Versicherungsamts als des obersten Gerichtshofs auf diesem Gebiete liegende Gewähr für die Rechtsfindung sprach er namens der dazu berufenen Mitglieder des Amtes das Gelöbnis aus, nach bestem Wissen und Gewissen im Namen des Reichs Recht sprechen zu wollen „zur Förderung des Friedens der Berufsklassen untereinander“. „Im Aufblick“ — so schloß er — „zu der hehren Gestalt des ruhmgekrönten Kaisers, des Ursprunges der Gesetzgebung, die nichts anderes sei, als die praktische Durchführung des göttlichen Gebots der Nächstenliebe, beginne das Reichs-Versicherungsamt die ihm übertragene rechtsprechende Tätigkeit.“ Vornehmlich eine Stelle dieser Ansprache des ersten Leiters der Behörde, der auch ihre Rechtsprechung zu einem guten Teile mit seinem Geiste und seiner Auffassung von der ihr obliegenden Aufgabe erfüllt hat, verdient bei diesem Rückblicke wörtlich festgehalten zu werden, weil sie in großen Zügen die Richtlinien vorzeichnet, die diese Rechtsprechung innehalten sollte. Sie lautet: „Auf Grund der Gesetze und der Allerhöchsten Verordnung vom 5. August 1885 werden wir hier tagen als ein oberster Gerichtshof im Lichte voller Öffentlichkeit; die Beteiligten können ihre Wünsche und Beschwerden vor uns persönlich vorbringen; der Fridericianische Gedanke einer von den Fesseln des Formalismus befreiten väterlichen Verwaltung des Rechtes wird zur Geltung gelangen, und die Beteiligung von Mitgliedern des Bundesrats, des hiesigen Königlichen Kammergerichts, der Berufsgenossenschaftsvorstände und von Arbeitervertretern an dieser Rechtsverwaltung dürfte jede mögliche Gewähr dafür bieten, daß das Recht auch wirklich gefunden werde." An dieser ersten Spruchsitzung nahmen außer dem Präsidenten teil der Großherzoglich Badische außerordentliche Gesandte und bevollmächtigte Minister Freiherr Marschall von Bieberstein als vom Bundesrat aus seiner Mitte gewähltes nichtständiges Mitglied, der Geheime Regierungsrat Caspar als ständiges Mitglied des Reichs-Versicherungsamts, die Kammergerichtsräte Bauck und von Chapelié als richterliche Beisitzer, der Kommerzienrat Theodor Haßler aus Augsburg als Vertreter der Genossenschaftsvorstände und der Werkmeister Christ aus München-Gladbach als Vertreter der Arbeiter.

Im ersten halben Jahre seines Bestehens erledigte das Amt 98, im Jahre 1887 504 Sachen. Die im Jahre 1890 vorhandenen 4 Rekurskollegien brachten in diesem Jahre 2066 Sachen zum Abschlusse. Vier Jahre später war die Zahl der Spruchkammern für Unfallversicherungssachen bereits auf 12 und die Zahl der von ihnen erledigten Streitfälle auf 5378 gestiegen. Nach weiteren 10 Jahren hatte das Reichs-Versicherungsamt 19 Rekurssenate, und die Zahl der Rekurssitzungen betrug in diesem Jahre (1904) 1140, die Zahl der erledigten Sachen 17047. Demnächst ist noch 1 Rekurssenat hinzugekommen, die Zahl der Sitzungen ist auf 1268 im Jahre 1908 und 1297 im Jahre 1909 gestiegen — in der Zeit außerhalb der Gerichtsferien (15. Juli bis 15. September) werden wöchentlich 30 bis 32 Sitzungen abgehalten —, und es sind, nachdem schon in den Jahren 1906 und 1907 die Durchschnittszahl der in jeder Sitzung verhandelten Sachen beständig gewachsen war, im Jahre 1908 durchschnittlich 16,3, im Jahre 1909 durchschnittlich 17,4 Sachen in jeder Sitzung verhandelt worden. Insgesamt betrug die Zahl der erledigten Rekurse und Anträge gemäß § 73 Abs. 2 des Gewerbe-Unfallversicherungsgesetzes usw. im Jahre 1906: 18361, 1908: 20664 und 1909: 22613. Davon waren Rekurse durch Urteil erledigt 1906: 16112, 1908: 18665, 1909: 20020, Anträge der bezeichneten Art 1906: 258, 1908: 208, 1909: 192. Die übrigen Rekurse usw. waren entweder durch Beschluß als unzulässig, verspätet oder offenbar ungerechtfertigt zurückgewiesen oder durch Zurücknahme, Vergleich und dergleichen erledigt worden.

Trotz dieser vermehrten Tätigkeit, die nur mit Anspannung aller Kräfte möglich war, ist es dem Reichs-Versicherungsamte nicht gelungen, des gewaltigen Anschwellens der Rekurssachen dergestalt Herr zu werden, daß die endgültige Erledigung dieser Sachen auch nur einigermaßen mit der Beschleunigung erfolgen kann, die für die Versicherten erforderlich und vom Gesetzgeber beabsichtigt ist. Im Gegenteil hat sich in dieser Beziehung ein Zustand herausgebildet, der von Jahr zu Jahr unerfreulicher geworden ist und sich in den letzten Jahren zu einem geradezu unhaltbaren gestaltet hat. Es liegt dies daran, daß die Rekurseinlegungen nicht nur in dem schon beträchtlichen Maße, mit dem von vornherein ungefähr zu rechnen war, sondern weit erheblicher zugenommen und besonders in neuerer Zeit eine ganz ungewöhnliche, jede Erwartung übersteigende Vermehrung erfahren haben. Die Zahl der eingegangenen Rekurse und Anträge betrug im Jahre 1886: 267, 1894: 7052, 1904: 16733, 1907: 19860, 1908: 22794, 1909: 25475. Während also die Steigerung in dem Jahrzehnt 1894 bis 1904 durchschnittlich 970 Sachen jährlich betrug und sich noch bis 1907 einschließlich auf der schon recht ansehnlichen Höhe von rund 1000 Sachen jährlich hielt, weist das Jahr 1908 einen Sprung um fast 3000 und das Jahr 1909 wieder einen solchen um rund 2700 Fälle auf. Entsprechend ist auch die Zahl der Sachen, die als unerledigt auf das nächste Jahr übernommen werden mußten, alljährlich und namentlich in letzter Zeit bedeutend gestiegen, wodurch gleichzeitig die Zahl der zu erledigenden Streitsachen fortgesetzt vermehrt worden ist. Im Jahre 1894 betrug die Zahl dieser Sachen 3327, 1904 war sie bereits auf 7048 angewachsen, 1907 auf 10329; alsdann ist sie bis Ende 1908 auf 12459 und bis Ende 1909 auf 15321 gestiegen. Im ganzen hatten demnach die Rekurskollegien im Jahre 1886 267, 1894 8705, 1904 24095, 1907 28744, 1908 33123, 1909 37934 Sachen zu bearbeiten. Für das Jahr 1910 ist mit einem Zugange von rund 26000 neuen Sachen zu rechnen, so daß in diesem Jahre einschließlich der Rückstände rund 41300 Sachen zur Bearbeitung stehen werden, wovon nach der Höchstleistung im Jahre 1909 voraussichtlich nicht viel mehr als die Hälfte im Laufe des Jahres wird zu Ende geführt werden können. Nicht entfernt in dem gleichen Maße haben sich die Revisionen und sonstigen von den Spruchkollegien zu erledigenden Streitsachen auf dem Gebiete der Invalidenversicherung vermehrt.

Die Zahl dieser Sachen betrug im Jahre 1892 3571. Im Jahre 1896 war die Zahl der neuen Eingänge auf 4246 gestiegen; nach verschiedenen Schwankungen sank sie bis auf 3129 Sachen im Jahre 1900, stieg dann aber wieder auf 3182 im Jahre 1901 und demnächst in größeren Stufen auf 6055 im Jahre 1905. Seitdem hat sie sich ungefähr auf diesem Stande erhalten, ist sogar einmal (1907) auf 5581 zurückgegangen und stellte sich im Jahre 1909 auf 6178. Dementsprechend ist auch die Zahl der Spruchkollegien in der Abteilung für Invalidenversicherung nicht erheblich vermehrt worden; es bestehen zur Zeit hier 6 Spruchsenate. Durch Entscheidung erledigt wurden im Jahre 1892: 3020 Sachen, 1896: 3800, 1900: 3041, 1906: 4807, 1909: 5444. Es sind daher niemals erhebliche Rückstände geblieben.

Auf die Ursachen für das übermäßige Anwachsen der Rekurssachen einzugehen, würde zu weit führen. Da alle bisher versuchten Mittel zur Abhilfe, die hier ebenfalls nicht erörtert werden können, versagt haben, bleibt nur die Möglichkeit übrig, die Zuständigkeit des Reichs-Versicherungsamts für einen Teil dieser Sachen im Wege der Gesetzesänderung zu beseitigen.

Zum Teil gesetzgeberischen Maßnahmen, zum Teil aber auch zweckmäßigen im Reichs-Versicherungsamte selbst getroffenen Einrichtungen ist es zu danken, daß der durch die Überlastung mit Rekurssachen begründeten Gefahr einer Störung der Rechtseinheit innerhalb des Amtes selbst bisher fast ausnahmslos vorgebeugt worden ist. Fast vom Anbeginne der Rechtsprechung an ist diesem bedeutsamen Gesichtspunkt im Schoße des Amtes ernste Beachtung geschenkt worden. Schon am 28. November 1888 wurde in einer Plenarsitzung beschlossen, daß, „wenn ein Senat anläßlich einer Rekursentscheidung in einer Rechtsfrage von der Entscheidung eines anderen Senats oder des Plenums des Reichs-Versicherungsamts abweichen wolle, er die Meinung des Plenums einzuholen habe." Obwohl nun stets im Amte überwiegend die Ansicht bestand, daß kein Mitglied eines Spruchkollegiums verpflichtet werden könne, sich der Ansicht des Plenums zu fügen, wenn es durch die Gründe dieser Abstimmung nicht überzeugt worden sei, haben dennoch die Beratungen und Beschlüsse der Gesamtsitzungen (und später für jede Abteilung auch der Abteilungssitzungen) einen erheblichen Einfluß auf die Gestaltung der Rechtsprechung des Amtes gewonnen. Das läßt sich schon aus der häufigen Anführung von Plenarbeschlüssen in Anmerkungen zu den Unfallversicherungsgesetzen in den beiden ersten Bänden des Handbuchs der Unfallversicherung erkennen. Neben dem Bestreben aller Mitglieder, die Rechtseinheit möglichst zu wahren, ist es diesem Einflusse besonders zuzuschreiben, daß jenes Ziel auch vor dem Bestehen des Erweiterten Senats und damit zusammenhängender Einrichtungen des Geschäftsbetriebs erreichbar blieb, obwohl auch damals schon die Zunahme der Rekurssachen sehr erheblich war. Unentbehrlich für die Einheitlichkeit der Rechtsprechung ist selbstverständlich die Verbreitung der Kenntnis aller wichtigeren, namentlich der grundsätzliche Fragen behandelnden Entscheidungen innerhalb des Amtes. Diesem Zwecke dient in erster Reihe die Veröffentlichung solcher Entscheidungen in den schon seit dem Jahre 1885 bestehenden Amtlichen Nachrichten des Reichs-Versicherungsamts. Da diese Veröffentlichungen aber für jenes Ziel nicht zahlreich genug sind und nicht immer schnell genug erscheinen können, ist schon seit langer Zeit die Einrichtung getroffen, daß alle wichtigen Entscheidungen tunlichst bald vervielfältigt und innerhalb des Amtes verteilt werden. Um ihren Gebrauch zu erleichtern, ist in neuerer Zeit durch Präsidialverfügung angeordnet worden, daß sie mit einer Überschrift zu versehen sind, aus der hervorgeht, welche Fragen in dem Urteil oder Beschluß entschieden sind. Im Anschluß an die Einrichtung des Erweiterten Senats ist ferner bestimmt worden, daß jeder Senat, der eine noch nicht entschiedene grundsätzliche Frage entscheidet oder in einer solchen von der Entscheidung eines anderen Senats oder des Erweiterten Senats abweichen will und deshalb die Sache an den Erweiterten Senat verweist, darüber unmittelbar nach der Verhandlung einen sogenannten „Grundsatz" aufzustellen hat. Dessen Wortlaut wird dann sofort vervielfältigt und alsbald an alle ständigen Mitglieder und Hilfsarbeiter des Amtes sowie an die vom Bundesrate gewählten nichtständigen Mitglieder und an alle richterlichen Beisitzer verteilt. In der Abteilung für Unfallversicherung sind bisher 418 solcher „Grundsätze" zur Verteilung gelangt, in der Abteilung für Invalidenversicherung 318. Außerdem wird in jeder der beiden Abteilungen von Anbeginn an eine Spruchsammlung (sogenanntes „Präjudizienbuch") geführt; in der Abteilung für Unfallversicherung enthält dieses Buch bisher 13 800, in der Abteilung für Invalidenversicherung 1693 Eintragungen. Die meisten dieser Maßnahmen sind auch bestimmt und geeignet, die Einheitlichkeit der Rechtsprechung zwischen der Abteilung für Unfallversicherung und der Abteilung für Invalidenversicherung zu sichern, soweit diese erforderlich ist, wie namentlich in Fragen des Prozeßverfahrens. In neuerer Zeit haben endlich einige Präsidialverfügungen besondere Vorkehrungen getroffen, um auf dem Gebiete der Unfallversicherung noch mehr als zuvor auch möglichste Einhelligkeit zwischen der Rechtsprechung und den Verwaltungs- oder verwaltungsgerichtlichen Entscheidungen des Amtes aufrecht zu erhalten.

Die früheren wie die jetzigen Gesetze über die Unfall- und die Invalidenversicherung und die auf ihrer Grundlage ergangenen Kaiserlichen Verordnungen haben weder umfassendere prozeßrechtliche Grundsätze für die Behandlung der Entschädigungsansprüche im Streitverfahren aufgestellt, noch eine erschöpfende Prozeßordnung geschaffen wie etwa die Zivil- oder die Strafprozeßordnung. Vielmehr beschränken sie sich darauf, den Instanzenzug und die Zusammensetzung der Spruchbehörden zu regeln, die Fristen für die Einlegung der Rechtsmittel zu bestimmen und die wichtigsten Punkte für das Verfahren festzulegen. Wie die Vorberatungen zu den Kaiserlichen Verordnungen über das Verfahren vor dem Reichs-Versicherungsamt und vor den Schiedsgerichten vom 5. August und vom 2. November 1885 klar ergeben, hat man damals mit vollem Bedachte den Weg gewählt, nur durch wenige Normativbestimmungen dem Verfahren in großen Zügen die Grundlage zu geben, den weiteren Ausbau aber der Rechtsübung, insbesondere der des Reichs-Versicherungsamts, zu überlassen. Den anderen, ebenfalls erwogenen Weg, eine in sich geschlossene Prozeßordnung zu schaffen, die allen Gestaltungen eines Rechtsstreits gerecht zu werden vermöchte, hielt man bei der Neuheit des ganzen Gebiets für zu gewagt. Die Rechtsübung werde — so wurde damals an maßgebender Stelle ausgesprochen — innerhalb des Rahmens der gegebenen Vorschriften und in Anlehnung an das geltende Recht den auftretenden Bedürfnissen nachzufolgen haben und auch imstande sein, ihnen zu genügen. Hiernach lag es hauptsächlich dem Reichs-Versicherungsamt ob, die zahlreichen Lücken, die sich bei der Anwendung der Gesetze und Verordnungen mehr und mehr herausstellten, zu ergänzen. Seine Rechtsübung ist daher in weiter Ausdehnung eine Quelle für das Prozeßrecht in Arbeiterversicherungssachen geworden. Das Reichs-Versicherungsamt ist dabei zunächst bestrebt gewesen, die vorhandenen Vorschriften, wo sie versagten, im Wege der Auslegung, insbesondere der sinngemäßen Übertragung oder Ausdehnung zu ergänzen. Im übrigen sind hierzu hauptsächlich die Bestimmungen der Zivilprozeßordnung herangezogen worden, freilich mit vorsichtiger Auswahl und vielfach unter Abänderungen und Einschränkungen, die durch die Anpassung an den andersartigen Stoff geboten erschienen. Nur wenig konnte dagegen das für das Verwaltungsstreitverfahren einzelner Bundesstaaten geltende Prozeßrecht verwendet werden, trotz mancher innerer Verwandtschaft der Verwaltungsgerichtsbarkeit mit der Spruchtätigkeit auf dem Gebiete der Arbeiterversicherung. Denn die in den Einzelstaaten bestehenden Regelungen dieses Gebiets sind zu verschiedenartig, als daß sie in größerem Umfang einer einheitlichen reichsrechtlichen Gestaltung zur Grundlage dienen könnten. Im ganzen genommen stimmt das Spruchverfahren vor dem Reichs-Versicherungsamte, den Landes-Versicherungsämtern und den Schiedsgerichten mit dem Zivilprozeßverfahren und dem Verwaltungsstreitverfahren darin überein, daß es wie diese in den Hauptfällen ein förmliches (wenn auch weitgehend vom Formenzwange befreites), kontradiktorisches ist, und daß auf Grund dieses Verfahrens Urteile erlassen werden, die von dem erkennenden Gerichte selbst — abgesehen von den auch im Zivilprozesse zulässigen Berichtigungen und Ergänzungen — nicht abgeändert werden dürfen. Die Urteile des Reichs-Versicherungsamts und der Landes-Versicherungsämter erledigen die Streitigkeiten endgültig und genießen deshalb dieselbe Rechtskraft wie die höchstinstanzlichen Urteile auf jenen beiden Nachbargebieten.

In engem Zusammenhange mit den einzelnen Prozeßvorschriften stehen die das gesamte Streitverfahren beherrschenden Prozeßgrundsätze. In dieser Beziehung enthalten die Gesetze und Verordnungen kaum Andeutungen. Das Reichs-Versicherungsamt mußte sich deshalb hier seinen Weg fast in noch erheblicherem Grade selbst suchen als bei den Einzelheiten des Verfahrens. Andere Prozeßrechte boten höchstens Vorbilder, die aber keineswegs ohne weiteres nachgeahmt werden durften. So war es zunächst von vornherein klar, daß der das Wesen des heutigen Zivilprozesses besonders kennzeichnende Grundsatz des Parteibetriebs für das Verfahren in der Arbeiterversicherung nicht geeignet sei. Das öffentliche Interesse an der ordnungsmäßigen Durchführung der sozialpolitischen Gesetze erfordert es, daß jeder zu dem ihm gesetzlich zustehenden Rechte gelangt. Es darf ihm im allgemeinen nicht wie bei reinen Privatrechten überlassen bleiben, ob, inwieweit und in welcher Weise er von diesem Rechte Gebrauch machen will. Denn sonst wäre das Ziel der Arbeiterversicherung, eine allgemeine soziale Fürsorge in den hauptsächlichsten Notlagen des Lebens für die wirtschaftlich Schwachen zu schaffen, nicht erreichbar. Gerade bei dem Teile der Bevölkerung, für den diese Fürsorge bestimmt ist, mußte auch mit der Unerfahrenheit, insbesondere mit dem Mangel an Gesetzeskenntnis und Gewandtheit in gerichtlichen Angelegenheiten, gerechnet werden. Für die Feststellung der Entschädigungen durch die Versicherungsträger hat sich denn auch die Gesetzgebung auf den Standpunkt gestellt, daß dieses Verfahren „von Amts wegen" durchzuführen sei. Ausdrücklich vorgeschrieben ist dies zwar nur für die Unfallversicherung, wo es auch keines Antrags des Verletzten bedarf, um das Verfahren in Gang zu bringen. Aber auch in der Invalidenversicherung, wo der Natur der Sache nach die Anmeldung des Anspruchs auf Invaliden- oder Altersrente nicht zu entbehren ist, muß im übrigen, wie aus dem Gesamtinhalte der gesetzlichen Bestimmungen hervorgeht, das Verfahren ohne weitere Anregung pflichtmäßig durch die zuständigen Stellen der Versicherungsträger, also „von Amts wegen" betrieben werden. Alle diese Erwägungen haben das Reichs-Versicherungsamt veranlaßt, von vornherein anzunehmen, daß auch das Verfahren vor den Schiedsgerichten und dem Reichs-Versicherungsamt (ebenso vor den Landes-Versicherungsämtern) nach Einlegung des Rechtsmittels „von Amts wegen" zur Durchführung zu bringen ist.

Hand in Hand mit diesem sogenannten „Offizialbetriebe" geht der Grundsatz der „Erforschung materieller Wahrheit" von Amts wegen. Dieser Grundsatz, der auch „Inquisitions- oder Untersuchungsmaxime" oder „Untersuchungsprinzip" genannt wird, steht im Gegensatze zu der sogenannten „Verhandlungs- oder Dispositionsmaxime" (auch „Verhandlungsprinzip"). Der letztere Grundsatz, der darin besteht, daß es den Parteien überlassen bleibt, was sie zur Geltendmachung ihres Rechtes oder zur Abwehr des gegnerischen Angriffs vorbringen wollen, und der das Gericht an die von den Parteien angeführten tatsächlichen Behauptungen und Beweismittel bindet, entspricht der Natur des Zivilprozesses. Für die Arbeiterversicherung würde er sich aber aus denselben Gründen, die oben für die Anwendung des Offizialbetriebs angeführt worden sind, sehr wenig eignen. Demgemäß hat das Reichs-Versicherungsamt von jeher bestimmt ausgesprochen, daß die Schiedsgerichte und das Amt selbst die Pflicht haben, ohne Anträge der Parteien abzuwarten und ohne an solche Anträge gebunden zu sein, insbesondere auch über die Anträge hinaus, den Sachverhalt völlig aufzuklären, und daß sie sich dazu im allgemeinen jedes ihnen geeignet erscheinenden Beweismittels bedienen können. Diese Stellungnahme hat später durch die Kaiserliche Verordnung, betreffend das Verfahren vor den auf Grund des Invaliditäts- und Altersversicherungsgesetzes errichteten Schiedsgerichten, vom 1. Dezember 1890 und sodann durch die Kaiserliche Verordnung, betreffend das Verfahren vor den Schiedsgerichten für Arbeiterversicherung, vom 22. November 1900 (§§ 16 bzw. 17 Abs. 1) Anerkennung gefunden. Die Mittel zur Ergründung der materiellen Wahrheit sind die Ausübung des richterlichen Fragerechts, das vom Reichs-Versicherungsamt in Übereinstimmung mit der für das Zivilprozeßverfahren feststehenden Auffassung stets als eine Fragepflicht behandelt worden ist, und die Beweiserhebung. Beider Mittel bedient sich auch das Reichs-Versicherungsamt auf dem Gebiete der Unfallversicherung in umfangreichem Maße, da noch immer eine nicht unerhebliche Zahl von Sachen nicht genügend aufgeklärt in die höchste Instanz gelangt, wenn auch eine Besserung in dieser Beziehung nicht zu verkennen ist. Die Beweisaufnahmen bestehen in Ermittlungen über den Unfallhergang und die Art der Verletzung, über den ursächlichen Zusammenhang festgestellter Leiden des Rentensuchers mit einem behaupteten oder auch erwiesenen Betriebsunfall, über den Jahresarbeitsverdienst usw. Es werden Auskünfte von Behörden und Privatpersonen, insbesondere von Arbeitgebern eingeholt, nötigenfalls Augenscheineinnahmen am Unfallort oder in der Verhandlung vorgenommen, ferner Urkunden beigezogen, vor allem aber Zeugen vernommen und ärztliche Obergutachten erfordert. Die Beweisaufnahmen bedienen sich also aller Beweismittel der Zivilprozeßordnung, mit Ausnahme des Parteieids, und gehen sogar noch über den Kreis der dort vorgesehenen Beweismittel hinaus. Nach der Zahl der Fälle und der Kostenlast, welche die Beweiserhebungen dem Reiche verursachen, stehen die ärztlichen Gutachten an erster Stelle. Die Zeugenvernehmungen werden überwiegend durch Ersuchen der ordentlichen Gerichte oder auch der Verwaltungsbehörden ausgeführt. Die Einnahme des Augenscheins spielt namentlich insofern eine Rolle, als die Verletzten selbst in bezug auf Verstümmelungen und dadurch bewirkte Störungen im Gebrauche der Gliedmaßen sowie hinsichtlich sonstiger Leiden (Beingeschwüre usw.) in der mündlichen Verhandlung besichtigt und beobachtet werden. Um die Verhandlungen möglichst von Beweisaufnahmen zu entlasten und dadurch Zeit und Kosten zu ersparen, hat das Reichs-Versicherungsamt seit langer Zeit die Einrichtung getroffen, daß Beweiserhebungen schon vor der mündlichen Verhandlung stattfinden, wenn der Vorsitzende des Senats und der Berichterstatter darüber einig sind. Hiervon wird umfangreicher Gebrauch gemacht. In der Invalidenversicherung ist eine Beweiserhebung über die sachlichen Grundlagen des Anspruchs in der Revisionsinstanz mit Rücksicht auf die Natur des Rechtsmittels ausgeschlossen. Den Schiedsgerichten hat das Reichs-Versicherungsamt sowohl für die Unfall- wie für die Invalidenversicherung fortgesetzt teils in Rundschreiben, teils in zahlreichen Entscheidungen die Notwendigkeit gehöriger Aufklärung des Sachverhalts durch tunlichst umfassende Ausübung des Fragerechts und gründliche Beweiserhebung eingeschärft.

Zur vollständigen Durchführung der Pflicht, die materielle Wahrheit nach allen Richtungen hin zu erforschen, ist nicht nur die Freiheit in der Wahl der Beweismittel, sondern auch die Freiheit in der Beurteilung der Beweisergebnisse unentbehrlich. Das Recht der freien Beweiswürdigung ist deshalb für das Streitverfahren der Arbeiterversicherung in weitestem Umfang anerkannt worden.

Allerdings gilt auch für das von der Verhandlungsmaxime beherrschte Zivilprozeßverfahren, in welchem grundsätzlich die Feststellung formeller Wahrheit genügt, der Grundsatz der freien Beweiswürdigung. Denn nach § 286 der Zivilprozeßordnung hat das Gericht „unter Berücksichtigung des gesamten Inhalts der Verhandlungen und des Ergebnisses einer etwaigen Beweisaufnahme nach freier Überzeugung zu entscheiden, ob eine tatsächliche Behauptung für wahr oder für nicht wahr zu erachten sei". Aber dieser Grundsatz ist hier vielfach durchbrochen, indem das Gericht an bestimmte gesetzliche Beweisregeln gebunden ist. Für das Verfahren in der Arbeiterversicherung gelten solche Beweisregeln nicht. Der Parteieid ist, wie schon erwähnt, nicht zugelassen, womit die an die Eidesleistung und Eidesverweigerung sich knüpfenden Beweisregeln ausscheiden, die Würdigung der Urkunden unterliegt nicht den Beschränkungen der Zivilprozeßordnung, Geständnis und Anerkenntnis sind nicht unbedingt bindend, auch ist weder in den Gesetzen oder Verordnungen vorgeschrieben, noch durch die Rechtsprechung des Reichs-Versicherungsamts als Rechtssatz hingestellt, daß das Gericht verpflichtet sei, als Folge irgendwelcher Umstände, insbesondere der Versäumung einer Prozeßhandlung, eine Tatsache als wahr anzunehmen. Der Grundsatz der freien Beweiswürdigung ist im wesentlichen schon durch die Kaiserlichen Verordnungen vom 2. November 1885 und vom 5. August 1885 für maßgebend erklärt; er ist in der Bestimmung enthalten, daß das Schiedsgericht und das Reichs-Versicherungsamt „nach freiem Ermessen" zu „entscheiden" haben. Alle späteren Verordnungen haben diese Worte in der gleichen Weise wiederholt, insbesondere auch die jetzt geltenden. Sie bringen freilich das, was unter „freier Beweiswürdigung" an und für sich zu verstehen ist, nicht zum Ausdrucke. Wenigstens fehlt ihnen eine nähere, auf die Einzelheiten hinweisende Bestimmung, wie sie die oben angeführte Vorschrift der Zivilprozeßordnung enthält und wie sie für das Verwaltungsstreitverfahren in Preußen das Landesverwaltungsgesetz vom 30. Juli 1883 (im § 79) klar und vollständig, wenn auch in kürzerer Fassung als die Zivilprozeßordnung, mit den Worten ausspricht: „Das Gericht hat nach seiner freien, aus dem Inbegriffe der Verhandlungen und Beweise geschöpften Überzeugung zu entscheiden."

Für die reichsgesetzliche Unfall- und Invalidenversicherung hat das Reichs-Versicherungsamt durch ungemein zahlreiche Entscheidungen den Grundsatz des freien richterlichen Ermessens und insbesondere der freien Beweiswürdigung ausgestaltet, auch in Rundschreiben an die Schiedsgerichtsvorsitzenden sich darüber mehrfach eingehend geäußert. Dadurch ist zunächst klargestellt worden, daß nicht nur der Inhalt der förmlichen Beweisverhandlungen, also der Zeugenaussagen, der Arztgutachten usw., sondern auch der Inhalt aller sonstigen Verhandlungen sowie alle Erklärungen, Handlungen und Unterlassungen der Parteien die Grundlage für die Überzeugung des Gerichts bilden. Es können ferner sogar solche Erklärungen der Parteien berücksichtigt werden, die nicht in dem zur Entscheidung stehenden Streitverfahren, sondern bei anderer Gelegenheit und vor anderen Behörden abgegeben worden sind, z. B. in einem Strafverfahren oder vor einer Armenverwaltung, und ebenso Beweiserhebungen, die in einer anderen Sache stattgefunden haben. Namentlich werden in dieser Weise nicht selten in einer Invalidenrentensache ärztliche Gutachten und sonstige Erhebungen aus einer den Rentensucher betreffenden Unfallrentensache verwertet. Dies ist sogar unumgänglich, wenn es sich um die Frage handelt, ob und in welcher Höhe neben einer Unfallrente eine Invalidenrente zu gewähren ist. In der Befugnis des Gerichts, das Ergebnis der Sachverhandlung nach freier Überzeugung zu würdigen, liegt ferner das Recht, eine bestrittene Tatsache auf Grund dieses Ergebnisses und des gesamten Sachverhalts ohne Beweiserhebung als wahr anzunehmen. Was die Beweiserhebungen anlangt, so hat das Gericht selbst den Umfang der Beweisaufnahme und die Beweismittel nach freiem Ermessen zu bestimmen. Es ist weder in der Auswahl der Mittel irgendwie beschränkt, noch ist es gezwungen, von den Parteien angegebene Beweismittel zu benutzen, insbesondere einen von einer Partei angetretenen Beweis noch zu erheben, wenn es den Sachverhalt für aufgeklärt erachtet, d. h. wenn es sich in tatsächlicher Beziehung eine feste Überzeugung gebildet hat, auf Grund deren die Entscheidung gefällt werden kann. Diese Überzeugung darf, wie das Reichs-Versicherungsamt ausdrücklich anerkannt hat, unter Umständen auch aus „Wahrscheinlichkeitsmomenten" entnommen werden. Denn „wollte man" — so hat sich das Reichs-Versicherungsamt in der ersten Entscheidung, in welcher diese Frage zu lösen war, geäußert — „unter allen Umständen einen stringenten Nachweis verlangen, so würde man damit gegen den Geist der Gesetzgebung verstoßen und deren Segnungen in manchen Fällen illusorisch machen". Es läßt sich eben gerade auf dem Gebiete der Arbeiterversicherung, wie schon damals erkannt worden ist, und die Erfahrung später tausendfältig bestätigt hat, ein zwingender Nachweis häufig nicht erzielen. Ganz besonders sind der menschlichen Erkenntnis, und damit der Beweisführung, Grenzen gezogen, wenn es sich um die Frage handelt, ob ein Leiden mit einem Unfall in ursächlichem Zusammenhange steht. Gerade in dieser Beziehung muß deshalb ein höherer Grad von Wahrscheinlichkeit häufig als Beweis genügen. Aber auch die Tatsache des Unfalls und andere tatsächliche Umstände, die ihrer Natur nach voll erwiesen werden könnten, dürfen in geeigneten Fällen für dargetan erachtet werden, wenn nur ein solcher Grad von Wahrscheinlichkeit vorliegt, daß sich vernünftigerweise die richterliche Überzeugung darauf gründen kann. Bloße Möglichkeiten reichen freilich nicht dazu aus. Auch dürfen Schiedsgericht und Reichs-Versicherungsamt ihre Entscheidungen nicht auf Vermutungen und Annahmen stützen, die in dem Ergebnisse der Verhandlungen keine Grundlage finden. Nur in einzelnen besonderen Fällen hat das Reichs-Versicherungsamt zugelassen, daß auch mit gewissen Vermutungen gerechnet werden darf. In dieser Beziehung hat sich insbesondere eine Rechtsübung für die nicht seltenen Fälle gebildet, in denen ein Unfall- oder Invalidenrentenempfänger durch sein ungerechtfertigt ablehnendes Verhalten gegenüber den Anordnungen des Versicherungsträgers oder einer Rechtsprechungsinstanz die Feststellung einer Veränderung in seinem Gesundheitszustande verhindert, indem er sich z. B. weigert, sich durch einen bestimmten Arzt untersuchen oder sich in einer Heilanstalt beobachten zu lassen. Es darf alsdann der für ihn ungünstigste Schluß bezüglich des wirklichen Eintritts einer Besserung gezogen werden. Indes ist auch dieser Rechtssatz nicht als eine bindende Beweisregel aufzufassen, vielmehr muß auch hier das freie, vernünftige Ermessen walten, namentlich dürfen aus dem Verhalten des Rentenempfängers nicht Folgerungen gezogen werden, die nach Lage des Falles unmöglich sind.

Unter der Herrschaft der älteren Unfallversicherungsgesetze hatte ferner eine Rechtsübung des Reichs-Versicherungsamts große praktische Bedeutung, die im Einzelfalle fast das Wesen einer Fiktion annahm. Bei grundloser Verweigerung oder Vereitelung einer gesetzlich zulässigen und von der Berufsgenossenschaft angeordneten Krankenhausbehandlung durfte dem Verletzten dauernd derjenige Teil der Rente versagt werden, welcher dem Teile seiner Erwerbsunfähigkeit entsprach, der bei rechtzeitiger und vollständiger Durchführung des beabsichtigten Heilverfahrens voraussichtlich beseitigt worden wäre und somit auf sein schuldhaftes Verhalten zurückzuführen war (sogenanntes Kausalitätsprinzip). Wenn aber auch hiermit eine Besserung in den Unfallfolgen gewissermaßen unterstellt (fingiert) wurde, so handelte es sich doch nicht wirklich um eine jeden Beweis ersparende (gesetzliche) Fiktion, vielmehr war auch hier mit Hilfe ärztlicher Gutachten usw. die Sachlage zu prüfen und nach freier Überzeugung zu beurteilen, ob und in welchem Maße durch die Heilbehandlung eine Besserung wahrscheinlich hätte erzielt werden können.

Schließlich soll nicht unerwähnt bleiben, daß das Reichs-Versicherungsamt gegenüber den Ansprüchen auf Unfallrente wegen eines Leistenbruchs in ständiger Rechtsprechung angenommen hat, die „Vermutung" spreche gegen eine plötzliche und gewaltsame Entstehung des Bruchschadens. Das will jedoch nichts anderes besagen, als daß in diesen Fällen strengere Anforderungen an den Nachweis des ursächlichen Zusammenhanges zwischen dem Leiden und einem behaupteten, als Unfallereignis anzusprechenden Vorgange sowie auch für diesen Vorgang selbst zu stellen sind, als dies sonst im allgemeinen in der Rechtsprechung des Reichs-Versicherungsamts geschieht. Gerechtfertigt wird dieser Standpunkt dadurch, daß nach den Erfahrungen des Reichs-Versicherungsamts, die auf zahlreichen Gutachten der hervorragendsten Ärzte und auf der Kenntnis einer außerordentlich großen Menge von Fällen beruhen, Leistenbrüche sich in den bei weitem meisten Fällen allmählich entwickeln und ohne besondere Ursache bei der täglichen Berufsarbeit oder den gewöhnlichen Betätigungen des Lebens auszutreten pflegen. Es ist also in jener Rechtsübung nur ein Hinweis für die Schiedsgerichte und das Reichs-Versicherungsamt selbst zur sachgemäßen Behandlung einer großen Gruppe im allgemeinen gleichartig liegender Fälle zu erblicken, während der Prüfungspflicht und der Ausübung des freien richterlichen Ermessens auch in den einzelnen dahin gehörenden Fällen keineswegs vorgegriffen wird.

Sind sonach in allen diesen und einigen ähnlichen Ausgestaltungen der Rechtsprechung keine Einschränkungen des Rechtes auf freie Überzeugung bei der Urteilsfindung und insbesondere auf freies Beweisermessen zu erblicken, so kommt sonst doch das Reichs-Versicherungsamt gar nicht selten in die Lage, eine Abgrenzung dieses Rechtes vornehmen zu müssen. Das ist mit seiner oben dargelegten Auffassung durchaus nicht unvereinbar. Denn die Freiheit, die danach dem Gerichte bei der Gewinnung seiner Überzeugung zuzugestehen ist, darf nicht zur Willkür werden. Vor allem darf sich das Gericht nicht mit dem Sachverhalte, wie er sich aus den Verhandlungen ergibt, in Widerspruch setzen. Es dürfen nicht Dinge als erwiesen angenommen werden, für die es an einem Anhalte fehlt, und ebensowenig dürfen offenbar feststehende Tatsachen von Erheblichkeit übergangen werden. Von der Unzulänglichkeit bloßer Möglichkeiten usw. war oben schon die Rede. Anlaß zu der — oft nicht leichten — Prüfung der Frage, ob das Schiedsgericht sich innerhalb der Grenzen gehalten hat, die der freien Beweiswürdigung und überhaupt dem richterlichen Ermessen zu ziehen sind, bieten namentlich häufig die Revisionen in Invalidenversicherungssachen, da in einer Überschreitung dieses Rechtes ein Revisionsgrund nach § 116 Abs. 3 des Invalidenversicherungsgesetzes vom 13. Juli 1899 zu erblicken ist. Aus der großen Fülle der hierzu ergangenen Entscheidungen sei namentlich auf diejenigen hingewiesen, die sich mit der Würdigung der ärztlichen Gutachten und der Bedeutung des Augenscheins gegenüber solchen beschäftigen.

Während die geschilderte Rechtsübung die erwünschte Folge hat, daß in jeder Streitsache die nach dem Gesetze bestehenden Rechte möglichst unabhängig von dem prozessualen Verhalten der Parteien zur Geltung gelangen, sind für das Verfahren zwei Grundsätze anerkannt, deren jeder geeignet ist, eine Einschränkung jenes Ergebnisses herbeizuführen. Der erste besteht darin, daß der Richter sich bei seinem Urteil im Rahmen der erhobenen Ansprüche halten muß. Für das Gebiet der Arbeiterversicherung ist diese Bindung des Gerichts, die schon von alters her als ein Fundamentalsatz des Zivilprozesses betrachtet wird, und an sich auch weit mehr zu dem Verhandlungs- als zu dem Untersuchungsprinzipe paßt, sowohl für die Schiedsgerichte wie für das Reichs-Versicherungsamt durch die Kaiserlichen Verordnungen vorgesehen. Es ist dies — schon in den Verordnungen von 1885 und in allen späteren genau in derselben Weise — durch eben die Vorschriften geschehen, welche diesen Behörden für ihre Entscheidungen das Recht des freien Ermessens zusprechen, und zwar dadurch, daß hinzugefügt worden ist, es sei von den Schiedsgerichten und vom Reichs-Versicherungsamt „innerhalb der erhobenen Ansprüche“ zu entscheiden. Damit ist gesagt, daß das Gericht dem Antragsteller nicht mehr zuerkennen darf, als das, was er beantragt hat, auch nichts anderes, wohl aber, wenn ein Antrag auf ein Mehr nicht begründet ist, ein Geringeres, weil in dem Größeren auch das Kleinere mitenthalten ist. Die Übertragung dieses Grundsatzes auf die Arbeiterversicherung kann nur mit einem stillschweigenden (teilweisen) Verzicht oder mit dem alten Rechtssatze, daß Wohltaten nicht aufgedrängt werden sollen, gerechtfertigt werden. Da aber erfahrungsgemäß vielfach nur Unkenntnis der Sach- oder Rechtslage oder mangelnde Geschäftsgewandtheit die Ursachen eines hinter dem gesetzlichen Anspruche zurückbleibenden Antrags sind, so ist es mißlich, allgemein einen Teilverzicht zu unterstellen. Der erwähnte Rechtssatz aber steht nicht wohl im Einklange mit den Grundgedanken der deutschen sozialpolitischen Gesetzgebung, die zur Erreichung ihrer Ziele den Versicherungszwang eingeführt hat und durch weitgehende Einschränkung der Kapitalabfindung, durch das, von wenigen Ausnahmefällen abgesehen, allgemeingültige Verbot der Abtretung, Pfändung und Verpfändung der Renten, ja sogar durch Beschränkungen in der Verwendung fälliger Rentenbeträge (z. B. bei Trinkern) darauf Bedacht nimmt, daß den Fürsorgebedürftigen das zu ihrem Lebensunterhalte Notwendige jederzeit in einer Weise zur Verfügung stehe, die es ihnen unmöglich macht, sich selbst dessen zu berauben oder ihn zu schmälern. Solche Erwägungen haben das Reichs-Versicherungsamt veranlaßt, die von den Rentenbewerbern in ihren Rechtsmittelschriften gestellten Anträge in der weitherzigsten Weise auszulegen. Es wird überhaupt nicht verlangt, daß ein bestimmter Antrag gestellt wird, vielmehr genügt es, wenn aus dem Schreiben die Unzufriedenheit des Berufungs-, Rekurs- oder Revisionsklägers mit dem Bescheide des Versicherungsträgers oder dem Urteile des Schiedsgerichts hervorgeht. Ist kein bestimmter Antrag gestellt, so ist nach der Rechtsübung des Reichs-Versicherungsamts das erkennende Gericht durch die in Rede stehende Vorschrift nicht gebunden. Es hat deshalb in solchem Falle den Gesamtanspruch nach allen Richtungen hin nachzuprüfen und dem Berechtigten alles zuzusprechen, was ihm nach der Überzeugung des Gerichts gesetzlich zusteht. Soweit Anträge gestellt sind, werden sie tunlichst aus der Begründung des Rechtsmittels und etwaigen späteren Schriftsätzen der Partei ergänzt. Das richterliche Fragerecht wird zur Aufklärung zweifelhafter Anträge benutzt. Ferner hat das Reichs-Versicherungsamt z. B. angenommen, daß in Unfallversicherungssachen, wenn der Verletzte schlechthin eine „höhere“ Rente begehrt, sowohl der für die Höhe der Rente maßgebende Grad der Erwerbsunfähigkeit als auch der ihr zugunde liegende Jahresarbeitsverdienst höher als in der Vorinstanz festgesetzt werden kann. Im übrigen hat das Reichs-Versicherungsamt von jeher angenommen, daß die erhobenen Ansprüche in der Hauptsache oder in bezug auf Nebenforderungen bis zum Erlasse des Urteils jederzeit erweitert werden können. Auf diese Weise ist es möglich, einen irrtümlich zu niedrig gestellten Antrag sachgemäß zu berichtigen und eine Überschreitung eines Antrags durch das Schiedsgericht, wenn sie sachlich gerechtfertigt ist, zu heilen.

Der zweite Grundsatz, der die Freiheit der richterlichen Entscheidung unter Umständen einengt, ist das Verbot der sogenannten „reformatio in pejus“, d. h. die Unzulässigkeit einer Entscheidung der höheren Instanz, wodurch eine Vorentscheidnug zu ungunsten derjenigen Partei abgeändert wird, von der sie allein angefochten ist. Dieses Verbot, das sowohl im deutschen Zivil- und Strafprozeß wie auch in einzelstaatlichen Verwaltungsstreitverfahren (z. B. im preußischen) teils durch gesetzliche Vorschriften, teils durch die Rechtsübung als bindend anerkannt ist, vielfach sogar als „ein das Prozeßrecht allgemein beherrschender Rechtssatz“ gilt, ist durch die Rechtsprechung des Reichs-Versicherungsamts für das Streitverfahren in Unfall- und Invalidenversicherungssachen übernommen worden. Die Gesetze oder die Kaiserlichen Verordnungen bieten dafür keinen unmittelbaren Anhalt, es sei denn, daß man die Unzulässigkeit einer reformatio in pejus, wie es von manchen Seiten geschieht, mit der soeben besprochenen Vorschrift in Verbindung bringt, wonach nur „innerhalb der erhobenen Ansprüche“ entschieden werden darf. Es ist nicht zu verkennen, daß auch dieses Verbot nicht ganz mit dem sonst im Versicherungsstreitverfahren zutage tretenden Bestreben vereinbar ist, dem „materiellen“ Rechte zum Siege zu verhelfen. Denn seine Durchführung hat immerhin zur Folge, daß jemand etwas erhält, worauf er keinen berechtigten Anspruch hat, oder etwas nicht zu gewähren braucht, was er eigentlich gewähren müßte. Indes hat das Reichs-Versicherungsamt das Für und Wider hinsichtlich der Anwendbarkeit dieses Grundsatzes auf das Streitverfahren der Arbeiterversicherung in zahlreichen Entscheidungen erwogen, ist aber immer wieder zu der Annahme gelangt, daß er auch hier gelten müsse. Besonders eingehend ist diese Frage in einer Entscheidung des Erweiterten Senats vom 7. Dezember 1907 (Revisionsentscheidung 1335, Amtliche Nachrichten des Reichs-Versicherungsamts 1908 S. 441) erneut nachgeprüft worden, auch unter Berücksichtigung der Verhältnisse anderer Prozeßarten und unter Heranziehung einer umfangreichen Literatur. Der leitende Gesichtspunkt dieser Entscheidung, in der auch alle früheren erheblicheren Entscheidungen des Reichs-Versicherungsamts über die reformatio in pejus angeführt worden sind, ging dahin, daß gerade auch auf dem Gebiete der Arbeiterversicherung eine Partei durch die Einlegung eines Rechtsmittels ihre durch das Urteil der unteren Instanz geschaffene Rechtslage nicht solle verschlechtern, sondern höchstens verbessern können.

Nach dem, was bisher schon über die Ausgestaltung des Versicherungsstreitverfahrens durch das Reichs-Versicherungsamt gesagt worden ist, bedarf es kaum der Hervorhebung, daß die sogenannte Eventualmaxime (d. h. der Grundsatz, daß alle denselben Zweck verfolgenden Angriffs- und Verteidigungsmittel von einer Partei auf einmal vorgebracht und dem betreffenden Prozeßabschnitte gemäß zusammen erledigt werden müssen) für dieses Verfahren keine Geltung haben kann. Das Reichs-Versicherungsamt hat denn auch für beide Versicherungszweige vielfach ausgesprochen, daß es zulässig ist, die tatsächlichen und rechtlichen Ausführungen bis zum Schlusse der Hauptverhandlung, in der das Urteil ergeht, zu ergänzen und zu berichtigen und bis zu diesem Zeitpunkt auch neue Angriffs- und Verteidigungsmittel geltend zu machen.

Im übrigen ist das Reichs-Versicherungsamt, wie zum Teil schon erwähnt worden ist, überall bemüht gewesen, das Verfahren vor den Schiedsgerichten und vor dem Reichs-Versicherungsamte, soweit irgend angängig, von jedem Formenzwange frei zu halten. Ein gewisses Maß von Prozeßformen ist freilich unentbehrlich für jedes geordnete Verfahren, und solche Formen sind denn auch durch die Arbeiterversicherungsgesetze und die Kaiserlichen Verordnungen vorgeschrieben. Bei ihrer Auslegung hat sich aber das Reichs-Versicherungsamt stets vor Augen gehalten, daß es der ausgesprochene Wille des Gesetzgebers ist, mit Rücksicht auf „die mangelhafte Geschäftsgewandtheit mancher Arbeiter möglichst zu verhüten, daß durch strenge Formvorschriften die Rechtsverfolgung eingeschränkt werde“, und es deshalb die Aufgabe sämtlicher zur Durchführung der Arbeiterversicherungsgesetze berufenen Stellen ist, die Handhabung der prozessualen Bestimmungen zum Nutzen der rechtsuchenden Arbeiter möglichst zu erleichtern. Bei dieser Auslegungsweise ist auch erreicht worden, daß das Verfahren eine zweckmäßige Verbindung zwischen Schriftlichkeit und Mündlichkeit enthält. Abgesehen von dem Beschlußverfahren, ist durch die Kaiserlichen Verordnungen überall mündliche Verhandlung vorgeschrieben. Die ebenfalls dort gegebenen Bestimmungen über die Öffentlichkeit und die Sitzungspolizei sind denen des Gerichtsverfassungsgesetzes entlehnt und entsprechen dem, was für das Zivilprozeßverfahren gilt. Die Öffentlichkeit bietet auch hier eine bedeutsame Rechtsgewähr.

Auf die große Zahl von Entscheidungen prozeßrechtlichen Inhalts kann, soweit sie nicht schon erwähnt wurden, im Rahmen dieser Darstellung nicht näher eingegangen werden. Es möge genügen, hier kurz auf diejenigen hinzuweisen, die sich mit den Fragen der Rechtskraft und der Rechtshängigkeit, mit der rechtlichen Bedeutung eines Vergleichs, mit Anerkenntnissen und Anerkennungen (namentlich der Entschädigungspflicht), mit der Natur der Rechtsmittel, namentlich mit dem Wesen der Revision in Invalidenversicherungssachen, mit der Zurücknahme der Rechtsmittel und mit der Stellung der Bevollmächtigten usw. beschäftigen.

In materiellrechtlicher Beziehung gibt es in den vielgestaltigen Gebieten der Unfall- und der Invalidenversicherung kaum eine Frage, die nicht Gegenstand der Rechtsprechung sein oder doch dabei berührt werden könnte, wenigstens soweit die Versicherten dabei in Betracht kommen können. Bei dem engen Zusammenhange zwischen Rechtsprechung und Verwaltung im Reichs-Versicherungsamt erstreckt sich die Spruchtätigkeit vielfach auf dieselben Gebiete, mit denen sich auch die Verwaltung zu befassen hat. Zum Teil sind es die nämlichen Fragen, die hier wie dort, wenn auch unter anderen Gesichtspunkten und mit einem anderen Endziele behandelt werden. Öfter wird auch in dem einen Zweige eine Folgerung aus Maßnahmen oder Entscheidungen gezogen, die in dem anderen Zweige getroffen oder erlassen worden sind.

Für die Verwaltung ist besonders die Auslegung gesetzlicher Vorschriften, vornehmlich die Klarstellung darin enthaltener Begriffsbestimmungen, von Bedeutung. Beispiele dafür, wie umgekehrt eine Spruchübung bisweilen auf der Grundlage von Verwaltungseinrichtungen erwachsen ist, bieten die folgenden zwei Fälle. Die von den Berufsgenossenschaften geführten Kataster dienen an sich nur der Feststellung der zu der einzelnen Genossenschaft gehörenden versicherungspflichtigen Betriebe und der Mitgliedschaft ihrer Unternehmer. Daraus wurde aber gefolgert, daß die Eintragung in das Kataster für die Berufsgenossenschaft formell die Verpflichtung begründe, zu der Frage der Entschädigung für die den Arbeitern in den eingetragenen Betrieben zugestoßenen Unfälle durch förmlichen Bescheid Stellung zu nehmen, ohne daß sie dabei die Ablehnung der Entschädigung auf das Nichtbestehen der Versicherungspflicht des Betriebs oder seiner Zugehörigkeit zu ihr (der Berufsgenossenschaft) stützen dürfe. Sachlich ergibt sich hieraus allgemein die Verpflichtung für die Berufsgenossenschaften, die bei den eingetragenen Betrieben vorgekommenen Unfälle zu entschädigen, mit der vom Reichs-Versicherungsamt allein zugelassenen Ausnahme, daß die Eintragung in das Kataster durch Arglist erwirkt war. Ein solches formellrechtliches Versicherungsverhältnis kann jedoch nicht nur hinsichtlich eines Betriebs — durch seine Aufnahme in das Kataster — entstehen, sondern unter Umständen auch für einzelne Arbeiter, nämlich dadurch, daß diese, ohne sachlich unter die Versicherung zu fallen, in die der Berufsgenossenschaft einzureichenden Lohnnachweisungen mit aufgenommen und bei der Beitragserhebung mit berücksichtigt werden. Ohne weiteres wird allerdings hierdurch ein Versicherungsverhältnis noch nicht begründet. Denn die Berufsgenossenschaft ist meist nicht in der Lage, eine Prüfung der Lohnnachweisungen nach der Frage der Versicherungspflicht hin bezüglich aller darin verzeichneten Personen eintreten zu lassen. Geht aber der Mangel der Versicherungspflicht aus der Lohnnachweisung oder anderen der Berufsgenossenschaft bekannt gewordenen Umständen derart klar hervor, daß er ihren Organen bei Anwendung der erforderlichen Aufmerksamkeit nicht entgehen konnte, oder haben sie gar darum gewußt, und hat die Berufsgenossenschaft gleichwohl für längere Zeit Beiträge nach Maßgabe einer solchen Lohnnachweisung, mithin auch unter Anrechnung des Lohnes oder Gehalts des nach dem Gesetze nicht versicherten Arbeitnehmers, erhoben, so ist nach der Rechtsprechung des Reichs-Versicherungsamts auch zugunsten eines solchen einzelnen Arbeitnehmers ein formellrechtliches Versicherungsverhältnis als entstanden anzunehmen.

Das Reichs-Versicherungsamt hat an dieser Spruchübung, obwohl sie manche Angriffe insbesondere aus berufsgenossenschaftlichen Kreisen erfahren hat, ständig festgehalten. Sie hat nicht unwesentlich dazu beigetragen, die Organe der Berufsgenossenschaften zu einer sorgfältigen Prüfung der Lohnnachweisungen und Überwachung ihrer Kataster zu erziehen und allgemein das Verständnis für die zur Rechtfertigung jener Grundsätze vom Reichs-Versicherungsamte herangezogene Auffassung zu schärfen, daß Treu und Glauben auch das gesamte öffentliche Versicherungsrecht beherrschen müsse. Nunmehr hat der Entwurf einer Reichs-Versicherungsordnung den Grundgedanken dieser Spruchübung aufgenommen und für ähnliche Verhältnisse in der Krankenversicherung verwertet (vgl. § 327 des Entwurfs und dazu S. 197 der Begründung).

Von allgemeinster Bedeutung war die Erfüllung der der Rechtsprechung des Reichs-Versicherungsamts gestellten Aufgabe, zahlreichen Begriffen, die zum Teil in der Gesetzgebung nur mit einem Namen bezeichnet, zum Teil unvollständig und unzusammenhängend mit einem Inhalte versehen waren, lebendige Gestalt zu verleihen. Bis auf den heutigen Tag ist der tausendfältig anzuwendende Begriff des „Unfalls“, von dessen Bestimmung der Ausfall zahlloser Entschädigungsansprüche abhängt, in keinem Gesetz umschrieben. Daß die Unfallversicherungsgesetze nur für Folgen von „Betriebsunfällen“ Entschädigungen gewähren, wird in diesen Gesetzen lediglich durch die Worte „Folgen der bei dem Betriebe sich ereignenden Unfälle“ angedeutet, ohne daß irgendwo ausgeführt würde, welche Art von Zusammenhang zwischen Unfall und Betrieb hierdurch ausgedrückt werden soll.

Ebensowenig ist gesetzlich festgelegt, was unter „Folgen" eines Unfalls zu verstehen ist, insbesondere unter welchen Voraussetzungen ein den Entschädigungsanspruch begründender Zusammenhang zwischen einem Unfall und einem Leiden anzunehmen, mit anderen Worten, welche Art von Ursächlichkeit in dieser Beziehung als maßgebend anzusehen ist. Obwohl ferner die Unfallversicherung größtenteils den Zweck verfolgt, einen Ausgleich für die wirtschaftlichen Nachteile zu gewähren, die durch eine infolge eines Unfalls eintretende Schmälerung der Erwerbsfähigkeit entstehen, sind doch weder in den früheren, noch in den jetzigen Unfallversicherungsgesetzen die Begriffe „Erwerbsfähigkeit" und „Erwerbsunfähigkeit" irgendwie näher bestimmt. Für die Invalidenversicherung gab allerdings schon das Invaliditäts- und Altersversicherungsgesetz vom 22. Juni 1889 eine Umschreibung des Begriffs „Erwerbsunfähigkeit", und auch das Invalidenversicherungsgesetz vom 13. Juli 1899 enthält eine solche — wesentlich anders gefaßte — Begriffsbestimmung. Trotzdem bedurfte nicht nur der Gesamtbegriff, sondern auch jedes der einzelnen Merkmale, aus denen sich die Bestimmungen zusammensetzen, nach vielen Richtungen hin der Auslegung und Ergänzung. Dasselbe trifft auf eine große Reihe mehr oder weniger in den Gesetzen zum Ausdrucke gelangter Begriffe zu.

Mit Bewußtsein und mit vollem Rechte hat es der Gesetzgeber der Rechtsprechung überlassen, hier überall auslegend und ausbauend einzutreten. Vor allem ist der höchste Gerichtshof hierzu berufen. In Erfüllung dieser nicht leichten Aufgabe ist das Reichs-Versicherungsamt bemüht gewesen, die sich ihm fortgesetzt in mannigfaltigster Gestalt darbietenden Verhältnisse des praktischen Lebens in ihrer Wesensart zu erfassen, aus ihnen Merkmale abzuleiten und diese mehr und mehr zu fest umschriebenen Begriffen zusammenzuschließen. Diesen Begriffen waren dann wieder zahlreiche andere Fälle unterzuordnen, wobei sich beständig Anlaß fand, die früher gewonnenen Merkmale an sich und in ihrer Vereinigung nachzuprüfen. Öfter führte dies dazu, den einen oder anderen Bestandteil des Begriffs und damit diesen selbst zu erweitern, oder ein neues Merkmal hinzuzufügen, bisweilen auch einzelnes schärfer zu bestimmen, um damit einer Verwischung eines Begriffs gegenüber einem anderen vorzubeugen. In diesen Beziehungen ist namentlich die Gestaltung des Begriffs „Unfall" lehrreich. Das diesem Begriffe nach allseitig geteilter Ansicht wesentliche Merkmal der „Plötzlichkeit" ist vom Reichs-Versicherungsamte stets in einem weiteren Sinne, nämlich dahin ausgelegt worden, daß diesem Erfordernisse nicht nur dann genügt ist, wenn die schädigende Einwirkung, wie der Wortsinn zu verlangen scheint, in einem Augenblicke stattgefunden hat, sondern auch, wenn sie sich auf einen etwas längeren Zeitraum erstreckt, sofern nur die Schädigung auf ein noch in einen verhältnismäßig kurzen Zeitraum eingeschlossenes Ereignis zurückzuführen ist. Während hierin eine erhebliche Erweiterung des Begriffs „Unfall" gegenüber anderen — z. B. in der privaten Unfallversicherung vertretenen — Auffassungen liegt, die freilich durchaus der Absicht des Gesetzgebers entspricht, bedurfte es anderseits in zahlreichen Fällen jener Auslegung gegenüber wieder einer gewissen Einschränkung dieses Merkmals, weil es die einzige Abgrenzung des Begriffs „Unfall" (insbesondere „Betriebsunfall") von dem Begriffe der sogenannten „Berufs"- oder „Gewerbekrankheiten" bildet, die das Gesetz, wie außer Zweifel steht, in die Unfallversicherung nicht einschließen wollte. Zu dieser Abgrenzung mußte namentlich in neuerer Zeit häufiger in Rekursentscheidungen Stellung genommen werden, da bei mannigfaltigen gewerblichen Vergiftungen nicht nur von den Versicherten geltend gemacht, sondern auch von fachwissenschaftlicher Seite die Ansicht vertreten wurde, daß es sich nicht, wie man früher meist annahm, um eine chronische, sondern um eine in einem kurzen Zeitraum entstandene Vergiftung handele. Weiter sei darauf hingewiesen, daß die Auslegung, die das Reichs-Versicherungsamt dem Begriff „Unfall" gegeben hat, noch in einer anderen Beziehung eine den Versicherten erheblich günstigere ist als die anderweit, namentlich in der Privatversicherung, vielfach vertretene. Das Reichs-Versicherungsamt sieht es nämlich nicht als ein wesentliches Erfordernis des Unfallbegriffs an, daß es sich bei dem Unfall um eine Einwirkung „von außen" handeln müsse.

Welche Summe von Zweifelsfragen in dem Begriffe „bei dem Betriebe sich ereignender Unfall" oder, wie das Reichs-Versicherungsamt kurz zu sagen pflegt, „Betriebsunfall" liegt, und wie zahlreiche auf die verschiedenartigsten Verhältnisse eingehende Entscheidungen zur Klärung dieses Begriffs erforderlich waren, zeigen die Ausführungen in den Anmerkungen 36 bis 60 zu § 1 des Gewerbe-Unfallversicherungsgesetzes im ersten Bande des Handbuchs. Eine der bestrittensten Fragen des Unfallversicherungsrechts in der öffentlichen wie in der privaten Unfallversicherung ist diejenige nach dem Umfange der Entschädigungspflicht des Versicherers, wenn zu der Schädigung des Versicherten neben dem Unfalle noch andere Ursachen, namentlich innere Leiden, mitgewirkt haben. Während in dieser Beziehung die Rechtsprechung der ordentlichen Gerichte eine einheitliche, überzeugende Auffassung vermissen läßt (namentlich wenn man auch die Behandlung dieser Frage bei Schadenersatz- und Haftpflichtprozessen in Betracht zieht), hat das Reichs-Versicherungsamt hier einen Weg gefunden, der neben Klarheit und Bestimmtheit den Vorzug haben dürfte, daß dadurch weitgehendes Wohlwollen für die Versicherten geübt, zugleich aber die Möglichkeit gegeben wird, unberechtigten Ansprüchen mit Erfolg entgegenzutreten. Diese Spruchübung besteht darin, daß nicht nur unmittelbare, sondern auch mittelbare Unfallfolgen zu entschädigen sind, und daß überhaupt die bei dem Unfall erlittene Verletzung nicht die alleinige Ursache der Erwerbsunfähigkeit zu sein braucht, anderseits aber dem Unfall eine „wesentliche" Mitwirkung an dem schädlichen Erfolge beizumessen sein muß, wenn anders der Schaden noch als „Folge" des Unfalls soll anerkannt werden können. Ist hiernach ein ursächlicher Zusammenhang zwischen einer Körperschädigung oder dem Tode und einem Unfall als vorliegend anzusehen, so muß der Schaden in vollem Umfang und für seine gesamte Dauer als Unfallfolge gelten und demgemäß ersetzt werden. Den Begriff der „Erwerbsunfähigkeit" endlich hat das Reichs-Versicherungsamt sowohl für die Unfall- wie für die Invalidenversicherung nach allen Richtungen hin erforscht und ausgestaltet. Auch hier waren so viele Zweifel zu lösen, daß die Rechtsprechung, die sich unausgesetzt mit diesem Begriffe zu beschäftigen hat, immer wieder vor neue Fragen gestellt wurde. Auch jetzt kommen bisweilen noch Fälle zur Entscheidung, die zu grundsätzlichen Erörterungen Anlaß bieten. Durch die Spruchtätigkeit des Reichs-Versicherungsamts sind zunächst solche Merkmale des Begriffs „Erwerbsfähigkeit" klargestellt worden, die diesem Begriff überhaupt und darum für alle Gebiete wesentlich sind, nämlich die Merkmale „Fähigkeit", „Arbeit" und „Verwertbarkeit der Arbeit zum Erwerbe". Dabei ist der Begriff „Erwerbsunfähigkeit" von den Begriffen „Arbeitsunfähigkeit" und „Arbeitslosigkeit" abgegrenzt worden. Weiter war zu den Merkmalen „dauernd" und „vorübergehend" sowie zu der Frage Stellung zu nehmen, inwieweit persönliche Verhältnisse des Versicherten, namentlich Ausbildung, bisherige Beschäftigung und Beruf, zu berücksichtigen sind. Zur Auslegung des Begriffs der Erwerbsunfähigkeit auf dem Gebiete der Invalidenversicherung mußte u. a. klargestellt werden, wie das nach der gesetzlichen Begriffsbestimmung maßgebende Verdienstdrittel, die sogenannte „Verdienstgrenze" und die Leistungsfähigkeit des Rentenbewerbers festzustellen sind. Ferner bedurfte es eingehender Entscheidungen über die Begriffe „Personen derselben Art mit ähnlicher Ausbildung", „dieselbe Gegend" und dergleichen mehr.

In engem Zusammenhange mit dem Begriffe der Erwerbsunfähigkeit steht deren Abschätzung, die zwar sowohl für die Unfall- wie für die Invalidenversicherung eine Rolle spielt, in der ersteren aber insofern noch mehr Mühe verursacht, als hier auch Teile der Erwerbsunfähigkeit berücksichtigt werden und zu Entschädigungen führen, die der Höhe nach sehr verschieden sind. Aus diesem Grunde bedarf es hier einer besonders sorgfältigen Abschätzung. Das Reichs-Versicherungsamt hat es in dieser Beziehung von Anfang an grundsätzlich abgelehnt, den Schätzungen einen bestimmten Entschädigungstarif, wie er z. B. in der privaten Unfallversicherung allgemein üblich ist (sogenannte „Gliedertaxe"), zugrunde zu legen, weil damit nicht den Besonderheiten jedes Einzelfalls genügend Rechnung getragen werden kann. Diese Behandlungsweise hat sich durchaus bewährt und auch vielfach Anerkennung gefunden, so besonders bei der Beratung des Gewerbe-Unfallversicherungsgesetzes in der Reichstags-Kommission, wo ausdrücklich anerkannt wurde, das Reichs-Versicherungsamt habe nicht verfehlt, einer schablonenhaften Rentenbemessung tunlichst entgegenzuarbeiten.

Einen breiten Raum nehmen weiter die Entscheidungen über die Fragen der Versicherungspflicht und der Versicherungsberechtigung auf den beiden zum Geschäftsbereiche des Reichs-Versicherungsamts gehörenden Versicherungsgebieten ein. In der Unfallversicherung kommen hinzu die Entscheidungen über die berufsgenossenschaftliche Zugehörigkeit von Betrieben und über mannigfache Fragen, die sich an die Erhöhung, Minderung und Aufhebung sowie an das Ruhen der Renten und an die Kapitalabfindung knüpfen. Die Entscheidungen auf dem Gebiete der Invalidenversicherung haben außer den bereits genannten Punkten zum großen Teile solche Fragen zum Gegenstande, die sich auf die Erfüllung der Wartezeit und das Erlöschen der Anwartschaft beziehen. Hierbei sind häufig erhebliche Schwierigkeiten in tatsächlicher wie in rechtlicher Beziehung zu überwinden.

Näher kann hier auf den materiellrechtlichen Inhalt der Rechtsprechung des Reichs-Versicherungsamts nicht eingegangen werden. Es muß vielmehr in dieser Beziehung auf die veröffentlichten Entscheidungen in den Amtlichen Nachrichten des Reichs-Versicherungsamts und den anderen Sammlungen sowie auf die Ausführungen in den beiden ersten Bänden des Handbuchs der Unfallversicherung verwiesen werden.

Überblickt man die Rechtsprechung des Reichs-Versicherungsamts in dem nunmehr fast vollendeten Vierteljahrhundert ihres Bestehens, um ein Urteil über ihre Wesensart im ganzen zu gewinnen, so dürfen etwa folgende Züge als die hervorstechendsten bezeichnet werden. Mit jeder geordneten Rechtspflege teilt sie, wie es sich von selbst versteht, das gewissenhafte Streben, das Recht zu finden und beiden streitenden Teilen gegenüber Gerechtigkeit zu üben. Ihre Eigenart aber besteht vor allem darin, daß sie sich bemüht, zugleich den besonderen Zweck der Gesetze, deren Auslegung, Anwendung und Ausbau ihr übertragen ist, zur Geltung zu bringen. Der Wille des Gesetzgebers hatte für das Gebiet der Arbeiterversicherung eine neue Richtung gewiesen, und es galt, diesen Willen durch die Kraft des richterlichen Spruches in die Tat umzusetzen. Nicht mehr sollte, wie vordem, allein das strenge Recht entscheiden. Hatte doch, um nur ein wichtiges Beispiel anzuführen, das Gesetz selbst sich auf den Standpunkt gestellt, daß nicht, wie bei Schadenersatzklagen nach bürgerlichem Rechte oder in den früheren Haftpflichtprozessen, die Schuld des Verunglückten oder seines Arbeitgebers an der Herbeiführung des Unfalls entscheidend sein sollte, mit alleiniger Ausnahme des böswilligen Verhaltens des Verunglückten. Nicht ein zivilrechtlicher Anspruch im Sinne jener älteren Auffassung, sondern ein in die Form des Versicherungsanspruchs gekleidetes Recht auf soziale Fürsorge war dem durch Unfall Verletzten und seinen Hinterbliebenen wie dem durch Alter oder Invalidität erwerbsunfähig Gewordenen verliehen. Um diesem Geiste der Gesetzgebung gerecht zu werden, mußte das Reichs-Versicherungsamt eine Rechtsprechung schaffen, die in ihrer Art von jeder früheren abwich. Rechtsbegriffe und juristische Denkweise waren mit wirtschaftlichen Anschauungen zu vereinigen und den Verhältnissen des gewerblichen Lebens, der Landwirtschaft, des Handels und Verkehrs usw. anzupassen. Dazu kommt, wie schon an anderer Stelle hervorgehoben ist, daß die Rechtsprüche des Reichs-Versicherungsamts, der Absicht des Gesetzgebers entsprechend, erfüllt sein mußten von jenem Geiste des Wohlwollens gegen die Fürsorgebedürftigen und -berechtigten, dessen Bezeichnung als „sozialpolitisches Empfinden“ dem heutigen Geschlechte ganz geläufig geworden ist. Inwieweit es dem Reichs-Versicherungsamte gelungen ist, diesen Anforderungen zu genügen, muß dem Urteil anderer überlassen bleiben. Es sei aber hier nochmals kurz darauf hingewiesen, daß das Amt diese beiden Gesichtspunkte besonders im Auge gehabt hat bei Schaffung eines auf die Ergründung des wahren Sachverhalts gerichteten Prozeßverfahrens, das unter gleichzeitiger Vermeidung allen Formzwanges jedermann die Erlangung seines Rechtes ermöglichen und erleichtern sollte. Von denselben Rücksichten hat sich das Amt leiten lassen bei der Auslegung der zur Anwendung der Gesetze erforderlichen Begriffe. Der freieren, wirtschaftlichen Auffassungsweise ist z. B. auch dadurch Nachdruck verschafft worden, daß bei der Beurteilung von Tatbeständen, insbesondere solchen, die für die Frage der Versicherungspflicht von Bedeutung sind, weniger auf die rechtliche Erscheinungsform als auf den Inhalt des ihr zugrunde liegenden Geschäfts, weniger auf eine hergebrachte Benennung als auf den wirklichen Sachverhalt Wert gelegt wurde. Dafür, wie weit das Reichs-Versicherungsamt sich oft von sozialpolitischer Denkweise hat leiten lassen, bietet auch einen Beleg die feste Spruchübung, der zufolge ein Versicherungsträger jederzeit befugt ist, nach pflichtmäßigem Ermessen auf das durch rechtskräftige Entscheidung erworbene formelle Recht zu verzichten und durch Erteilung eines neuen berufungsfähigen Bescheids oder sonstwie entweder dem vorher abgelehnten Anspruche stattzugeben oder doch nochmals die Eröffnung des Rechtszugs zu ermöglichen.

Auch andere Gegensätze waren zu überwinden.

Zwar konnte natürlich der Widerstreit zwischen den Kreisen, denen die Rechtsprechung Lasten auferlegt und Vorteile zuspricht, der Gegensatz zwischen den Arbeitgebern und den Arbeitnehmern, die Rechtsprechung nicht in dem Sinne berühren, daß sie sich den Wünschen der einen oder anderen Partei hätte bequemen dürfen. Wohl aber war als Endziel auch derjenige Zweck im Auge zu behalten, den sich die soziale Gesetzgebung selbst vorgezeichnet hatte: „die Förderung des Friedens der Berufsklassen untereinander“. Erstrebt konnte dieses Ziel nur werden durch Förderung des wechselseitigen Verständnisses und Entgegenkommens zwischen beiden Gruppen vermöge einer beharrlichen und gerechten, aber auch von sozialpolitischem Empfinden getragenen Rechtsprechung. Unmittelbar bei dieser Rechtsprechung waren aber weiter nach zwei anderen Richtungen hin Gegensätze zu vereinigen. Als höchster Instanz lag es dem Reichs-Versicherungsamt ob, Grundsätze zu bilden und selbst zu befolgen, als erkennendes Gericht aber mußte es zugleich die Verhältnisse des Einzelfalls berücksichtigen. Weiter war auf Einheit und Beständigkeit der Rechtsprechung zu halten, und dennoch durfte die Fortbildung des Rechtes nicht vernachlässigt werden, die hier um so unentbehrlicher ist, als die Arbeiterversicherung mit der stets fortschreitenden Entwicklung der Lebensverhältnisse auf weiten Gebieten in engster Berührung steht.

Erklärlicherweise sind der Rechtsprechung des Reichs-Versicherungsamts auch Angriffe nicht erspart geblieben. Von der einen Seite wird sie als zu milde, von der anderen als zu streng bezeichnet, bisweilen unter Anführung recht unglücklich gewählter Beispiele von Einzelentscheidungen und mit Ausführungen, die den Parteistandpunkt allzu deutlich zur Schau tragen. Die Angriffe von beiden Seiten gestatten den Schluß, daß das Reichs-Versicherungsamt im ganzen den richtigen Weg gegangen ist. Das Reichs-Versicherungsamt hat unleugbar Strenge da geübt, wo sie erforderlich war, um die Begehrlichkeit hintanzuhalten, so bei Simulation und ungehöriger Übertreibung, bei der Behauptung versicherungspflichtiger Beschäftigung zwischen nahen Verwandten, bei dem Versuche, Leistenbrüche und andere in der Regel allmählich entstehende Leiden auf einen Betriebsunfall zurückzuführen. Auch Erfahrungen, die erst mit der Zeit gewonnen werden konnten — wie die, daß die Erwerbsfähigkeit auf dem allgemeinen Arbeitsmarkt in der Regel durch kleinere Verstümmelungen der Finger nicht oder doch nicht so erheblich, wie man früher annahm, beschränkt zu werden pflegt — führten für gewisse Gruppen von Sachen zu einer etwas strengeren Auffassung. Anderseits fehlt es bis in die neueste Zeit hinein nicht an Beispielen, daß eine Rechtsübung sich nach einer erheblich milderen Richtung hin entwickelt hat. In dieser Beziehung mag an die oben besprochene Änderung in der Beurteilung von Unfällen bei verbotswidrigem Handeln und an neuere Entscheidungen über die Auslegung des Begriffs „Betriebsunfall“ mit Rücksicht auf die sogenannten Gefahren des täglichen Lebens erinnert werden. Alles in allem wird der Rechtsprechung des Reichs-Versicherungsamts auch heute nicht das Zeugnis einer den Versicherten wohlwollenden Auffassung versagt werden dürfen. Jedenfalls ist sich das Amt jederzeit bewußt gewesen, daß, wie der verstorbene Abgeordnete Roesicke in der Reichstagssitzung vom 24. Januar 1891 treffend ausführte, von seinen Entscheidungen „das Wohl und Wehe von Hunderttausenden von Arbeitern und ihrer Familien abhängt“.

Die Aufbringung der Mittel und die Vermögensverwaltung bei den Versicherungsträgern.

1. Unfallversicherung.

Die Lasten der eigentlichen Unfallversicherung werden, abgesehen von den Reichs-, Staats- und Kommunalbetrieben, ausschließlich von den Unternehmern getragen. Die Versicherten sind an der durch Betriebsunfälle verursachten Kostenlast nur insofern beteiligt, als die Krankenkassen, soweit die Verletzten solchen angehören, diese in der Regel während der ersten 13 Wochen nach dem Unfalle nach Maßgabe des Krankenversicherungsgesetzes zu unterstützen haben, und die Versicherten die Lasten der Krankenversicherung (zu zwei Dritteln) mitaufbringen. Der damit von ihnen gedeckte Teil macht aber nur einen mäßigen Prozentsatz der gesamten Unfallast aus.

Die Mittel für die Unfallversicherung werden durch Beiträge aufgebracht, bei den Unfallversicherungsanstalten in Gestalt von „Prämien".

Für die Beitragserhebung bei den Berufsgenossenschaften, mit alleiniger Ausnahme der Tiefbau-Berufsgenossenschaft, gilt seit Beginn der Unfallversicherung das sogenannte „Umlageverfahren", genauer „Deckung des Jahresbedarfs durch Umlage". Für die Tiefbau-Berufsgenossenschaft ist „Kapitaldeckung in Verbindung mit Umlageverfahren", für die Versicherungsanstalten, welche dieser Berufsgenossenschaft, den Baugewerks-Berufsgenossenschaften und der See-Berufsgenossenschaft angegliedert sind, „Kapitaldeckung in Verbindung mit Prämienverfahren" eingeführt. Auf die Vorzüge und Mängel, die diesen verschiedenen Regelungen ihrer Natur nach anhaften, und auf die Frage, wie sie sich in der deutschen Sozialversicherung bewährt haben, kann hier nicht eingegangen werden.

Dem Reichs-Versicherungsamte liegt es ob, darüber zu wachen, daß die gesetzlichen und statutarischen Vorschriften sowie die von ihm selbst erlassenen Bestimmungen über diesen wichtigen Zweig der berufsgenossenschaftlichen Verwaltung ordnungsmäßig ausgeführt werden. Diese verantwortliche und vielfach schwierige Tätigkeit hat mit der Ausdehnung des Geschäftskreises der Berufsgenossenschaften selbstverständlich beständig zugenommen. Den jetzigen Umfang lassen folgende Zahlen ermessen: Die Gesamtausgabe der vom Reichs-Versicherungsamte beaufsichtigten gewerblichen und landwirtschaftlichen Berufsgenossenschaften (ohne die Versicherungsanstalten) betrug für das Jahr 1908 einschließlich der Einlagen in den Reservefonds schon rund 167 Millionen Mark, wird für das Jahr 1909 auf ungefähr 174 Millionen Mark steigen und im Jahre 1910 annähernd 181 Millionen Mark erreichen. Die Einnahme aller dieser Berufsgenossenschaften stellte sich im Jahre 1908 auf 170 Millionen Mark, von denen etwa 157 Millionen im Wege der Umlage aufgebracht worden sind. Von den Versicherungsanstalten der Tiefbau-Berufsgenossenschaft, der 10 dem Reichs-Versicherungsamt unterstehenden Baugewerks-Berufsgenossenschaften und der See-Berufsgenossenschaft wurden für das Jahr 1908 2,04 Millionen Mark Ausgaben und 3,07 Millionen Mark Einnahmen nachgewiesen. Die Vermögensbestände derselben Berufsgenossenschaften hatten am Schlusse des Jahres 1908 288 Millionen Mark überstiegen, wovon rund 252 Millionen auf die Reservefonds und etwa 36 Millionen auf Betriebsfonds sowie auf sonstiges Vermögen entfielen, während sich die Vermögensbestände jener 12 Unfallversicherungsanstalten auf rund 14 Millionen Mark (Kapitaldeckungsfonds und Reservefonds) beliefen.

Das Reichs-Versicherungsamt hat ferner die Grundsätze für die Berechnung des Kapitalwerts der von der Tiefbau-Berufsgenossenschaft gezahlten Renten gemäß § 13 des Bau-Unfallversicherungsgesetzes zu bestimmen. Weiter hat es die Prämientarife für die Versicherungsanstalten der Tiefbau-Berufsgenossenschaft und der ihm unterstellten 10 Baugewerks-Berufsgenossenschaften gemäß §§ 25, 26 desselben Gesetzes sowie die Beiträge zur Versicherungsanstalt der See-Berufsgenossenschaft nach § 162 Abs. 1 des See-Unfallversicherungsgesetzes festzusetzen.

Die gerechte Lastenverteilung unter den zu einer Berufsgenossenschaft vereinigten Unternehmern hat der Gesetzgebung und der Gesetzesanwendung Aufgaben gestellt, deren Lösung um so schwieriger war, als die deutsche Unfallversicherung sich an kein Vorbild anlehnen und anderwärts gewonnene Erfahrungen sich nicht zunutze machen konnte. Der Maßstab für die Heranziehung eines Unternehmers zu den Versicherungslasten muß nach allgemeinen versicherungswissenschaftlichen Grundsätzen das Unfallrisiko sein, das dem Versicherungsträger aus der Versicherung des Betriebs erwächst. Das Unfallrisiko wird bedingt einmal durch die Zahl der versicherten Personen, die Dauer ihrer versicherungspflichtigen Beschäftigung und die Höhe der verdienten Gehälter und Löhne, die ja der Rentenberechnung zugrunde zu legen sind. Da der Umfang der durch die Versicherung gedeckten Arbeitstätigkeiten in der Regel auch in der Lohnzahlung zum Ausdrucke kommt, hat der Gesetzgeber bestimmt, daß der Jahresaufwand der Berufsgenossenschaften auf die Lohnsummen, die in den einzelnen Betrieben an die Versicherten gezahlt werden, umzulegen ist, wobei nach der gesetzlichen Regel, entsprechend den bei der Rentenberechnung gültigen Grundsätzen, die wirklich gezahlten niedrigen Löhne auf den Mindestbetrag des Dreihundertfachen des ortsüblichen Tagelohns gewöhnlicher Tagearbeiter zu erhöhen, dagegen die hohen Löhne für den 1500 Mark übersteigenden Jahresbetrag nur zu einem Drittel zu berechnen sind. Durch das Statut kann aber bestimmt werden, daß abweichend von der gesetzlichen Regel für die Umlegung der Beiträge die wirklich verdienten Gehälter und Löhne in Anrechnung kommen.

Das Unfallrisiko hängt aber weiter wesentlich von der Unfallgefährlichkeit der Betriebe ab, die in der Unfallhäufigkeit in die Erscheinung tritt. Wenn nun auch schon die berufsgenossenschaftliche Gliederung eine Zusammenfassung mehr gleichartiger Betriebe bewirkt und dadurch einer allzugroßen Verschiedenheit der Betriebsgefahren innerhalb der einzelnen Berufsgenossenschaften vorgebeugt hat, so weisen die zu einer Berufsgenossenschaft vereinigten einzelnen Gewerbszweige und Betriebsarten doch noch eine erheblich abgestufte Unfallgefährlichkeit auf. Nach § 49 des Gewerbe-Unfallversicherungsgesetzes sind daher für die zu einer Genossenschaft gehörenden Betriebe je nach dem Grade der mit ihnen verbundenen Unfallgefahr entsprechende Gefahrenklassen zu bilden und über die Höhe der in diesen zu leistenden Beiträge Bestimmungen zu treffen (Gefahrentarif). Die Beiträge werden hiernach auf die anrechnungsfähigen Lohnsummen nach Maßgabe des Gefahrentarifs umgelegt. Die Aufstellung und Änderung des Gefahrentarifs bedarf der Genehmigung des Reichs-Versicherungsamts (oder des zuständigen Landes-Versicherungsamts). Bei der hervorragenden Bedeutung, die das Gefahrentarifwesen für das berufsgenossenschaftliche Umlageverfahren hat, ließ das Reichs-Versicherungsamt es sich angelegen sein, durch zahlreiche Rundschreiben und Erlasse Grundsätze für die Gestaltung des Gefahrentarifwesens aufzustellen, den Berufsgenossenschaften durch Hinweise auf allgemeine Gesichtspunkte und durch Anleitungen bei der Aufstellung und Änderung der Gefahrentarife an die Hand zu gehen und im stetigen Benehmen mit den Berufsgenossenschaften an der Vervollkommnung des Gefahrentarifwesens auf Grund der gemachten Erfahrungen mitzuarbeiten. Damit die Unfallgefährlichkeit der Betriebe bei der Berechnung der Umlagebeiträge berücksichtigt werden kann, muß sie durch Ziffern — die sogenannten Gefahrenziffern — ausgedrückt werden, die in ihrem Verhältnisse zueinander die verschiedene Größe der Gefährlichkeit darstellen. Die Gefahrenziffer ist also die Verhältnisziffer der einzelnen Gefahrenklassen. Die Unfallgefährlichkeit, als welche nur die Durchschnittsgefährlichkeit anzusehen ist, kann ermittelt werden für die einzelnen in der Berufsgenossenschaft vertretenen Gewerbszweige oder für bestimmte Arbeitstätigkeiten. Ursprünglich wurde die Gefahrenziffer durch die Gegenüberstellung der Zahl der Vollarbeiter und der Zahl der Unfälle unter Berücksichtigung der Schwere der Unfallfolgen durch Belastungsziffern festgestellt. Diese Belastungsziffern stellten nur Durchschnittsverhältnisse dar. Es wurden hinsichtlich der Schwere der Unfälle unterschieden Verletzungen mit tödlichem Verlaufe, solche mit dauernder völliger, mit dauernder teilweiser und mit vorübergehender Erwerbsunfähigkeit, und es wurde empfohlen, diese vier Gruppen von Unfällen mit den Verhältniszahlen 10, 30, 15, 1 zu bewerten. Seit 1896 ist man behufs Ermittlung der Gefahrenziffern zu einem vereinfachten Verfahren übergegangen, das auf einer Gegenüberstellung der Entschädigungsbeträge und der gezahlten Löhne beruht. Etwas umständlicher ist das Verfahren der Gegenüberstellung der Löhne mit den vollständigen Unfallbelastungswerten, d. i. der Summe der bis zu einem gewissen Zeitpunkte gezahlten Entschädigungsbeträge und der Kapitalwerte der dann noch laufenden Renten. Durch Vergleichsberechnungen, die vom Reichs-Versicherungsamt und einigen Berufsgenossenschaften angestellt worden sind, ist ermittelt worden, daß die bloße Berücksichtigung der bis zu einem gewissen Zeitpunkte gezahlten Entschädigungsbeträge nahezu dieselben Gefahrenziffern ergibt wie das umständlichere, die vollen Belastungswerte berücksichtigende Verfahren. Das Reichs-Versicherungsamt hat daher die Anwendung des ersteren, einfacheren Verfahrens empfohlen. Nach den neuerdings aufgestellten Grundsätzen sollen durch Gegenüberstellung der Löhne und der gezahlten Entschädigungen die Belastungen für eine bestimmte Lohnsumme (1000 Mark) ermittelt werden (Belastungsziffern). Eine Umrechnung der Belastungsziffern nach dem Verhältnisse der Belastungsziffer eines Gewerbszweigs zu einer für diesen (willkürlich) eingesetzten Gefahrenziffer (Reduktionsverfahren) soll nicht mehr vorgenommen werden. Als Gefahrenziffern sind vielmehr die Belastungsziffern unmittelbar zu übernehmen — in der Regel auf 1000 Mark Lohn berechnet —, wobei eine mäßige Abrundung der rechnerisch ermittelten Ziffern zulässig sein soll. Eine nach dem geschilderten Verfahren berechnete (eigene) Gefahrenziffer erhalten nur diejenigen Gewerbszweige oder Arbeitstätigkeiten, welche in der Statistik wenigstens eine Lohnsumme von 5 Millionen Mark aufweisen. Die statistischen Unterlagen sind auf einen möglichst großen, tunlichst bis zum Beginne des Bestehens einer Berufsgenossenschaft zurückreichenden Zeitraum zu erstrecken. Die statistischen Unfallergebnisse nur für einen kürzeren Zeitraum können bloß ausnahmsweise bei einschneidenden Veränderungen in den Gefahrenverhältnissen einzelner Betriebszweige berücksichtigt werden. Bei kleineren Gewerbszweigen, welche die Lohnsumme von 5 Millionen Mark nicht erreichen, sind die Ergebnisse der Ermittlungen anderer Berufsgenossenschaften für gleichartige Gewerbszweige zu Hilfe zu nehmen, andernfalls ist die Gefahrenziffer für sie nach der Ähnlichkeit der Gefahrenverhältnisse mit denen großer Gewerbszweige oder nach sonstigen brauchbaren Gesichtspunkten festzusetzen; indes ist auch hier eine allmähliche Annäherung an die gefundenen Belastungsziffern anzustreben. Für die nach örtlichen Bezirken geschiedenen Berufsgenossenschaften, die gleichartige Gewerbszweige umfassen (Eisen- und Stahl-Berufsgenossenschaften, Textil-Berufsgenossenschaften, Baugewerks-Berufsgenossenschaften), ist empfohlen worden, die Belastungsziffern gleichmäßig abgegrenzter und gruppierter Gewerbszweige durch Aufstellung gemeinsamer Tarifunterlagen zu ermitteln. Bei erheblicher Verschiedenheit der eigenen Belastungsziffer einer Berufsgenossenschaft und der gemeinsamen Belastungsziffer wäre ein Mittelwert einzusetzen. Dadurch wird eine zu große unterschiedliche Belastung der Unternehmer gleichartiger Betriebe in den verschiedenen Gegenden des Reichs auch zur Wahrung ihrer Konkurrenzfähigkeit vermieden. Abweichungen der Gefahrenziffer von der rechnerisch ermittelten Belastungsziffer hat das Reichs-Versicherungsamt in Ausnahmefällen, z. B. zugunsten wirtschaftlich darniederliegender Gewerbszweige, gestattet.

Die Gefahrentarife können ihrer rechtlichen Natur nach mit den Steuertarifen in den modernen Einkommensteuergesetzgebungen verglichen werden. Ihre Gültigkeitsdauer ist beschränkt insofern, als der Gesetzgeber deren Revision zunächst nach längstens zwei Rechnungsjahren, später in mindestens fünfjährigen Zeitabschnitten vorgeschrieben hat. Für den Unternehmer ist die Frage, welchen Beitrag er jährlich für die Unfallversicherung zu zahlen hat, von großer Bedeutung, denn dieser Beitrag kann eine Höhe annehmen, die wirtschaftlich ganz erheblich ins Gewicht fällt. Bewegen sich doch die Umlagebeiträge zwischen 0,28 Mark und 98,8 Mark auf 1000 Mark Löhne. Den Unternehmern muß daher daran gelegen sein, daß die durch die Unfallversicherung entstehenden Lasten gerecht auf die Betriebe verteilt werden. Daraus erhellt ohne weiteres, wie wichtig und folgenschwer für die Industrie die Tätigkeit des Reichs-Versicherungsamts auf dem Gebiete des Gefahrentarifwesens ist. Gegen den Gefahrentarif selbst steht den Unternehmern keine Beschwerde an das Reichs-Versicherungsamt zu. Etwaige Einwendungen können nur anläßlich der Revision des Tarifs (z. B. in der

Genossenschaftsversammlung oder bei den Vorverhandlungen) vorgebracht werden. Näheres über die rechtliche Natur und die wirtschaftliche Bedeutung der Gefahrentarife sowie über deren Einfluß auf die Unfallverhütung ist aus dem Aufsatze „Geschichte und Wirkungskreis des Reichs-Versicherungsamts" im 3. Bande des Handbuchs der Unfallversicherung Seite 744, 745 ersichtlich. Auch wird auf die in den Fußnoten daselbst angegebenen Gesetzesstellen, Anmerkungen des Handbuchs und Schriften Bezug genommen.

Die Veranlagung der Betriebe zu den einzelnen Gefahrenklassen liegt nach näherer Bestimmung des Statuts den Organen der Genossenschaft ob. Gegen die Veranlagung steht dem Betriebsunternehmer binnen einer Frist von zwei Wochen die Beschwerde an das Reichs-Versicherungsamt zu.

Da neben der Gefahrenziffer der anrechnungspflichtige Lohnbetrag die Berechnungsgrundlage für die Umlegung des Jahresbedarfs der Berufsgenossenschaften bildet, haben die Unternehmer binnen sechs Wochen nach Ablauf des Rechnungs-(Kalender-)jahrs der Berufsgenossenschaft Lohnnachweisungen gemäß der Vorschrift des § 99 Abs. 2 des Gewerbe-Unfallversicherungsgesetzes und den näheren Bestimmungen des Genossenschaftsstatuts einzureichen. Durch das Statut kann den Unternehmern die Führung von Lohnlisten (Lohnbüchern) auferlegt und vorgeschrieben werden, daß diese drei Jahre lang aufzubewahren sind. Erwächst hieraus den Unternehmern eine manchmal nicht unbedeutende Arbeitslast, so üben diese Vorschriften anderseits besonders auf viele kleinere Unternehmer einen wohltätigen Zwang zu einer gehörigen Buchführung aus, die eine notwendige Voraussetzung einer geordneten Wirtschafts- und Geschäftsführung ist. Nach § 99 Abs. 4 daselbst werden die Löhne und Gehälter von Amts wegen festgesetzt in den Fällen, in denen eine Lohnnachweisung nicht oder nicht rechtzeitig eingereicht ist, ohne daß eine Beschwerde wegen unrichtiger Feststellung der anrechnungsfähigen Löhne und Gehälter zulässig ist. Wenn auch das Reichs-Versicherungsamt betont hat, daß die Feststellung von Amts wegen den tatsächlichen Verhältnissen tunlichst gerecht werden soll, so sind doch Fehler nicht zu vermeiden, und eine Herabsetzung der Beiträge wird im Aufsichtswege in der Regel nur verlangt, wenn die anrechnungsfähigen Löhne und Gehälter um mehr als das Doppelte überschätzt sind. Die Berufsgenossenschaften sind befugt, durch Rechnungsbeamte behufs Prüfung der eingereichten Lohnnachweisungen diejenigen Geschäftsbücher und Listen einzusehen, aus welchen die Zahl der Arbeiter und Beamten und die Beträge der verdienten Gehälter und Löhne ersichtlich werden. Diese Bücher und Listen haben die Unternehmer den Rechnungsbeamten, deren Obliegenheiten öfter den technischen Aufsichtsbeamten übertragen sind, an Ort und Stelle zur Einsicht vorzulegen. Einer Schädigung der Unternehmer durch die Offenlegung der Arbeiter- und Lohnverhältnisse ist aber nicht nur durch die Vorschriften der §§ 120, 121, 150, 151 des Gewerbe-Unfallversicherungsgesetzes vorgebeugt; auch das Reichs-Versicherungsamt hält strenge darauf, daß in dieser Richtung das Betriebsgeheimnis gewahrt bleibt. Die Berufsgenossenschaften sind insbesondere weder verpflichtet, noch auch nur berechtigt, die ihnen eingereichten Lohnnachweisungen den Steuerbehörden bekannt zu geben.

Auch gegen die Festsetzung der Genossenschaftsbeiträge ist Widerspruch an den Genossenschaftsvorstand und gegen dessen Bescheid Beschwerde an das Reichs-Versicherungsamt gegeben. Die Beschwerde kann nur auf einen Rechenfehler oder auf unrichtige Feststellung des anrechnungsfähigen Betrags der Gehälter und Löhne oder auf den irrtümlichen Ansatz einer anderen Gefahrenklasse, als wozu der Betrieb nach dem Tarif einzuschätzen ist, gestützt werden. Bei der Feststellung der anrechnungspflichtigen Löhne von Amts wegen ist die Beschwerde nur aus dem zuerst angeführten Grunde zulässig. Eine Beitragsbeschwerde ist auch in den Fällen gegeben, wo die Haftung eines bisherigen Unternehmers gemäß § 60 Abs. 2 des Gewerbe-Unfallversicherungsgesetzes bestritten wird.

Eigenartige und zum Teil besonders schwierige Aufgaben bereitete die Beitragserhebung auf dem Gebiete der landwirtschaftlichen Versicherung sowohl den Berufsgenossenschaften wie dem Reichs-Versicherungsamte. Das ältere Gesetz hatte bei seiner Regelung des Umlageverfahrens manche Lücke gelassen, die sich erst bei seiner Anwendung empfindlich fühlbar machte. Solche Lücken wurden durch Einführung bestimmter Regelungen, meist auf statutarischem Wege, ausgefüllt. In der Novelle von 1900 hatte der Gesetzgeber diese Mängel nur zum geringsten Teile durch eigene Normengebung beseitigt. Er hatte vielmehr die Regelung in dieser Hinsicht ebenso wie auch wichtige neue Teile des Beitragserhebungsverfahrens dem Statut überlassen. So fehlten z. B. in beiden landwirtschaftlichen Unfallversicherungsgesetzen Vorschriften über die Art der Heranziehung von Betrieben mit nur nebensächlicher Bodenbewirtschaftung oder ohne solche (z. B. Milch- oder Mastviehhaltungen, Landschaftsgärtnereien usw.) fast gänzlich. Auch über die Art der Heranziehung der landwirtschaftlich mitversicherten Nebenbetriebe bei Grundsteuerfuß hat der Gesetzgeber selbst keinerlei sachliche Vorschriften gegeben, sondern sich (in dem Gesetze von 1900) darauf beschränkt, die Verpflichtung der Unternehmer zu Sonderbeiträgen für diese Betriebe auszusprechen, es aber dem Statut überlassen, die Voraussetzungen für die Erhebung solcher Zuschläge, ihre Höhe und das Verfahren zu ihrer Einziehung zu regeln. Ebenso hatte das Gesetz von 1900 zwar die Pflicht zu Beitragszuschlägen für die Beschäftigung von Betriebsbeamten und Facharbeitern sowie für die Versicherung von Unternehmern mit höherem als dem durchschnittlichen Jahresarbeitsverdienste beim Steuerfuße festgelegt, aber alles Nähere darüber dem Statut anheimgegeben. Das Reichs-Versicherungsamt hat es als seine Aufgabe angesehen, den Vorständen der Berufsgenossenschaften mit bestimmten Vorschlägen beratend an die Hand zu gehen, besonders als die Satzungen auf Grund des jetzigen landwirtschaftlichen Unfallversicherungsgesetzes neu aufgestellt werden mußten. Die hierzu erforderlichen umfangreichen Arbeiten wurden durch den damaligen völligen Mangel brauchbarer statistischer Unterlagen erschwert. Es ist jedoch gelungen, in den Musterstatuten bestimmte und fast für jeden der erwähnten Fälle mehrere Vorschläge zu formulieren, aus denen denn auch die noch jetzt geltenden statutarischen Vorschriften mit den durch die örtlichen Verhältnisse gebotenen und einigen aus den neueren Erfahrungen geschöpften Änderungen hervorgegangen sind.

Den landwirtschaftlichen Berufsgenossenschaften hatte das neue Gesetz eine sicherlich nicht leichte Aufgabe dadurch auferlegt, daß es (im § 167) vorschrieb, die Genossenschaftsversammlungen derjenigen Berufsgenossenschaften, in denen auf Grund des Statuts die Beiträge durch Zuschläge zu direkten Staats- oder Kommunalsteuern aufgebracht werden, hätten innerhalb eines Jahres nach dem Inkrafttreten des Gesetzes zu beschließen, ob dieser Beitragsfuß beizubehalten sei (§ 57 Abs. 1) oder ob die Anwendung des gesetzlichen Beitragsmaßstabs nach Gefahrenklassen und Arbeitsbedarf (§§ 51 ff.) zweckmäßiger erscheine. Mit dieser Frage war das Reichs-Versicherungsamt nicht befaßt, da es, wie aus den Verhandlungen der Reichstagskommission zur Beratung des Gesetzes von 1900 zu entnehmen war, die Beschlußfassung der Genossenschaftsversammlungen nicht nachzuprüfen hatte. Wohl aber fielen ihm andere praktisch und finanziell erhebliche Aufgaben auch bei der Durchführung des Umlageverfahrens nach Arbeitsbedarf und Gefahrenklassen zu, und zwar sowohl unter dem früheren wie unter dem jetzigen Rechte. Für dieses Verfahren hatte das frühere Gesetz vorgesehen, daß die für die Bewirtschaftung eines Betriebs „durchschnittlich erforderliche menschliche Arbeit", der „Arbeitsbedarf", der die Hauptgrundlage der Umlage bilden soll, nach den jeweils tatsächlich dauernd und vorübergehend im Betriebe tätigen Personen zu ermitteln ist. Es hat also eine Abschätzung des einzelnen Betriebs auf Grund seiner besonderen Verhältnisse im Auge gehabt. In der Anwendung erwies sich dieser Abschätzungsweg für kleine und mittlere Betriebe in der Regel als völlig ungangbar, hauptsächlich deshalb, weil eine Buchung der geleisteten Arbeitszeiten nicht oder wenigstens nicht vollständig stattfindet. Die Berufsgenossenschaften waren daher zu dem auch von landwirtschaftlichen Sachverständigen stets verfolgten Wege übergegangen, den Arbeitsbedarf der Betriebe nach deren Größe und Kulturart auf Grund gewisser durch die Erfahrung gewonnener örtlicher Tarife festzustellen, vorbehaltlich des Nachweises der Unrichtigkeit dieser Sätze für den Einzelfall und nach Darlegung der richtigen, maßgebenden Sonderverhältnisse durch den Unternehmer. Nachdem man bei den Beratungen des jetzigen Gesetzes in der Reichstagskommission versucht hatte, jenes allgemein eingebürgerte Verfahren als nicht gesetzmäßig darzutun, sich aber hierbei den Gründen für seine praktische Brauchbarkeit und Zuverlässigkeit nicht hatte verschließen können, entschloß man sich, es zum gesetzlichen Verfahren zu erheben. Die Folge dieser Stellungnahme war, daß § 53 Abs. 4 des landwirtschaftlichen Unfallversicherungsgesetzes vom 30. Juni 1900 die Berufsgenossenschaften ermächtigte, durch Statut für Betriebe mit nicht mehr als fünf vollbeschäftigten Versicherten einheitliche Beiträge nach einem besonderen Maßstabe vorzuschreiben. Auch bei der Ausgestaltung dieser alsbald allgemein eingeführten statutarischen Vorschrift hat das Reichs-Versicherungsamt in gleicher Weise wie bei den oben erwähnten Fällen des Grundsteuerfußes selbst für eine zweckmäßige, den örtlichen Verhältnissen angepaßte Ergänzung des gesetzlichen Beitragsverfahrens zu wirken gehabt. Diese Regelung mußte vor allem eine gerechte sein, sie durfte weder die kleinen noch die größeren Unternehmer benachteiligen. Sie war um so weittragender, als in vielen Gegenden, insbesondere des westlichen und südlichen Deutschlands, die weitaus größte Mehrzahl der Betriebe noch unter die Grenze des § 53 Abs. 4 fällt.

Auch im Gefahrentarifwesen, das nach § 52 des jetzigen Gesetzes für die landwirtschaftlichen Berufsgenossenschaften beim Arbeitsbedarfsmaßstab und ebenso für die Veranlagung der Nebenbetriebe beim Steuerfuße von großer finanzieller Bedeutung ist, hat das Reichs-Versicherungsamt in ähnlicher Weise seine zustimmende oder ablehnende Stellungnahme kundgetan und den Berufsgenossenschaften beratend zur Seite gestanden. Besonders ist dies hinsichtlich der Fragen geschehen, ob und wie Gefahrenklassen gebildet und wie sie beziffert werden sollten. Dabei hat das Reichs-Versicherungsamt namentlich auf Sammlung und richtige Verwertung statistischer Erfahrungen Wert gelegt.

Die Grundsätze für die Kapitaldeckung bei der Tiefbau-Berufsgenossenschaft sowie bei den Versicherungsanstalten dieser Genossenschaft und der dem Reichs-Versicherungsamt unterstellten Baugewerks-Berufsgenossenschaften hat das Reichs-Versicherungsamt zunächst durch Bekanntmachung vom 5. Februar 1894 festgesetzt, die dann mit Rücksicht auf die durch die jetzige Gesetzgebung und sonstige Umstände veränderte Sachlage abgeändert und ergänzt worden ist. In dieser neuen, unter dem 5. Oktober 1904 veröffentlichten Fassung ist die Bekanntmachung als Anlage 9 des Anhanges im 3. Bande des Handbuchs der Unfallversicherung Seite 476 ff. abgedruckt. Da sich die Sätze des bei der Berechnung des Deckungskapitals für die Tiefbau-Berufsgenossenschaft und ihre Versicherungsanstalt verwendeten Tarifs bei den ständig vorgenommenen Nachprüfungen als zu niedrig erwiesen haben, wird seit langer Zeit alljährlich von der Rechnungsstelle des Reichs-Versicherungsamts auf Grund der inzwischen gesammelten Erfahrungen festgestellt, um wieviel die nach dem Tarife sich ergebenden Deckungskapitale zu erhöhen sind. Diese Zuschläge hat die Tiefbau-Berufsgenossenschaft auf Anweisung des Reichs-Versicherungsamts bei der Beitragsberechnung mit in Ansatz zu bringen. Ebenso werden sie vom Reichs-Versicherungsamte bei der Festsetzung des Prämientarifs für die bezeichneten Versicherungsanstalten berücksichtigt.

Der Prämientarif wird vom Reichs-Versicherungsamt alle drei Jahre für jede der bezeichneten Versicherungsanstalten im voraus festgesetzt. Er muß ergeben, welcher Einheitssatz für jede angefangene halbe Mark des anrechnungsfähigen Entgelts, das für die einzelne Bauausführung in Betracht kommt, der Berechnung der Prämien zugrunde zu legen ist. Dabei sind die Einheitssätze der Prämien in demselben Verhältnis abzustufen, in welchem der Gefahrentarif der zugehörigen Berufsgenossenschaft die genossenschaftlichen Beiträge abstuft, also nach der Art und Gefährlichkeit der verschiedenen Bauarbeiten. Die Bemessung der Tarifsätze richtet sich einerseits nach der wahrscheinlichen Höhe der durch Zahl und Schwere der Unfälle bedingten Entschädigungslast, die der Versicherungsanstalt in der kommenden Tarifperiode aus Verletzungen der Versicherten bei den gegen Prämien versicherten Bauarbeiten voraussichtlich erwachsen wird, und anderseits nach der wahrscheinlichen Höhe der Lohnsummen, die bei jenen Bauarbeiten in der Tarifperiode voraussichtlich aufkommen werden, sowie nach der wahrscheinlichen Verteilung dieser Löhne auf die einzelnen Klassen des Prämientarifs. Das Ergebnis muß derart sein, daß durch die Prämien der Kapitalwert der Renten für die bezeichneten Unfälle und ein ausreichender Betrag für die weiteren von der Versicherungsanstalt zu tragenden Lasten (die nicht zu kapitalisierenden Entschädigungsleistungen für Unfälle, Verwaltungskosten, Zuschläge für den Reservefonds, uneinziehbare Prämien) gedeckt wird. Ist sonach bei Festsetzung des Prämientarifs eine Fülle von Gesichtspunkten zu berücksichtigen, so gestaltet sie sich um so schwieriger, als es sich durchweg um Verhältnisse handelt, die in der Zukunft liegen. Einen Anhalt für deren Einschätzung bieten nur die Erfahrungen der Vergangenheit. Es sind deshalb umfangreiche statistische Erhebungen und Beobachtungen erforderlich, um diese Grundlagen zu beschaffen. Diese Vorarbeiten, zu denen das Reichs-Versicherungsamt wiederholt eingehende Anweisungen erlassen und zahlreiche, vielfach eingeteilte Muster für Aufstellungen vorgeschrieben hat, erstrecken sich in der Regel fast auf die ganze Zeit von einer bis zur nächsten Festsetzung der Tarife. Insbesondere müssen zur Feststellung der auf einen Unfall im Durchschnitt entfallenden Last alle Unfallzählkarten benutzt werden, die von den Berufsgenossenschaften nach Anweisung des Reichs-Versicherungsamts geführt werden. Auf Grund aller dieser Unterlagen sind Wahrscheinlichkeitsberechnungen anzustellen. Für Bemessung der Unfallast bereitet diese Berechnung insofern besondere Schwierigkeit, als auch noch eine sogenannte Nachlast, d. h. die Last, welche die erst kürzere Zeit laufenden Unfälle voraussichtlich noch bringen werden, mitberücksichtigt werden muß. Das Reichs-Versicherungsamt muß ferner bei der Festsetzung der Einheitssätze darauf achten, daß durch die Prämien auch die zu erwartenden Ausfälle gedeckt werden, was ebenfalls Beobachtungen und Schätzungen erfordert. Anderseits ist darauf Bedacht zu nehmen, daß nicht unnötig hohe Summen aufgebracht werden, denn Überschüsse sollen an sich nicht erzielt werden. Das Reichs-Versicherungsamt sucht deshalb auch, soweit angängig, sowohl der Vermögenslage der einzelnen Versicherungsanstalt, wie auch den wirtschaftlichen Verhältnissen der in Betracht kommenden Unternehmerkreise, der Lage des Baumarkts usw. dabei Rechnung zu tragen. Solche Erwägungen wie die ganze Art der Vorbereitung und Bearbeitung heben die Festsetzung der Prämientarife über eine lediglich mathematische Berechnung hinaus, weshalb auch diese Arbeit wesentlich in der Hand eines mit den Verhältnissen der Baugewerks-Berufsgenossenschaften und der Tiefbau-Berufsgenossenschaft besonders vertrauten Referenten liegt, dem selbstverständlich technisch geschulte Kräfte zur Seite stehen. Das Bedeutungsvollste bei der Festsetzung der Prämientarife, die das Reichs-Versicherungsamt für seinen bezeichneten Geschäftskreis ausschließlich und unabänderlich zu bewirken hat — die Vorstände der Berufsgenossenschaften sind nur vor der Festsetzung gewissermaßen gutachtlich über den Entwurf zu hören, und ein Rechtsmittel ist nicht zugelassen —, ist die Wirkung dieser Festsetzung. Denn der Tarif gibt die wesentlichste Grundlage für die Höhe des Betrags, den die einzelnen Zahlungspflichtigen zu der von der Versicherungsanstalt aufzubringenden Gesamtsumme beizusteuern haben. Er wirkt also für weite Kreise von Gewerbetreibenden, darunter einerseits große Eigenbauunternehmer, die viele Arbeiter beschäftigen, anderseits zahlreiche kleine Handwerker, die für ihre Person als Zwangsversicherte zum Teil den Versicherungsanstalten angehören, ebenfalls wie ein Steuergesetz. Die letzte Festsetzung der Prämientarife (Tarifperiode 1909/1911) sieht, bei Annahme einer Lohnsumme von jährlich 60 Millionen Mark, für die Versicherungsanstalten der dem Reichs-Versicherungsamt unterstellten Baugewerks-Berufsgenossenschaften und der Tiefbau-Berufsgenossenschaft einen Jahresbedarf von 2 Millionen Mark vor. An Entschädigungen zahlen diese Anstalten zur Zeit jährlich etwa 1,4 Millionen Mark aus.

Auch die Beiträge zur Versicherungsanstalt der See-Berufsgenossenschaft sind vom Reichs-Versicherungsamt im voraus, und zwar so zu berechnen, daß durch sie außer den sonstigen Leistungen der Versicherungsanstalt der Kapitalwert der von der Versicherungsanstalt voraussichtlich zu gewährenden Renten gedeckt wird. Die jetzt (seit 1907) geltende Festsetzung (10,70 Mark jährlich für jede erwerbstätige Person) ist durch Bekanntmachung des Reichs-Versicherungsamts vom 30. November 1907 erfolgt. Es wird hierauf sowie auf die Anmerkungen 1 und 2 zu § 162 des See-Unfallversicherungsgesetzes im 2. Bande des Handbuchs der Unfallversicherung Seite 578 verwiesen.

Das eigentliche Erhebungsverfahren hat das Reichs-Versicherungsamt durch zahlreiche Ausführungsbestimmungen, insbesondere solche über die Aufstellung der Heberollen ausgestaltet.

Die Beitreibung der Umlagebeiträge ist zwar Sache der Gemeindebehörden, doch hielt es das Reichs-Versicherungsamt für angezeigt, die seiner Aufsicht unterstellten Berufsgenossenschaften über ihre rechtliche Stellung zu den vollstreckenden Verwaltungsbehörden zu belehren, besonders auch darüber, welche dieser Behörden im einzelnen zuständig sind, ferner über die Form der einschlägigen Ersuchen, über die Mahnung der Schuldner, über die Forderung des Offenbarungseids, über das Verfahren bei Widersprüchen gegen die Pfändung, über die der Zwangsvollstreckung vorausgehenden Zahlungsaufforderungen und endlich über die Kosten der zwangsweisen Einziehungen

(Hebegebühren, Erstattung der Auslagen bei fruchtloser Zwangsvollstreckung und bei gerichtlicher Abnahme des Offenbarungseids). Viele Zweifelsfragen waren grundsätzlich auch für den Fall des Konkurses zu entscheiden. Sie betrafen namentlich das Verhältnis der Berufsgenossenschaften zum Konkursgericht und zum Konkursverwalter. Das Reichs-Versicherungsamt war hierbei überall bestrebt, ein gedeihliches und rücksichtsvolles Zusammenwirken der Berufsgenossenschaften und der beteiligten Landesbehörden zum Zwecke der Durchführung der sozialen Aufgaben zu fördern. Dem gleichen Ziele soll das Rundschreiben an die Vorstände sämtlicher dem Reichs-Versicherungsamt unterstellten Berufsgenossenschaften vom 4. November 1909 dienen, das Bestimmungen über das von den Berufsgenossenschaften zur Vereinfachung des Geschäftsverkehrs bei Ersuchen um Rechtshilfe zu beobachtende Verfahren enthält.

Besondere Aufmerksamkeit hat das Reichs-Versicherungsamt auch den Ausfällen an Beiträgen zugewendet. Ihr Umfang und ihre prozentuale Höhe wurde durch eine periodische Statistik klargestellt. Ferner fanden wiederkehrende Ermittlungen über ihre Ursachen statt, auch wurden geeignete Maßnahmen gegen ihr fortschreitendes Anwachsen erwogen. Es handelte sich hierbei nicht nur um solche Rückstände und Ausfälle, die durch betrügerische Machenschaften (Scheingeschäfte, besonders unter Ehegatten oder Verwandten) veranlaßt werden, sondern auch — und fast mehr noch — um Fälle unverschuldeten Versagens der Leistungsfähigkeit, besonders bei den zahlreichen kleineren, ihrer Art nach wechselnden und großenteils mehr handwerksmäßigen Betrieben. Die Unternehmer solcher Betriebe sind in ihrem Einkommen oft schlechter gestellt als die Arbeiter, für deren Versicherung sie herangezogen werden, und deshalb vielfach tatsächlich nicht imstande, die ihnen dadurch aufgebürdeten Lasten zu tragen. Anderseits vermögen sie sich naturgemäß auch leichter der Ermittlung und namentlich der Beitreibung der Beiträge zu entziehen als die gut verwalteten und deshalb leicht zu übersehenden Großbetriebe. Die durch die Ausfälle herbeigeführten Schwierigkeiten und Mißstände haben denn auch wiederholt Anlaß zu Erörterungen über eine entsprechende Änderung der bestehenden Gesetzgebung gegeben, worüber dem Reichsamte des Innern vom Reichs-Versicherungsamt eingehende Gutachten zu erstatten waren, so insbesondere auch über die Sicherung der Beitragsforderungen der Berufsgenossenschaften gegenüber Baugewerbetreibenden, bei denen die Ausfälle eine Zeitlang besonders empfindlich hervortraten. Ein Erfolg dieser Erörterungen war die Aufnahme der Vorschriften der §§ 104, 105 des Gewerbe-Unfallversicherungsgesetzes, wodurch die für Regie-Baubetriebe geltende Bestimmung des § 27 des früheren Bau-Unfallversicherungsgesetzes (jetzt § 29) unter besonderen Voraussetzungen auf die gewerbsmäßigen Baubetriebe übertragen wurde, um auch hier einer gewissenlosen Bauspekulation gegenüber durch Haftbarmachung des Bauherrn (in dem weiteren Sinne, den das Reichs-Versicherungsamt diesem Begriffe beigelegt hatte) und der vorgeschobenen Zwischenunternehmer eine durchgreifende Gewähr für den Eingang der Beiträge zu schaffen. Auch ist das Reichs-Versicherungsamt dafür eingetreten, eine größere Sicherung der Beitragsforderungen der Berufsgenossenschaften durch Gewährung gesetzlicher Vorzugsrechte für diese zu erreichen, und zwar sowohl im Konkurs, als auch bei der Zwangsvollstreckung in das unbewegliche Vermögen der Schuldner. Bisher ist nur das erstere Vorzugsrecht bewilligt worden. Anderseits galt es, für die Schonung derjenigen Genossenschaftsmitglieder Sorge zu tragen, die ohne Verschulden in Zahlungsschwierigkeiten geraten, so besonders in Zeiten geschäftlichen Niederganges, unter denen zeitweilig ganze Berufsgruppen zu leiden hatten, z. B. in der Binnenschiffahrt, im Fuhrgewerbe, im Kleinbetriebe der Eisenindustrie, in der Müllerei usw. Es sind deshalb mit den beteiligten Berufsgenossenschaften sowie auch in Berichten an das Reichsamt des Innern Mittel und Wege erörtert worden, wodurch eine Abhilfe zu ermöglichen sein möchte, und zwar namentlich nach drei Richtungen hin: Stundung der Beiträge, geeignete Berücksichtigung der kleineren und leistungsschwächeren Betriebe bei der Festsetzung ihrer Gefahrenziffern und Änderungen der Gesetzgebung.

Zu überwachen war ferner die rechtzeitige Abführung der verauslagten Entschädigungsbeträge an die Zentral-Postbehörden. Schwierigkeiten waren hier namentlich bei den landwirtschaftlichen Berufsgenossenschaften zu überwinden, wo die rechtzeitige Durchführung der Umlage, besonders in den ersten Jahren des Bestehens der landwirtschaftlichen Unfallversicherung, nur mit Mühe zu bewerkstelligen war. Die Mittel zur Befriedigung der Post mußten hier vielfach durch Zuhilfenahme des Kredits beschafft werden. In jüngster Zeit erwuchs dem Reichs-Versicherungsamt auf diesem Gebiet eine neue Aufgabe in der Ausführung des Artikel I § 6 des Gesetzes, betr. Änderungen im Finanzwesen, vom 15. Juli 1909, durch den die bisherige Verpflichtung des Reichs zur vorschußweisen und zinslosen Zahlung der Entschädigungen durch die Post beseitigt und die Berufsgenossenschaften zur Abführung eines Betriebsfonds an die Post verpflichtet wurden. Dem Reichs-Versicherungsamte lag es ob, die neuen Bestimmungen, die von den Berufsgenossenschaften als eine unerwartete und schwere Mehrbelastung empfunden wurden, und deren Auslegung und Durchführung, besonders was die Übergangszeit betrifft, auf zahlreiche Schwierigkeiten und Zweifel stieß, so zur Anwendung zu bringen, daß sie unter Vermeidung allzu großer Härten mit der Eigenart des berufsgenossenschaftlichen Umlagewesens in Einklang gebracht werden konnten. Das Reichs-Versicherungsamt hat sich bemüht, hierbei überall zwischen den Interessen der Berufsgenossenschaften und der Reichsverwaltung zu vermitteln. Das Ergebnis der langwierigen schriftlichen und mündlichen Verhandlungen ist in einem Rundschreiben vom 19. Oktober 1909, „betreffend die Zahlung eines Betriebsfonds an die Post", niedergelegt, wodurch die vereinbarten Grundsätze endgültig festgestellt wurden. Diese Grundsätze sollen für die Zukunft im wesentlichen durch das Gesetz anerkannt werden, indem sie im Anschluß an eine gutachtliche Äußerung des Reichs-Versicherungsamts in den Entwurf einer Reichsversicherungsordnung eingefügt worden sind.

Bei der Überwachung der berufsgenossenschaftlichen Vermögensverwaltung kommt zunächst die Kassen- und Rechnungsführung der Berufsgenossenschaften in Betracht. Abweichend von den für die Invalidenversicherung geltenden Vorschriften haben die Unfallversicherungsgesetze — wohl mit Rücksicht auf die Verschiedenartigkeit der bei den einzelnen Berufsgenossenschaften maßgebenden Verhältnisse — davon abgesehen, dem Reichs-Versicherungsamte den Erlaß bindender Vorschriften über die Buch- und Kassenführung der Berufsgenossenschaften zu übertragen. Das Amt hat auch keinen Anlaß genommen, auf Grund seines allgemeinen Aufsichtsrechts in die Regelung dieser mehr die Form der Vermögensverwaltung betreffenden Angelegenheiten einzugreifen, hat es vielmehr jeder Berufsgenossenschaft überlassen, ihre Buch- und Kassenführung nach eigenem Ermessen zu gestalten. Namentlich ist das Amt den Vorständen nicht entgegengetreten, die sich entschlossen hatten, die ihren kaufmännisch geschulten Mitgliedern vertrautere kaufmännische statt der bei der Vermögensverwaltung der Behörden üblichen Buchführung anzuwenden. Angesichts der hierdurch gegebenen großen Mannigfaltigkeit der berufsgenossenschaftlichen Buch- und Kassenführung war es aber zur Erzielung der Übersichtlichkeit hierbei und zur Ermöglichung einer jederzeit vorzunehmenden Kassenprüfung um so mehr geboten, gewisse einheitliche Mindestforderungen als Grundnormen aufzustellen. Dies ist durch das Rundschreiben des Reichs-Versicherungsamts, „betreffend die Kassen- und Rechnungsführung der Berufsgenossenschaften", vom 26. Mai 1889 geschehen. Zugleich ist den Vorständen der Berufsgenossenschaften zur Pflicht gemacht worden, den in dem Rundschreiben festgelegten Anforderungen entsprechend, durch Vorstandsbeschluß „bindende Anordnungen" zu treffen und die beschlossenen Kassen- und Geschäftsordnungen sowie deren spätere Änderungen dem Reichs-Versicherungsamte zur Prüfung vorzulegen. Wie sich das Reichs-Versicherungsamt durch wiederholte Revisionen der Kassen- und Rechnungsführung über den Stand der gesamten Vermögensverwaltung und zugleich über die Beachtung auch der soeben erwähnten Vorschriften Gewißheit verschafft, ist bereits oben dargelegt worden.

Im Anschlusse hieran sei erwähnt, daß das Reichs-Versicherungsamt auch sein Augenmerk darauf gerichtet hat, den Zahlungsverkehr der Berufsgenossenschaften zu sichern und zu erleichtern. Zu diesem Zwecke hat es die Berufsgenossenschaften wiederholt auf möglichsten Ersatz des Barverkehrs durch Eingehung des Giro- und Kontokorrentverkehrs mit geeigneten Banken hingewiesen. Auch hat es sich mit der Reichsbank und der Königlichen Seehandlung (Preußischen Staatsbank) unmittelbar in Verbindung gesetzt, um den Verkehr der Berufsgenossenschaften mit diesen Banken sachgemäß zu regeln. In neuerer Zeit hat das Reichs-Versicherungsamt ferner die Bestrebungen auf Verbreitung des bankmäßigen Überweisungs- und Scheckverkehrs, die zum Erlasse des Scheckgesetzes und der Einrichtung des Postscheckverkehrs geführt haben, an seinem Teile dadurch zu fördern gesucht, daß es die Berufsgenossenschaften anregte, noch mehr als bisher den Barverkehr mit ihren Mitgliedern einzuschränken und statt dessen einen regelmäßigen Giroverkehr einzuführen. Der Verband der Deutschen Berufsgenossenschaften hat daraufhin bei seiner Tagung in Kiel im Jahre 1908 beschlossen, den Mitgliedern des Verbandes zu empfehlen, dem Postscheckverkehre beizutreten, den Anschluß an den Giro- und Abrechnungsverkehr der Reichsbank, soweit dies noch nicht geschehen, zu bewirken und den Scheckverkehr innerhalb ihrer Verwaltungen grundsätzlich durchzuführen.

Weiter war es die Aufgabe des Reichs-Versicherungsamts, die zweckentsprechende und sichere Aufbewahrung der Wertpapiere der Berufsgenossenschaften zu überwachen, besonders nachdem durch § 107 Abs. 2 des Gewerbe-Unfallversicherungsgesetzes und die entsprechenden Vorschriften der anderen Gesetze ausdrücklich vorgeschrieben worden war, daß das Reichs-Versicherungsamt „nach Bedarf Bestimmung über die Aufbewahrung von Wertpapieren" zu treffen habe. Das in dieser Beziehung Veranlaßte ist im 1. Bande des Handbuchs der Unfallversicherung in Anm. 5 zu § 107 des Gewerbe-Unfallversicherungsgesetzes mitgeteilt.

Unter den Vermögensbeständen der Berufsgenossenschaften sind naturgemäß die Reservefonds nach Umfang und Verwendung die wichtigsten. Denn das für die Berufsgenossenschaften mit Ausnahme der Tiefbau-Berufsgenossenschaft geltende Umlageverfahren gewährt, abgesehen von diesen Fonds und den etwa aufzubringenden, für vorübergehende Bedürfnisse bestimmten und deshalb auch verhältnismäßig nicht sehr hohen Betriebsfonds, keinen Raum für die Ansammlung von Vermögensmassen. Um so mehr hat aber der Gesetzgeber von Anfang an Wert darauf gelegt, daß bei den Berufsgenossenschaften, die ihren Bedarf nach dem die Zukunft zugunsten der Gegenwart belastenden und in gewissem Sinne wohl auch weniger sicheren Umlageverfahren aufzubringen haben, ein starker Reservefonds gebildet und sichergestellt werde. Der Reservefonds bildet einen Rückhalt für diese Art der Bedarfsdeckung und nähert, je mehr er erhöht wird, ihre Zuverlässigkeit der der Kapitaldeckung. Dieser Bedeutung des Reservefonds entsprechend sind auch die Aufgaben, die dem Reichs-Versicherungsamte bei der Durchführung der gesetzlichen Vorschriften über die Ansammlung, die Anlegung, die Verwaltung und die Verwendung der Reservefonds der Berufsgenossenschaften (mit Umlageverfahren) obliegen, wichtige und verantwortungsvolle.

Der Bestand der Reservefonds der seiner Aufsicht unterstellten Berufsgenossenschaften belief sich am Schlusse des Rechnungsjahrs 1908 auf 252 Millionen Mark, am Ende des Jahres 1909 annähernd auf 278 Millionen Mark und würde sich, falls die jetzigen Bestimmungen über die weiteren Zuschläge in Kraft bleiben sollten, am Schlusse des Jahres 1921 auf ungefähr 528 Millionen Mark stellen.

Was zunächst die Ansammlung des Reservefonds betrifft, so ist bekannt, zu welchen Schwierigkeiten und Klagen die Anwendung der Vorschriften im § 34 Abs. 1 Satz 2 ff. des Gewerbe-Unfallversicherungsgesetzes geführt hat, wodurch die neuen jährlichen Einlagen angeordnet wurden, die von den einzelnen Berufsgenossenschaften durch prozentuale Zuschläge zu dem jeweiligen Bestand ihres gesetzlichen Reservefonds alljährlich bis 1921 einschließlich aufzubringen sind. Schon die Bestimmung über die Berechnung des Bestandes, zu dem der Zuschlag zu erfolgen hat, ließ manche Zweifel offen, die vom Reichs-Versicherungsamte zu lösen waren. Ebenso war der Zeitpunkt der erstmaligen Erhebung der neuen Zuschläge zu bestimmen, ferner die Behandlung und Verwendung der aus dem Fonds auflaufenden Zinsen und die Behandlung der seinerzeit gemäß § 18 Abs. 2 des Unfallversicherungsgesetzes vom 6. Juli 1884 bewirkten freiwilligen Mehreinlagen. Alle diese Aufgaben waren durch eine Reihe von Rundschreiben und Verfügungen zu erledigen, die im ersten Bande des Handbuchs in den Anmerkungen zu § 34 des Gewerbe-Unfallversicherungsgesetzes kurz aufgeführt sind. Bei diesen Auslassungen wurde das Reichs-Versicherungsamt überall von dem Streben geleitet, den Berufsgenossenschaften den Übergang zur Ausführung der neuen Vorschriften soweit zu erleichtern, als es diese und der mit ihnen vom Gesetzgeber verfolgte Zweck irgendwie angängig erscheinen ließen. Es war jedoch nicht zu verkennen, daß die durch das Gewerbe-Unfallversicherungsgesetz festgelegte Art der Zuschläge an sich manche, auch bei einer möglichst nachsichtigen Handhabung nicht zu beseitigende Härten in sich birgt, denen nur durch eine Änderung des Gesetzes abzuhelfen ist. Den hierzu vom Reichs-Versicherungsamte gemachten Vorschlägen ist in dem Entwurf einer Reichsversicherungsordnung im wesentlichen Rechnung getragen worden.

Zur Sicherung der großen Reservefondsbestände hat das Reichs-Versicherungsamt die Berufsgenossenschaften durch ein Rundschreiben vom 7. März 1894 veranlaßt, statutarische Bestimmungen dahin zu treffen, daß Verfügungen über den Reservefondsbestand durch den Vorsitzenden nur im Vereine mit einem oder mehreren anderen Vorstandsmitgliedern getroffen werden dürfen. Zur Prüfung des Bestandes der Reservefonds und ihrer gesetzlichen Anlegung dienen in erster Reihe die zum 1. April jedes Jahres dem Reichs-Versicherungsamt einzureichenden Bestandsübersichten, an deren Hand die rechtzeitige Einlage und die vorschriftsmäßige Anlage und Verrechnung der Fonds nachgeprüft wird. Die hierfür maßgebenden Grundsätze sind zum Teil in einem Rundschreiben vom 25. Februar 1893 niedergelegt, durch welches die Einreichung jener Übersichten eingeführt wurde, zum Teil finden sie sich in der Anleitung zur Aufstellung der Nachweisungen über die gesamten Rechnungsergebnisse der Berufsgenossenschaften usw. vom 20. September 1902. Sie betreffen insbesondere die Verrechnung der Nebenkosten des An- und Verkaufs der Wertpapiere, die Kosten ihrer Aufbewahrung, die rechnungsmäßige Behandlung der Kursveränderungen und der sogenannten Zwischen- oder Stückzinsen. Weiter hat das Reichs-Versicherungsamt den Zeitpunkt festgesetzt, zu dem die für den Reservefonds umgelegten Beiträge ihm zuzuführen sind. Endlich ist durch verschiedene Verfügungen des Reichs-Versicherungsamts die Verwendung von Geldern des Reservefonds zur Deckung von Verwaltungskosten und die Verpfändung von Wertpapieren des Reservefonds zur Aufnahme eines Betriebsfonds für unzulässig erklärt worden.

Für die Anlegung der Bestände der Reservefonds enthalten die §§ 108 bis 110 des Gewerbe-Unfallversicherungsgesetzes und die entsprechenden Paragraphen der anderen Gesetze genaue Vorschriften, die im wesentlichen mit den nach § 164 des Invalidenversicherungsgesetzes für die Anlegung der Vermögensbestände der Versicherungsanstalten geltenden Vorschriften übereinstimmen. Danach müssen alle diese Bestände grundsätzlich wie Mündelgeld, d. h. nach den Vorschriften der §§ 1807, 1808 des Bürgerlichen Gesetzbuchs, verzinslich angelegt werden. Daneben ist jedoch für die Bestände der Reservefonds die Anlegung in Wertpapieren gestattet, die nach landesgesetzlichen Vorschriften zur Anlegung von Mündelgeldern zugelassen sind, sowie in solchen auf den Inhaber lautenden Pfandbriefen deutscher Hypotheken-Aktienbanken, welche die Reichsbank in Klasse I beleiht. Mit Rücksicht hierauf hat das Reichs-Versicherungsamt bereits im Jahre 1900 nach Benehmen mit den Landes-Zentralbehörden eine Übersicht über die zahlreichen, neben dem Bürgerlichen Gesetzbuche geltenden landesgesetzlichen Bestimmungen aufgestellt, die für die Vermögensanlagen der Berufsgenossenschaften und Invaliden-Versicherungsanstalten in Betracht kommen. Diese Übersicht ist nunmehr auf Grund der von den zuständigen Stellen der einzelnen Bundesstaaten erteilten Auskünfte vervollständigt worden und nach dem neuesten Stande im 3. Bande des Handbuchs (S. 509 ff.) abgedruckt. Sie dürfte in dieser Gestalt ein willkommenes Hilfsmittel bei der Verwaltung der Versicherungsträger und für alle sonst beteiligten Kreise bieten. Die Vorschriften der §§ 109 und 110 des Gewerbe-Unfallversicherungsgesetzes über eine freiere Anlegung der Vermögensbestände sind denen des § 164 Abs. 1 Satz 3 bis 5, Abs. 2 und 3 des Invalidenversicherungsgesetzes vom 13. Juli 1899 nachgebildet und fast genau mit ihnen gleichlautend. Sie haben auch eine noch größere Bedeutung als für die berufsgenossenschaftlichen Reservefonds auf dem Gebiete der Invalidenversicherung, da es sich hier um noch beträchtlichere Vermögensbestände handelt und diese, wie an späterer Stelle zu zeigen sein wird, zu noch vielseitigeren Zwecken bei ihrer Anlegung benutzt werden. Indes ist auch die Zahl der Anträge nicht gering, durch die von den Berufsgenossenschaften gemäß § 110 des Gewerbe-Unfallversicherungsgesetzes die Genehmigung des Reichs-Versicherungsamts zu einer Anlegung des berufsgenossenschaftlichen Vermögens, insbesondere des Reservefonds, in anderer als der nach §§ 108, 109 zulässigen Weise, vornehmlich in Grundstücken, nachgesucht wird. Mit Genehmigung des Reichs-Versicherungsamts ist demgemäß eine größere Anzahl Geschäftshäuser von Berufsgenossenschaften aus Mitteln ihrer Reservefonds erworben oder erbaut worden. Ebenso haben die Berufsgenossenschaften solche Mittel für gemeinnützige Zwecke verwendet, so für die Errichtung von Krankenhäusern zur Förderung einer durchgreifenden Heilbehandlung von Unfallverletzten sowie für die Herstellung billiger und gesunder Arbeiterwohnungen. Dem Reichs-Versicherungsamte lag es in diesen Angelegenheiten ob, Grundsätze aufzustellen über die Prüfung des Wertes und der Ertragsfähigkeit der zu erwerbenden Grundstücke, über den Umfang der Verpflichtungen der Berufsgenossenschaften zur Abführung von Zinsen an den Reservefonds, über die Kostenlast bei Ausbesserungen und Erweiterungen der Gebäude, über die Haftbarkeit der Berufsgenossenschaftsorgane für Wertverluste beim Verkaufe von Grundstücken, über die Verrechnung der aus dem Grundbesitz erwachsenden Einnahmen und Ausgaben, endlich über die Einrichtung eines sogenannten „Hausfonds", der nach Maßgabe der allmählichen Abnutzung der Gebäude anzusammeln ist.

In Anspruch genommen wird die Tätigkeit des Reichs-Versicherungsamts ferner durch Anträge auf Grund des § 34 Abs. 2 des Gewerbe-Unfallversicherungsgesetzes und der entsprechenden Vorschriften der anderen Gesetze. Die dortigen Bestimmungen lassen eine Entnahme aus dem Reservefonds in dringenden Bedarfsfällen zu, machen sie aber von der Genehmigung durch das Reichs-Versicherungsamt abhängig und bestimmen, daß der Reservefonds nach näherer Anordnung des Amtes wieder ergänzt werden muß. Eine solche ebenfalls vom Amte zu regelnde Ergänzung des Reservefonds mußte auch stattfinden, wenn nach Maßgabe des § 95 Abs. 3 des Gewerbe-Unfallversicherungsgesetzes und der entsprechenden Paragraphen der anderen Gesetze innerhalb der ersten drei Jahre nach dem Inkrafttreten der Gesetze die Mittel zur Gewährung von Kapitalabfindungen bei Teilrenten von 15 oder weniger Prozent oder bei Ausländerrenten aus dem Reservefonds entnommen waren. Das Nähere ergibt sich aus den Anmerkungen 14 bis 17 zu § 34 des Gewerbe-Unfallversicherungsgesetzes im 1. Bande des Handbuchs der Unfallversicherung und dem daselbst angeführten Rundschreiben vom 20. Februar 1902 sowie aus den Ausführungen unter Ziffer 39 und 45 der schon erwähnten Anleitung vom 20. September 1902.

Soweit die Berufsgenossenschaften nicht die Mittel zur Deckung ihrer Verwaltungskosten durch Einforderung viertel- oder halbjährlicher Vorschüsse von ihren Mitgliedern beschaffen, wie dies namentlich bei den Baugewerks-Berufsgenossenschaften geschieht, müssen sie für diesen Zweck einen besonderen Betriebsfonds bilden. Auch über diese Fonds hat das Reichs-Versicherungsamt grundsätzliche Bestimmungen erlassen. Sie betreffen die Umlegung und Verrechnung der Betriebsfonds, die rechtliche Natur und die Verrechnung der sogenannten „eisernen Betriebsfonds" sowie der von diesen zu unterscheidenden gewöhnlichen Betriebsfonds, der sogenannten „Vorschußbetriebsfonds".

Weiterhin hat das Reichs-Versicherungsamt darüber zu wachen, daß Beiträge der Genossenschaftsmitglieder nicht zu anderen als den im § 31 des Gewerbe-Unfallversicherungsgesetzes und in den entsprechenden Paragraphen der anderen Gesetze genau bezeichneten Zwecken erhoben oder verwendet werden. Bei der Erfüllung dieser Pflicht ist das Reichs-Versicherungsamt bestrebt, einerseits eine Verwendung der berufsgenossenschaftlichen Gelder zu solchen Zwecken zu verhindern, die nicht im Rahmen der Unfallversicherung liegen, anderseits aber den Berufsgenossenschaften ein Zusammenwirken mit den der Gesundheitspflege dienenden und anderen mit der Sozialgesetzgebung in Verbindung stehenden Vereinen und Wohlfahrtseinrichtungen zu ermöglichen.

Ein Mittel zur Prüfung der berufsgenossenschaftlichen Vermögensverwaltung bilden die bereits erwähnten von den Berufsgenossenschaften alljährlich einzureichenden „Rechnungsergebnisse", auf Grund deren die dem Reichstage vorzulegende Gesamtnachweisung vom Reichs-Versicherungsamt aufzustellen ist, die auch die Rechnungsergebnisse der nicht unter der Aufsicht des Reichs-Versicherungsamts stehenden Berufsgenossenschaften und der Ausführungsbehörden mitumfaßt. Die für diese Nachweisung erforderlichen Angaben sind von den Berufsgenossenschaften nach einem vom Reichs-Versicherungsamte vorgeschriebenen Formular zu erstatten. Dieses Formular ist auf Grund der gesammelten Erfahrungen sowie aus Anlaß von Änderungen der Gesetzgebung wiederholt erweitert und auch sonst anders eingerichtet worden. Bei jeder derartigen Neugestaltung ist ihm eine ausführliche Anleitung zur Ausfüllung der Tabellen beigegeben worden. Die Rechnungsergebnisse bieten eine in der Wissenschaft und in der Praxis vielfach benutzte Sammlung von statistischem Stoff. Sie enthalten nicht nur eine Übersicht über die Einnahmen und Ausgaben der Versicherungsträger, sondern auch eine ganze Reihe anderer wichtiger Angaben über die gesamte Arbeiterversicherung, so für die Unfallversicherung besonders über die Gliederung der Berufsgenossenschaften und Unfall-Versicherungsanstalten, über die Zahl ihrer Vorstandsmitglieder und ihrer Beamten, über die Zahl der durchschnittlich versicherten Personen und die der sogenannten Vollarbeiter, über die gezahlten Lohnbeträge, über die Vermögensbestände der Versicherungsträger, insbesondere auch der Reservefonds der Berufsgenossenschaften und der Unfall-Versicherungsanstalten. In einer besonderen Tabelle endlich sind die Unfälle statistisch dargestellt. Hierbei kommt namentlich zum Ausdrucke, für wieviel verletzte Personen im Laufe des Rechnungsjahrs, dessen Ergebnisse behandelt werden, zum erstenmal Entschädigungen von den einzelnen Versicherungsträgern gezahlt worden sind, und zwar werden die Verletzten nach Zahl, Alter und Geschlecht unterschieden. Es sind ferner die Betriebseinrichtungen und die Vorgänge, bei denen sich die Unfälle ereigneten, sowie die Folgen der Verletzungen (Tod, dauernde oder vorübergehende, völlige oder teilweise Erwerbsunfähigkeit) gesondert hervorgehoben, und es sind endlich die Hinterbliebenen der durch Unfälle Getöteten nach der Zahl und nach dem für ihre Entschädigungsansprüche maßgebenden Verhältnisse, in dem sie zu dem Verunglückten standen, sowie sämtliche Unfallanzeigen des Rechnungsjahrs, diese der Zahl nach, angegeben. Die vom Reichs-Versicherungsamte vorzunehmende sachliche und rechnungsmäßige Durchprüfung der von den Versicherungsträgern für die Darstellung der Rechnungsergebnisse übersandten Unterlagen und die dabei notwendig werdenden Rückfragen und Erinnerungen ergeben regelmäßig eine solche Fülle von Arbeit, daß die rechtzeitige Fertigstellung und Vorlage der Gesamtnachweisung an den Reichstag, die alljährlich im November zu erfolgen hat, meist nur mit erheblicher Anstrengung durchführbar ist.

2. Invalidenversicherung.

In der Invalidenversicherung vollzieht sich die Beitragsleistung dadurch, daß Beitragsmarken, die ihrem Werte nach verschieden abgestuft sind, in eine Quittungskarte eingeklebt werden, was grundsätzlich durch den Arbeitgeber zu geschehen hat, aber auch durch den Versicherten selbst rechtsgültig bewirkt werden kann. An die Stelle des Einklebens der Marken durch diese Personen kann das sogenannte Einzugsverfahren treten, wobei die Beiträge durch Gemeindebehörden, Krankenkassen oder andere Hebestellen eingezogen und verwendet werden. Für die ordnungsmäßige Verwendung der Beiträge ist namentlich bei der zuerst erwähnten Art der Beibringung, die weitaus die verbreitetste ist, die Überwachung durch die Versicherungsanstalten von größtem Werte. Im Invaliditäts- und Altersversicherungsgesetze vom 22. Juni 1889 war solche Beitragskontrolle den Versicherungsanstalten anheimgegeben, im Invalidenversicherungsgesetze vom 13. Juli 1899 ist sie vorgeschrieben. Ihre gründliche, den jeweiligen Verhältnissen angepaßte Durchführung ist unentbehrlich für die dem Anwachsen der Rentenlast entsprechend in steigendem Maße erforderliche wirtschaftliche Sicherstellung der Invalidenversicherung. Die Steigerung der Beitragseinnahmen bei den 31 Versicherungsanstalten, die sich im Jahre 1891 auf 88,8, im Jahre 1900 auf 117,9, im Jahre 1909 auf 171,8 Millionen Mark beliefen, ist freilich zum großen Teil auf das Anwachsen der erwerbstätigen Bevölkerung und das Steigen der Löhne zurückzuführen, aber unzweifelhaft hat auch der Ausbau der Beitragskontrolle daran wesentlichen Anteil. Durch sie sind im Jahre 1905 918 000, im Jahre 1908 1 332 000 Mark und 1909 1 417 000 Mark hinterzogener Beiträge eingebracht, 25 000, 36 000 und 39 000 Personen der Vorteile der Versicherung teilhaftig geworden. Dazu kommen noch die nicht genau zahlenmäßig zu erfassenden Mehreinnahmen, die bei Ersetzung von niedrigeren durch höhere Beiträge sowie infolge der allgemeinen Belebung der Beitragsentrichtung durch das bloße Bestehen von Kontrolleinrichtungen und die Ankündigung der einzelnen Kontrollen erzielt werden. Wesentlich gefördert wird die vollständige, richtige und rechtzeitige Beitragsleistung durch die jetzt vielfach von den Kontrollbeamten ausgeübte Belehrung der Versicherungspflichtigen wie der Arbeitgeber zu dem Zwecke, Verständnis und Wertschätzung für die reichsgesetzliche Invalidenversicherung bei ihnen wachzurufen und zu stärken. Gerade in der Invalidenversicherung bedarf es einer solchen Aufklärungsarbeit, denn sie ist weit mehr als die anderen Zweige der Arbeiterversicherung von versicherungstechnischen Gesichtspunkten beherrscht, die das Verständnis der Einrichtung erschweren und schon dadurch manche Abneigung dagegen erzeugen. Um so mehr bietet sich aber hier den Versicherungsanstalten und ihren Kontrollbeamten ein Feld zwar mühsamer, aber auch dankbarer Aufgaben. Auf der anderen Seite sind die Kontrollbeamten berufen und geeignet, den Vorständen der Versicherungsanstalten sowohl in Beitrags- wie auch in Rentenangelegenheiten diejenige Kenntnis der tatsächlichen, besonders der wirtschaftlichen Verhältnisse zu vermitteln, die nur an Ort und Stelle erworben werden kann, und deren Gewinnung oft ebensoviel Sorgfalt der Nachforschung wie Vertrautheit mit Gesetz und Rechtsprechung voraussetzt.

Die Durchführung der Kontrolle und der naturgemäß an sie sich anlehnenden Aufgaben liegt an sich den Versicherungsanstalten ob. Das Reichs-Versicherungsamt hat aber die Entwicklung auf diesem Gebiete fortlaufend zu beobachten und, soweit es nötig ist, anzuregen. Das ist teils durch allgemeine Maßnahmen, z. B. durch das Rundschreiben vom 21. Dezember 1900 (Amtliche Nachrichten des Reichs-Versicherungsamts 1901 S. 182) geschehen, in welchem die bis dahin gesammelten Erfahrungen hinsichtlich des technischen Aufbaues der Kontrolle zusammenfassend dargestellt wurden, teils durch Verhandlungen mit einzelnen Anstaltsvorständen, wo Wahrnehmungen bei Geschäftsprüfungen und ähnlichen Gelegenheiten Anlaß dazu boten. Der Belebung der Kontrolltätigkeit dient ferner wirksam die jährliche Zusammenstellung der von den Vorständen der dem Reichs-Versicherungsamt unterstehenden und der bayerischen Versicherungsanstalten mitgeteilten, den Stand des Kontrollwesens in ihren Bezirken kennzeichnenden Zahlen in einer Übersicht, die das Reichs-Versicherungsamt aufstellt und den Vorständen zusendet. (Von den übrigen Versicherungsanstalten liegen entsprechende Angaben nicht vor.) Sie gewährt den Vorständen die Möglichkeit, die eigenen Einrichtungen und Leistungen mit denen der anderen Anstalten zu vergleichen. Aus diesen Übersichten ergibt sich u. a., daß in dem kurzen Zeitraume von 1905 bis 1909 die Zahl der Kontrollbeamten von 297 auf 408, die der Kontrollinspektoren, welche die Oberkontrolle ausüben, von 4 auf 10, die Zahl der kontrollierten Haushaltungen von 776 000 auf 1 154 000, die der kontrollierten Versicherten von 3,5 auf rund 5 Millionen gestiegen ist. Der Steigerung der finanziellen Ergebnisse der Kontrolle wurde schon oben gedacht. Zur Erleichterung der Kontrolle hat das Reichs-Versicherungsamt auf den Erlaß von Kontrollvorschriften gemäß § 161 Abs. 3 des Invalidenversicherungsgesetzes und kraft seines Genehmigungsrechts auf deren zweckmäßige Gestaltung hingewirkt. Gegenwärtig sind solche Vorschriften von 14 Versicherungsanstalten, darunter 11 preußischen, erlassen worden. Als Beschwerdeinstanz über die auf Grund dieser Vorschriften von den Anstaltsvorständen erlassenen Strafverfügungen hat das Reichs-Versicherungsamt auf der einen Seite den Kontrollbeamten in der Ausübung ihres oft mühevollen Amtes den erforderlichen Schutz zu gewähren, anderseits Sorge dafür zu tragen, daß bei der Kontrolle die berechtigten Ansprüche der Bevölkerung gewahrt, unnötige Beunruhigung und Belästigung vermieden werden.

Wie bereits erwähnt, müssen nach gesetzlicher Vorschrift die Vermögensbestände der Invaliden-Versicherungsanstalten, ebenso wie die Reservefonds der Berufsgenossenschaften, grundsätzlich mündelsicher, d. h. in der durch die §§ 1807, 1808 des Bürgerlichen Gesetzbuchs bezeichneten Weise, angelegt werden. Indes sind auch hier in gewissen Grenzen und unter gewissen Voraussetzungen mit Genehmigung des Reichs-Versicherungsamts oder anderer Stellen (der Kommunalverbände, der Landes-Zentralbehörden oder des Bundesrats) freiere Arten der Anlegung zulässig. Schon im § 108 Abs. 2 des Entwurfs zum Invaliditäts- und Altersversicherungsgesetze vom 22. Juni 1889 war die Anlegung eines Viertels des Vermögens jeder Anstalt in anderen als mündelsicheren, zinstragenden Papieren, in Grundstücken oder in Bergwerksanteilen als statthaft vorgesehen. Bei der Wichtigkeit der Entschließung darüber, ob, zu welchen Beträgen und in welchen Gegenständen Vermögensteile der Versicherungsanstalten in nicht mündelsicherer Weise angelegt werden könnten, war beabsichtigt, die stets widerruflich zu erteilende Genehmigung zu solchen Anlagen in die Hände des Bundesrats zu legen. Bei der Beratung des Gesetzes im Reichstage wurde indes beschlossen, an die Stelle des Bundesrats den Kommunalverband oder die Zentralbehörde des Bundesstaats treten zu lassen, der die Garantie für die betreffende Versicherungsanstalt zu tragen hat. Diese Stellen haben gemäß § 129 Abs. 2 a. a. O. vom 1. Januar 1891 bis zum 31. Dezember 1899 die Aufsicht über die nicht mündelsicheren Anlagen der Versicherungsanstalten geführt. Im Hinblick auf die spätere Entwicklung dieser Angelegenheit ist erwähnenswert, daß bereits in der Begründung zum Entwurfe des Invaliditäts- und Altersversicherungsgesetzes vom 22. Juni 1889 als Beispiel einer nicht mündelsicheren Vermögensanlage der Bau oder die Erwerbung von Arbeiterwohnungen für Rechnung der Versicherungsanstalten angeführt wurde. Bei der zweiten Lesung dieses Entwurfs ist aus der Mitte des Reichstags der Wunsch laut geworden, es möchten die Gelder, die der privaten Verfügung der Arbeiter durch die Zwangsversicherung entzogen würden, diesen dadurch wieder zugute kommen, daß der Bau von Arbeiterwohnungen gefördert oder andere ähnliche Zwecke, falls solche im Laufe der Zeit zutage treten sollten, aus den Mitteln der Versicherungsanstalten unterstützt würden. Hinzugefügt wurde dieser Anregung jedoch, selbstverständlich dürften solche Unterstützungen nur dann stattfinden, wenn die Sicherheit, die das Gesetz erfordere, zweifellos vorhanden sei. Von seiten der Regierung wurde erwidert, daß die Unterstützung gemeinnütziger Unternehmungen, die die Gewähr voller Sicherheit in sich trügen, durchaus der Absicht des Gesetzes entspräche.

Die Versicherungsträger haben sich denn auch dieser Aufgabe mit Eifer zugewendet. Bis zum Schlusse des Jahres 1899 hatten die 31 Versicherungsanstalten, deren Vermögen damals rund 701 Millionen Mark betrug, 52 Millionen Mark für den Bau von Arbeiterwohnungen und 36,4 Millionen Mark für andere gemeinnützige Veranstaltungen der verschiedensten Art zur Verfügung gestellt. Hiervon entfielen auf nicht mündelsichere Anlagen rund 11½ Millionen Mark.

Am Schlusse des Jahres 1909 betrug das Vermögen der 31 Versicherungsanstalten rund 1443 Millionen Mark, davon waren angelegt 260,6 Millionen Mark für den Bau von Arbeiterwohnungen und 468 Millionen Mark für andere gemeinnützige Veranstaltungen; von diesen Beträgen entfallen auf nicht mündelsichere Anlagen 43,7 Millionen Mark.

Das am 1. Januar 1900 in Kraft getretene Invalidenversicherungsgesetz vom 13. Juli 1899 brachte auf diesem Gebiete wichtige Änderungen. Der Entwurf dieses Gesetzes wollte einerseits die Grenzen für die Anlegung der Anstaltsvermögen schärfer ziehen. Hypotheken oder Grundstücke sollten nur für die Zwecke der Verwaltung oder für solche Veranstaltungen erworben werden dürfen, die ausschließlich oder überwiegend der versicherungspflichtigen Bevölkerung zugute kämen. Anderseits wurde vorgeschlagen, den in nicht mündelsicheren Werten oder Grundstücken anlegbaren Teil des Vermögens von einem Viertel auf die Hälfte zu erhöhen: dies zu dem ausgesprochenen Zwecke, mehrfach hervorgetretenen Wünschen entgegenzukommen, die sich insbesondere auf eine größere Beteiligung der Versicherungsanstalten an den Bestrebungen zur Verbesserung der Wohnungsverhältnisse der Arbeiter richteten. Zur Erteilung der Genehmigung von nicht mündelsicheren Anlagen blieb nach dem Entwurfe der Garantieverband berufen. Bei der Beratung des Gesetzes im Reichstage fanden die neuen Vorschläge im allgemeinen Zustimmung, jedoch wurde beschlossen, die Genehmigung zu den nicht mündelsicheren Anlagen den Aufsichtsbehörden der Versicherungsanstalten zu übertragen und die Zustimmung des Garantieverbandes auf den Fall zu beschränken, daß die Anstalt mehr als den vierten Teil ihres Vermögens in dieser Weise anlegen will. Man versprach sich hiervon eine gleichmäßigere Anwendung des Gesetzes und eine freiere Stellung der Versicherungsanstalten. Durch die bei einzelnen Garantieverbänden etwa bestehende grundsätzliche Abneigung gegen derartige Anlagen sollten die beteiligten Versicherungsanstalten nicht gehindert sein, wenigstens das erste Viertel ihres Vermögens gleich ihren Schwesteranstalten in den Dienst der Wohnungsfürsorge und verwandter Bestrebungen zu stellen. Dagegen wurde ein Antrag, der das Reichs-Versicherungsamt zu der Anordnung ermächtigen wollte, daß ein bestimmter Teil des Vermögens der Versicherungsanstalten in hypothekarischen Darlehen an gemeinnützige Baugesellschaften anzulegen sei, als zu weitgehend abgelehnt. Übrigens wurde schon bei der zweiten Lesung des Invalidenversicherungsgesetzes im Reichstage die Ansicht vertreten, es wäre am besten, wenn die Kommunalverbände die Lösung der Wohnungsfrage in die Hand nähmen; die hierzu erforderlichen Mittel könnten ihnen von den Versicherungsanstalten gewährt werden.

Seit dem 1. Januar 1900 hat hiernach das Reichs-Versicherungsamt die verantwortungsvolle Aufgabe, die nicht mündelsicheren Vermögensanlagen der ihm unterstellten 13 preußischen und 6 außerpreußischen Landes-Versicherungsanstalten gemäß § 164 Abs. 3 des Invalidenversicherungsgesetzes zu überwachen. Nach dieser Vorschrift ist es den Versicherungsanstalten gestattet, einen Teil ihres Vermögens nicht mündelsicher anzulegen, jedoch nur in Wertpapieren oder für die Zwecke der Verwaltung, zur Vermeidung von Vermögensverlusten für die Versicherungsanstalt oder für solche Veranstaltungen, die ausschließlich oder überwiegend der versicherungspflichtigen Bevölkerung zugute kommen. Damit sollte den Anstalten selbstverständlich nicht die Befugnis eingeräumt werden, jedes, wenn auch noch so gewagte Unternehmen zu unterstützen. Es müssen vielmehr die außerhalb der Grenze der Mündelsicherheit sich bewegenden Anlagen immerhin so beschaffen sein, daß die Gefahr eines Vermögensverlustes nach Lage der Verhältnisse als nahezu ausgeschlossen zu bezeichnen ist. Über diesen Verwaltungsgrundsatz besteht keine Meinnngsverschiedenheit. Dagegen hatte das Reichs-Versicherungsamt alsbald nach dem Inkrafttreten des Invalidenversicherungsgesetzes Anlaß, von einem anderen Gesichtspunkt aus sich über den Inhalt und die Tragweite des ihm zustehenden Aufsichtsrechts auszusprechen. Es handelte sich um die Frage, ob es gesetzlich zulässig sei, einem Vorstand unter bestimmten, an sich bedenkenfreien Bewilligungsbedingungen ganz allgemein die Ermächtigung zu erteilen, Anstaltsgelder bis zu einem den vierten Teil des Vermögens (Sondervermögens) nicht überschreitenden Betrage für Veranstaltungen auszuleihen, die ausschließlich oder überwiegend der versicherungspflichtigen Bevölkerung zugute kommen sollten. Dies wurde verneint. Damit ist der Grundsatz festgelegt worden, daß die Aufsichtsbehörde bei Handhabung des § 164 Abs. 3 a. a. O. nicht auf eine ganz allgemein gehaltene, von jeder Prüfung der näheren Umstände des Einzelfalls absehende Genehmigung in Bausch und Bogen beschränkt ist. Für diese Stellungnahme war vor allem die Erwägung maßgebend, daß bei dem zuzulassenden Umfange der nicht mündelsicher angelegten Bestände stets angemessene Rücksicht auf die jeweilige Finanzlage der einzelnen Anstalt zu nehmen ist, und daß sich die Finanzlage einer Anstalt, d. h. das Verhältnis ihres gesamten Vermögens zu der Gesamtheit ihrer Verpflichtungen, mit einiger Sicherheit stets nur auf einen beschränkten Zeitraum hinaus vorhersehen läßt. Bei dieser Gelegenheit wurde es auch im allgemeinen als zweckmäßiger bezeichnet, die Genehmigung für ziffermäßig bestimmte Beträge, nicht aber für Hundertteile des Vermögens oder des Sondervermögens nachzusuchen. Nachdem sodann in der ersten Zeit die Vorlegung einzelner Darlehensanträge gefordert worden war, um einen Überblick über die Art des Vorgehens bei einzelnen Vorständen zu gewinnen, ist das Reichs-Versicherungsamt bald dazu übergegangen, Genehmigungen im weiteren Rahmen zu erteilen. Es wurde einzelnen Anstalten für einen Zeitraum von etwa drei Jahren im voraus gestattet, von ihren Beständen einen gewissen jährlichen Höchstbetrag in nicht mündelsicherer Weise anzulegen. Diese Erleichterung des geschäftlichen Verkehrs zwischen der Aufsichtsbehörde und den Anstalten konnte um deswillen zugestanden werden, weil die Mehrzahl der Vorstände allgemeine Bedingungen aufgestellt hat, unter denen Anträge auf Beleihung von Wohlfahrtseinrichtungen, namentlich von Wohnungsbauten durch Genossenschaften, Arbeitgeber oder Versicherte, berücksichtigt werden können. Am Schlusse eines jeden Jahres hat sodann der Vorstand dem Reichs-Versicherungsamt eine Übersicht einzureichen, aus der sich ergibt, inwieweit der für das betreffende Jahr bewilligte Kredit tatsächlich verwendet worden ist.

Was sodann die sachlichen Grundsätze für die Vermögensanlagen betrifft, so hat das Reichs-Versicherungsamt zum Zwecke einer gesunden Finanzwirtschaft der Versicherungsträger jederzeit darauf gehalten, daß die Einnahmen aus dem Anstaltsvermögen nicht durch Ausleihung der Kapitalien zu einer weit hinter dem landesüblichen Zinsfuße zurückbleibenden Verzinsung allzusehr geschmälert werden. So wurde bereits auf der Konferenz, die am 27. und 28. März 1893 im Reichs-Versicherungsamte mit Vertretern der Versicherungsanstalten abgehalten worden ist, bei Besprechung der bisher von den Versicherungsanstalten zur Förderung des Baues von Arbeiterwohnungen getroffenen Maßnahmen betont, daß nach der Meinung des Reichs-Versicherungsamts an dem Darlehenszinsfuße von $3^1/_2$ v. H. im allgemeinen festzuhalten sei, solange der zur Zeit übliche Zinsfuß sich nicht wesentlich ändere. Dabei wurde nicht in Abrede gestellt, daß der erstrebte Zweck nur zu erreichen sei, wenn man die Darlehen zu einem niedrigeren Zinsfuß als dem gewöhnlichen hingebe; anderseits mußte darauf verwiesen werden, daß im Beharrungszustande der Jahresbedarf an zu zahlenden Renten, abgesehen von den laufenden Beiträgen, wesentlich durch die Zinsen des angesammelten Kapitals werde gedeckt werden müssen, und daß ein Hinuntergehen von $3\frac{1}{2}$ auf 3 v. H. bei einem Viertel des Vermögens der Versicherungsanstalten schon eine Erhöhung der Beiträge um 3 bis 4 v. H. würde zur Folge haben können. Wenn dann im Laufe der weiteren Entwicklung die Mehrzahl der Versicherungsanstalten gemeinnützige Unternehmungen mit nur 3 prozentigen Darlehen gefördert hat, so war sich das Reichs-Versicherungsamt stets darüber klar, daß dieser Zinsfuß das äußerste Maß an Entgegenkommen von seiten der Versicherungsanstalten bedeute und nur bis auf weiteres gerade noch verantwortet werden könne. Es wurde daher zwar zunächst von einem Einschreiten im Aufsichtsweg abgesehen. Durch Erlaß vom 11. Mai 1910 hat es aber das Reichs-Versicherungsamt mit Rücksicht auf die inzwischen eingetretene allgemeine Erhöhung des Zinsfußes den ihm unterstellten Versicherungsanstalten zur Pflicht gemacht, künftig für alle Darlehen, auch für die mündelsicheren, eine Verzinsung von mindestens $3\frac{1}{2}$ v. H. zu verlangen, soweit nicht bereits getroffene Vereinbarungen entgegenstehen.

Noch wichtiger als die Sorge für eine angemessene Verzinsung der Anstaltsgelder ist die Prüfung der Sicherheit einer beabsichtigten Anlage. Zur Vermeidung von Vermögensverlusten ist es dringend geboten, daß die Vorstände den wahren Wert der zu beleihenden Grundstücke mit möglichster Zuverlässigkeit festzustellen suchen. Das Reichs-Versicherungsamt ist zur Nachprüfung der Frage, ob ausreichende Wertermittlungen vorliegen, im allgemeinen nur dann in der Lage, wenn bei der Beleihung die Grenze der Mündelsicherheit überschritten werden soll. Ist somit auch die Einwirkung der Aufsichtsbehörde beschränkt, so hat sie wenigstens nicht versäumt, die Aufmerksamkeit der Vorstände auf solche Fälle zu lenken, in denen sich scheinbar einwandfreie Schätzungen nachträglich als gänzlich unzutreffend herausgestellt haben und die Vorstände genötigt waren, Grundstücke, die der Form nach sogar innerhalb der Grenzen der Mündelsicherheit beliehen waren, zur Vermeidung des völligen Kapitalverlustes in der Zwangsversteigerung zu erwerben.

Wenn, wie erwähnt, den Versicherungsanstalten für mehrere Jahre im voraus gestattet werden kann, Bestände bis zu einem gewissen jährlichen Höchstbetrag in nicht mündelsicherer Weise anzulegen, so kann dies der Natur der Sache nach keine Anwendung finden, soweit es sich um die Erwerbung von Grundstücken für die Errichtung von Geschäftshäusern, Krankenhäusern, Genesungsheimen usw. oder um den Ankauf von Gebäuden zu solchen Zwecken und deren Um- und Ausbau handelt. Hier muß vielmehr jeder einzelne Antrag für sich geprüft und genehmigt werden. Das Reichs-Versicherungsamt läßt in solchen Fällen die Bauentwürfe nebst den Kostenanschlägen von einem Sachverständigen prüfen. Zu diesem Zwecke haben die Vorstände außer den Zeichnungen und Kostenanschlägen namentlich den dem Entwurfe zugrunde liegenden Benutzungsplan, einen die Baulichkeiten im ganzen und in den Einzelteilen genau beschreibenden Erläuterungsbericht sowie einen Lageplan vorzulegen. Ferner dürfen Mitteilungen über den Baugrund, bei Heilstätten auch nähere Angaben über Grund- und Trinkwasserverhältnisse, Baumbestand, Höhenlage, vorherrschende Winde und dergleichen nicht fehlen. Außerdem ist es nicht statthaft, die Genehmigung des Reichs-Versicherungsamts zu solchen Aufwendungen, die der Bewilligung durch den Ausschuß der Anstalt bedürfen, vor der Beschlußfassung des letzteren nachzusuchen, weil der freien Entschließung des Ausschusses in keiner Weise vorgegriffen werden darf. Da das Gesetz keine Grenzen zieht, so sind grundsätzlich alle Aufwendungen, die eine Verbesserung des Substanz- oder Gebrauchswerts eines Grundstücks bezwecken, ohne Rücksicht auf die Höhe der Summe genehmigungspflichtig. Bis zum Schlusse des Jahres 1909 hatten die der Aufsicht des Reichs-Versicherungsamts unterstellten 19 Anstalten 51,8 Millionen Mark in Grundstücken für die bezeichneten Zwecke angelegt.

Mehrfach hat die Frage zu Erörterungen Anlaß gegeben, ob und inwieweit ein Erbbaurecht, d. i. das veräußerliche und vererbliche Recht, auf oder unter der Oberfläche des Grundstücks eines anderen ein Bauwerk zu haben (vgl. §§ 1012 bis 1017 des Bürgerlichen Gesetzbuchs), mündelsicher beliehen werden könne. Auf die Einzelheiten dieser in rechtlicher und wirtschaftlicher Hinsicht außerordentlich schwierigen Frage soll hier nicht eingegangen werden. Das Reichs-Versicherungsamt hat von Anfang an die mit dem Erbbaurechte zusammenhängenden Fragen aufmerksam verfolgt in dem Bestreben, an der Hand von Erfahrungen in einzelnen Fällen zur Aufstellung gewisser einheitlicher Bedingungen zu gelangen, unter denen Erbbaurechte von den Landes-Versicherungsanstalten beliehen werden könnten. Von diesem Gesichtspunkt aus sind die Vorstände ersucht worden, vor Beleihung von Erbbaurechten unter Beifügung der Verhandlungen auch dann zu berichten, wenn es sich um nicht mündelsichere Kapitalsanlagen innerhalb des vom Reichs-Versicherungsamt allgemein bereits genehmigten Rahmens handelt. Bisher ist jedenfalls eine sichere und allgemein anerkannte Grenzlinie für die mündelsichere Beleihung von Erbbaurechten nicht gefunden worden. Solange dies aber nicht der Fall ist, muß das Reichs-Versicherungsamt Bedenken tragen, anzuerkennen, daß Erbbaurechte von Trägern der Arbeiterversicherung überhaupt mündelsicher beliehen werden können. In den bisher seiner Entscheidung unterstellten Fällen hat es sich daher darauf beschränkt, die Anlagen als nicht mündelsichere zu genehmigen, wenn eine eingehende Prüfung der Verhältnisse dies gestattete.

Bis zum Schlusse des Jahres 1909 haben die der Aufsicht des Reichs-Versicherungsamts unterstellten Versicherungsträger Erbbaurechte, die der Wohnungsfürsorge dienen, im ganzen mit rund 3 580 000 Mark beliehen.

Die Errichtung von Wohnungen unter Zugrundelegung des Erbbaurechts hat für die Träger der Arbeiterversicherung insofern viel Verlockendes, als sie dem Bauherrn den Vorteil bietet, daß er kein Kapital für den Erwerb des Grund und Bodens aufzubringen hat, wogegen ihm allerdings auch die Wertsteigerung des Baugrundes nicht zugute kommt. Einzelne Versicherungsanstalten haben aber auch versucht, die Kapitalbeschaffung und die Kapitaltilgung durch besondere Maßnahmen zu erleichtern. So bemüht sich seit einigen Jahren die Landes-Versicherungsanstalt Rheinprovinz, zur Tilgung von Darlehen auf Arbeiterwohnhäuser nach belgischem Vorbilde die Lebensversicherung nutzbar zu machen. Bis Ende 1909 sind in 103 Fällen insgesamt 529 292 Mark Darlehen, also rund 5000 Mark durchschnittlich, zur Rückzahlung durch Lebensversicherungen gesichert.

Ferner ist hier zu erwähnen ein Versuch der Landes-Versicherungsanstalt Berlin, in einzelnen Fällen die Kreditbeschaffung durch Übernahme der Bürgschaft für zweite (zum Teil auch dritte) Hypotheken zu erleichtern. Die Bürgschaftsverpflichtungen der Anstalt beliefen sich Ende 1909 auf rund 960 000 Mark. Die Hypothekenschuldner zahlen 1/8 bis 1/4 v. H. der Hypothekenbeträge jährlich als Prämie an die Anstalt. Die Prämien fließen in einen besonderen Fonds, aus dem gegebenenfalls in erster Linie die an die Anstalt herantretenden Ansprüche der Hypothekengläubiger gedeckt werden sollen. Bisher ist die Haftung der Anstalt noch nicht in Anspruch genommen worden.

Mit dem Wortlaute des Gesetzes wäre es an sich nicht unvereinbar, wenn die Versicherungsanstalten die Bautätigkeit privater Unternehmer bis zur Grenze der Mündelsicherheit unterstützten. Sofern es sich dabei um die Errichtung von Häusern in Stadtteilen handelt, die vorzugsweise von Arbeitern bewohnt werden, könnte wohl auch eine die Mündelsicherheit überschreitende Beleihung zulässig erscheinen, da die Kapitalsanlage dann einer Veranstaltung dienen würde, die überwiegend der versicherungspflichtigen Bevölkerung zugute käme. Von diesen Gesichtspunkten aus setzte bald nach dem Inkrafttreten des Invalidenversicherungsgesetzes eine lebhafte Bewegung der Haus- und Grundbesitzer-Vereine ein, die darauf abzielte, die Kapitalien der Versicherungsanstalten für ihre Mitglieder zu gewinnen. Wohl alle Versicherungsanstalten, an die solche Anträge gelangt sind, haben aber einen ablehnenden Standpunkt eingenommen. Der Grund ist einleuchtend. Eine durchgreifende Verbesserung der Arbeiterwohnungsverhältnisse, namentlich in großen Städten, kann sich nicht auf die Hergabe von billigem Baukapital beschränken. Die Versicherungsanstalten beanspruchen für sich mit Recht einen maßgebenden Einfluß auf die Bauausführung im einzelnen, auf die Einrichtung der Wohnungen und die Höhe der Mietpreise. Sie treten auch dem spekulativen Hausverkauf entgegen und verlangen von dem Unternehmer, daß er sich mit einem mäßigen Gewinne begnüge und den Überschuß zu einem Reservefonds zurücklege oder auch zur Herstellung von Wohlfahrtseinrichtungen für die Bewohner der Häuser, z. B. für Brausebäder, Kinderspielplätze usw., verwende. Ein privater Bauunternehmer wird sich schwerlich derartigen Bedingungen unterwerfen. Vielmehr setzt eine in der beschriebenen Weise vom Geldgeber beeinflußte Wohnungsfürsorge auf der Gegenseite ein fast völliges Zurücktreten des Unternehmerstandpunkts voraus, und hierzu sind in der Regel nur gemeinnützige Baugesellschaften und Baugenossenschaften gewillt.

In welchem Maße die in den einzelnen Berufsgruppen beschäftigten Versicherten an der von den Versicherungsanstalten unterstützten Wohnungsfürsorge Anteil haben, ist statistisch bisher nur insoweit festgestellt, als es sich um Darlehen zur Errichtung von Ledigenheimen (Hospizen, Herbergen zur Heimat, Gesellenhäusern usw.), also um Einrichtungen handelt, die ganz überwiegend dem Handwerke zugute kommen. Bis zum Ende des Jahres 1909 hatten sämtliche Versicherungsträger für diese Zwecke rund 16,8 Millionen Mark hergegeben. Als sicher darf ferner angenommen werden, daß unter den Mietern der von gemeinnützigen Bauvereinen bereitgestellten Familienwohnungen sich auch Handwerksgesellen oder aus dem Gesellenstande hervorgegangene kleine selbstständige Handwerker befinden. Endlich setzt sich ein nicht unbedeutender Bruchteil solcher Versicherten, die sich mit Hilfe von Darlehen der Versicherungsanstalten ein Einzelhaus erworben haben, aus Angehörigen des Handwerkerstandes, namentlich aus Bauhandwerkern, zusammen. Die letzteren kommen hier aus dem Grunde besonders in Betracht, weil sie vermöge ihrer beruflichen Kenntnisse in der Lage sind, bei der Errichtung des Hauses selbst mitzuwirken und so an den Baukosten zu sparen. Aber auch abgesehen von der Wohnungsfürsorge haben die Versicherungsanstalten den aus Handwerkerkreisen an sie herantretenden Wünschen nach Kreditgewährung entsprochen, soweit es mit den gesetzlichen Bestimmungen vereinbar war und den Anstalten verfügbare Mittel zu Gebote standen. Namentlich ist hier die Unterstützung von Gewerbevereinen bei der Errichtung von Fachschulen zu erwähnen. Wenn dessenungeachtet bei der Beratung des Reichshaushaltsetats für das Rechnungsjahr 1908 von mehreren Rednern beklagt wurde, daß die Versicherungsanstalten bisher nur wenig getan hätten, um den Personalkredit des Handwerkerstandes zu stärken, so darf nicht vergessen werden, daß es sich bei diesem Ziele nicht um eine Veranstaltung handelt, die ausschließlich oder überwiegend der versicherungspflichtigen Bevölkerung zugute kommt. Es müßte also eine solche Kreditgewährung sich als eine mündelsichere Anlage darstellen. Diese Voraussetzung wird aber, auch wenn nicht einzelne Handwerksmeister, sondern Handwerkergenossenschaften oder Verbände von solchen als Darlehenssucher auftreten, häufig nicht gegeben sein. Was insbesondere die bei den angeführten Verhandlungen des Reichstags erwähnte Preußische Zentralgenossenschaftskasse betrifft, so gehört diese Kasse allerdings gemäß Art. 76 des preußischen Ausführungsgesetzes zum Bürgerlichen Gesetzbuche zu den „inländischen Banken" im Sinne des § 1808 des Bürgerlichen Gesetzbuchs. Da aber Mündelgelder bei diesen Banken nur dann angelegt werden dürfen, wenn „die Anlegung den Umständen nach nicht in der im § 1807 bezeichneten Weise erfolgen kann", letzteres aber wohl in der Regel möglich ist, so wird auch die Preußische Zentralgenossenschaftskasse für Darlehen der Versicherungsanstalten meist nicht in Betracht kommen.

Auch die Landwirtschaft hat es nicht an Bemühungen fehlen lassen, sich die Mittel der Versicherungsanstalten zunutze zu machen. Es handelt sich hier hauptsächlich um die Förderung der Bestrebungen, die darauf gerichtet sind, der Leutenot auf dem Lande zu steuern, und die eine wirksamere Bekämpfung dieses schweren Übelstandes von der Verbesserung der ländlichen Arbeiterwohnungen und in neuester Zeit von der Ansiedlung von Arbeitern auf eigener Scholle erhoffen. Im Februar 1904 beschloß der Deutsche Landwirtschaftsrat, die Landes-Versicherungsanstalten zu ersuchen, sie möchten in noch ausgedehnterem Maße als bisher durch Hergabe von Baudarlehen zu mäßigem Zinsfuße den Bau der Wohnungen für landwirtschaftliche Arbeiter fördern und insbesondere Baugenossenschaften für landwirtschaftliche Arbeiterwohnungen durch Darlehen unterstützen, aber auch Besitzern größerer Güter zum Baue der für ihren Wirtschaftsbetrieb erforderlichen Arbeiterwohnungen Darlehen unter gleichen Bedingungen geben. In Gegenden aber, in denen das Baubedürfnis weniger zutage trete, sei durch Gewährung von Darlehen zu sonstigen rein ländlichen Zwecken wie Wegeverbesserungen, Unterstützung von Darlehenskassenvereinen usw. ein billiger Ausgleich zwischen den Bedürfnissen der Landwirtschaft und der Industrie herbeizuführen. Vor wie nach dem Beschlusse des Landwirtschaftsrats haben es die Versicherungsanstalten als ihre Aufgabe betrachtet, im Rahmen ihrer Mittel auch dem Kreditbedürfnisse der Landwirtschaft entgegenzukommen. Die Statistik weist nach, daß bis zum Schlusse des Jahres 1909 die sämtlichen Träger der Invalidenversicherung zur Befriedigung des landwirtschaftlichen Kreditbedürfnisses etwa 102,9 Millionen Mark hergegeben haben. Hierunter fallen namentlich Aufwendungen für Kleinbahnen, Land-

und Wegeverbesserungen, Hebung der Viehzucht, Linderung der Futternot usw. Da dies Veranstaltungen sind, die im allgemeinen nicht der versicherungspflichtigen Bevölkerung zugute kommen, so darf bei solchen Darlehen die Grenze der Mündelsicherheit in der Regel nicht überschritten werden.

Auf der Grenzlinie zwischen der Hebung der Landwirtschaft im allgemeinen und der Fürsorge für die arbeitende Bevölkerung liegt dagegen die Verbesserung der Wohnungsverhältnisse ländlicher Arbeiter und die Arbeiteransiedlung. Statistisch wird dieses Gebiet vom Reichs-Versicherungsamte zur Wohnungsfürsorge gerechnet. Die hierfür bereitgestellten Mittel bilden einen Teil der für die Wohnungsfürsorge überhaupt hergegebenen Beträge, die sich bis zum Schlusse des Jahres 1909 auf rund 280,5 Millionen Mark belaufen haben. Sie sind von den Aufwendungen zugunsten der gewerblichen Arbeiter bisher ziffermäßig nicht geschieden worden. Eine solche Scheidung würde auch, wenn sie auf Genauigkeit Anspruch erheben wollte, schwer durchführbar sein. Denn einerseits kommen Fälle vor, in denen für gewerbliche Arbeiter in ländlichen Gemeinden Wohnungen erbaut sind; andererseits ist es bei Baudarlehen an Versicherte oft schwer zu bestimmen, ob der Darlehensnehmer gewerblicher oder landwirtschaftlicher Arbeiter ist, wenn nämlich ein Teil seines Einkommens aus gewerblicher Lohnarbeit, der andere aus der Landwirtschaft, sei es aus eigenen oder gepachteten Grundstücken oder gleichfalls aus Lohnarbeit, fließt. Würde aber ungeachtet dieser Schwierigkeiten eine solche Scheidung vorgenommen werden und ergäbe sich dabei, daß die Darlehen für landwirtschaftliche hinter denjenigen für gewerbliche Arbeiterwohnungen nicht nur an sich betrachtet, sondern auch nach einem bestimmten Verhältnisse, z. B. demjenigen der Gruppe der Versicherungspflichtigen in der Landwirtschaft zu der Gruppe der Versicherungspflichtigen im Gewerbe, zurückbleiben, so würde daraus keineswegs folgen, daß das Gewerbe von den Versicherungsanstalten in unzulässiger Weise bevorzugt wird. Die Versicherungsanstalten sind nicht wohl in der Lage, ihre Kapitalien nach einem ein für allemal festgelegten Maßstab auf Stadt und Land zu verteilen. Auf dem Lande ist oftmals das Bedürfnis nach Erbauung von Arbeiterwohnungen vom gesundheitlichen Standpunkt aus nicht so dringlich wie in den Städten; denn der tägliche Aufenthalt in frischer Luft bedeutet für den Landarbeiter vielfach ein ansehnliches Gegengewicht gegen etwaige Schädlichkeiten seiner Wohnung. Vom Standpunkte des größeren Grundbesitzers aber, der auf seinem Besitztum Arbeiterwohnungen errichten will, ist es oft nicht ganz leicht, die Sicherheit zu bieten, welche die Versicherungsanstalt für ihre Darlehen verlangen muß. Beabsichtigt der Darlehenssucher die lastenfreie Abschreibung des für Arbeiterwohnhäuser erforderlichen Grund und Bodens von seinem Gesamtbesitz, um der Versicherungsanstalt eine Hypothek zur ersten Stelle anbieten zu können, so bereiten die Hypothekengläubiger nicht selten Schwierigkeiten. Das gleiche ist der Fall, wenn den Hypothekengläubigern zugemutet wird, mit ihren Forderungen hinter die neu zu bestellende Hypothek einer Versicherungsanstalt zurückzutreten. Soll aber die Versicherungsanstalt mit ihrer Hypothek die letzte Stelle einnehmen, so ist die Sicherheit, die in diesem Falle allerdings nicht mündelmäßig zu sein braucht, oft nicht mehr ausreichend.

An Arbeitgeber überhaupt haben die 31 Versicherungsanstalten bis zum Schlusse des Jahres 1909 insgesamt rund 11 250 000 Mark zum Baue von Arbeiterfamilienwohnungen und 620 000 Mark zum Baue von Ledigenheimen dargeliehen.

Das Reichs-Versicherungsamt hat auch den Versicherungsträgern grundsätzlich nicht verwehrt, Baudarlehen unmittelbar an Arbeiter zu geben. Tatsächlich haben die 31 Versicherungsanstalten bis zum Schlusse des Jahres 1909 rund 54 343 000 Mark auf diese Weise angelegt.

Diese Form der Kreditgewährung hat eine neue Anregung empfangen durch einen Erlaß des Königlich Preußischen Finanzministers und des Königlich Preußischen Landwirtschaftsministers vom 8. Januar 1907, der den Königlichen Generalkommissionen zur Erleichterung der Ansässigmachung von Arbeitern gestattet, zunächst versuchsweise Rentengüter in einer Mindestgröße von 12,50 Ar (= ½ preußischen Morgen) zu bilden. Die Mitwirkung der Landes-Versicherungsanstalten bei der Ausführung dieses Erlasses konnte nach zwei Richtungen in Anspruch genommen werden. Die Rentenbank darf nämlich die Stellen höchstens bis zu drei Vierteln — unter Umständen nur bis zu zwei Dritteln — ihres Wertes beleihen. Andererseits wird es als genügend angesehen, wenn der anzusiedelnde Arbeiter eine Anzahlung in Höhe von einem Zehntel des Stellenwerts leistet. Es handelt sich also darum, einen Geldgeber für eine Hypothek zu finden, die sich im Range nach der Rentenbankrente zwischen 66²/₃ oder 75 und 90 v. H. des Stellenwerts bewegt. Außerdem kommt hier wie bei den Rentengutsbildungen überhaupt noch die Gewährung des sogenannten Zwischenkredits in Frage, der um deswillen erforderlich ist, weil die Rentenbank ihre Mittel nicht ratenweise während des Baues, sondern erst nach dessen Fertigstellung — und dann in Form von Rentenbriefen — zur Verfügung stellt. Für beide Zwecke empfahl des preußische Abgeordnetenhaus durch Beschluß vom 4. April 1908 die Flüssigmachung von Mitteln der Landes-Versicherungsanstalten. Letztere verhielten sich indes gegen die Gewährung von Zwischenkrediten größtenteils gänzlich ablehnend, während einzelne Anstalten sich dazu bereit erklärten, wenn eine entsprechende Sicherheit von anderer Seite geleistet werde. Für die Gewährung von Nachhypotheken kommen nach der Auffassung des Reichs-Versicherungsamts und zahlreicher Versicherungsanstalten in erster Reihe die Kommunalverbände (Provinzen, Kreise, Gemeinden) als berufene Träger der inneren Kolonisation in Betracht. Sie haben das größere und zugleich ein unmittelbares Interesse an der Arbeiteransiedlung. Sie müssen daher bei der Beleihung der Rentengüter in den Vordergrund treten und können sich ihrerseits die erforderlichen Mittel von den Landes-Versicherungsanstalten leihen. Tatsächlich hat denn auch seither in der Mehrzahl der preußischen Provinzen eine nicht unbeträchtliche Anzahl von Kreiskommunalverbänden unter Inanspruchnahme von Mitteln der beteiligten Landes-Versicherungsanstalten den Versuch unternommen, Arbeiteransiedlungen auf der Grundlage des Erlasses vom 8. Januar 1907 ins Leben zu rufen.

Diese erfreuliche Tätigkeit der Kreise hat auch auf der von dem Königlich Preußischen Landwirtschaftsminister einberufenen Konferenz zur Beratung über die Organisation der inneren Kolonisation, die am 14. und 15. Juni 1909 stattgefunden hat, die gebührende Anerkennung gefunden. Man war darüber einig, daß die Kreise bei der Vermittlung des Kredits der Landes-Versicherungsanstalten gute Dienste leisten können, indem sie insbesondere Resthypotheken übernehmen und die dazu erforderlichen Mittel von der Landes-Versicherungsanstalt leihen oder Bürgschaften für Resthypotheken übernehmen. Dieser Auffassung ist auch der Landwirtschaftsminister unter besonderem Hinweis auf die Verhältnisse in Ostpreußen und unter ausdrücklicher Anerkennung des Entgegenkommens der Landes-Versicherungsanstalten in seinem Schlußworte beigetreten. Die bei der nämlichen Gelegenheit von verschiedenen Rednern verschieden beantwortete Frage, ob die Kreise über eine finanzielle Mitwirkung in dem oben umschriebenen Umfange bei der Arbeiteransiedlung hinausgehen und selbst als Unternehmer solcher Ansiedlungen auftreten sollen, ist in einem für die Provinzen Pommern, Brandenburg, Hannover und Schleswig-Holstein geltenden Erlasse des Landwirtschaftsministers vom 10. August 1909 bejaht, soweit es sich um Arbeiteransiedlungen handelt, die nicht gelegentlich der bäuerlichen Kolonisation und im Zusammenhange mit dieser erfolgen. Da, wo die Kreise aus irgendwelchen Gründen sich mit der Arbeiteransiedlung nicht selbst befassen können, soll die Bildung lokaler gemeinnütziger Ansiedlungsgesellschaften angestrebt werden. Für jede Ansiedlung eines Landarbeiters, die nach Maßgabe der veröffentlichten Grundsätze durchgeführt wird, soll der Kreis (die Kreisgesellschaft) aus Mitteln der landwirtschaftlichen Verwaltung eine Beihilfe erhalten, die 800 Mark (in Hannover und Schleswig-Holstein regelmäßig nur 500 Mark) für jede Stelle und 10 Mark für jedes angefangene Hektar der zu besiedelnden Fläche beträgt. Die in dem Erlaß ausgesprochene Erwartung, daß es für die Kreise nicht schwer sein werde, sich die erforderlichen Mittel zu günstigen Bedingungen namentlich von den Landes-Versicherungsanstalten zu beschaffen, dürfte nicht fehlgehen.

Mit einigen Worten ist hier schließlich noch auf die im Laufe der Darstellung bereits mehrfach erwähnte, seit dem Jahre 1897 alljährlich in den Amtlichen Nachrichten des Reichs-Versicherungsamts (meist in der Februarnummer) erscheinende Statistik der Vermögensanlagen der Versicherungsträger für Zwecke der allgemeinen Wohlfahrtspflege einzugehen, die im Laufe der Jahre nach verschiedenen Richtungen Abänderungen und Erweiterungen erfahren hat. Während sie zunächst auf die 31 Versicherungsanstalten beschränkt war, ist sie seit dem Rechnungsjahre 1900 auch auf die zugelassenen Kasseneinrichtungen erstreckt worden. Inhaltlich zerfiel sie ursprünglich in drei

Unterabteilungen; es wurden nachgewiesen die Darlehen

1. für den Bau von Arbeiterwohnungen,
2. zur Befriedigung des landwirtschaftlichen Kreditbedürfnisses,
3. für den Bau von Kranken- und Rekonvaleszentenhäusern, Herbergen zur Heimat, Volksbädern, Kleinkinderschulen, für Spar- und Konsumvereine und andere ähnliche Wohlfahrtseinrichtungen.

Der Kreis der unter Ziffer 3 zusammengefaßten Unternehmungen hat von Jahr zu Jahr an Umfang zugenommen. Denn es tritt kaum eine größere Wohlfahrtseinrichtung ins Leben, für die nicht ein Darlehen des örtlich zuständigen Trägers der Invalidenversicherung begehrt wird. Dabei handelt es sich nicht nur um Veranstaltungen, die ausschließlich oder überwiegend der versicherungspflichtigen Bevölkerung zugute kommen, sondern auch um Wohlfahrtseinrichtungen allgemeiner Art.

Mit dem Rechnungsjahre 1900 traten als 4. Abschnitt die Aufwendungen der Versicherungsträger für eigene Wohlfahrtseinrichtungen (Krankenhäuser, Heilanstalten, Lungenheilstätten, Erholungs- und Genesungsheime, Invalidenhäuser u. a.) hinzu. Ferner wird hier neuerdings eine eingehendere Darstellung des Arbeiterwohnungsbaues gegeben. Diese Darstellung wird im wesentlichen auch für die Folgezeit beibehalten werden. Außerdem ist beabsichtigt, die sonstigen Darlehen für Wohlfahrtseinrichtungen mehr als bisher nach ihrem inneren Zusammenhange zu erfassen und darzustellen.

Die besprochene Statistik will ersichtlich machen, welche Summen die Versicherungsträger seit ihrem Bestehen auf den erwähnten vier Gebieten aufgewendet haben. Rückzahlungen sind dabei nicht berücksichtigt. Diese und die hiernach verbleibenden Bestände an Darlehen solcher Art werden aber seit dem Jahre 1908 besonders zusammengestellt.

Einem anderen Zwecke dienen die seit dem Jahre 1908 ebenfalls in den Amtlichen Nachrichten des Reichs-Versicherungsamts erscheinenden Übersichten, die erkennen lassen, welche Beträge die einzelnen Versicherungsträger jeweils am Schlusse eines Rechnungsjahrs in nicht mündelsicherer Weise angelegt hatten.

Außer dieser Statistik, die sich auf die sogenannten gemeinnützigen Anlagen der Träger der Invalidenversicherung beschränkt, wird vom Reichs-Versicherungsamt alljährlich eine Übersicht über die Art der Anlegung des gesamten Vermögens aller Versicherungsanstalten und zugelassenen Kasseneinrichtungen aufgestellt und in den Amtlichen Nachrichten des Reichs-Versicherungsamts (ebenfalls regelmäßig in der Februarnummer) veröffentlicht. Diese Zusammenstellung beruht auf den Angaben, welche in den Übersichten über die Geschäfts- und Rechnungsergebnisse enthalten sind, und ergibt demnach wie diese den Stand des Vermögens am Schlusse des vorvergangenen Jahres, läßt jedoch die Art der Anlegung des Vermögens im einzelnen viel genauer erkennen als die Nachweisung über die Rechnungsergebnisse. Der im Jahre 1910 veröffentlichten Übersicht über die gesamten Vermögensanlagen sind zwei Sonderzusammenstellungen beigefügt, deren erste eine Übersicht über das Vermögen sämtlicher Versicherungsträger Ende 1908 nach Art und Zinsfuß der Anlagen gibt, und deren zweite erkennen läßt, nach welchem Verhältnisse sich das Vermögen sämtlicher Versicherungsträger in den letzten Jahren auf die verschiedenen Anlagearten verteilt hat. Alle diese Zusammenstellungen ermöglichen einen vollständigen Überblick über die Vermögensbestände der Versicherungsträger und deren Anlegung in allen Einzelheiten. Sie sind zweckmäßige und unentbehrliche Hilfsmittel zur Überwachung dieser großen Vermögensmassen. Zur wirksamen Durchführung der Überwachung dienen auch die schon erwähnten Vorschriften über die Art und Form der Rechnungsführung, die vom Reichs-Versicherungsamt auf Grund der ihm durch das Invalidenversicherungsgesetz vom 13. Juli 1899 und ebenso schon durch das Invaliditäts- und Altersversicherungsgesetz vom 22. Juni 1889 ausdrücklich übertragenen Befugnis erlassen worden sind (vgl. die Vorschriften vom 1. Dezember 1899 nebst Rundschreiben vom gleichen Tage, Amtliche Nachrichten des Reichs-Versicherungsamts 1900 S. 218 ff).

Die Darstellung der Geldwirtschaft auf dem Gebiete der Invalidenversicherung würde nicht vollständig sein, wenn nicht noch zwei Punkte erwähnt würden.

Zunächst ist hervorzuheben, daß hier die Lasten nicht ausschließlich von den Arbeitgebern und den Versicherten, sondern zum Teil auch vom Reiche getragen werden. Nach §§ 27, 35 des Invalidenversicherungsgesetzes — ebenso auch schon nach §§ 19, 26 Abs. 3 des Invaliditäts- und Altersversicherungsgesetzes — zahlt das Reich zu jeder Rente einen jährlichen Zuschuß von 50 Mark. Ferner übernimmt es nach § 40 Abs. 2 des jetzigen Gesetzes den auf die Dauer militärischer Dienstleistungen entfallenden Anteil einer Rente. Daß es außerdem die gesamten Aufwendungen für das Reichs-Versicherungsamt und dessen Tätigkeit sowie für die Leistungen der Reichspost bei dem Markenvertrieb und bei der Zahlung von Renten trägt, ist bereits erwähnt worden.

Sodann ist noch eine erst durch das Invalidenversicherungsgesetz geschaffene Einrichtung zu erwähnen, die bis zu einem gewissen Grade eine Vermögensgemeinschaft zwischen sämtlichen Trägern der Invalidenversicherung herbeigeführt hat. Die Vermögenslage der Versicherungsträger hatte sich in den seit dem Inkrafttreten des Gesetzes vom 22. Juni 1889 verflossenen Jahren außerordentlich verschieden gestaltet. Die Bilanzen, die auf Grund der bisher gewonnenen Erfahrungen von der Rechnungsstelle aufgestellt worden waren, ließen erkennen, daß einzelne Versicherungsanstalten — namentlich die vorwiegend landwirtschaftliche Bezirke umfassenden — einen fortgesetzt steigenden Fehlbetrag aufwiesen, während andere Anstalten bereits ein so bedeutendes Vermögen angesammelt hatten, daß sie zur Deckung ihrer gesetzlichen Leistungen erheblich niedrigere Beiträge hätten einführen können. Ein solches Ergebnis entsprach nicht den Absichten des Gesetzgebers. Es mußte daher in dem neuen Gesetze vor allem darauf Bedacht genommen werden, nach dieser Richtung hin einen wirksamen Ausgleich zu schaffen. Da die Ursachen für die verschiedenartige finanzielle Entwicklung der Versicherungsträger in erkennbarer Weise weniger in dem Verhalten einzelner Versicherungsanstalten bei Erhebung der Beiträge und Leistung der Ausgaben, als vielmehr in Tatsachen zu suchen waren, die ihre Erklärung in der Verschiedenheit der örtlichen Verhältnisse fanden, auf deren Gestaltung die Vorstände der Versicherungsträger keinen Einfluß hatten, so glaubte man durch die Teilung der Lasten der einzelnen Versicherungsträger in eine die verschiedenen Wirkungen der örtlichen Verhältnisse ausgleichende Gemeinlast aller Versicherungsträger und in eine Sonderlast jedes einzelnen Versicherungsträgers einen geeigneten und ausreichenden Vermögensausgleich herbeizuführen.

Der Teilung der Last in Gemein- und Sonderlast entsprechend wird auch das Vermögen jedes Versicherungsträgers buchmäßig in ein Gemein- und ein Sondervermögen geschieden. Aus dem Gemeinvermögen sämtlicher Versicherungsträger sind drei Viertel aller Altersrenten, die Grundbeträge aller Invalidenrenten, die Rentensteigerungen für Krankheitswochen und die Rentenabrundungen zu decken, während aus dem Sondervermögen der einzelnen Versicherungsträger zu bestreiten sind: die Steigerungsbeträge aller Invalidenrenten, ein Viertel aller Altersrenten und die sonstigen besonderen Aufwendungen der Versicherungsträger, wie Beitragserstattungen, Kosten der Verwaltung und des Heilverfahrens und dergleichen.

Zur Deckung der vorbezeichneten Ausgaben fließen dem Gemeinvermögen jährlich vier Zehntel der Beitragseinnahme und die dreiprozentigen Zinsen des Anfangsbestandes für ein volles Jahr und des Zuganges für $^3/_8$ Jahr zu. Das Sondervermögen dagegen setzt sich aus dem am 1. Januar 1900 vorhanden gewesenen Vermögen jedes Versicherungsträgers $^6/_{10}$ der Beitragseinnahme und den sonstigen Einnahmen des Versicherungsträgers zusammen, zu denen auch der Ertrag aus einer höheren als dreiprozentigen Verzinsung des Gemeinvermögens gehört.

Die rechnerische und versicherungstechnische Durchführung der Teilung der Lasten unter gleichzeitiger Festsetzung des Gemein- und des Sondervermögens, sowie Feststellung der dem Reiche zur Last fallenden Beträge ist gesetzlich der Rechnungsstelle des Reichs-Versicherungsamts übertragen und macht die unter Ziffer 1 des § 124 des Invalidenversicherungsgesetzes als „Verteilung der Renten" bezeichnete Arbeit aus. Sie unterscheidet sich von dem früheren Verteilungsverfahren im wesentlichen dadurch, daß früher jede endgültig feststehende Rente nach Maßgabe der für sie geleisteten Beiträge auf die beteiligten Versicherungsanstalten verteilt wurde, daß ferner diese Verteilung jedes Jahr von neuem vorgenommen wurde, solange der Rentenempfänger zum Bezuge der Rente berechtigt war, während nach dem neuen Verteilungsverfahren zunächst eine Verteilung und Kapitalisierung aller beim Inkrafttreten des Invalidenversicherungsgesetzes laufenden Renten beziehungsweise Rentenanteile vorgenommen werden mußte und nunmehr nur noch eine Verteilung des Neuzuganges an Renten und eine Kapitalisierung der neu hinzutretenden Anteile jährlich erforderlich ist. Das weitere Verfahren bei der Verteilung besteht in der Fortschreibung des Kapitalwerts der Rentenanteile der vor dem Beginne des Rechnungsjahrs zugegangenen Renten und der Zuschreibung der Kapitalwerte der neu zugegangenen Rentenanteile. Das Verhältnis, in dem für jeden Versicherungsträger die Kapitalwerte der dem Reiche, dem Gemein- und dem Sondervermögen zur Last fallenden Rentenanteile stehen, bildet den Maßstab der Verteilung der auf Anweisung dieses Versicherungsträgers gezahlten Beträge. Auf diese Weise wird zunächst festgestellt, wieviel von den Zahlungen eines jeden Versicherungsträgers dem Reiche, dem Gemeinvermögen und dem Sondervermögen zur Last fällt. Durch Zusammenfassen der Ergebnisse findet man alsdann die gesamte Reichslast und die gesamte Gemeinlast. Letztere wird auf die verschiedenen Versicherungsträger im Verhältnis ihrer Gemeinvermögen verteilt. Die durch die erwähnte Dreiteilung ermittelten Sonderlasten der einzelnen Versicherungsanstalten sind noch um die Ausgaben für die Beitragserstattungen zu erhöhen. Sie erfahren sodann noch eine weitere Änderung durch die Ersatzleistungen, die jeder belastete Versicherungsträger auf Grund der anderen Versicherungsträgern zugeflossenen Beiträge zu beanspruchen hatte.

Die Unfallverhütung und das Heilverfahren.

Hat der Gesetzgeber den Trägern der Unfall- und der Invalidenversicherung die schwere Last der Entschädigungsleistungen auferlegt, so hat er ihnen anderseits doch auch die Möglichkeit eröffnet, diese Lasten bis zu einem gewissen Grade einzuschränken, und zwar in einer für die Arbeiter wohltätigen Weise. Die Maßnahmen, die er ihnen dazu an die Hand gegeben hat, haben teils zum Ziele, den Eintritt eines Schadens abzuwenden, teils einen eingetretenen Schaden soviel wie möglich wieder zu beseitigen. In der Unfallverhütung soll durch den Erlaß und die Durchführung von Unfallverhütungsvorschriften die Entstehung von Unfällen tunlichst verhindert werden. Auf dem Gebiete der Invalidenversicherung läßt zwar die jetzige Gesetzgebung allgemeine Maßnahmen zur Verhütung von Krankheiten in größerem Umfange nicht zu, wohl aber gestattet sie den Versicherungsträgern, bereits erkrankte Versicherte einem Heilverfahren zu unterwerfen, um hierdurch dem Eintritt einer solchen Erwerbsunfähigkeit, die den Anspruch auf Invalidenrente begründen würde, vorzubeugen. Für beide Versicherungszweige ist ferner ein Heilverfahren nach Eintritt des Versicherungsfalls vorgesehen; in der Unfallversicherung ist es ein pflichtmäßiges, in der Invalidenversicherung ein freiwilliges. Dort soll die durch einen Unfall herbeigeführte Erwerbsunfähigkeit möglichst weit gemindert, allerdings auch ohne Rücksicht auf diesen Erfolg eine Besserung des durch Unfallfolgen gestörten Gesundheitszustandes erstrebt werden. Hier wird durch das nachträgliche Heilverfahren bezweckt, einem Invalidenrentenempfänger die Erwerbsfähigkeit so weit wiederzuverschaffen, daß er der Invalidenrente nicht mehr bedarf und sie ihm deshalb entzogen werden kann.

I. Die Unfallverhütung.

Über die wichtige Aufgabe der Unfallverhütung bestimmt zunächst § 112 des Gewerbe-Unfallversicherungsgesetzes: „Die Genossenschaften sind befugt und können im Aufsichtsweg angehalten werden, Vorschriften zu erlassen:

1. über die von den Mitgliedern zur Verhütung von Unfällen in ihren Betrieben zu treffenden Einrichtungen und Anordnungen unter Bedrohung der Zuwiderhandelnden mit Geldstrafen bis zu eintausend Mark oder mit der Einschätzung ihrer Betriebe in eine höhere Gefahrenklasse oder, falls sich die letzteren bereits in der höchsten Gefahrenklasse befinden, mit Zuschlägen bis zum doppelten Betrag ihrer Beiträge.

   Für die Herstellung der vorgeschriebenen Einrichtungen ist den Mitgliedern eine angemessene Frist zu bewilligen;
2. über das in den Betrieben von den Versicherten zur Verhütung von Unfällen zu beobachtende Verhalten unter Bedrohung der Zuwiderhandelnden mit Geldstrafen bis zu sechs Mark.

Die Genossenschaften sind außerdem befugt, solche Vorschriften für bestimmt abzugrenzende Bezirke oder für bestimmte Gewerbszweige oder Betriebsarten zu erlassen."

Fallen die Kosten, die durch die Tätigkeit auf dem Gebiete der Unfallverhütung den Berufsgenossenschaften selber entstehen, gegenüber den Entschädigungslasten auch wenig ins Gewicht (im Jahre 1908 haben die gewerblichen Berufsgenossenschaften für die Unfallverhütung zusammen 1 674 006 Mark aufgewendet), so legen die Unfallverhütungsmaßnahmen, die Beschaffung und Instandhaltung der vorgeschriebenen Schutzvorrichtungen und die unfallsichere Gestaltung der Betriebseinrichtungen den Unternehmern zum Teil ganz beträchtliche Kosten auf, die unter Umständen die Rentabilität eines Unternehmens wesentlich beeinflussen können. Auf der anderen Seite kommt den Berufsgenossenschaften und Unternehmern die Verringerung der Zahl der Unfälle wieder zugute. Über diesem bloßen Geldinteresse muß aber das rein menschliche, ideale Interesse stehen, die Opfer an Leben und Gesundheit, welche die Erwerbstätigkeit jahraus jahrein noch erfordert, nach Möglichkeit einzuschränken. Mit besonderem Nachdrucke hat denn auch das Reichs-Versicherungsamt von jeher gerade diese Seite der berufsgenossenschaftlichen Tätigkeit betont und ihr jegliche Förderung nach besten Kräften angedeihen lassen.

Die Unfallverhütungsvorschriften sind autonome Rechtsnormen, deren verbindliche Kraft beschränkt ist auf die Mitglieder der Berufsgenossenschaft (Unternehmer) sowie auf die Versicherten. Die Regiebauunternehmer sind durch ausdrückliche Gesetzesvorschrift in dieser Beziehung den Genossenschaftsmitgliedern, zu denen sie an sich nicht gehören, gleichgestellt. Während aber ein Betrieb beim Zutreffen der gesetzlichen Voraussetzungen kraft Gesetzes von der Versicherung erfaßt wird, ist der Unternehmer eines solchen nicht auch schon ohne weiteres den Unfallverhütungsvorschriften unterworfen. Voraussetzung für seine Unterstellung unter die Unfallverhütungsvorschriften ist vielmehr die formelle Mitgliedschaft bei einer Berufsgenossenschaft, die Aufnahme des Betriebs in das Genossenschaftskataster. Mit der Aufnahme des Betriebs in das Genossenschaftskataster erlangen die Unfallverhütungsvorschriften verbindliche Kraft auch für die im Betriebe beschäftigten Personen, die Versicherten, und folglich auch für die Betriebsunternehmer, die nur für ihre Person versichert sind.

Mit der Verhütung von Unfällen hat sich in ausgedehntem Maße die Gesetzgebung befaßt. Für die gewerblichen Unternehmer kommt von den Reichsgesetzen an erster Stelle die Gewerbeordnung in Betracht, vor allem die §§ 120a bis 120e sowie die auf Grund des § 120e erlassenen Bundesratsvorschriften. Daneben enthalten zahlreiche Landesgesetze und Polizeiverordnungen Bestimmungen über die Verhütung von Unfällen. Dieser staatlichen Unfallverhütung tritt die berufsgenossenschaftliche als gleichwertig zur Seite. Der Inhalt der berufsgenossenschaftlichen Unfallverhütungsvorschriften findet seine Schranke nur darin, daß er kein gesetzlich verbotener sein darf. Demnach können für die gleichen Betriebe und Betriebseinrichtungen verschieden lautende Vorschriften bestehen. Im allgemeinen sind dann die weitergehenden Vorschriften zu befolgen. Auch bei genehmigungspflichtigen Anlagen können durch die Unfallverhütungsvorschriften höhere Anforderungen an die Betriebssicherheit gestellt werden, als dies durch die Genehmigungsurkunde geschehen ist. Das gleiche gilt für die auf Grund des § 120d der Gewerbeordnung erlassenen polizeilichen Verfügungen. Eine Bestrafung wegen Zuwiderhandlung gegen eine staatliche Vorschrift schließt die Verhängung einer Strafe auf Grund der §§ 112, 116 des Gewerbe-Unfallversicherungsgesetzes nicht aus, wenn zugleich ein Verstoß gegen die berufsgenossenschaftlichen Unfallverhütungsvorschriften vorliegt.

Die Berufsgenossenschaften sind in hervorragendem Grade befähigt, an der Ausgestaltung der Unfallverhütung mitzuwirken, schon wegen der besonderen Fachkenntnis und Erfahrung ihrer Mitglieder, die sie in den Stand setzt, die Notwendigkeit, Zweckmäßigkeit und Durchführbarkeit bestimmter Unfallverhütungsmaßnahmen zutreffend zu beurteilen und die Unfallverhütung jeweils den Fortschritten in Industrie und Technik so rasch wie möglich anzupassen. Dadurch sind die Berufsgenossenschaften auf diesem Gebiet auch solchen Aufgaben gewachsen, die dem Gesetzgeber große, wenn nicht unüberwindliche Schwierigkeiten bereiten. Sie können ferner die genaue Sachkenntnis der technischen Aufsichtsbeamten auf ihren Sondergebieten bei Erlaß und Abänderung der Unfallverhütungsvorschriften sich zunutze machen. Endlich ist auch den Arbeitern selbst eine Mitwirkung an der Beratung und Beschlußfassung über Unfallverhütungsvorschriften gewährleistet, so daß auch deren Erfahrungen zur Geltung kommen.

Aus dem Nebeneinanderbestehen von staatlichen und berufsgenossenschaftlichen Unfallverhütungsvorschriften können freilich für die Betriebe mannigfache Unzuträglichkeiten entstehen, sofern die beiderseitigen Vorschriften in wesentlichen Punkten voneinander abweichen. Von einigen Berufsgenossenschaften sind auch schon lebhafte Klagen in dieser Richtung geäußert worden. Um solche Unstimmigkeiten nach Möglichkeit zu vermeiden, schreibt § 115 Abs. 4 des Gewerbe-Unfallversicherungsgesetzes vor, daß vor der Genehmigung den Landes-Zentralbehörden derjenigen Bundesstaaten, auf deren Gebiete sich die Vorschriften erstrecken sollen, Gelegenheit zu einer Äußerung zu geben ist. Die Verhandlungen mit den Landes-Zentralbehörden hat das Reichs-Versicherungsamt zu führen, dem damit die Aufgabe zufällt, seinerseits auf die möglichste Übereinstimmung der für die Unfallverhütung geltenden Vorschriften hinzuwirken. Den gleichen Zwecken dient die Vorschrift des § 120e Abs. 2 der Gewerbeordnung, welche die Anhörung der Berufsgenossenschaften oder ihrer Sektionen vor Erlaß der dort vorgesehenen Anordnungen und Polizeiverordnungen vorschreibt, ferner das den Berufsgenossenschaften im § 120d Abs. 4 der Gewerbeordnung eingeräumte Beschwerderecht gegen Verfügungen der Polizeibehörden und die Pflicht der Polizeibehörden, der Berufsgenossenschaft, welcher der beteiligte Betrieb angehört, die von ihnen gemäß § 120d Abs. 1 a. a. O. zur Verhütung von Unfällen getroffenen Anordnungen mitzuteilen (§ 117 Abs. 2 des Gewerbe-Unfallversicherungsgesetzes), endlich die Vorschrift des § 117 Abs. 1 des Gewerbe-Unfallversicherungsgesetzes, wonach die von den Landesbehörden für bestimmte Gewerbszweige oder Betriebsarten zur Verhütung von Unfällen zu erlassenden Anordnungen den beteiligten Genossenschafts- oder Sektionsvorständen zur Begutachtung mitzuteilen sind. Da es aber nach der herrschenden Auffassung der Behörden bei Vorschriften, die neben den Rücksichten des Arbeiterschutzes wesentlich andere, namentlich polizeiliche Zwecke verfolgen (z. B. Sicherheit des Verkehrs, Schutz des Publikums überhaupt), der Anhörung der Berufsgenossenschaften nicht bedarf, unterbleibt die Begutachtung von staatlichen Unfallverhütungsmaßnahmen durch die Berufsgenossenschaften doch in vielen Fällen. Das Reichs-Versicherungsamt hat neuerdings die Genossenschaftsvorstände darauf hingewiesen, daß es, um zu befriedigenderen Zuständen zu gelangen, vor allem dringend notwendig ist, die berufsgenossenschaftlichen Unfallverhütungsvorschriften unter sich in größere Übereinstimmung zu bringen.

Der Erlaß von Unfallverhütungsvorschriften gehört zu den Pflichtaufgaben der Berufsgenossenschaften. Die Betätigung der Organe dieser Selbstverwaltungskörperschaften ist daher in erster Linie maßgebend für den Inhalt der Vorschriften und ihre Ausgestaltung im einzelnen. Das Reichs-Versicherungsamt hat nicht das Recht, selbst bestimmte Vorschriften für die Berufsgenossenschaften aufzustellen. Doch würde es seine Aufgabe verkennen, wenn es auf diesem wichtigen Gebiete des Arbeiterschutzes sich auf eine mehr passive Tätigkeit beschränken wollte. Das Amt hat daher auch in zahlreichen Erlassen und Rundschreiben das Verständnis für Wesen und Bedeutsamkeit der Unfallverhütung in den berufsgenossenschaftlichen Kreisen zu wecken und zu heben gesucht, auf allgemeine Gesichtspunkte hingewiesen und Anleitungen für das beim Erlasse von Unfallverhütungsvorschriften zu beobachtende Verfahren gegeben.

Da aus der Schilderung der Ursachen und des Herganges von Unfällen wertvolle Unterlagen für die Ausgestaltung der Unfallverhütungsvorschriften zu entnehmen sind, so hat das Reichs-Versicherungsamt auch die Unfallstatistik in den Dienst der Unfallverhütung gestellt und deshalb die statistischen Erhebungen einer Bearbeitung durch seine technisch vorgebildeten Mitglieder unterzogen. Die Ergebnisse der Gewerbe-Unfallstatistik für das Jahr 1907 werden zum 1. Oktober 1910 veröffentlicht werden, die der Gewerbe-Unfallstatistik von 1897 sind in 3 Beiheften zu den Amtlichen Nachrichten des Reichs-Versicherungsamts 1899 und 1900 der Öffentlichkeit zugänglich gemacht worden. Ein großer Prozentsatz der entschädigungspflichtigen Unfälle aus dem Bereiche der versicherten Industrie ist auf „fehlende oder ungenügende Schutzvorrichtungen“ und auf „mangelhafte Betriebseinrichtungen“ zurückzuführen. Wenn noch eine ganz erhebliche Anzahl der Unfälle durch „allgemeine Betriebsgefahr“ entsteht, so wird dieses Verhältnis sich mit den Fortschritten der Unfallverhütungstechnik erheblich ändern lassen.

Eine Fundgrube für die Weiterbildung der Unfallverhütungsvorschriften bilden ferner die Ergebnisse der Revisionstätigkeit der technischen Aufsichtsbeamten. Das Reichs-Versicherungsamt hat sich daher entschlossen, die gemäß § 122 Abs. 2 des Gewerbe-Unfallversicherungsgesetzes ihm zu erstattenden Jahresberichte der gewerblichen Berufsgenossenschaften über Unfallverhütung in einer Zusammenstellung als Beiheft zu seinen Amtlichen Nachrichten zu veröffentlichen. Dies ist bis jetzt für die Jahre 1907, 1908 und 1909 geschehen. Die Arbeit ist auch von den Berufsgenossenschaften, namentlich auf dem Berufsgenossenschaftstage 1909, freudig begrüßt worden.

Besondere Unfallereignisse haben dem Reichs-Versicherungsamte wiederholt Anlaß gegeben, den beteiligten Berufsgenossenschaften den Erlaß bestimmter einzelner Unfallverhütungsvorschriften zu empfehlen. Es würde indessen zu weit führen, hierauf des näheren einzugehen.

Um für bestimmte gleichartige Gefahren in den unter die Unfallversicherungsgesetze fallenden gewerblichen Betrieben den einzelnen Berufsgenossenschaften eine Grundlage für den Erlaß von Unfallverhütungsvorschriften zu bieten, wurde zufolge eines Beschlusses des Berufsgenossenschaftstags in München 1891 eine Kommission mit der Ausarbeitung von „Normal-Unfallverhütungsvorschriften“ betraut. Zu den Arbeiten dieser Kommission sind auch zwei technische Mitglieder des Reichs-Versicherungsamts zugezogen worden. Aus den Beratungen ist der auf dem X. Berufsgenossenschaftstage 1896 mit unwesentlichen Änderungen angenommene Entwurf von Normal-Unfallverhütungsvorschriften hervorgegangen, nach welchem die meisten gewerblichen Berufsgenossenschaften in der Folge ihre Unfallverhütungsvorschriften änderten oder neu verfaßten. Die Normal-Unfallverhütungsvorschriften, die auch in den Amtlichen Nachrichten des Reichs-Versicherungsamts 1896 Seite 431 ff. abgedruckt sind, behandeln in ihrem I. Teile (Allgemeine Vorschriften) die Betriebsanlage, Betriebsführung und Fürsorge für Verletzte, im II. Teile den Betrieb von Dampfkesseln, im III. Teile die Kraftmaschinen, im IV. Teile die Transmissionen, im V. Teile die Fahrstühle und Hebezeuge und im VI. Teile vom Transporte zu Lande die Fuhrwerke und Karren aller Art, die nicht auf Schienen laufen. Sie sind als vorzügliche Leistung nicht nur in Deutschland, sondern auch in fremden Industriestaaten anerkannt und in verschiedene Sprachen übersetzt worden. Auf Anregung des Reichs-Versicherungsamts soll nunmehr — ebenfalls unter Zuziehung von Mitgliedern des Amtes — eine Neubearbeitung der Normalvorschriften vorgenommen werden, um sie dem neuesten Stande der Technik anzupassen. Dabei sollen auch die für die Arbeitnehmer geltenden Vorschriften umgearbeitet werden, damit sie den Arbeitern so verständlich wie möglich werden. Es wird ferner erwogen, den Entwurf von Normalvorschriften auszudehnen auf alle diejenigen häufig vorkommenden Betriebseinrichtungen und Arbeitstätigkeiten, über deren unfallsichere Ausgestaltung eine Meinungsverschiedenheit kaum herrschen kann. Das gilt insbesondere für die gebräuchlichsten Metall- und Holzbearbeitungsmaschinen, für elektrische Einrichtungen, sowie für die Forderung gewisser Sicherheitseinrichtungen, wie Abdeckung der Zahnradgetriebe und Anordnung von Ausrückvorrichtungen bei allen Maschinen.

Nach § 115 Abs. 1 des Gewerbe-Unfallversicherungsgesetzes bedürfen die Unfallverhütungsvorschriften der Genehmigung des Reichs-Versicherungsamts, das sie auf ihre Wirksamkeit, Zweckmäßigkeit und Durchführbarkeit zu prüfen hat. Die zu erlassenden Vorschriften sind schon vor der Beschlußfassung dem Reichs-Versicherungsamt einzureichen (§ 113 Abs. 1 a. a. O.). Nach einer vorläufigen Durchsicht legt das Reichs-Versicherungsamt den Entwurf aus Zweckmäßigkeitsgründen alsbald den Landes-Zentralbehörden vor (§ 115 Abs. 4 a. a. O.). Nach Eingang ihrer Äußerungen läßt es dann diese mit seinen eigenen Abänderungsvorschlägen dem Genossenschaftsvorstande zugehen. Hierauf erfolgt die Beratung und Beschlußfassung in einer Vorstandssitzung, zu der Arbeitervertreter (§ 114 a. a. O.) in gleicher Zahl wie die beteiligten Vorstandsmitglieder zuzuziehen sind. Zu dieser Sitzung ist das Reichs-Versicherungsamt einzuladen (§ 113 Abs. 3 a. a. O.). Demnächst ist die Beschlußfassung der Genossenschaftsversammlung herbeizuführen. Bei Sektionsbildung sind die in Betracht kommenden Sektionsvorstände gutachtlich zu hören. Sollen die Vorschriften nur für den Bezirk einzelner Sektionen Gültigkeit haben, so sind zur Begutachtung durch den Sektionsvorstand Arbeitervertreter zuzuziehen. Sind die Vorschriften dagegen für den ganzen Bezirk der Berufsgenossenschaft bestimmt, so ist die Zuziehung von Arbeitervertretern zur Begutachtung durch den Sektionsvorstand nicht vorgeschrieben, sie kann aber vom Reichs-Versicherungsamt im einzelnen Falle angeordnet werden (§ 115 Abs. 2 a. a. O.). Nach der Beschlußfassung der Genossenschaftsversammlung ist die Genehmigung des Reichs-Versicherungsamts unter Mitteilung der erforderlichen Unterlagen (§ 115 Abs. 4 a. a. O.) einzuholen. Falls die Beschlüsse des Genossenschaftsvorstandes und der Arbeitervertreter durch die Genossenschaftsversammlung abgeändert worden sind, oder wenn das Reichs-Versicherungsamt seine Genehmigung von der Abänderung der beschlossenen Vorschriften abhängig macht, kann es die nochmalige Beratung und Beschlußfassung in einer erweiterten Vorstandssitzung anordnen (§ 115 Abs. 3 a. a. O.). Die Genehmigung der Vorschriften erfolgt durch Beschluß der Abteilung für Unfallversicherung unter Zuziehung von mindestens je einem nichtständigen Mitglied aus den Vertretern der Arbeitgeber und der Versicherten. Durch diese Verfahrensvorschriften hat der Gesetzgeber dem Reichs-Versicherungsamt in weitgehendem Maße die Möglichkeit gegeben, einen Einfluß auf die Feststellung des Inhalts der Unfallverhütungsvorschriften auszuüben. In manchen Fällen haben aber schon, bevor sich die beabsichtigten Maßnahmen zu einem Entwurfe verdichteten, eingehende Vorverhandlungen zwischen den beteiligten Berufsgenossenschaften oder genossenschaftlichen Verbänden und dem Reichs-Versicherungsamte stattgefunden.

Zur Verhütung von Unfällen trägt wesentlich bei eine ausreichende Beaufsichtigung der Arbeitsausführung durch den Unternehmer oder seine Beauftragten, eine sachgemäße Anweisung und Anleitung der Arbeiter und besonders deren achtsames, den Sicherheitsvorschriften entsprechendes Verhalten. Der sicherste Weg zum Ziele ist aber stets die unfallsichere Gestaltung der Betriebseinrichtungen, wodurch die Betriebsgefahren selbst beseitigt oder tunlichst verringert werden und die Wirkung der Unfallverhütungsvorkehrungen unabhängig von dem Willen der Arbeiter gemacht wird. Damit ist der Unfallverhütungstechnik eine Fülle wichtiger Aufgaben gestellt. Es gilt nicht nur, gefährliche Einrichtungen durch Anbringung von Sicherheitsvorkehrungen wie Schutzgitter, Schutzgeländer, Schutzumhüllungen und ähnliche einfache Schutzmittel möglichst unfallsicher zu gestalten, sondern vor allem auch für Maschinen und andere Betriebseinrichtungen Konstruktionen zu finden und auszuführen, die deren Unfallgefährlichkeit von vornherein und unmittelbar beseitigen. Mit der Unfallverhütung hat sich die Technik eingehend erst in der neueren Zeit befaßt. Nach dem Vorbilde der 1867 von Engel-Dollfus gegründeten Association pour prévenir les accidents de fabrique (Mulhouse) entstanden zunächst private Vereinigungen von Betriebsunternehmern zur Förderung der Unfallverhütung. Die polizeilichen Bestimmungen über die Anlegung von Dampfkesseln gaben Anstoß zur Gründung von Dampfkesselrevisionsvereinen, die für die Betriebssicherheit der Dampfkesselanlagen Gutes leisteten. Auch der Erfindungsgeist beschäftigte sich bald mit der Herstellung zweckmäßiger Vorkehrungen zur Unfallverhütung.

Diese in den Anfängen liegenden Bestrebungen erhielten einen mächtigen Anstoß mit dem Inslebentreten der reichsgesetzlichen Unfallversicherung. Die Berufsgenossenschaften haben gerade auch der technischen Seite der Unfallverhütung ihre lebhafte Aufmerksamkeit zugewandt. Enthalten schon die Jahresberichte der staatlichen Gewerbeaufsichtsbeamten manche schätzbare Angaben über neuere Sicherheitseinrichtungen, so sind solche Mitteilungen noch zahlreicher in den Berichten der technischen Aufsichtsbeamten der Berufsgenossenschaften.

Den Anforderungen der Technik an die Unfallverhütung läßt sich meistens durch mehrere, ja oft viele Konstruktionen genügen. Unter den zahlreichen Vorschlägen wird derjenige zu wählen sein, der nicht nur die Unfallsicherheit am vollkommensten gewährleistet, sondern auch zugleich wirtschaftliche Vorteile bietet, z. B. Vereinfachung der Bedienung und Handhabung der Maschinen, Erhöhung der Arbeitsleistung. Es ist deshalb von größtem Nutzen, praktisch bewährte Sicherheitseinrichtungen möglichst weiten Kreisen bekannt zu machen. Aus diesem Bestreben heraus ist eine umfangreiche Literatur entstanden, die im einzelnen anzuführen aber außerhalb des Rahmens dieser Abhandlung liegt.

Um den Erfindungstrieb anzuregen und um besonders schwierige Fragen der Unfallverhütung der bestmöglichen Lösung entgegenzuführen, ist des öfteren schon der Weg des Preisausschreibens beschritten worden. Durch solche Veranstaltungen, bei denen auch technische Mitglieder des Reichs-Versicherungsamts mitgewirkt haben, sind zahlreiche brauchbare Konstruktionen von Unfallverhütungsvorkehrungen gefunden oder bedeutsame Anregungen für die endgültige Lösung der gestellten Aufgaben gegeben worden.

Insbesondere hat das Reichs-Versicherungsamt — zum Teil auch mit Unterstützung der Berufsgenossenschaften — zur Verbreitung der Kenntnis zweckmäßiger Sicherheitsvorrichtungen und damit zur Entwicklung der Unfallverhütungstechnik durch eine ausgewählte Sammlung von Schutzvorrichtungen beigetragen, die teils in betriebsfertigen Ausführungen, teils in Modellen, teils in Zeichnungen dargestellt wurden. Diese Sammlungen sind auf zahlreichen inländischen und ausländischen Ausstellungen vorgeführt worden. Im Jahre 1903 hat das Reich ein großes Museum als „Ständige Ausstellung für Arbeiterwohlfahrt“ in Charlottenburg geschaffen. Diese Ausstellung ist sämtlichen Zweigen der Arbeiterfürsorge, insbesondere den Vorkehrungen zur Unfallverhütung und den Einrichtungen auf dem Gebiete der Gewerbehygiene gewidmet. Die Beschaffung der Ausstellungsgegenstände geschieht hauptsächlich in der Weise, daß einzelnen Arbeitgebern, sowie Erfindern und Fabrikanten von Unfallverhütungsvorrichtungen unentgeltlich der Raum zur Verfügung gestellt wird. Ebenso wird auch den Berufsgenossenschaften Gelegenheit zur Ausstellung mustergültiger und bewährter Unfallverhütungsvorrichtungen geboten. An der Verwaltung dieses Museums sind auch Mitglieder des Reichs-Versicherungsamts beteiligt.

Die gewerblichen Berufsgenossenschaften haben bisher in ernstem Streben und in enger Fühlung mit dem Reichs-Versicherungsamte für die Unfallverhütung Ersprießliches geleistet. Bereits innerhalb von 5 Jahren nach dem Inkrafttreten des Unfallversicherungsgesetzes vom 6. Juli 1884 hatten von 66 (damals 64) gewerblichen Berufsgenossenschaften 50 Unfallverhütungsvorschriften erlassen. In der Folgezeit haben dies auch die übrigen Berufsgenossenschaften getan, so daß zur Zeit alle 66 gewerblichen Berufsgenossenschaften vom Reichs-Versicherungsamte bzw. den Landes-Versicherungsämtern genehmigte Unfallverhütungsvorschriften besitzen (die Knappschafts-Berufsgenossenschaft hat solche nur für die der Aufsicht der Bergbehörde nicht unterstehenden Betriebe erlassen). Die älteren Vorschriften sind bei 53 Berufsgenossenschaften durch neue ersetzt, andere sind durch Nachträge ergänzt und erweitert worden.

Wenn bis jetzt auch Anerkennenswertes auf dem Gebiete der Unfallverhütung geleistet worden ist, so harren doch noch viele Aufgaben der Erledigung. Stillstand wäre auch hier Rückschritt. Die nächsten Aufgaben und Fragen sind folgende: Es ist eine Verbesserung der Unfallverhütungsvorschriften nach Form und Inhalt anzustreben. Die Vorschriften sind nicht nur sachgemäß zu beschränken, sondern auch in einzelne Gruppen aufzulösen. Die Mitwirkung der Arbeitnehmer bei der Durchführung der Unfallverhütungsvorschriften ist zu fördern. Die Frage der Verpflichtung der Fabrikanten und Lieferanten zur Lieferung unfallsicherer Betriebseinrichtungen sollte trotz der entgegenstehenden großen Schwierigkeiten zu einer befriedigenden Lösung gebracht werden. Endlich ist die Bekanntgabe bewährter Unfallverhütungseinrichtungen weiter zu vervollkommnen.

Die Zahl der entschädigungspflichtigen Unfälle hat allerdings nicht abgenommen, sondern ist von Jahr zu Jahr gestiegen. Daraus kann jedoch nicht auf die Erfolglosigkeit der Unfallverhütungsmaßnahmen geschlossen werden. Die Zunahme der Unfälle hat andere Ursachen. Einmal kommen gerade infolge der Unfallversicherung mehr Unfälle als früher zur Anmeldung. Ferner ist die Zahl der Versicherten ebenfalls gestiegen. Von Einfluß ist auch die zunehmende Verwendung ungeübter Arbeitskräfte in der Industrie. Endlich ist durch neue Fabrikationsarten, durch vermehrte Benutzung von Maschinen, durch die vergrößerte Maschinengeschwindigkeit und dergleichen mehr die Betriebsgefährlichkeit erhöht, und es sind dadurch neue Gefahren geschaffen worden, denen die Maßnahmen zur Unfallverhütung erst allmählich nachfolgen können. Vielfach ist aber trotzdem ein Rückgang gerade der schweren Unfälle zu beobachten gewesen, und es ist diese erfreuliche Erscheinung ohne Zweifel der Unfallverhütung zuzuschreiben. Sie hat auch in hygienischer Beziehung eine günstige Wirkung gehabt. Wenn die Vorschriften zunächst nur die Verhütung von Unfällen bezwecken, so dienen sie doch auch mittelbar ganz allgemein der Abwehr gesundheitsschädlicher Einflüsse der Betriebsweisen, die nicht nur eine plötzliche, sondern auch eine allmähliche Körperschädigung zur Folge haben können. Als Beispiele seien angeführt die Vorschrift, daß gesundes Trinkwasser bereitzustellen ist, sowie die Bekämpfung des Alkoholmißbrauchs im Dienste der Unfallverhütung. Vielfach hat sich auch das Reichs-Versicherungsamt wegen solcher Maßnahmen mit dem Kaiserlichen Gesundheitsamt in Verbindung gesetzt, so z. B. wegen der Verwendung offener Koksfeuer auf Bauten.

Da der Erlaß von Unfallverhütungsvorschriften praktisch wertlos wäre, wenn nicht Vorkehrungen dahin getroffen würden, daß sie auch tatsächlich angewendet und beobachtet werden, so ist den Berufsgenossenschaften durch § 119 des Gewerbe-Unfallversicherungsgesetzes zur Pflicht gemacht, für deren Durchführung Sorge zu tragen. Welche Maßregeln die Berufsgenossenschaften zu diesem Zwecke ergreifen wollen, ist ihrem Ermessen überlassen. Das Gesetz gibt ihnen aber zur Erfüllung ihrer gesetzlichen Pflicht die Befugnis an die Hand, „durch technische Aufsichtsbeamte die Befolgung der zur Verhütung von Unfällen erlassenen Vorschriften zu überwachen und von den Einrichtungen der Betriebe, soweit sie für die Zugehörigkeit zur Genossenschaft oder für die Einschätzung in den Gefahrentarif von Bedeutung sind, Kenntnis zu nehmen". Da bei einer ausreichenden Überwachung der Betriebe durch technische Aufsichtsbeamte die wirksame Durchführung der Unfallverhütungsvorschriften ohne Zweifel am besten gesichert ist, so hat das Reichs-Versicherungsamt bei den Berufsgenossenschaften mit Nachdruck auf die Anstellung einer hinreichenden Zahl von technischen Aufsichtsbeamten hingewirkt und nicht ohne Erfolg. Die Berufsgenossenschaften haben sich mehr und mehr von der Notwendigkeit überzeugt, die Durchführung der Vorschriften durch besondere Beamte überwachen zu lassen. Im Jahre 1909 waren im ganzen 321 Personen im technischen Aufsichtsdienste von 62 gewerblichen Berufsgenossenschaften tätig, davon 8 bei 2 oder mehreren Berufsgenossenschaften. Nur 4 Berufsgenossenschaften haben noch keine technischen Aufsichtsbeamten angestellt.

Die technischen Aufsichtsbeamten, die an Stelle der früheren „Beauftragten" getreten sind, müssen Beamte der Berufsgenossenschaft sein. Das Reichs-Versicherungsamt hat es deshalb für unzulässig erachtet, Vorstandsmitglieder oder Vertrauensmänner, also ehrenamtliche Organe der Berufsgenossenschaft, mit den Aufgaben eines technischen Aufsichtsbeamten zu betrauen. Das Reichs-Versicherungsamt hält ferner darauf, daß nur Personen mit einer abgeschlossenen technischen Vorbildung zu Aufsichtsbeamten bestellt werden, die befähigt sind, in allen auf die Auslegung und die Durchführung der Unfallverhütungsvorschriften sowie auf die berufsgenossenschaftliche Zugehörigkeit der Betriebe und das Gefahrentarifwesen bezüglichen Fragen als Sachverständige aufzutreten. Sie sollen, um eine ersprießliche Wirksamkeit entfalten zu können, eine gewisse gehobene Stellung einnehmen und daher auch in keinem Abhängigkeitsverhältnisse zu einzelnen Genossenschaftsmitgliedern stehen. Mit Genehmigung des Reichs-Versicherungsamts können ihnen auch die Aufgaben eines Rechnungsbeamten übertragen werden. Die Genehmigung wird nur erteilt, wenn eine Beeinträchtigung der technischen Aufsichtstätigkeit nicht zu befürchten und der Beamte auch für das Rechnungswesen geeignet ist. Über das Verfahren bei der Betriebsüberwachung durch die technischen Aufsichtsbeamten hat das Reichs-Versicherungsamt in dem Rundschreiben vom 31. Januar 1907 (Amtliche Nachrichten des Reichs-Versicherungsamts 1907 S. 209) Anweisungen gegeben. Die technischen Aufsichtsbeamten sollen übrigens ihre Aufgabe in erster Linie nicht in der Anzeige von Zuwiderhandlungen, sondern darin sehen, den Unternehmern wegen unfallsicherer Einrichtungen ihrer Betriebe mit sachverständigem Rate und mit Belehrungen an die Hand zu gehen. Es ist auch zu begrüßen, daß einzelne Berufsgenossenschaften unter sich die Beaufsichtigung von Nebenbetrieben durch Aufsichtsbeamte derjenigen Berufsgenossenschaft vereinbart haben, welcher der Nebenbetrieb, falls er Hauptbetrieb wäre, seiner Natur nach anzugehören hätte. Wegen der Ablehnung eines technischen Aufsichtsbeamten durch den Betriebsunternehmer und der Pflicht zur Geheimhaltung der Betriebsgeheimnisse enthalten die §§ 120 und 121 des Gewerbe-Unfallversicherungsgesetzes besondere Vorschriften.

Da die meisten unfallversicherungspflichtigen Betriebe auch der staatlichen Gewerbeaufsicht unterstehen, so können sich Schwierigkeiten nicht nur aus dem Nebeneinanderbestehen von staatlichen und berufsgenossenschaftlichen Unfallverhütungsvorschriften, sondern auch aus der Doppelüberwachung durch die staatlichen Gewerbeaufsichtsbeamten und die technischen Aufsichtsbeamten der Berufsgenossenschaften ergeben. Zur Vermeidung von Unzuträglichkeiten bei Meinungsverschiedenheit zwischen Beamten dieser beiden Gruppen hat § 123 des Gewerbe-Unfallversicherungsgesetzes eingehende Vorschriften gegeben, die auch die Tätigkeit des Reichs-Versicherungsamts mehrfach in Anspruch genommen haben. Außerdem hat das Reichs-Versicherungsamt den Genossenschaftsvorständen wiederholt ein gutes Einvernehmen mit den auf dem Gebiete der Unfallverhütung tätigen Beamten der Gewerbeaufsicht angelegentlich empfohlen.

Um einen Einblick in die Überwachungstätigkeit der technischen Aufsichtsbeamten zu gewinnen und um sich nähere Kenntnis von bemerkenswerten Betriebseinrichtungen und Sicherheitsmaßnahmen sowie von den technischen Fortschritten der Industrie zu verschaffen, haben der Präsident des Reichs-Versicherungsamts und insbesondere die technischen Mitglieder des Amtes in den letzten Jahren zahlreiche Betriebe besichtigt. Die Besichtigungen gaben zugleich Gelegenheit zum Meinungsaustausch über Unfallverhütungsmaßnahmen und zur Prüfung neuer Sicherheitseinrichtungen.

Nach § 116 des Gewerbe-Unfallversicherungsgesetzes hat das Reichs-Versicherungsamt über Beschwerden gegen Straffestsetzungen, die von den Genossenschaftsvorständen über die Unternehmer wegen Zuwiderhandlung gegen die Unfallverhütungsvorschriften verhängt werden, zu entscheiden. Die Entscheidung erfolgt durch einen Senat in der Besetzung von 7 Mitgliedern. Damit fällt dem Amte eine weitere Mitwirkung an der Durchführung der berufsgenossenschaftlichen Unfallverhütungsvorschriften zu. Mit der eingehenderen Überwachung der Betriebe ist die Zahl der Strafbescheide und damit auch die Zahl der gegen sie eingelegten Beschwerden erheblich gestiegen. Im Jahre 1909 waren einschließlich der aus dem Vorjahre unerledigten 244 Sachen insgesamt 2006 solcher Beschwerden (einschließlich der landwirtschaftlichen) zu bearbeiten. Ebenso ist das Reichs-Versicherungsamt nach § 124 Abs. 3 des Gewerbe-Unfallversicherungsgesetzes zuständig zur Entscheidung über Beschwerden wegen Auferlegung von Kosten, die durch die Überwachung der Betriebe entstanden und von den Unternehmern wegen Nichterfüllung der ihnen obliegenden Verpflichtungen verursacht sind. Solche Beschwerden sind im Jahre 1909 im ganzen 12 anhängig geworden.

Auf dem Gebiete der Unfallverhütung hat der Gesetzgeber den landwirtschaftlichen Berufsgenossenschaften die gleichen Aufgaben zugewiesen wie den gewerblichen. Der berufsgenossenschaftlichen Unfallverhütung in der Land- und Forstwirtschaft stellten sich aber größere Widerstände und Schwierigkeiten entgegen als sie in den industriellen und gewerblichen Kreisen zu überwinden waren. Die Schwierigkeiten lagen zum Teil in der Eigenart der landwirtschaftlichen Betriebsverhältnisse, in der durch geschichtliche Entwicklung und örtliche Besonderheiten begründeten Mannigfaltigkeit der Betriebsweisen und der ländlichen Besitzverhältnisse sowie in dem Bestehen zahlreicher polizeilicher Vorschriften, namentlich für landwirtschaftliche Maschinen und auf dem Gebiete der Bau-, Feuer-, Straßen- und Sicherheitspolizei. Unter den landwirtschaftlichen Unternehmern bestand eine weitverbreitete Abneigung gegen weitere berufsgenossenschaftliche Unfallverhütungsvorschriften, deren Notwendigkeit und Nützlichkeit angezweifelt wurde. Demgegenüber hat das Reichs-Versicherungsamt von Anfang an die Wichtigkeit und Notwendigkeit berufsgenossenschaftlicher Unfallverhütungsmaßnahmen auch für die Land- und Forstwirtschaft betont und den Erlaß von Unfallverhütungsvorschriften angeregt und gefordert. Die Zunahme der Zahl der Unfälle in der Landwirtschaft und das Anschwellen der Entschädigungslast wurden eine eindringliche Mahnung, auch in der Land- und Forstwirtschaft die Unfallgefahren durch den Erlaß von Unfallverhütungsvorschriften und durch Überwachung der Betriebe hinsichtlich der Befolgung solcher Vorschriften zu bekämpfen. Die vom Reichs-Versicherungsamte bearbeitete Unfallstatistik der Land- und Forstwirtschaft für das Jahr 1901, deren Ergebnisse in Beiheften zu den Amtlichen Nachrichten des Reichs-Versicherungsamts von 1904 veröffentlicht worden sind, hat gezeigt, daß viele Tausende von Unfällen durch das Fehlen von Sicherheitseinrichtungen oder anderen Sicherheitsmaßnahmen entstanden waren. Die Statistik zeigte aber auch in ihrer technischen Bearbeitung, nach welchen Richtungen eine erfolgreiche Durchführung der Unfallverhütung möglich ist, ohne die Betriebsführung wesentlich zu erschweren. Die zunehmende Verwendung von Arbeitsmaschinen in landwirtschaftlichen Betrieben sowie die in größerem Umfang erfolgende Mitversicherung gewerblicher Nebenbetriebe durch die landwirtschaftlichen Berufsgenossenschaften trugen ebenfalls dazu bei, daß diese sich der Überzeugung von der Notwendigkeit einer wirksam durchgeführten Unfallverhütung nicht mehr verschließen konnten.

Auf der Jahreskonferenz der landwirtschaftlichen Berufsgenossenschaften im Jahre 1902 wurde auf Anregung des Reichs-Versicherungsamts die „Ständige Kommission" mit der Ausarbeitung von Vorschriften beauftragt. Diese Kommission hat unter Zuziehung eines Vertreters des Reichs-Versicherungsamts eingehende Studien über die Gefahrenverhältnisse der Land- und Forstwirtschaft gemacht und in den Jahren 1902 bis 1906 Entwürfe von Vorschriften für landwirtschaftliche Maschinen, landwirtschaftliche Geräte und Sprengmittel, Vieh- und Fuhrwerkshaltung, Bauwesen, Forstwirtschaft, ferner für land- und forstwirtschaftliche Nebenbetriebe (Brennereien, Molkereien, Stärkebereitungsbetriebe, Ziegeleien, Gräbereien über Tage, Torfgräbereien, Kalkbrennereien, Kalköfen, Steinbrüche, Mehl- und Ölmühlen, Brauereien, Mälzereien und Sägemühlen) bearbeitet. Diese Entwürfe sind nacheinander auf den Konferenzen der landwirtschaftlichen Berufsgenossenschaften zu Detmold 1903, Straßburg 1904, Hamburg 1905 und Speyer 1906 eingehend beraten und mit einigen Änderungen als Grundlage für die von den einzelnen Berufsgenossenschaften zu erlassenden Vorschriften angenommen worden. In dem von der Ständigen Kommission bearbeiteten Entwurf ist den Betriebsunternehmern empfohlen worden, sich künftig bei dem Ankaufe von Maschinen von der Fabrik oder dem Lieferanten eine schriftliche Erklärung ausstellen zu lassen, wonach die Fabrik oder der Lieferant die Gewähr dafür übernimmt, daß die von ihm bezogene Maschine mit den von der Berufsgenossenschaft geforderten Schutzvorrichtungen versehen ist. Diese Empfehlung haben mehrere landwirtschaftliche Berufsgenossenschaften in ihre Unfallverhütungsvorschriften aufgenommen.

Während bis zum Jahre 1901 nur 15 (kleinere) landwirtschaftliche Berufsgenossenschaften im Besitze von Unfallverhütungsvorschriften waren, haben nunmehr sämtliche 30 der Aufsicht des Reichs-Versicherungsamts unterstellten landwirtschaftlichen Berufsgenossenschaften Unfallverhütungsvorschriften erlassen, und zwar mit wenigen Ausnahmen für alle Betriebszweige der Land- und Forstwirtschaft, sei es zusammengefaßt oder für die einzelnen Betriebsarten getrennt. Auch die übrigen dem Reichs-Versicherungsamte nicht unterstellten 18 landwirtschaftlichen Berufsgenossenschaften haben Unfallverhütungsvorschriften erlassen mit Ausnahme der 4 württembergischen Berufsgenossenschaften und der mecklenburgisch-schwerinschen Berufsgenossenschaft.

Ist schon die Bekanntgabe der Unfallverhütungsvorschriften an die Unternehmer und Versicherten bei den landwirtschaftlichen Berufsgenossenschaften mit Rücksicht auf die große Zahl der Betriebe mit manchen Hindernissen verknüpft, so mehren sich die Schwierigkeiten und Bedenken bei der Frage, wie im einzelnen die auch den landwirtschaftlichen Berufsgenossenschaften zur Pflicht gemachte Überwachung der Durchführung der bestehenden Unfallverhütungsvorschriften erfolgreich zu bewerkstelligen ist. Das landwirtschaftliche Unfallversicherungsgesetz sieht zu diesem Zwecke ebenso wie das Gewerbe-Unfallversicherungsgesetz die Anstellung von technischen Aufsichtsbeamten vor, und das Reichs-Versicherungsamt hält grundsätzlich auch gegenüber den landwirtschaftlichen Berufsgenossenschaften daran fest, daß die Überwachung der Betriebe in erster Linie durch besondere technische Aufsichtsbeamte erfolgen soll. Bis zum 1. Januar 1910 waren aber erst bei 20 landwirtschaftlichen Berufsgenossenschaften zusammen 37 technische Aufsichtsbeamte angestellt (19 Beamte bei 11 dem Reichs-Versicherungsamt unterstellten landwirtschaftlichen Berufsgenossenschaften). Bei manchen Berufsgenossenschaften werden Vertrauensmänner, Mitglieder des Genossenschaftsvorstandes, Gendarmen, Organe der Ortspolizei und dergleichen mit der Betriebsüberwachung betraut. Diese Art der Überwachung wird aber vielfach auf die Dauer nicht genügen, denn die Überwachungstätigkeit soll sich nicht auf die Ermittlung vorschriftswidriger Tatbestände beschränken, sie erfordert vielmehr auch eine fortgesetzte Belehrung und Beratung der Unternehmer, sowie andauernde technische Prüfung vorhandener und neuer Schutzvorkehrungen auf Zweckmäßigkeit, Einfachheit und Billigkeit. Das Reichs-Versicherungsamt richtet daher auf die zweckmäßige Durchführung des Überwachungsdienstes der landwirtschaftlichen Berufsgenossenschaften seine besondere Aufmerksamkeit, um auf Grund der gesammelten Erfahrungen zu der Frage erneut Stellung zu nehmen.

Endlich hat das Reichs-Versicherungsamt auch hier über Beschwerden gegen Straffestsetzungen usw. in denselben Fällen wie in der Gewerbe-Unfallversicherung zu entscheiden.

II. Das Heilverfahren.

1. Unfallversicherung.

Für die Berufsgenossenschaften und die sonstigen Träger der Unfallversicherung besteht die Verpflichtung zur Übernahme eines Heilverfahrens vom Anfange der 14. Woche nach dem Eintritte des Unfalls ab. Bis zu diesem Zeitpunkte liegt die Fürsorgepflicht gewöhnlich der Krankenkasse ob, soweit die Krankenversicherungspflicht besteht, was allerdings zur Zeit für einen nicht unerheblichen Teil der gegen Unfall versicherten Kreise, namentlich landwirtschaftliche Arbeiter, Betriebsbeamte und Unternehmer, noch nicht der Fall ist. Die Berufsgenossenschaften usw. sind jedoch mit Rücksicht auf ihre später eintretende Verpflichtung, selbst das Heilverfahren fortzusetzen und je nach dem Grade der Unfallfolgen dem Verletzten eine Rente zu gewähren, wesentlich daran beteiligt, daß die Folgen des Unfalls schon in den ersten 13 Wochen, der sogenannten Wartezeit, durch ein rechtzeitiges und wirksames Heilverfahren soweit als möglich beseitigt oder gemildert werden. Sie sind deshalb durch §§ 76c, 76d des Krankenversicherungsgesetzes für berechtigt erklärt worden, bei Erkrankungen, die durch Betriebsunfälle herbeigeführt werden, schon innerhalb der ersten 13 Wochen das Heilverfahren auf ihre Kosten zu übernehmen. Da es sich insoweit um freiwillige Leistungen handelt, bleibt den Trägern der Unfallversicherung für diese erste Zeit auch die Art und der Umfang der Heilmaßnahmen überlassen. Anders steht es damit in der Zeit ihrer Entschädigungspflicht. Hierfür schreibt das Gesetz vor, was gegebenenfalls als Pflichtleistung zu Heilzwecken zu gewähren ist, nämlich: freie ärztliche Behandlung, Arznei- und sonstige Heilmittel sowie auch die zur Sicherung des Erfolges des Heilverfahrens und zur Erleichterung der Folgen der Verletzung erforderlichen Hilfsmittel, z. B. Krücken, Stützapparate, künstliche Gliedmaßen, Bruchbänder und dergleichen. Außerdem können die Träger der Unfallversicherung unter bestimmten Voraussetzungen an Stelle dieser pflichtmäßigen Leistungen und der ihnen obliegenden Geldentschädigungen (Unfallrenten) ein Heilverfahren durch Gewährung freier Kur und Verpflegung in einer Heilanstalt übernehmen.

Die Berufsgenossenschaften insbesondere übernehmen allgemein, wie es ihre Pflicht ist, das Heilverfahren zum mindesten mit Beginn der 14. Woche nach dem Unfall, ohne darauf gerichtete Anträge der Verletzten abzuwarten. Zur Ausführung der Heilbehandlungen bedienen sie sich staatlicher, kommunaler und privater Krankenhäuser. Sie haben auch zum Teil eigene Krankenhäuser errichtet, die allen Anforderungen der jetzigen Behandlungsweisen entsprechen. Operationssäle, Untersuchungs- und Verbandzimmer sind unter Beachtung der Grundsätze der Asepsis eingerichtet, Röntgeneinrichtungen erleichtern die Feststellung der Verletzungsart (z. B. von Knochenbrüchen, von Fremdkörpern in den Weichteilen oder Knochen), Bäder verschiedener Art, Elektrisier-, Heißluft- und mediko-mechanische Apparate stehen zur Behandlung von Verletzungsfolgen zur Verfügung. Die Knappschafts-Berufsgenossenschaft besitzt die Krankenhäuser „Bergmannsheil“ in Bochum und „Bergmannstrost“ in Halle a. S., die Norddeutsche Holz-Berufsgenossenschaft die Heilanstalt „Wilhelmshagen“ (früher Neu-Rahnsdorf), die Tiefbau-Berufsgenossenschaft, die Südwestliche Baugewerks-Berufsgenossenschaft, die landwirtschaftliche Berufsgenossenschaft Unter-Elsaß besitzen mit der Landes-Versicherungsanstalt Elsaß-Lothringen gemeinschaftlich das Unfallkrankenhaus in Straßburg i. Els., der Sächsischen Baugewerks-Berufsgenossenschaft gehört die Unfallnervenklinik „Hermannhaus“ in Stötteritz bei Leipzig, die Südwestdeutsche Eisen-Berufsgenossenschaft ist bei dem Bergmannskrankenhaus in Algringen (Lothringen) finanziell beteiligt. Im Baue begriffen ist eine für die Verletzten aller Berufsgenossenschaften bestimmte Unfallnervenheilanstalt in Schkeuditz bei Leipzig. Zahlreiche private Heilanstalten mit mustergültigen Einrichtungen werden ebenfalls vielfach von den Berufsgenossenschaften zur Unterbringung von Unfallverletzten benutzt. In allen derartigen Heilanstalten kann die Behandlung — was sehr wichtig ist — nach einheitlichen Grundsätzen ohne Unterbrechung durchgeführt werden. Dabei wird heutzutage mit Recht besonderer Wert darauf gelegt, daß nicht nur die Verletzungen geheilt werden, sondern die Gliedmaßen, soweit es irgend erreichbar ist, auch ihre Gebrauchsfähigkeit wiedererlangen. Auch hat man mehr und mehr erkannt, daß der psychischen Behandlung von vornherein Beachtung geschenkt werden muß, um die gefürchteten Unfallneurosen zu vermeiden.

In allen diesen Beziehungen ist eine möglichst frühzeitig einsetzende Heilbehandlung von der größten Bedeutung. Das Reichs-Versicherungsamt hat deshalb von jeher das Augenmerk der Berufsgenossenschaften hierauf gelenkt. Schon lange bevor das Gesetz ihnen ausdrücklich die Befugnis dazu verlieh — was erst durch die Novelle zum Krankenversicherungsgesetze vom 10. April 1892 mittels Einfügung des vorerwähnten § 76c geschah —, hatte das Reichs-Versicherungsamt es nicht nur gebilligt, daß einzelne Berufsgenossenschaften innerhalb der ersten 13 Wochen nach dem Unfall ärztliche Behandlung, namentlich durch einen Facharzt (z. B. bei Augenverletzungen, schweren Brüchen usw.), vermittelt hatten, sondern auch ein solches Vorgehen allgemein bekannt gegeben, um die Aufmerksamkeit der übrigen Genossenschafts- und Sektionsvorstände auf diesen Gegenstand zu lenken. Zuerst ist dies durch ein Rundschreiben vom 18. März 1887 geschehen, worin das Reichs-Versicherungsamt ausdrücklich bemerkte, es widerspreche den Absichten des Gesetzgebers nicht, wenn die Berufsgenossenschaften in geeigneten Fällen schon zeitig dazu mitwirkten, den durch Betriebsunfälle Verletzten durch Heilmaßnahmen das Leben zu erhalten und womöglich die Gesundheit wiederzuverschaffen. Zu weiterer Anregung in diesem Sinne hat das Reichs-Versicherungsamt auch später wiederholt Rundschreiben ergehen lassen und die Ergebnisse des von einigen Genossenschaften oder Sektionen innerhalb der Wartezeit übernommenen Heilverfahrens in seinen Amtlichen Nachrichten veröffentlicht. Mehrfach ist den Berufsgenossenschaften die richtige Auswahl der Fälle und sorgfältige Ausgestaltung des Heilverfahrens seitens des Reichs-Versicherungsamts empfohlen worden. Ein rechtzeitiges, geeignetes und gehörig durchgeführtes Heilverfahren wurde den auf die Unfallverhütung abzielenden Bestrebungen als gleichwertig zur Seite gestellt, und es wurde darauf hingewiesen, daß in diesen beiden Arten der Betätigung die Mittel gegeben seien, die Rentenlast zu vermindern und doch zugleich für das Wohl der Arbeiter am besten zu sorgen. Dennoch haben sich nicht alle Berufsgenossenschaften zu der Übernahme des Heilverfahrens vor dem Beginn ihrer Entschädigungspflicht verstehen können, und, soweit dies geschehen ist, sind die von ihnen getroffenen Maßnahmen und die dafür aufgewendeten Mittel sehr verschieden. Das Reichs-Versicherungsamt hat aber an seinem Standpunkte, der im Laufe der Jahre immer mehr durch Erfahrungen gestützt wurde und namentlich stets erneut die Zustimmung der Ärzte fand, festgehalten und ihn in neuerer Zeit mit besonderem Nachdrucke zur Geltung gebracht. Um dies zu ermöglichen und zugleich die von den einzelnen Berufsgenossenschaften bei der Übernahme des Heilverfahrens innerhalb der gesetzlichen Wartezeit befolgten Grundsätze im einzelnen kennen zu lernen, hat das Reichs-Versicherungsamt im März 1907 Erhebungen bei den Berufsgenossenschaften angestellt. Ihr ziffermäßig darzustellendes Ergebnis ist zunächst in einer die Jahre 1896, 1900, 1904, 1905 und 1906 betreffenden Statistik bearbeitet, die in den Amtlichen Nachrichten des Reichs-Versicherungsamts veröffentlicht worden ist. Dieser folgten ebenda bekanntgegebene Zusammenstellungen für die Jahre 1907 und 1908. Demnächst ist der umfangreiche Stoff, den die Umfrage sonst ergeben hatte, zu einer Denkschrift verarbeitet und unter deren Zugrundelegung die Angelegenheit am 27. November 1909 in einer Konferenz mit Vertretern der Berufsgenossenschaften und mit einer größeren Zahl von Ärzten eingehend beraten worden. Zur Zeit schwebt die Ausarbeitung von Grundsätzen nach Maßgabe der Beschlüsse jener Konferenz. Als Fortschritte auf diesem Gebiete sind namentlich hervorzuheben gewisse zweckmäßige Maßregeln, welche die Rheinische landwirtschaftliche Berufsgenossenschaft getroffen hat, sowie die Gründung der „Freien Vereinigung im Rheinlande tätiger berufsgenossenschaftlicher Verwaltungen“, die neben anderen Zielen hauptsächlich ein gemeinschaftliches und gleichmäßiges Vorgehen beim Heilverfahren anstrebt, sowie endlich gleichartige Bestrebungen bei den in Westfalen tätigen berufsgenossenschaftlichen Verwaltungen.

Erfreulicherweise begegnen die Heilbestrebungen der Versicherungsträger auch bei den Arbeitern mehr und mehr verständnisvollem Entgegenkommen. Namentlich zeigen sich diese häufiger als früher den sachgemäßen Belehrungen der Ärzte über die Zweckmäßigkeit und Rätlichkeit einer Operation zugänglich, zu deren Duldung sie nicht durch Rentenversagung gezwungen werden können, die sie aber auf sich nehmen, um die Wiederherstellung ihrer Gesundheit und Erwerbsfähigkeit zu erlangen.

Die von den Trägern der Unfallversicherung für Zwecke der Krankenfürsorge verausgabten Beträge beliefen sich im Jahre 1885/1886 auf 281 121 Mark, im Jahre 1897 auf 5 798 108 Mark. In der Zeit von 1885 bis 1908 ergaben sie die Summe von 129 734 253 Mark, in der Zeit von 1897 bis 1908, die hier zum Zwecke des Vergleichs mit der Invalidenversicherung aufgeführt wird, 99 943 018 Mark.

In nahem Zusammenhange mit dem Heilverfahren der Berufsgenossenschaften, insbesondere mit dessen frühzeitiger Übernahme stehen die Maßnahmen der ersten Hilfeleistung nach Unfällen und des Rettungswesens. Auch auf diesem Gebiete haben sich die Berufsgenossenschaften vielfach zum Heile der Verletzten betätigt. Ihre Leistungen in dieser Beziehung berühren sich eng mit der Unfallverhütung. So enthalten denn auch die Unfallverhütungsvorschriften vielfach Anordnungen dahin, daß in jedem Betriebe Tafeln auszuhängen sind, auf denen die erste Hilfeleistung bei Unfällen allgemein beschrieben und durch entsprechende Abbildungen erläutert ist. Ferner bestimmen sie häufig, daß das notwendige Verbandmaterial vorrätig zu halten und zum Schutze gegen Verunreinigung zweckentsprechend aufzubewahren ist, daß der Arbeiter für sofortige Reinigung und Bedeckung jeder noch so geringfügigen Wunde zu sorgen hat und dergleichen mehr.

Die gesetzliche Handhabe, die Inanspruchnahme berufsgenossenschaftlicher Mittel für derartige Zwecke zu billigen, entnahm das Reichs-Versicherungsamt aus der Vorschrift im § 31 des Gewerbe-Unfallversicherungsgesetzes, welche Verwendungen aus dem Vermögen der Genossenschaften auch „zu Zwecken der Unfallverhütung“ gestattet. Dabei ging das Reichs-Versicherungsamt davon aus, daß die Unfallverhütung nicht nur die Abwendung drohender Gefahren, sondern auch noch diejenigen Vorkehrungen umfaßt, durch welche die unmittelbaren Folgen eines unabwendbaren Unfalls sofort nach Möglichkeit ausgeglichen und schwerere Unfallfolgen für die Zukunft verhindert werden können. Im Einklange hiermit hat das Reichs-Versicherungsamt mehr und mehr Wert darauf gelegt, daß die technischen Aufsichtsbeamten der gewerblichen Berufsgenossenschaften in den Jahresberichten über die Unfallverhütung auch auf diejenigen Einrichtungen eingehen, die in den Betrieben — auf Grund bestimmter Unfallverhütungsvorschriften oder ohne solche — für die erste Hilfe bei Unglücksfällen getroffen sind.

In derselben Richtung bewegen sich die vom Reichs-Versicherungsamte schon vor langer Zeit angeregten und später wiederholt eindringlich befürworteten, aber erst neuerdings mehr in Fluß geratenen Bestrebungen nach einem Zusammenwirken der Berufsgenossenschaften auf diesem Gebiete mit den Vereinen vom Roten Kreuze und ähnlichen Organisationen. Die gemeinsame Tätigkeit kann vor allem die Ausbildung von Betriebsangestellten als Helfer für die Betriebe, die Einrichtung von Unfallstationen und die Bereitstellung von Arznei- und Verbandmaterial sowie von Krankentransportmitteln zum Gegenstande haben. Näheres hierüber ist in dem Aufsatze „Geschichte und Wirkungskreis des Reichs-Versicherungsamts“ angegeben.

2. Invalidenversicherung.

Obwohl in der Invalidenversicherung sämtliche von den Versicherungsträgern zu Heilzwecken gewährten Leistungen freiwilliger Natur sind, hat doch gerade hier das Heilverfahren eine so großartige Ausdehnung angenommen, daß es zu einem wesentlichen und geradezu unentbehrlichen Bestandteile der Wohlfahrtspflege in Deutschland geworden ist. Als bei der Beratung des Entwurfs zum Invaliditäts- und Altersversicherungsgesetze vom 22. Juni 1889 in der Reichstags-Kommission die Vorschrift des § 12 dieses Gesetzes eingefügt wurde, ahnte wohl niemand, welche weittragende Bedeutung für die Volkswohlfahrt die Maßnahmen erlangen sollten, denen damit der Boden bereitet wurde. Die Versicherungsträger wurden durch jene Vorschrift für befugt erklärt, für einen erkrankten, der reichsgesetzlichen Krankenfürsorge nicht unterliegenden Versicherten das Heilverfahren in dem im § 6 Abs. 1 Ziffer 1 des Krankenversicherungsgesetzes bezeichneten Umfange zu übernehmen, sofern als Folge der Krankheit Erwerbsunfähigkeit zu befürchten wäre, welche einen Anspruch auf reichsgesetzliche Invalidenrente begründete. Diese Fassung ließ es zunächst zweifelhaft erscheinen, ob die Versicherungsanstalten auf ihre Kosten die erkrankten Versicherten in einer Heilanstalt behandeln lassen dürften, da nicht § 6, sondern § 7 des Krankenversicherungsgesetzes die Behandlung in einem Krankenhause betrifft. Daß die ausgedehntere Auffassung zur Geltung kam, ist in erster Reihe dem warmherzigen sozialpolitischen Empfinden und dem tatkräftigen Vorgehen einiger Vorsitzenden von Versicherungsanstalten zu danken. Bei dieser Anschauungsweise trat der vermögensrechtliche Gesichtspunkt zurück, den das Gesetz als Voraussetzung für die Übernahme eines Heilverfahrens aufgestellt hatte. Der Umstand aber, daß auch ihm bei der Behandlung in einer Heilanstalt Rechnung getragen wurde, erleichterte es dem Reichs-Versicherungsamte, davon abzusehen, als Aufsichtsbehörde in diese menschenfreundlichen Bestrebungen der Versicherungsanstalten hindernd einzugreifen. Das am 1. Januar 1900 in Kraft getretene Invalidenversicherungsgesetz vom 13. Juli 1899 beseitigte durch die für das Heilverfahren besonders in Betracht kommende Vorschrift des § 18 die Zweifel und Schranken, die das ältere Gesetz durch die Verweisungen auf das Krankenversicherungsgesetz gezogen hatte. Es legte den Versicherungsträgern ganz allgemein die Befugnis bei, ein vorbeugendes Heilverfahren „in einem ihnen geeignet erscheinenden Umfang eintreten zu lassen“ und bestimmte ausdrücklich, daß das Heilverfahren auch durch Unterbringung des Erkrankten in einem Krankenhaus oder in einer Anstalt für Genesende gewährt werden könnte. Der Zustimmung des Erkrankten bedarf es dazu nur, wenn er verheiratet ist oder eine eigene Haushaltung hat oder Mitglied der Haushaltung seiner Familie ist. Voraussetzung ist im übrigen freilich nach wie vor, daß die Heilbehandlung zu dem Zwecke unternommen wird, die als Folge der Krankheit zu befürchtende Erwerbsunfähigkeit ganz oder teilweise zu beseitigen. Durch das neue Gesetz wurde den Versicherungsanstalten ebenfalls erst die Befugnis beigelegt, auch Personen, die bereits Invalidenrente beziehen, in Heilbehandlung zu nehmen, um ihnen, wenn möglich, die Erwerbsfähigkeit wiederzuverschaffen. Weiter hat das neue Gesetz eingehende Vorschriften darüber gegeben, daß und in welcher Höhe den Angehörigen eines Erkrankten, deren Unterhalt er bisher bestritten hat, während des Heilverfahrens eine Unterstützung zuzuwenden ist. Man ging dabei von der richtigen Erkenntnis aus, daß es für die Erzielung eines Heilerfolges oft von großer Bedeutung ist, wenn der Kranke seine Familienangehörigen während seines Aufenthalts in der Heilanstalt ausreichend versorgt weiß, weil andernfalls die Sorge um sie leicht zu einer seelischen Niedergeschlagenheit führt, die seine Genesung beeinträchtigt oder ihn gar zu einem vorzeitigen Verlassen des Krankenhauses antreibt. Damit in dieser Beziehung eine möglichst genügende Fürsorge gewährt werden kann, dürfen die Versicherungsträger nach § 45 des Invalidenversicherungsgesetzes, sofern ihre Vermögenslage nach den gesetzlichen Bestimmungen dazu angetan ist, die Angehörigenunterstützung mit Genehmigung des Bundesrats über das im § 18 Abs. 4 vorgesehene Maß hinaus erhöhen. Von dieser Befugnis wird vielfach Gebrauch gemacht. Vor der Beschlußfassung des Bundesrats hat sich das Reichs-Versicherungsamt unter Darlegung der Vermögenslage der fraglichen Versicherungsanstalt gutachtlich zu dem Antrage zu äußern. Von den 31 Versicherungsanstalten gewährt nur 1 den gesetzlichen Betrag. Alle übrigen haben sich die Befugnis zur Erhöhung dieser Leistungen zum Teil bis zum Doppelten, zum Teil bis zum Dreifachen des gesetzlichen Betrags erteilen lassen, manche aber auch zur Gewährung außerordentlicher Zuschüsse bei besonderer Bedürftigkeit. Auch von den 10 zugelassenen Kasseneinrichtungen, für welche die Vorschrift des § 45 a. a. O. nicht gilt, haben 8 mehr oder weniger erhebliche Erhöhungen der Angehörigenfürsorge über das gesetzliche Maß hinaus eingeführt.

Schon unter der Herrschaft des früheren Rechtes waren einige Versicherungsträger der Invalidenversicherung dazu übergegangen, eigene Heilanstalten zu errichten. Als erste eröffnete die Landes-Versicherungsanstalt Hannover am 1. Mai 1895 eine eigene Heilstätte für Lungenkranke, das „Genesungshaus Königsberg bei Goslar (Harz)“. Ihr folgte am 19. Juni 1897 die Landes-Versicherungsanstalt Braunschweig mit dem „Albrechtshaus bei Stiege“ und am 12. August 1897 die Hanseatische Versicherungsanstalt mit der Heilstätte „Oderberg bei St. Andreasberg (Harz)“, die jetzt den Namen „Oderberg-Gebhardsheim“ führt, zum Gedächtnis an den Ende 1906 verstorbenen ersten und langjährigen Leiter der Hanseatischen Versicherungsanstalt, Direktor Gebhard, der sich um die Heilfürsorge auf dem Gebiete der Invalidenversicherung und insbesondere um die Bekämpfung der Lungentuberkulose durch diese Fürsorge und die damit zusammenhängende Heilstättenbehandlung anerkennenswerte Verdienste erworben hat. In den neunziger Jahren des vorigen Jahrhunderts sind dann noch 2 weitere Heilstätten der Landes-Versicherungsanstalt Hannover entstanden, „Erbprinzentanne bei Zellerfeld (Harz)“ und „Schwarzenbach bei Clausthal (Harz)“, ferner die der Norddeutschen Knappschafts-Pensionskasse gehörende Heilstätte „Sülzhayn bei Ellrich“, sodann das „Marienheim bei Stiege“ der Landes-Versicherungsanstalt Braunschweig und endlich das „Friedrichsheim bei Marzell“ der Landes-Versicherungsanstalt Baden. Für die Stellung des Reichs-Versicherungsamts zu der Errichtung von eigenen Heilstätten seitens der Versicherungsanstalten wurde die Vorschrift des § 164 Abs. 3 des Invalidenversicherungsgesetzes vom 13. Juli 1899 von besonderer Bedeutung. Während nach § 129 Abs. 2 des Invaliditäts- und Altersversicherungsgesetzes vom 22. Juni 1889 der Kommunalverband oder die Zentralbehörde des Bundesstaats, für welchen die Versicherungsanstalt errichtet war, die Anlegung eines Teiles des Anstaltsvermögens in Grundstücken gestatten durfte, wurde dieses Genehmigungsrecht durch die angeführte neue Vorschrift dem Reichs-Versicherungsamt und den Landes-Versicherungsämtern übertragen. Diese Genehmigung darf nach derselben Vorschrift nur erteilt werden, wenn bestimmte dort vorgesehene Zwecke verfolgt werden. Der am häufigsten in Frage kommende und in seiner Tragweite wichtigste Zweck solcher Veranstaltungen ist der, daß sie „ausschließlich oder überwiegend der versicherungspflichtigen Bevölkerung zugute kommen". Er rechtfertigt namentlich die Errichtung von Heilstätten durch die Versicherungsträger, da diese dabei lediglich das Wohl der Versicherten im Auge haben. Dem Reichs-Versicherungsamt ist durch jene Gesetzesänderung auch für das Gebiet des Heilverfahrens ein neuer und verantwortlicher Pflichtenkreis erwachsen. Es vermeidet selbstverständlich, die anerkennenswerten Bestrebungen der Versicherungsanstalten auf dem Gebiete der Heilfürsorge engherzig einzuschränken. Anderseits wacht es darüber, daß nicht, wie es früher vereinzelt vorgekommen ist, übermäßig kostbare Heilstättenbauten errichtet werden oder die Versicherungsanstalten sich in einer ihrer Vermögenslage nicht angemessenen Weise mit derartigen Einrichtungen belasten. Einzelne an sich vielleicht nicht erwünschte Aufwendungen vermochte das Reichs-Versicherungsamt nicht zu hindern, weil sie aus früheren Maßnahmen, die bereits getroffen waren, bevor ihm das Genehmigungsrecht zustand, mit Notwendigkeit folgten oder doch eine zweckentsprechende Ergänzung zu solchen ermöglichen sollten. Bis in die jüngste Zeit hinein sind nun noch Lungenheilstätten, Genesungsheime, Sanatorien und Krankenhäuser in größerer Zahl entstanden, die fast ausschließlich im Eigentume der Versicherungsanstalten stehen, zum Teil auch nur von ihnen gepachtet sind und verwaltet werden. Ende des Jahres 1909 besaßen die 41 Versicherungsträger 71 eigene Anstalten, 37 waren Lungenheilstätten (darunter eine Tuberkulinstation), 34 andere Heilstätten. Die letzteren setzten sich zusammen aus 25 Genesungsheimen, 2 Heilstätten für Blutarme und Nervöse, 1 Heilstätte für geschlechtskranke Männer, 1 Heilstätte für Rheumatiker, 1 Walderholungsstätte und 4 Krankenhäusern, in denen Kranke aller Art behandelt werden. In den Lungenheilstätten standen zu demselben Zeitpunkte 4423 Betten (3134 für Männer, 1289 für Frauen), in den übrigen Heilstätten 2871 Betten (1754 für Männer, 1117 für Frauen) zur Verfügung. Bis Ende 1899 waren nur 10 eigene Heilanstalten (8 Lungenheilstätten und 2 Genesungsheime usw.) vorhanden, schon 1902 hatte sich diese Zahl fast verdreifacht (es bestanden damals 15 Lungenheilstätten und 12 Genesungsheime usw.), die jetzige Zahl übersteigt das Siebenfache der bis Ende 1899 erreichten. Für die sämtlichen Heilstätten sind von den Versicherungsträgern bisher rund 61 717 989 Mark verausgabt worden. Davon entfallen auf die Kosten für den Grund und Boden, der im ganzen mehr als 1450 Hektar umfaßt, fast 5 Millionen Mark, auf Baukosten nahezu 51 Millionen Mark und auf Kosten für die innere Einrichtung über 6 Millionen Mark. Der Betrieb dieser Heilstätten erforderte im Jahre 1909 einen Kostenaufwand von rund $10\frac{1}{2}$ Millionen Mark. Die Gesamtkosten für den Kopf und Tag betragen in den Lungenheilstätten durchschnittlich 4 Mark 60 Pfennig, in Genesungsheimen usw. 4 Mark 4 Pfennig. Die Naturalverpflegung stellt sich für den Kopf und Tag in Lungenheilstätten durchschnittlich auf 1 Mark 55 Pfennig, in Genesungsheimen usw. auf 1 Mark 25 Pfennig. In diesen ihren eigenen Heilanstalten lassen die Versicherungsträger etwa die Hälfte aller Kranken behandeln, für die sie ein Heilverfahren übernehmen (1897 48 v. H., 1898 52 v. H., 1909 57 v. H.). Im Jahre 1909 betrug die Zahl der in diese Heilstätten aufgenommenen Pfleglinge 43 478 (30 397 Männer, 13 081 Frauen). In einigen Heilstätten werden die Pfleglinge auf ärztliche Anordnung mäßig beschäftigt. Auch wo solche Anordnungen nicht bestehen, beschäftigen sich die Pfleglinge vielfach mit Land-, Garten- und Hausarbeiten, oder auch mit Arbeiten ihres Berufs, wozu man ihnen in vielen Fällen Gelegenheit bietet, um ihnen den Übergang in ihre früheren Lebensverhältnisse nach dem Abschluß einer längeren Heilstättenbehandlung zu erleichtern. Mitunter erhalten die Pfleglinge auch geringe Vergütungen für die geleisteten Arbeiten, wodurch sie angeregt werden sollen, sich möglichst zu beschäftigen. Den Versicherungsträgern liegt es fern, aus den Arbeiten der Pfleglinge irgendwie Nutzen für sich ziehen zu wollen. Die Arbeit wird vielmehr lediglich als Heilmittel betrachtet und gewinnt als solches erfreulicherweise immer mehr Raum.

Im Anschlusse hieran mag auf die Walderholungsstätten näher eingegangen werden, weil es sich dabei um eine neuere eigenartige Einrichtung handelt, deren sich auch die Versicherungsanstalten und Kasseneinrichtungen vielfach bedienen, um den Leidenden, die nicht in Heilanstalten aufgenommen werden können, sei es, weil sich ihr Zustand nicht dafür eignet, sei es, weil es zeitweise an Platz zur Aufnahme fehlt, eine Erholung zu gewähren. Die Wald- oder Tageserholungsstätten sind dazu bestimmt, die Schäden, welche durch die Mängel der Arbeiterwohnungen besonders in großen Städten herbeigeführt werden, einigermaßen auszugleichen. Sie ermöglichen es einem Teile der Kranken und Schwachen unter den Minderbemittelten, Wochen und Monate hindurch wenigstens den Tag über reine, würzige Luft zu atmen. Da die Einrichtungskosten verhältnismäßig sehr gering sind, lassen sie sich leicht herstellen und können zahlreichen Personen zum Segen gereichen. Sie sind vorwiegend für solche Kranke bestimmt und geeignet, die der Ruhe und Erholung in guter Luft bedürfen, ohne unter ständiger ärztlicher Behandlung stehen zu müssen. Dahin gehören insbesondere Lungenleidende mit nicht zu weit vorgeschrittener Krankheitsentwicklung, Nervenschwache, Blutarme, Bleichsüchtige, Asthmatiker, Magenleidende, Herzkranke sowie Genesende nach Überstehung verschiedener schwerer Krankheiten. Eine eigene Walderholungsstätte, und zwar für Männer und Frauen getrennt, besitzt die Landes-Versicherungsanstalt Rheinprovinz. Diese Erholungsstätte befindet sich im Aaper Walde in Rath bei Düsseldorf und ist für 50 Männer und 50 Frauen eingerichtet. Von sämtlichen Trägern der Invalidenversicherung sind im Jahre 1909 1481 Männer und 1330 Frauen 40 verschiedenen Walderholungsstätten überwiesen worden, wo sie insgesamt 87 237 Tage mit einem Kostenaufwande von 166 247 Mark verpflegt worden sind.

Das Heilverfahren der Versicherungsanstalten und Kasseneinrichtungen der Invalidenversicherung ist mit dem in Deutschland im letzten Vierteljahrhundert geführten Kampfe gegen die Tuberkulose dergestalt verknüpft, daß dieser ohne jenes nicht denkbar ist und umgekehrt. Vermutlich hätte dieses Heilverfahren niemals eine solche Ausdehnung gewonnen, wie es tatsächlich geschehen ist, wenn sich nicht die Träger der Invalidenversicherung mit der Kraft der Begeisterung in jenen Kampf gestürzt hätten, und sicher hätte die Tuberkulosebekämpfung nicht so nachdrücklich, in solchem Umfang und mit solchem Erfolge geführt werden können, wie es der Fall war, hätten nicht jene Versicherungsträger mit den ihnen zu Gebote stehenden reichen Mitteln tatkräftig in sie eingegriffen. Obwohl die Entdeckung des Tuberkelbazillus durch Robert Koch einen völlig neuen Aufschluß über das Wesen der Krankheit gegeben und damit zugleich der Erforschung und Anwendung neuer Heilmittel den Weg gebahnt hatte, erkannte man doch bald, daß die schon vorher erprobte Behandlungsweise, wie sie in den Volksheilstätten nach der Brehmer-Dettweilerschen Lehre geübt wurde, ein treffliches, ja unentbehrliches Hilfsmittel bei der Überwindung des Krankheitserregers durch die Stärkung des Organismus gewähre. Der hohe und, soweit sich bisher übersehen läßt, bleibende Wert der Heilstättenbehandlung ist ein dreifacher. Zunächst wird durch das — in der Regel neben der Anwendung spezifischer Heilmittel, bisweilen aber auch ohne solche — in den Heilstätten gepflegte hygienisch-diätetische Verfahren, dessen Wesen in der Einatmung guter, staubfreier Luft, in ausgesuchter, kräftigender Kost, in zweckmäßiger Abwechslung von Ruhe und Bewegung und vielfach auch in Bädern und Abreibungen besteht, zweifellos bei vielen Kranken ein unmittelbarer Heilerfolg erzielt, der nicht selten für immer, in einer erheblich größeren Zahl von Fällen aber wenigstens auf mehrere Jahre hinaus anhält. Ein zweiter sehr wesentlicher Vorteil eines längeren Aufenthalts der Kranken in Lungenheilstätten besteht darin, daß sie zu einer ihrem Zustand angemessenen Lebensweise, z. B. zur Vermeidung des Alkohols und anderer Schädlichkeiten, zur Verwendung von Spuckflaschen usw., erzogen und hierdurch in den Stand gesetzt werden, nach ihrer Rückkehr in das häusliche Leben sich zu ihrem eigenen Vorteile zweckmäßig zu verhalten und ihre Umgebung möglichst vor Ansteckung zu bewahren. Endlich bieten die in geschlossenen Anstalten angewendeten Heilversuche Gelegenheit zur Sammlung reicher Erfahrungen und zur Verbesserung der Behandlungsweisen. Der unschätzbare Nutzen, der in diesem dreifachen Erfolge für die gesamte Volkswohlfahrt liegt, wird selbst von den Gegnern der Heilstättenbehandlung kaum geleugnet. Wenn sie aber behaupten, daß damit keine nennenswerten Erfolge in der Einschränkung der Tuberkulose als Volkskrankheit erzielt worden seien, so wird diese Meinung widerlegt durch die eine deutliche Sprache redenden statistischen Feststellungen des Kaiserlichen Gesundheitsamts und einzelner bundesstaatlicher Behörden, wodurch der Beweis erbracht worden ist, daß nicht nur die Sterblichkeit an Tuberkulose, sondern auch die Erkrankungen an diesem Leiden seit einer Reihe von Jahren unter der Bevölkerung Deutschlands in erheblicher Abnahme begriffen sind. Hervorragende Sachkundige auf diesem Gebiete führen diesen Rückgang zu einem beträchtlichen Teile auf die segensreichen Wirkungen der Arbeiterversicherung und insbesondere auf die von den Trägern der Invalidenversicherung in großem Maßstabe geförderte Heilstättenbehandlung zurück.

Übrigens bedienen sich die Versicherungsträger zur Behandlung der Lungentuberkulösen nicht nur ihrer eigenen, sondern auch fremder Lungenheilstätten, ferner zum Teil (bei leichteren Fällen) ihrer Genesungsheime, sodann verschiedener Krankenhäuser, auch der oben erwähnten Walderholungsstätten und schließlich mannigfacher Bäder, besonders des Bades Lippspringe, wo allein im Jahre 1909 2020 Männer und 842 Frauen wegen Lungentuberkulose behandelt worden sind.

Das Reichs-Versicherungsamt hat nicht nur diese ganze Bewegung von Anbeginn mit reger Anteilnahme verfolgt, sondern auch die Beteiligung der Träger der Invalidenversicherung dabei jederzeit zu fördern gesucht. Gerade hierbei hat auch vielfach das gute Einvernehmen zwischen dem Amte und den Versicherungsanstalten Früchte getragen, und es muß rühmend anerkannt werden, daß auch die der Aufsicht des Reichs-Versicherungsamts nicht unterstellten Versicherungsanstalten und Kasseneinrichtungen jederzeit willig den vom Reichs-Versicherungsamt ausgegangenen Anregungen nachgekommen sind und die Landes-Versicherungsämter an ihrem Teile dieses einmütige Zusammenwirken unterstützt haben. Bereits am 22. März 1896 hatte das Reichs-Versicherungsamt, das schon früher die seiner Aufsicht unterstellten Versicherungsanstalten wiederholt aufgefordert hatte, der Krankenpflege, „diesem wichtigen Gebiete der sozialen Fürsorge“, erhöhte Aufmerksamkeit zu widmen, durch ein Rundschreiben an die Vorstände jener Versicherungsanstalten eine lebhafte Anregung zur Übernahme dieses Heilverfahrens für lungenkranke Versicherte gegeben. Darin war es insbesondere schon als erstrebenswert hingestellt worden, „den besserungsfähigen versicherten Lungenkranken“ „eine zweckmäßige Heilbehandlung angedeihen zu lassen“, und es war dabei das „hygienisch-diätetische Verfahren“ als „eine dem derzeitigen Stande der ärztlichen Wissenschaft entsprechende Heilbehandlung“ bezeichnet worden. Allerdings hielt das Reichs-Versicherungsamt es damals für ratsam, daß die Versicherungsanstalten „ohne Festlegung eigener Mittel“ vorgehen möchten, und es empfahl ihnen deshalb, sich zur Durchführung des Heilverfahrens mit einem der Vereine in Verbindung zu setzen, die sich nicht lange vorher „zum Zwecke der Bekämpfung der Lungenschwindsucht“ gebildet hatten, nämlich dem „Deutschen Zentralkomitee zur Errichtung von Heilstätten für Lungenkranke“ (jetzt „Deutsches Zentral-Komitee zur Bekämpfung der Tuberkulose“), dem „Berlin-Brandenburger Heilstätten-Vereine für Lungenkranke“ und dem „Volks-Heilstätten-Vereine vom Roten Kreuze“. Als demnächst die Versicherungsträger es vorzogen, eigene Heilstätten zu errichten, hat das Reichs-Versicherungsamt ihnen auch dabei keine grundsätzlichen Schwierigkeiten in den Weg gelegt. Dies läßt schon der Umstand erkennen, daß gerade in der Zeit nach dem Inkrafttreten des Invalidenversicherungsgesetzes, wodurch dem Amte das Genehmigungsrecht übertragen wurde, wie oben näher angegeben, die Zahl der eigenen Heilstätten der Versicherungsanstalten erheblich gewachsen ist. Um der wichtigen und verantwortungsvollen Aufgabe zu genügen, die dem Amte bei Prüfung der Anträge auf Genehmigung von Heilstättenbauten obliegt, läßt es sich dazu zunächst die Unterlagen für den Grundstückserwerb, sowie die Pläne und Kostenanschläge für die Bauausführungen, für Wasserleitung, Kläranlagen usw. einreichen, und es läßt diese Unterlagen durch einen Bausachverständigen, der ihm als besonders erfahren auf diesem Gebiete bekannt ist, eingehend nachprüfen. Das Reichs-Versicherungsamt selbst prüft außerdem die ihm ebenfalls einzureichenden Verträge, die Angemessenheit des Kaufpreises usw. nach. Öfter werden auch durch Mitglieder des Reichs-Versicherungsamts, zuweilen unter persönlicher Leitung des Präsidenten, Erhebungen an Ort und Stelle vorgenommen, wobei außer Vorstandsmitgliedern der beteiligten Versicherungsanstalt ärztliche und Bausachverständige zugezogen werden. In einem Falle, in welchem es sich um den Erwerb eines landwirtschaftlichen Grundstücks handelte, auf dem die Pfleglinge beschäftigt werden sollten, wurden auch einige Landwirte als Sachverständige zugezogen. Am 25. Oktober 1901 fand im Reichs-Versicherungsamt eine Konferenz mit den Chefärzten von Heilstätten für Lungenkranke und den Vertrauensärzten von Versicherungsanstalten unter dem Vorsitze des Präsidenten statt. Vom Reichs-Versicherungsamte waren außerdem der Direktor und mehrere Mitglieder der Abteilung für Invalidenversicherung dabei beteiligt. Es war ferner ein Vertreter des Kaiserlichen Gesundheitsamts zugegen. Zweck der Versammlung war eine Aussprache zum Austausche von Erfahrungen über innere Fragen der Heilstättenpraxis mit dem Ziele, Richtlinien zu finden und festzulegen, welche bei der Errichtung und Benutzung von Lungenheilstätten von Bedeutung und vorbildlich sein könnten, ohne daß doch dadurch nach irgend einer Seite hin ein Druck ausgeübt werden sollte.

Auch in neuester Zeit sind einige wichtige Fragen, die mit der Tuberkulosebekämpfung zusammenhängen, auf Veranlassung des Reichs-Versicherungsamts in Konferenzen zwischen ihm und den Versicherungsträgern beraten worden. Zunächst geschah dies bei den Verhandlungen mit Vertretern der Landes-Versicherungsämter, Versicherungsanstalten und Kasseneinrichtungen, die — auch zu anderen Zwecken — am 15. Dezember 1908 unter dem Vorsitze des Präsidenten stattfanden. Den Anlaß hierzu bot die Anregung des Reichs-Versicherungsamts, die Unterlagen und die Bearbeitung der vom Reichs-Versicherungsamte bisher alljährlich herausgegebenen Statistik der Heilbehandlung bei den Trägern der Invalidenversicherung in mehrfacher Beziehung umzugestalten. Hierbei wurde seitens des Reichs-Versicherungsamts namentlich darauf hingewiesen, wie notwendig vor der Aufnahme des Kranken in eine Lungenheilstätte eine zuverlässige Feststellung darüber sei, ob er an Lungentuberkulose leide, und wie weit dieses Leiden vorgeschritten sei. In Verfolgung dieses Gedankens wurden von dem Referenten des Reichs-Versicherungsamts und demnächst auch in der Besprechung alle von früher her im Gebrauche befindlichen und in neuerer Zeit vorgeschlagenen, bereits mehr oder minder erprobten Methoden zum Nachweise der Tuberkulose, insbesondere zur Stellung einer Frühdiagnose, eingehend erörtert, damit durch Meinungsaustausch möglichste Klarheit darüber erlangt würde, mit welchen dieser Mittel der erstrebte Erfolg zu erreichen sei, und welche von ihnen sich zur Anwendung in Heilstätten eigneten oder etwa unanwendbar erschienen. Auf derselben Konferenz wurde ferner über die Einführung einer einheitlichen „Stadieneinteilung" zur gleichmäßigen Bezeichnung des jeweiligen Standes der Tuberkulose beraten. Auch kam daselbst zur Sprache, ob und inwieweit die Versicherungsanstalten sich bei der Durchführung der Wohnungsdesinfektion beim Wohnungswechsel tuberkulöser Personen durch Hergabe von Geldbeträgen beteiligen dürften. Endlich wurde ebenda über eine lebhaftere Beteiligung der Träger der Invalidenversicherung bei der Bekämpfung des Lupus und über eine Beteiligung derselben Versicherungsträger an den aus ärztlichen Kreisen angeregten Bestrebungen zur Ansiedlung leicht lungenkranker Arbeiter in Deutsch-Südwestafrika verhandelt. Die mit der Neugestaltung der Unterlagen für die Statistik der Heilbehandlung und ihrer Bearbeitung zusammenhängenden Fragen sind dann vom Reichs-Versicherungsamt in einer Verhandlung am 12. Februar 1909 mit einer in der Konferenz vom 15. Dezember 1908 gewählten Kommission im einzelnen beraten worden. In dieser Verhandlung, an der außer Vorstandsmitgliedern der in die Kommission gewählten Versicherungsträger auch eine größere Anzahl von Vertrauensärzten der letzteren teilnahm, wurde u. a. beschlossen, die Statistik der Heilerfolge künftig auch auf die Kehlkopf- und die Hauttuberkulose (Lupus) auszudehnen. Es wurde ferner erörtert, in welcher Weise die auf der VI. Internationalen Tuberkulose-Konferenz in Wien im September 1907 vereinbarte „Turban-Gerhardtsche (Kaiserliches Gesundheitsamt) Stadieneinteilung" in der Statistik zu verwerten sei.

Zur Einführung dieser Stadieneinteilung hatte das Reichs-Versicherungsamt durch ein Rundschreiben schon längere Zeit vor der Konferenz vom 15. Dezember 1908 die sämtlichen Versicherungsträger angeregt. Mit zwei Ausnahmen hatten diese dann für das Jahr 1909 die Anwendung jener Stadieneinteilung durchgeführt. Auf Grund der darüber erstatteten Berichte hat das Amt eine Nachweisung über die Anwendung der bezeichneten Stadieneinteilung auf die von den Trägern der Invalidenversicherung im Jahre 1909 behandelten lungentuberkulösen Personen ausgearbeitet. Sie bildet einen Teil der kürzlich erschienenen Statistik der Heilbehandlung für die Jahre 1905 bis 1909. Die Ergebnisse dieser Zusammenstellung erschienen aber, wenn sie auch vielleicht noch nicht nach allen Richtungen hin als ganz einwandfrei gelten dürfen, so anregend und lehrreich, daß das Reichs-Versicherungsamt es für angezeigt hielt, sie bereits dem Deutschen Zentralkomitee zur Bekämpfung der Tuberkulose gelegentlich seiner 14. Generalversammlung am 11. Mai 1910 zugänglich zu machen. Dies um so mehr, als jene Arbeit, soweit bekannt, in Deutschland die erste statistische Verwertung der neuen Stadieneinteilung auf breiter Grundlage darstellt. Nach Ausscheidung aller zweifelhaften Fälle erstreckt sich diese Statistik noch auf 35 145 Personen (24 766 Männer und 10 379 Frauen). Es kommt in dieser Nachweisung zum Ausdrucke, wie sich die behandelten Lungentuberkulösen beim Beginn und beim Abschluß einer ordnungsmäßig durchgeführten Heilstättenkur auf die Gruppen der mehrerwähnten Stadieneinteilung verteilten.

Eine neue Förderung erfuhren die Heilbestrebungen durch die Einführung von Maßnahmen, die darauf abzielen, die militärärztlichen Untersuchungen zu Zwecken des Heilverfahrens nutzbar zu machen. Auch hier gab die Tuberkulosebekämpfung hauptsächlich den Anstoß, wenngleich andere Leiden ebenfalls dadurch einer Heilbehandlung zugeführt werden können und sollen. In den drei Jahren 1907 bis 1909, für welche nunmehr statistische Beobachtungen über die Ergebnisse dieses Verfahrens vorliegen, sind im ganzen 2263 Personen wegen Lungentuberkulose und 3068 wegen anderer Krankheiten zur Einleitung eines Heilverfahrens den Versicherungsanstalten und Kasseneinrichtungen angemeldet worden. Von diesen sind 856 Personen der ersten und 415 Personen der zweiten Gruppe in Heilbehandlung genommen worden. In der Mehrzahl der übrigen Fälle haben teils die Versicherten selbst, teils die Versicherungsträger das Heilverfahren abgelehnt. In manchen Fällen waren andere Stellen, namentlich Krankenkassen, für das Heilverfahren zuständig. Von den in den Jahren 1907 bis 1909 auf Kosten von Trägern der Invalidenversicherung behandelten 1271 Personen sind 1024, nämlich 666 Lungentuberkulöse und 358 andere Kranke, teils wieder erwerbsfähig geworden, teils vor dem Eintritte der Erwerbsunfähigkeit bewahrt geblieben. Die Ergebnisse dieser Erhebungen werden regelmäßig in der vorerwähnten Statistik der Heilbehandlung veröffentlicht.

Erwähnt sei noch, daß der Präsident des Reichs-Versicherungsamts dem Präsidium, der Direktor der Abteilung für Invalidenversicherung und zwei Mitglieder dem Ausschusse des Deutschen Zentralkomitees zur Bekämpfung der Tuberkulose angehören.

Wie schon aus den vorstehenden Ausführungen mehrfach hervorging, beschränkt sich das Heilverfahren auf dem Gebiete der Invalidenversicherung nicht etwa auf die Behandlung der Lungentuberkulose, vielmehr werden mancherlei andere Leiden ebenfalls einem solchen Verfahren unterworfen. Freilich ist die Zahl der hier in Frage kommenden anderen Arten von Leiden nicht sehr groß, weil es nicht viele Krankheiten gibt, die, wie die Lungentuberkulose, einerseits ernstlich die Erwerbsfähigkeit bedrohen, anderseits aber auch einem rechtzeitigen, zweckentsprechenden Heilverfahren zugänglich sind, Voraussetzungen, die, wie angeführt, beide erfüllt sein müssen, wenn die Träger der Invalidenversicherung zur Übernahme eines Heilverfahrens befugt sein sollen. Danach kann sich das Heilverfahren auf diesem Gebiet infolge der Erfindung wirksamer Heilmittel oder Heilmethoden plötzlich einer Gruppe von Leiden in erheblichem Umfange zuwenden, die früher wegen der unzulänglichen Aussicht der Behandlung gänzlich oder doch größtenteils davon ausgeschlossen waren. So ist es in neuerer Zeit mit einem Leiden geschehen, das zwar bei weitem nicht so verbreitet ist wie die Lungentuberkulose, das aber doch häufiger vorkommt, als man früher angenommen hatte, und andere Schrecken bietet als jene. Es ist dies der Lupus (auch „Hauttuberkulose" genannt), der sich in Deutschland nach den neuesten Schätzungen gegenwärtig in etwa 30 000 Fällen vorfindet. Die früher üblichen Behandlungsweisen zeitigten nur geringe Erfolge. Erst durch die von Niels R. Finsen in Dänemark im Jahre 1895 erfundene Lichtbehandlungsmethode und deren weitere Ausbildung unter Zuhilfenahme der Röntgenbestrahlungen und Tuberkulineinspritzungen ist der Lupus in die Reihe der heilbaren Krankheiten getreten. Einige Versicherungsträger, insbesondere die Landes-Versicherungsanstalt der Hansestädte und die Versicherungsanstalt Württemberg, haben sich denn auch in neuerer Zeit mehr und mehr dazu verstanden, die bei ihnen versicherten Lupuskranken einer gründlichen Behandlung zu unterziehen, und erfreuliche, zum Teil sehr günstige Erfolge damit erzielt. Die übrigen tragen zumeist immer noch Bedenken, zur Bekämpfung dieses Leidens erheblichere

Kosten aufzuwenden, weil sie glauben, baldige Rückfälle des Leidens befürchten zu müssen. Bei dieser Sachlage hat das Reichs-Versicherungsamt noch nicht oft Gelegenheit gehabt, sich auf diesem Sondergebiete zu betätigen. Das Amt hat aber auf der schon erwähnten Konferenz vom 15. Dezember 1908 unter Hinweis auf die Erfolge, welche die beiden genannten Versicherungsanstalten mit ihren Lupusbehandlungen erzielt haben, der Hoffnung Ausdruck verliehen, daß auch die übrigen Versicherungsträger bald ihre Zurückhaltung gegenüber der Bekämpfung des Lupus aufgeben und auch gegenüber den an dieser schrecklichen Krankheit Leidenden das menschenfreundliche Empfinden walten lassen möchten, das sie auf anderen Gebieten so erfolgreich betätigt haben. Dabei wurde auch erwähnt, daß das Deutsche Zentralkomitee zur Bekämpfung der Tuberkulose demnächst einen Ausschuß für die Lupusbekämpfung begründen, und daß Mitglieder des Reichs-Versicherungsamts in diesen eintreten würden. Dies ist inzwischen geschehen.

Nicht viel anders liegen die Verhältnisse hinsichtlich der Bekämpfung der Geschlechtskrankheiten insofern, als die Träger der Invalidenversicherung auch auf diesem Gebiete nur in beschränktem Umfange von ihrer Befugnis zur Durchführung von Heilverfahren Gebrauch gemacht haben. Zwar stehen hier wirksame Heilmittel schon seit längerer Zeit zur Verfügung, aber man fürchtet den Eintritt schwererer Rückfälle und Nachkrankheiten trotz erfolgreicher Erstbehandlung. Überdies wird geltend gemacht, daß die Gruppe der leichteren und vorübergehenden Leiden dieser Art selten zur Erwerbsunfähigkeit im Sinne des Invalidenversicherungsgesetzes führe, weshalb die Übernahme ihrer Behandlung Sache der Krankenkassen sei. Die schwereren Leiden aber gelangten in der Regel so spät zur Kenntnis der Versicherungsanstalten und Kasseneinrichtungen, daß die Behandlung dann meist nicht mehr Erfolg verspreche. Diesen Erwägungen hat das Reichs-Versicherungsamt sich schon früher nicht völlig anzuschließen vermocht. Zwar hat es bei einer eingehenden Prüfung der Angelegenheit im Jahre 1901 in Übereinstimmung mit der überwiegenden Mehrzahl der Versicherungsträger von besonderen statistischen Erhebungen über die durch Geschlechtskrankheiten herbeigeführte Invalidität Abstand genommen. Auch hat es bei der vorerwähnten Kommissionsberatung vom 12. Februar 1909 nicht weiter darauf bestanden, daß die Geschlechtskrankheiten in Zukunft bei der allgemeinen Statistik der Heilbehandlung berücksichtigt würden, was seitens der Versicherungsträger wiederum für nicht durchführbar erachtet wurde. Dagegen hat das Reichs-Versicherungsamt schon in einem Rundschreiben vom 20. Juni 1901, in welchem es auf statistische Feststellungen verzichtete und zugleich die Frage der Errichtung von Sonderheilanstalten für Geschlechtskranke als noch nicht spruchreif bezeichnete, es für erwünscht erklärt, daß die Versicherungsträger in dem durch die §§ 18ff. des Invalidenversicherungsgesetzes gegebenen Rahmen ihr Augenmerk in gleicher Weise wie auf sonstige Leiden in Zukunft auch auf die sachgemäße Heilbehandlung von Geschlechtskrankheiten lenkten. Diese Mahnung hat nicht den gewünschten Erfolg gehabt. Die einzige Versicherungsanstalt, die in einigermaßen beträchtlichem Umfange Geschlechtskranke einem planmäßigen Heilverfahren unterwirft, ist die Landes-Versicherungsanstalt Berlin. Sie besitzt eine eigene Heilstätte zur Behandlung geschlechtskranker Männer, die im Jahre 1902 eröffnet ist und 55 Betten enthält. Die dort erzielten Erfolge werden als befriedigend bezeichnet. Übrigens ist die Zahl der von den Versicherungsträgern in Behandlung genommenen Geschlechtskranken mit der Zeit wenigstens einigermaßen gestiegen; im Jahre 1901 waren es 142 Personen (44 Männer, 98 Frauen), im Jahre 1909 597 Personen (476 Männer, 121 Frauen). Im ganzen sind ausweislich der Statistik der Heilbehandlung bisher 4141 Geschlechtskranke (3427 Männer, 714 Frauen) auf Kosten von Trägern der Invalidenversicherung behandelt worden. Die unverkennbaren Schwierigkeiten, die sich aus den von den Versicherungsträgern angegebenen Gründen einer umfangreicheren Anwendung des Heilverfahrens auf diesem Gebiet entgegenstellen, haben auch das Reichs-Versicherungsamt bestimmt, hier bisher eine mehr abwartende Haltung einzunehmen. Selbstverständlich hat das Amt aber alle hierauf sich beziehenden Erscheinungen aufmerksam verfolgt, und es ist mehr und mehr zu der Überzeugung gelangt, daß eine einheitliche, nachdrückliche Bekämpfung der Geschlechtskrankheiten, die ähnlich wie die Tuberkulose am Marke des Volkes zehren, unumgänglich notwendig ist, daß sich auch die Träger der Invalidenversicherung dieser Behandlung auf die Dauer nicht werden entziehen können und es nur gilt, die Wege zu finden, die es ihnen ermöglichen, im Rahmen des Gesetzes sich an diesem Kampfe in höherem Maße als bisher zu beteiligen.

Wenngleich die in erschreckender Weise verbreiteten Erkrankungen an Krebs, namentlich an Magenkrebs, jahrelanges Siechtum und damit Invalidität herbeiführen können, so hat sich doch das Heilverfahren der Invalidenversicherung noch nicht einer Abwehr dagegen zuwenden können, weil noch keine für ein vorbeugendes Heilverfahren geeignete Behandlungsweise dagegen gefunden ist, insbesondere auch Operationen zu wenig Aussicht auf einen vom Standpunkte der Versicherungsträger aus ersprießlichen Erfolg gewähren. Das einzige, was auf diesem Gebiete seitens des Reichs-Versicherungsamtes bisher hat geschehen können, ist, daß das Amt sich auch hier über die Fortschritte der medizinischen Wissenschaft dauernd unterrichtet, um vielleicht später einmal zweckmäßige Maßnahmen mit den Versicherungsträgern gemeinsam erwägen zu können. Diesem Zwecke dienten u. a. Vorträge, die im Reichs-Versicherungsamte von erfahrenen Ärzten über Entstehung und Wesen der Krebsgeschwülste, namentlich auch in ihren Beziehungen zu Unfällen, gehalten worden sind. Auch sind der Präsident des Reichs-Versicherungsamtes, der Direktor der Abteilung für Invalidenversicherung und der ständige Referent für derartige Angelegenheiten im Reichs-Versicherungsamt in das „Deutsche Zentral-Komitee für Krebsforschung“ als Mitglieder eingetreten.

Dieselben sind übrigens auch Mitglieder (der Präsident Ehrenmitglied) des geschäftsführenden Ausschusses der „Deutschen Gesellschaft zur Bekämpfung der Geschlechtskrankheiten“.

In ständiger Zunahme sind die Betätigungen der Versicherungsanstalten zum Zwecke der Zahnfürsorge begriffen. Mehr und mehr hat man in neuerer Zeit erkannt, daß gute Ernährung und Verdauung und damit Gesundheit und Wohlbefinden zu einem erheblichen Teile auch von einem guten Zustande der Zähne abhängig sind, und daß deshalb die Zahnpflege auch für die Erhaltung der Erwerbsfähigkeit der Versicherten von nicht zu unterschätzender Bedeutung ist. Ein großer Teil der Arbeiterbevölkerung wendet aber der Zahnpflege so wenig Aufmerksamkeit zu, daß sich bei zahlreichen Personen das Gebiß in mangelhaftem Zustande befindet. Ernährungsstörungen und unzureichende Möglichkeit der Nahrungsaufnahme, welche die Folge davon sind, führen aber leicht, zumal bei anderen Krankheiten, wie insbesondere Tuberkulose, zu weiteren Schädigungen. Es ist deshalb verdienstlich, daß die Heilfürsorge der Invalidenversicherung auch hier hilfreiche Hand bietet. Die Landes-Versicherungsanstalt Berlin war die erste Anstalt, welche die Vorschrift des § 18 des Invalidenversicherungsgesetzes in großem Umfang auf die Zahnpflege anwandte. Ihre Leistungen hierfür haben seit dem Jahre 1898, wo sie damit begann, auch Gebisse zu liefern, derart an Umfang zugenommen, daß es ihr zweckmäßiger erschien, eine eigene zahnärztliche Klinik einzurichten, die am 1. Januar 1908 eröffnet worden ist.

Die Versicherungsanstalten, namentlich wiederum die Landes-Versicherungsanstalt Berlin, die sich überhaupt das Heilverfahren besonders angelegen sein läßt, bewilligen auch Ersatzstücke bei Arm- und Beinverlusten, Stützkorsetts bei Rückgratsverkrümmungen, Bruchbänder, Brillen, Plattfußstiefel usw., vorausgesetzt, daß die Versicherten durch diese Hilfsmittel erwerbsfähig bleiben oder werden.

Eine weitere sehr wirksame Unterstützung leisten die Träger der Invalidenversicherung der allgemeinen Wohlfahrtspflege, und insbesondere der Heilfürsorge schließlich durch Hergabe von Geldmitteln zu Einrichtungen, die von anderer Seite betrieben werden. Sie können dies in erster Reihe nach Maßgabe der Vorschriften über die Anlegung ihres Vermögens tun, sei es in Gestalt einer mündelsicheren Anlage, sei es — mit Genehmigung des Reichs-Versicherungsamts oder des zuständigen Landes-Versicherungsamts und gegebenenfalls anderer Behörden — durch Anlagen außerhalb der Grenzen der Mündelsicherheit. Allein zum Baue von Lungenheilstätten haben die Versicherungsanstalten und Kasseneinrichtungen bis zum Ende des Jahres 1909 über 13 Millionen Mark als Darlehen hergegeben, wovon am 31. Dezember 1909 noch nahezu 12 Millionen ausstanden.

In erheblich geringerem, aber doch nicht ganz unerheblichem Umfange geben die Versicherungsanstalten für Heilbestrebungen und sonstige Wohlfahrtszwecke auch Beträge hin, die sie nicht zurückgewährt erhalten. Mit Rücksicht auf diese Zwecke ist das Reichs-Versicherungsamt solchen Ausgaben nicht grundsätzlich entgegengetreten, und zwar konnte es sich so stellen vermöge einer weitherzigen, aber keineswegs unzulässigen Auslegung des § 18 des Invalidenversicherungsgesetzes, der sich seinem Wortlaute nach nur auf die Übernahme des Heilverfahrens für bestimmte einzelne Versicherte bezieht. Es hat jedoch solche Kosten nur dann als noch in den Rahmen des § 18 a. a. O. fallend anerkannt, wenn sie wenigstens im weiteren Sinne den Heilbestrebungen zugunsten der Versicherten dienten und sich der Höhe nach in angemessenen Grenzen hielten. Die Aufwendungen dieser Art sind ständig im Wachsen begriffen. Im Jahre 1907 betrugen sie 266 825 Mark, im Jahre 1908 351 653 Mark und im Jahre 1909 896 535 Mark. Vorwiegend sind diese Beträge den außerordentlich segensreich wirkenden Auskunfts- und Fürsorgestellen für Lungenkranke zugute gekommen. Im Jahre 1908 sind auf diese Weise 113 derartige Stellen unterstützt worden. Gerade um die Unterstützung dieser Einrichtungen zu ermöglichen, die mehr und mehr die Bedeutung von Sammel- und Vermittlungsstellen für alle auf die Tuberkulosebekämpfung, besonders die vorbeugenden Maßnahmen, gerichteten Bestrebungen gewinnen, hat das Reichs-Versicherungsamt sich in neuerer Zeit hauptsächlich zu der vorerwähnten weitgehenden Auslegung des § 18 des Invalidenversicherungsgesetzes verstanden. In dasselbe Gebiet gehören die Aufwendungen der Versicherungsanstalten zugunsten der Gemeindekrankenpflege, die ebenfalls in der vom Reichs-Versicherungsamte bearbeiteten Statistik der Heilbehandlung aufgeführt werden. Es handelt sich dabei um — in der Regel fortlaufende — Zahlungen an Gemeindepflegestationen, Vaterländische Frauenvereine, Charitasverbände, Landkranken-Diakonissenstationen, Frauenvereine vom Roten Kreuze und dergleichen mehr. Mustergültige Einrichtungen für Krankenpflege auf dem Lande hat namentlich die Versicherungsanstalt Rheinprovinz geschaffen. Für großstädtische Verhältnisse erscheinen vorzüglich geeignet Maßnahmen, wie sie die Landes-Versicherungsanstalt Berlin durch die Einrichtung einer „Heimfürsorge für die in ihren Wohnungen bleibenden Kranken" getroffen hat. Einmalige oder regelmäßige Jahresbeiträge werden ferner von der Mehrzahl der Versicherungsträger gezahlt an mannigfache der Bekämpfung von Volkskrankheiten, des Alkoholmißbrauchs usw. oder sonstigen Wohlfahrtsbestrebungen dienende Vereine, z. B. auch zur Wöchnerinnenunterstützung und zur Säuglingsfürsorge.

Das Reichs-Versicherungsamt fördert alle diese Bestrebungen sowohl durch die von sozialpolitischen Erwägungen mitbestimmte Handhabung seines Aufsichts- und Genehmigungsrechts als auch durch mannigfache Bekanntmachungen in seinen Amtlichen Nachrichten und in den Monatsblättern für Arbeiterversicherung.

Von besonderem Nutzen dürfte in dieser Beziehung die erwähnte „Statistik der Heilbehandlung bei den Versicherungsanstalten und zugelassenen Kasseneinrichtungen der Invalidenversicherung" gewesen sein und bleiben. Sie wird seit dem Jahre 1898 alljährlich vom Reichs-Versicherungsamt auf Grund von Berichten bearbeitet, welche die Versicherungsträger durch Ausfüllung der von dem Amte aufgestellten Fragebogen erstatten, und erscheint in der Regel im August, seit 1902 in besonderen Beiheften zu den Amtlichen Nachrichten des Reichs-Versicherungsamts; bis dahin wurde sie in den Amtlichen Nachrichten selbst veröffentlicht. Es werden darin die gesamten Leistungen der Träger der Invalidenversicherung auf dem Gebiete des Heilverfahrens und die Erfolge der auf ihre Kosten durchgeführten Heilbehandlungen dargestellt. Das geschieht in zahlreichen Tabellen, in denen die Kosten und die Erfolge der Behandlung, größtenteils je besonders für Männer und Frauen, nachgewiesen werden, und zwar durchweg getrennt nach den beiden Hauptgruppen „Lungentuberkulose" und „andere Krankheiten". Aus den umfangreichen Vorbemerkungen sind die wichtigsten Ergebnisse des Tabellenwerkes ersichtlich. Dort ist auch Näheres über die Entstehungsgeschichte und den Zweck der Statistik angegeben und die bei der Bearbeitung angewandte Methode erläutert. Insbesondere ist erörtert, daß in der Statistik zwischen „ständiger" und „nichtständiger" Behandlung unterschieden und unter der ersteren jedes planmäßige Heilverfahren in Kranken- oder Genesungshäusern, in Heilstätten oder Bädern, geeignetenfalls auch in der eigenen Wohnung des Versicherten verstanden wird, unter nichtständiger Behandlung diejenige in der Sprechstunde des Arztes, sowie alle einmaligen und vorübergehenden Maßnahmen, z. B. Gewährung von Arzneien. Weiter ist dargelegt, daß unter den Heilerfolgen zunächst die sogenannten „Anfangserfolge", d. h. die bei Abschluß des Heilverfahrens erzielten, und sodann die sogenannten „Dauererfolge" dargestellt werden. Um die letzteren zu ermitteln, hat man die Einrichtung getroffen, daß alle Personen, die auf Kosten der Versicherungsträger mit Erfolg behandelt worden sind, einer Nachprüfung während eines fünfjährigen Zeitraums (einschließlich des Behandlungsjahrs) unterworfen werden. Auf Grund dieser Nachkontrolle wird festgestellt, wie lange der Heilerfolg angehalten hat, d. h. ob die bei Beendigung des Heilverfahrens vorhanden gewesene Erwerbsfähigkeit im Sinne des § 5 Abs. 4 des Invalidenversicherungsgesetzes bestehen geblieben ist. Um die Ergebnisse der Statistik möglichst vorsichtig zu gestalten, werden von den als erwerbsfähig aus der Heilbehandlung Entlassenen zunächst diejenigen ausgeschieden, die nicht kontrolliert werden konnten, ferner diejenigen, bei denen sich innerhalb der fünfjährigen Nachprüfungszeit ein neues Heilverfahren als nötig erwiesen hat, und endlich alle die, welche innerhalb desselben Zeitraums gestorben sind oder die Invalidenrente bewilligt erhalten haben, oder denen diese Rente aus einem anderen Grunde als wegen mangelnder Erwerbsunfähigkeit versagt worden ist. Bei der Mehrzahl der Versicherungsträger muß wegen der Schwierigkeit der Durchführung und namentlich zur Vermeidung erheblicher Kosten davon abgesehen werden, die Nachuntersuchungen durch einen Arzt vornehmen zu lassen. Es ist dies auch nicht unbedingt erforderlich, weil das Bestehen von Erwerbsfähigkeit auch durch andere Ermittlungen festgestellt werden kann. Nach alledem will die Statistik, wie es den Aufgaben der Arbeiterversicherung entspricht, nicht eine medizinische, sondern eine mehr wirtschaftliche sein. Dessenungeachtet hat sie wegen des darin verarbeiteten umfangreichen Beobachtungsstoffs und nicht minder wegen vieler lehrreicher Ergebnisse, die sie enthält, auch für ärztliche Zwecke Bedeutung gewonnen. Namentlich wird ihr als Hilfsmittel im Kampfe gegen die Lungentuberkulose von besonders sachkundigen Ärzten großes Gewicht beigelegt. Die Statistik ist aber auch schon deshalb notwendig, weil dadurch der Öffentlichkeit gegenüber gewissermaßen Rechenschaft abgelegt wird über die bedeutenden Aufwendungen, die von den Versicherungsanstalten und Kasseneinrichtungen fortgesetzt aus den Beiträgen der Arbeitgeber und der Arbeiter für Zwecke des Heilverfahrens gemacht werden. Überdies ist sie für die Versicherungsträger selbst und für deren Aufsichtsbehörden unentbehrlich zur Prüfung der Frage, inwieweit durch diese Aufwendungen das vom Gesetzgeber vorgezeichnete Ziel erreicht wird, eine Minderung der Rentenlast für die Versicherungsträger herbeizuführen.

Auf Grund der neuesten Bearbeitung dieser Statistik, die hinsichtlich der Heilerfolge das Jahrfünft 1905 bis 1909 umfaßt, mögen hier die wichtigsten Zahlen angegeben werden. Sie sind am besten geeignet, einen Begriff von der Größe der Leistungen zu geben, welche die allgemeine Volkswohlfahrt in Deutschland der reichsgesetzlichen Invalidenversicherung und deren Trägern verdankt. In Heilbehandlung genommen wurden in den Jahren 1897 bis 1908 517 847 Personen, im Jahre 1909 101 158, zusammen 619 005 Personen (403 270 Männer, 215 735 Frauen). Von diesen wurden wegen Lungentuberkulose behandelt 275 207 Personen (196 505 Männer, 78 702 Frauen), wegen anderer Krankheiten 343 798 Personen (206 765 Männer, 137 033 Frauen). Welchen Aufschwung das Heilverfahren in den letzten 13 Jahren genommen hat, läßt namentlich die Gegenüberstellung der Zahl der Versicherten und der Zahl der Behandelten erkennen. Im Jahre 1897 wurden von 11 813 259 Versicherten 10 564, also von 10 000 Versicherten 9 behandelt. Im Jahre 1909 betrug die Zahl der Versicherten 14 631 390, die der Behandelten 101 158, so daß auf 10 000 Versicherte 69 Behandelte entfielen. In „ständiger" Behandlung befanden sich im Jahre 1909 76 232 Personen (49 219 Männer, 27 013 Frauen), in „nichtständiger" Behandlung 24 926 Personen. Von den ständig Behandelten litten 42 232 Personen (29 277 Männer, 12 955 Frauen) an Lungentuberkulose. Die Kosten der Heilbehandlungen beliefen sich bis zum Jahre 1908 auf 126 941 960 Mark, im Jahre 1909 auf 24 275 577 Mark, im ganzen also bisher auf 151 217 537 Mark. Einen Teil dieser Kosten haben allerdings Krankenkassen, Berufsgenossenschaften, Gemeinden usw. den Trägern der Invalidenversicherung erstattet. Seit dem Jahre 1897 betrugen diese Ersatzleistungen insgesamt 27 807 094 Mark, so daß die Versicherungsanstalten und Kasseneinrichtungen zusammen bisher 123 410 443 Mark getragen haben. Anderseits erhöhen sich die Kosten des Heilverfahrens um die oben erwähnten Aufwendungen für allgemeine Heil- und Wohlfahrtszwecke (nicht einzelne Heilbehandlungen), also für 1909 allein um rund 900 000 Mark. Von der vorher erwähnten Summe der Gesamtausgaben von 151 217 537 Mark entfallen auf die Behandlung der Lungentuberkulösen 99 745 128 Mark, auf die Behandlung anderer Kranken 51 472 409 Mark. Vergleicht man die Kosten der Heilbehandlung in der Invalidenversicherung (nach Abzug der Erstattungen durch Krankenkassen usw.) mit den Einnahmen aus den Beitragsleistungen, und der Summe der gezahlten Rentenbeträge nach dem Stande des Jahres 1909, so ergibt sich, daß die Heilverfahrenskosten 10,3 v. H. der Beitragseinnahmen und 12,2 v. H. der Rentenzahlungen betragen haben. Was den Erfolg der Heilbehandlungen betrifft, so sind im Jahre 1909 von den Lungentuberkulösen 83 v. H., von den anderweit Erkrankten 84 v. H. als erwerbsfähig aus der Behandlung entlassen worden. Nach den bisherigen 13 jährigen Erfahrungen betrug der Durchschnitt dieses Anfangserfolges bei den Lungentuberkulösen 76 v. H. (1897 betrug der Anfangserfolg nur 68 v. H.). In den neuen Nachprüfungszeiten seit 1897 sank der Erfolg im Durchschnitt um 39 v. H., so daß ein durchschnittlicher Enderfolg von 37 v. H. verblieb. Bei den anderen Krankheiten sind die Ergebnisse etwas günstiger: der Durchschnitt des Anfangserfolges betrug allerdings nur 75 v. H.; dagegen sanken die Erfolge in den einzelnen fünfjährigen Zeiträumen der Nachprüfung durchschnittlich nur um 33 v. H., so daß ein Durchschnittsenderfolg von 42 v. H. verblieb.

Angesichts solcher Leistungen erscheint wohl das Urteil berechtigt, daß das Heilverfahren der Versicherungsträger, namentlich auf dem Gebiete der Invalidenversicherung, ein Ruhmesblatt in der Geschichte der deutschen Arbeiterversicherung bildet. Für das Reichs-Versicherungsamt aber erwächst fortgesetzt die nicht leichte und vor allem oft nicht dankbare Aufgabe, einerseits dieses Verfahren zu fördern, anderseits aber darauf zu halten, daß auch dabei nicht die Grenzen überschritten werden, welche die Rücksicht auf die Vermögenslage des einzelnen Versicherungsträgers und die sonstigen vom Gesetze vorgeschriebenen Aufgaben innezuhalten gebietet.

Im Anschlusse hieran mag noch kurz auf die Invalidenhauspflege eingegangen werden, die, wenn sie auch nicht dem Heilverfahren angehört, doch ihm sachlich nahesteht. In das Invalidenversicherungsgesetz vom 13. Juli 1899 ist die Vorschrift des § 25 neu aufgenommen worden. Sie besagt, daß der Vorstand einer Versicherungsanstalt auf Grund statutarischer Bestimmung einem Rentenempfänger auf seinen Antrag an Stelle der Rente Aufnahme in ein Invalidenhaus oder in ähnliche von Dritten unterhaltene Anstalten auf Kosten der Versicherungsanstalt gewähren kann. Es sollte auf diese Weise der hilflosen Lage Rechnung getragen werden, in der sich manche Rentenempfänger trotz der ihnen zugebilligten Rente befinden, indem sie entweder allein stehen oder von ihren Angehörigen vernachlässigt oder sonst lieblos behandelt werden oder aus anderen Gründen die nötige Wartung und Pflege nicht finden. Von dieser Befugnis wurde etwa bis zum Anfange des Jahres 1904 wenig Gebrauch gemacht. Seitdem aber haben die Träger der Invalidenversicherung mehr und mehr auch diesem — ihre hervorragende Wirksamkeit auf dem Gebiete des Heilverfahrens in gewissem Sinne ergänzenden — Zweige der sozialen Fürsorge ihre Aufmerksamkeit zugewendet. Das ist um so mehr zu begrüßen, als dadurch nicht nur einer großen Zahl früherer Versicherter, oft den hilfsbedürftigsten unter ihnen, eine ihrer Lage besser als die Rentenzahlung entsprechende Versorgung zuteil wird, sondern auch die allgemeine Volkswohlfahrt mancherlei Förderung erfährt. Über die bezüglich der Invalidenhauspflege gemachten Erfahrungen und einige damit zusammenhängende grundsätzliche Fragen ist auf der II. Allgemeinen Konferenz der Versicherungsanstalten im Jahre 1907 in Augsburg eingehend verhandelt worden. Im Verfolg dieser Besprechung hat das Reichs-Versicherungsamt Erhebungen über die Invalidenhauspflege bei den Trägern der Invalidenversicherung in den Jahren 1907 und 1908 angestellt und die Ergebnisse, in statistischen Übersichten zusammengefaßt, veröffentlicht (vgl. Amtliche Nachrichten des Reichs-Versicherungsamts 1909 S. 487). Über den weiteren Verlauf der Angelegenheit enthält der Geschäftsbericht des Amtes für das Jahr 1909 (a. a. O. 1910 S. 279) die wichtigsten Angaben. Sehr wertvolle Dienste für die allgemeine Wohlfahrt kann die Invalidenhauspflege dadurch leisten, daß sie zur Unterbringung von schwer erkrankten und somit ihre Umgebung stark gefährdenden Tuberkulösen benutzt wird. Freilich stellen sich gerade dieser Verwendung der Invalidenhauspflege besondere Schwierigkeiten entgegen, da sich die schwerkranken Tuberkulösen in die mit Unrecht als „Sterbehäuser“ bezeichneten Invalidenhäuser ungern aufnehmen lassen. Immerhin sind im Jahre 1909 1347 unheilbare lungentuberkulöse Rentenempfänger (darunter 300 Frauen) im Wege der Invalidenhauspflege von Versicherungsanstalten untergebracht worden, wozu 123 Invalidenheime und Siechenhäuser benutzt wurden.

Von der Einwirkung des Reichs-Versicherungsamts auf die von den Versicherungsträgern zu erlassenden Ordnungen über die Ausübung der Invalidenhauspflege und über deren Aufhebung ist oben bereits die Rede gewesen.

Nach dem Vorgange des Invalidenversicherungsgesetzes ist auch in den Unfallversicherungsgesetzen vom 30. Juni 1900 die Zulässigkeit von Invalidenhauspflege an Stelle der Rente vorgesehen worden, nur mit dem Unterschiede, daß es hier nicht erst einer statutarischen Bestimmung bedarf, um dem Vorstande die Befugnis dazu zu übertragen. Die Berufsgenossenschaften machen aber von dieser Befugnis nur ganz vereinzelt Gebrauch.

Endlich bedarf hier noch der Erwähnung die Bekämpfung des Alkoholmißbrauchs im Rahmen der deutschen Arbeiterversicherung. Zum Heilverfahren gehören die darunter fallenden Maßnahmen nur insoweit, als sie auf die Heilung Trunksüchtiger abzielen, da auch die Trunksucht als ein die Erwerbsfähigkeit bedrohender oder beeinträchtigender Krankheitszustand anzusehen ist. Dabei kommt namentlich die Behandlung in Trinkerheilanstalten in Betracht. Angaben über die Leistungen der Invaliden-Versicherungsanstalten in dieser Beziehung — für die Landes-Versicherungsanstalt Westfalen auch hinsichtlich der Heilerfolge — enthält die kürzlich erschienene Bearbeitung der Statistik der Heilbehandlung für die Jahre 1905 bis 1909 auf Seite 48 bis 51.

Die Bestrebungen der Träger der Unfall- wie der Invalidenversicherung auf diesem Gebiete, die das Reichs-Versicherungsamt eifrig gefördert und vielfach angeregt hat, gehen aber über das Ziel der Behandlung einzelner Versicherter weit hinaus. Sie bezwecken die Bekämpfung des Alkoholmißbrauchs als Volkskrankheit und suchen das Übel an der Wurzel zu erfassen. Insoweit gehören diese Bestrebungen, wie die zu ihrer Ausführung getroffenen Maßnahmen nicht in den Rahmen des Heilverfahrens. Ihnen ist in dem Aufsatze „Geschichte und Wirkungskreis des Reichs-Versicherungsamts“ ein eigener Abschnitt gewidmet.

Beziehungen zum Auslande.

Die deutschen Arbeiterversicherungsgesetze stehen auf dem Standpunkte, daß die Rechte aller versicherten Personen sowie ihrer Angehörigen und Hinterbliebenen der Regel nach die gleichen sind, mag es sich um Inländer oder Ausländer handeln. Indes bestehen einige Ausnahmen, die zum Teil die rechtliche Behandlung einzelner Betriebe, zum Teil die Rechte von Ausländern im Inland oder im Auslande betreffen.

Was den ersten Punkt anlangt, so behandelt das deutsche Recht, das auch in dieser Beziehung hauptsächlich durch Entscheidungen des Reichs-Versicherungsamts in Rechtsprechung und Verwaltung gebildet worden ist, auf dem Gebiete der Unfallversicherung unselbständige Bestandteile eines Betriebs (sogenannte „Ausstrahlungen") — z. B. die Ausführung vorübergehender kleinerer Bauarbeiten oder von Montagen und ähnlichen Tätigkeiten — als Zubehör des Betriebs und deshalb hinsichtlich der Anwendung oder Nichtanwendung der Unfallversicherungsgesetze ebenso wie den Betrieb selbst. Diese Stellungnahme hat zur Folge, daß einerseits derartige Ausstrahlungen eines deutschen Betriebs, auch wenn sie in das Ausland übergreifen, als der deutschen Gesetzgebung unterworfen behandelt werden, d. h. also, daß auf alle deutschen und nichtdeutschen, im Sinne der deutschen Gesetzgebung versicherungspflichtigen Personen, die bei solchen Ausstrahlungsarbeiten im Auslande beschäftigt werden, während der Dauer dieser Beschäftigung die deutschen Unfallversicherungsgesetze Anwendung finden. Anderseits folgt daraus, daß die deutschen Gesetze nicht anzuwenden sind auf Personen (Deutsche und Nichtdeutsche), die in Deutschland bei Tätigkeiten beschäftigt werden, welche sich lediglich als Ausstrahlungen eines ausländischen Betriebs darstellen. Handelt es sich dagegen um solche Bestandteile eines ausländischen Unternehmens, die in Deutschland betrieben werden und wegen ihres Umfanges und ihrer wirtschaftlichen Bedeutung versicherungsrechtlich als selbständig zu versichernde Teilbetriebe (Filialen, Zweigniederlassungen usw.) anzusehen sind, so sind die darin beschäftigten Personen (Deutsche und Nichtdeutsche) der deutschen Gesetzgebung unterworfen. Umgekehrt ist dies natürlich dann nicht der Fall, wenn ein solcher selbständiger Teilbetrieb (Filiale usw.) eines deutschen Betriebs oder auch eine von diesem Betrieb auszuführende umfangreiche Arbeit (z. B. größere Brücken-, Hafen- oder Eisenbahnbauten) sich ausschließlich im Auslande vollzieht. Maßgebend für die Frage der Selbständigkeit gegenüber dem eigentlichen Betrieb und damit für die Frage, ob lediglich eine Ausstrahlung des Betriebs oder ein selbständiger Teilbetrieb vorliegt, ist nach der Rechtsübung des Reichs-Versicherungsamts hauptsächlich der Umstand, ob die Leitung und die Rechnungsführung vom Sitze des Hauptbetriebs aus erfolgt oder nicht. Unerheblich ist es aber hinsichtlich der Versicherungspflichtigkeit eines Betriebs oder Betriebsteils, ob der Unternehmer Ausländer ist, und ob er seinen Wohnsitz im Auslande hat, da es nicht auf die Person des Unternehmers, sondern auf den Sitz des Unternehmens ankommt. In Anwendung dieser Grundsätze hat das Reichs-Versicherungsamt angenommen, daß bei den Betrieben des sich auf mehrere Staaten erstreckenden Transportverkehrs, also den großen Eisenbahn- und Binnenschiffahrtsbetrieben, die teils im Inlande, teils im Auslande sich vollziehen, die Grenze der Versicherungspflicht im allgemeinen mit der geographischen Grenze Deutschlands zusammenfällt. Demnach ist bei ausländischen Eisenbahnen, die in das Inland übergehen, und bei ausländischen Schiffahrtsbetrieben, deren Schiffe auch auf deutschen Flüssen oder Flußstrecken fahren, die deutsche Gesetzgebung auf den in Deutschland sich vollziehenden Betriebsteil anzuwenden, sofern es sich bei diesem um einen regelmäßigen Verkehr von erheblichem Umfange handelt. Letzteres ist für Schiffahrtsbetriebe angenommen worden, wenn ein Schiff im Jahre durchschnittlich während mindestens 10 Wochen in Deutschland fährt. Nach denselben Grundsätzen unterliegt umgekehrt der Verkehr deutscher Eisenbahnen und Schiffe im Auslande, sofern dieser wegen seines Umfanges und seiner wirtschaftlichen Bedeutung als selbständiger Betriebsteil anzusehen ist, nicht der deutschen Gesetzgebung. Treffen die letzteren Voraussetzungen nicht zu, so werden auch hier unselbständige Ausstrahlungen der deutschen oder der ausländischen Betriebe als vorliegend angenommen und als der deutschen Gesetzgebung unterstehend oder nicht unterstehend behandelt, je nachdem der Betrieb selbst ein inländischer oder ein ausländischer ist. Daß eine solche unselbständige Ausstrahlung vorliegt, wird für den Verkehr von Eisenbahnen und Schiffen in der Regel insoweit anerkannt, als sich der Verkehr im Ausland auf kürzere Anschlußstrecken beschränkt, bei dem Verkehr über größere Strecken aber nur dann, wenn es sich um einzelne, gelegentliche Fahrten, nicht jedoch, wenn es sich um einen regelmäßigen Verkehr von erheblichem Umfange handelt. In Fällen der letzteren Art müssen vielmehr wieder selbständige Betriebsteile angenommen werden. Ob die beschäftigten Personen ihrer Staatsangehörigkeit nach Deutsche oder Ausländer sind, ist in allen diesen Fällen gleichgültig.

Die vorstehend erörterten Verhältnisse und die verschiedene rechtliche Beurteilung, die sie in Deutschland und im Auslande vielfach erfahren, können zu Mißständen führen, indem einerseits manche Personen dadurch überhaupt unversichert bleiben, andere sowohl im Inlande wie im Auslande der Versicherung unterliegen würden, so daß sie unter Umständen eine doppelte Entschädigung zu beanspruchen hätten, aber auch die Betriebsunternehmer doppelte Lasten für sie tragen müßten. Um solche Unzuträglichkeiten zu beseitigen, ist in den deutschen Unfallversicherungsgesetzen vorgesehen, daß mit den Regierungen anderer Staaten Abkommen geschlossen werden können, durch welche die Anwendung der deutschen Gesetze ausgeschlossen werden kann für die in Deutschland befindlichen (selbständigen) Bestandteile eines ausländischen Betriebs, oder erstreckt werden kann auf die im Auslande befindlichen (selbständigen) Bestandteile eines versicherungspflichtigen inländischen Betriebs. Die Voraussetzung für den Abschluß eines solchen internationalen Abkommens ist auf deutscher Seite, daß die auswärtige Gesetzgebung in bezug auf die Unfallfürsorge eine der deutschen entsprechende, d. h. gleichwertige ist. Bei Beantwortung der Frage, ob dies im Einzelfalle zutrifft, muß insbesondere auf folgende Gesichtspunkte Wert gelegt werden: ob die auswärtige Gesetzgebung die Betriebsunfälle als solche entschädigt und hierbei auch das Schuldmoment nicht wesentlich anders behandelt, als dies im deutschen Rechte geschehen ist; ferner ob die Leistungen der Versicherungs- oder Fürsorgeträger, d. h. die Unfallentschädigungen, im wesentlichen dem deutschen Rechte entsprechen; sodann ob die Beitragsleistungen der Unternehmer angemessen geregelt sind; weiter ob die Ansprüche der Entschädigungsberechtigten genügend sichergestellt sind; und endlich ob zur Durchführung der Ansprüche, namentlich der Entschädigungsforderungen, ein angemessenes, leicht zu handhabendes Verfahren gewährleistet wird.

Derartige Abkommen sind bisher nur mit dem Großherzogtume Luxemburg unter dem 2. September 1905 und mit den Niederlanden unter dem 27. August 1907 abgeschlossen worden. Bei ihrer Vorbereitung haben Mitglieder des Reichs-Versicherungsamts mitgewirkt.

Zu ungunsten einzelner Ausländer bestehen folgende Ausnahmen: Auf dem Gebiete der Unfallversicherung haben die Hinterbliebenen eines Ausländers (Witwe, Kinder, Verwandte der aufsteigenden Linie, elternlose Enkel) keinen Anspruch auf Rente, wenn sie zur Zeit des Unfalls nicht im Inland (in der See-Unfallversicherung auch an Bord eines deutschen Schiffes) ihren „gewöhnlichen Aufenthalt" hatten. Ferner ruht das Recht auf Bezug der Unfallrente, solange der berechtigte Ausländer nicht im Inlande seinen „gewöhnlichen Aufenthalt" hat, auf dem Gebiete der See-Unfallversicherung, solange der Berechtigte auf fremden Kriegsschiffen Dienste tut oder, ohne auf einem deutschen Schiffe angemustert zu sein, im Auslande sich aufhält und es unterläßt, der Berufsgenossenschaft seinen Aufenthalt anzuzeigen. Endlich kann ein Ausländer, falls er seinen „Wohnsitz" im Deutschen Reiche aufgibt, auf seinen Antrag mit dem dreifachen Betrage der ihm zugesprochenen Jahresrente abgefunden werden. In den vorerwähnten drei Fällen können jedoch die den Ausländern ungünstigen Bestimmungen durch den Bundesrat außer Kraft gesetzt werden sowohl für bestimmte Grenzbezirke als auch für die Angehörigen solcher auswärtiger Staaten, durch deren Gesetzgebung für die Hinterbliebenen durch Betriebsunfall getöteter Deutscher, beziehungsweise für deutsche, durch einen Betriebsunfall verletzte Arbeiter eine entsprechende Fürsorge gewährleistet ist. Auf dem Gebiete der See-Unfallversicherung besteht diese Befugnis des Bundesrats nur bezüglich des Anspruchs der Hinterbliebenen und bezüglich der Kapitalabfindung, nicht aber hinsichtlich des Ruhens der Rente, weil hier die Ausländer den Inländern schon gesetzlich völlig gleichgestellt sind. Die Grenzbezirke, zu deren Gunsten solche Bundesratsbestimmungen für die Gebiete des Gewerbe-Unfallversicherungsgesetzes, des Unfallversicherungsgesetzes für Land- und Forstwirtschaft und des Bau-Unfallversicherungsgesetzes über das Ruhen der Renten und zum Teil auch über die Ausschließung der Hinterbliebenenansprüche bisher erlassen worden sind, gehören folgenden Staaten an: Österreich-Ungarn, der Schweiz, Dänemark, den Niederlanden, Belgien, Rußland und Frankreich. Ferner sind als begünstigte Grenzbezirke in diesem Sinne vom Bundesrate bezeichnet worden: das ganze Großherzogtum Luxemburg und das neutrale Gebiet Moresnet. Die Bestimmungen über das Ruhen der Renten und über die Ausschließung des Anspruchs auf Hinterbliebenenrente im § 94 Ziffer 2 und § 21 des Gewerbe-Unfallversicherungsgesetzes, sowie im § 37 Abs. 1 und § 9 des Bau-Unfallversicherungsgesetzes sind für die Angehörigen folgender auswärtiger Staaten durch den Bundesrat außer Kraft gesetzt worden: der im Reichsrate vertretenen Königreiche und Länder der österreichisch-ungarischen Monarchie, Italiens, der Niederlande, Luxemburgs und Belgiens. Das Rentenbezugsrecht der Angehörigen dieser Staaten ist jedoch davon abhängig gemacht worden, daß die Rentenberechtigten, solange sie sich nicht im Inland oder in einem zufolge Bundesratsbeschlusses als Grenzgebiet im Sinne der vorerwähnten Bestimmungen geltend enausländischen Bezirk aufhalten, den vom Reichs-Versicherungsamt auf Grund des § 94 Ziffer 3 des Gewerbe-Unfallversicherungsgesetzes und der entsprechenden Bestimmungen der übrigen Unfallversicherungsgesetze für Inländer, die sich im Ausland aufhalten, erlassenen oder noch zu erlassenden Vorschriften genügen. Diese Vorschriften sind unter dem 5. Juli 1901 erlassen und im Reichsanzeiger, sowie in den Amtlichen Nachrichten des Reichs-Versicherungsamts veröffentlicht. Sie schreiben im einzelnen vor, innerhalb welcher Frist und in welcher Weise die im Auslande sich aufhaltenden Inländer ihren Aufenthaltsort der Berufsgenossenschaft mitzuteilen haben, sowie unter welchen Voraussetzungen und in welchen Zeiträumen sich die Rentenberechtigten persönlich bei einem deutschen Konsul vorzustellen haben. Im Falle unverschuldeter Versäumung der Mitteilungs- oder Vorstellungspflicht lebt nach dem Gesetze das Recht auf den Bezug der Rente „insoweit" wieder auf, d. h. die Berufsgenossenschaft hat die Rente für diejenige Zeit wiederzugewähren, zu welcher der Berechtigte außerstande war, jenen Verpflichtungen zu genügen.

Die Bestimmungen, betreffend die Zulässigkeit der Kapitalabfindung eines Ausländers, der seinen Wohnsitz im Deutschen Reiche aufgibt, sind bisher durch keinen Bundesratsbeschluß aufgehoben oder eingeschränkt worden.

Was im vorstehenden von den Hinterbliebenen eines ausländischen Versicherten gesagt ist, gilt auch von dessen Angehörigen bezüglich der während einer Krankenhausbehandlung des Versicherten ihnen zustehenden Unterstützung.

Was die Rechtsverhältnisse der Ausländer auf dem Gebiete der Invalidenversicherung anlangt, so ist davon auszugehen, daß einerseits der Versicherungszwang grundsätzlich alle im Inlande verrichteten Arbeiten ergreift (ohne Rücksicht darauf, ob sie mit dem ausländischen Betriebe zusammenhängen, oder ob die im Inlande tätigen Arbeiter im Auslande wohnen), anderseits der Versicherungszwang begrifflich an den Grenzen der inländischen Staatsgewalt seine Schranken findet, und somit im Auslande beschäftigte Personen der Versicherungspflicht grundsätzlich nicht unterliegen. Es sind daher Ausländer, die im Inlande beschäftigt werden, an sich der Versicherung unterworfen, doch kommt eine Reihe von Ausnahmen in Betracht. So gelten fremde Kriegsschiffe oder unter der Flagge ihres Staatsoberhaupts fahrende sonstige fremde Seeschiffe auch bei ihrem Aufenthalt in deutschen Häfen völkerrechtlich nicht als Inland. Auf der anderen Seite können ähnlich, wie auf dem Gebiete der Unfallversicherung, im Auslande stattfindende Tätigkeiten nach Lage des besonderen Falles als Teil, Zubehör, Fortsetzung oder Ausstrahlung eines inländischen Betriebs, die beschäftigten Personen somit gewissermaßen als im Inlande beschäftigt angesehen werden. Es wird z. B. ein Ausländer, der auf einer im Auslande belegenen Grenzstation eines inländischen Eisenbahnunternehmens beschäftigt ist, oder der zur Herstellung von Bauten im Auslande von einem inländischen Betrieb aus entsandt und verwendet wird, der Versicherung unterliegen. Durch den Bundesratsbeschluß (Bekanntmachung des Reichskanzlers) vom 27. Dezember 1899, betreffend die Befreiung vorübergehender Dienstleistungen von der Versicherungspflicht gemäß § 4 Abs. 1 des Invalidenversicherungsgesetzes, sind aber wiederum folgende Ausnahmen getroffen, wonach bestimmte von Ausländern verrichtete Arbeiten der Versicherungspflicht nicht unterliegen, nämlich: Dienstleistungen von Bediensteten ausländischer Eisenbahnverwaltungen in Eisenbahnbetrieben des Inlandes, soweit diese Bediensteten in letzteren vorübergehend beschäftigt werden; — Dienstleistungen im Inlande von Bediensteten ausländischer Betriebe, soweit diese mit einzelnen Betriebshandlungen vorübergehend in das Inland hinübergreifen; — Dienstleistungen des Personals ausländischer Schiffe, die im Binnenschiffahrtsverkehre deutsche Wasserstraßen befahren, sofern nicht diese Schiffe nach der Entscheidung der unteren Verwaltungsbehörde des Beschäftigungsorts (§ 65 Abs. 4 des Invalidenversicherungsgesetzes) im Inland einen regelmäßigen Verkehr von erheblicher Dauer unterhalten; — Dienstleistungen auf Seeschiffen im Auslande, wenn sie von solchen Personen verrichtet werden, die nicht zur Schiffsbesatzung gehören; — Dienstleistungen von Indiern, Japanern, Chinesen, Malayen, Zanzibariten, Negern und anderen farbigen Seeleuten auf deutschen Seeschiffen bei der Küstenschiffahrt in asiatischen, australischen, ost- oder westafrikanischen Gewässern, sowie in dem Verkehre zwischen asiatischen, australischen, ost- und westafrikanischen Häfen oder zwischen diesen und europäischen, im letzteren Verkehre jedoch nur, wenn es sich um den Dienst in den Kohlen- und Kesselräumen der Dampfschiffe handelt, und wenn bei der Anmusterung im Auslande zugleich die Rückfahrt ausbedungen ist. Weiter sind durch den Bundesratsbeschluß vom 21. Februar 1901 (Bekanntmachung des Reichskanzlers vom 7. März 1901) auf Grund des § 4 Abs. 2 Satz 1 des Invalidenversicherungsgesetzes polnische Arbeiter russischer und österreichischer Staatsangehörigkeit, welchen der Aufenthalt im Inlande nur für eine bestimmte Dauer behördlich gestattet ist und die nach Ablauf dieser Zeit in das Ausland zurückkehren müssen, der Versicherungspflicht nicht unterworfen, sofern sie in inländischen land- und forstwirtschaftlichen Betrieben oder in deren Nebenbetrieben beschäftigt werden.

Wie auf dem Gebiete der Unfallversicherung, so ist auch auf dem Gebiete der Invalidenversicherung das Ruhen der Rente durch Gesetz (§ 48 Abs. 1 Ziffer 4 des Invalidenversicherungsgesetzes) vorgesehen, wenn der Rentenberechtigte seinen gewöhnlichen Aufenthalt nicht mehr im Inlande, sondern im Auslande hat. Kehrt also der Ausländer dauernd in seine Heimat zurück, so verliert er den Genuß der Rente, es sei denn, daß er sich in einem der Grenzgebiete aufhält, für die durch Bundesratsbeschluß diese Bestimmung außer Kraft gesetzt ist. Die Grenzgebiete, zu deren Gunsten unterm 13. Oktober 1900, 13. Januar 1904, 28. April 1908 und 29. Oktober 1908 solche Beschlüsse ergangen sind, sind dieselben wie die, welche oben bei den entsprechenden Bestimmungen der Unfallversicherung erwähnt sind. Dazu kommt aber noch in Betracht, daß das Invalidenversicherungsgesetz insofern eine Bestimmung (§ 26) zu ungunsten der Ausländer getroffen hat, als der rentenberechtigte Ausländer, wenn er seinen Wohnsitz im Inland aufgibt, mit dem dreifachen Betrage der Jahresrente abgefunden werden kann. Diese Abfindung kann auch gegen seinen Willen erfolgen, er selbst hat jedoch keinen Rechtsanspruch darauf. Zwar kann diese Bestimmung für Grenzgebiete und für Länder mit Verbürgung der Gegenseitigkeit durch Bundesratsbeschluß außer Kraft gesetzt werden, ein solcher Bundesratsbeschluß ist aber bisher nicht ergangen.

Zahlreiche Beziehungen des Reichs-Versicherungsamts zum Ausland ergeben sich auf dem Gebiete des Rentenauszahlungswesens. Die Gesetze sprechen nur von Zahlungen durch „deutsche“ Postanstalten. Das Reichs-Versicherungsamt hat deshalb im § 14 der Geschäftsanweisung für die Vorstände der Berufsgenossenschaften, betreffend die Auszahlungen durch die Post, vom 31. Dezember 1900 bestimmt, daß die Zahlung der Unfallentschädigungen an Personen, die sich im Auslande befinden, in der Regel nicht nach Maßgabe der im § 97 des Gewerbe-Unfallversicherungsgesetzes und in den entsprechenden Bestimmungen der übrigen Unfallversicherungsgesetze gegebenen Vorschriften für im Inlande wohnende Personen erfolgt, sondern auf irgend eine zweckentsprechende Art auf Gefahr und Kosten der Berechtigten.

Die meisten Berufsgenossenschaften bewirkten bis

vor kurzem die Zahlungen nach dem Ausland entweder durch laufende Anweisungen bei der Post an die in Deutschland wohnenden Bevollmächtigten der Berechtigten oder durch Postanweisung an die Berechtigten unmittelbar. Dieses Verfahren, insbesondere die Beschaffung der für die Rentenquittung erforderlichen Bescheinigungen, führte häufig zu Schwierigkeiten und Verzögerungen, zumal das Reichs-Versicherungsamt nach dem vorhin erwähnten § 14 die Bescheinigungen ausländischer Behörden im allgemeinen nicht für ausreichend erachtet. Die Folge der letzteren Bestimmung war, daß die deutschen Konsuln im Auslande zur Ausstellung der Bescheinigungen angegangen wurden, und dies führte in Italien, das für die Auszahlungen bei weitem am meisten in Betracht kommt, zu einer übermäßigen Belastung mehrerer deutscher Konsulate. Für die Zahlungen nach Italien, deren Gesamtbetrag für 1909 auf 800000 Mark geschätzt wird, ist eine erhebliche Verbesserung des Verfahrens im Laufe des Jahres 1909 erzielt worden. Die Deutsche Bank in Berlin hat sich nämlich bereit erklärt, die Zahlung der Unfallentschädigungen an die in ihre Heimat zurückgekehrten Italiener zu übernehmen. Das Verfahren ist äußerst einfach. Die Berufsgenossenschaften haben lediglich die Beträge in deutscher Währung an die Deutsche Bank anzuweisen, diese sorgt für alles weitere, indem sie die Auszahlung an die Berechtigten mittels sogenannter Vaglia, d. h. italienischer, auf den Namen lautender Zahlungsanweisungen veranlaßt, nachdem der zuständige italienische Bürgermeister auf der Rückseite der Vaglia die erforderliche Bescheinigung ausgestellt hat. Das Reichs-Versicherungsamt hat diese Zahlungsweise der Deutschen Bank in mehrfachen Verhandlungen mit Vertretern der Königlich Italienischen Botschaft und der Deutschen Bank eingehend geprüft und von der letzteren die ausdrückliche Erklärung erhalten, sie übernehme den Berufsgenossenschaften gegenüber die Haftung dafür, daß die Berechtigten in den Besitz der für sie angewiesenen Beträge gelangen und den Berufsgenossenschaften keinerlei Schaden durch unrichtige Verwendung der Vaglia entsteht. Darauf hat das Reichs-Versicherungsamt durch Rundschreiben vom 27. Oktober 1909 den Vorständen der ihm unterstehenden Berufsgenossenschaften die Vermittlung der Deutschen Bank für die Zahlungen nach Italien empfohlen. So ist ein zuverlässiges, einfaches und schleuniges Verfahren geschaffen worden, das gleichzeitig den deutschen Konsuln in Italien die wünschenswerte Entlastung bringt. Schon jetzt erfolgen die meisten Zahlungen aus der Unfallversicherung nach Italien durch Vermittlung der Deutschen Bank.

Mannigfaltige Beziehungen zum Auslande, zum Teil auch persönlicher Art, ergaben sich für das Reichs-Versicherungsamt aus der Beteiligung an Kongressen und Ausstellungen, die teils von Amts wegen, teils von Mitgliedern des Reichs-Versicherungsamts unter Förderung des Amtes erfolgte. Bei allen solchen Gelegenheiten hat es sich das Amt angelegen sein lassen, die Grundgedanken, die Einrichtung und die Wirkung der deutschen Arbeiterversicherung in ihren vielgestaltigen Beziehungen und Einflüssen auf das gesamte Volksleben bekannt zu machen.

In weitem Umfange berührt sich der Aufgabenkreis des Reichs-Versicherungsamts namentlich mit den Bestrebungen der internationalen Arbeiterversicherungskongresse. Diese wollen in erster Linie der Überzeugung von der Notwendigkeit einer Versicherung der arbeitenden Klassen gegen Krankheit, Unfälle und Invalidität usw. in allen Kulturstaaten Eingang verschaffen. Man will ferner die Kenntnis über die Einrichtungen der verschiedenen Länder auf diesem Gebiete fördern, ihre Vorteile und Nachteile zu ermitteln suchen und geeignete Wege zur Lösung neuer sozialpolitischer Aufgaben anbahnen. Seit dem Jahre 1889, in dem der erste derartige Kongreß zusammentrat, hat auch das Reichs-Versicherungsamt bei jeder Tagung durch Entsendung von Mitgliedern, Erstattung von Berichten und Widmung einschlägiger Schriften sein lebhaftes Interesse an den Kongreßverhandlungen bewiesen.

In dem Ständigen Internationalen Ausschusse für Sozialversicherung (Comité permanent International des Assurances Sociales) und in dem Deutschen Komitee für Internationale Sozialversicherung ist das Reichs-Versicherungsamt durch seinen Präsidenten und mehrere Mitglieder vertreten.

Die Entwicklung der deutschen Arbeiterversicherung ist ferner in mannigfachster Weise auf Weltausstellungen, größeren Industrie-, Gewerbe- und sonstigen die Volkswohlfahrt betreffenden Veranstaltungen veranschaulicht worden. Die Darstellung, insbesondere auf den Weltausstellungen, verfolgt den Zweck, dem Auslande die deutsche Arbeiterversicherung als ein in sich geschlossenes eigenartiges System sozialer Fürsorge vorzuführen. Das Reichs-Versicherungsamt hat entweder allein oder in Verbindung mit anderen Reichsämtern (dem Kaiserlichen Statistischen Amte und Kaiserlichen Gesundheitsamt) und unter Mitwirkung von Versicherungsträgern, Selbstverwaltungskörpern usw. besondere Ausstellungsgruppen eingerichtet oder den betreffenden Veranstaltungen geeignetes Material zur Verfügung gestellt. Die Darstellung der Arbeiterversicherung geschah durch Vorführung von statistisch-graphischen Tafeln, Vorrichtungen zur Unfallverhütung, Photographien von Sicherheitsvorrichtungen mit erläuternden Beschreibungen und durch ausgewählte Büchereien. Zur weiteren Erläuterung des Ausgestellten dienten die von Mitgliedern des Amtes ausgearbeiteten Denkschriften, die das gesamte Material über die bisherigen Erfahrungen von den verschiedenen Gesichtspunkten der Sozialpolitik, Statistik, Krankheitsverhütung, Heilbehandlung und Volkswirtschaft zusammenfassen. Außerdem wurden die Hauptergebnisse der gesamten Arbeiterversicherung in graphischer und tabellarischer Darstellung vereinigt. Eine große Reihe statistisch-graphischer Tafeln veranschaulichte die Entschädigungsfälle, die Häufigkeit der Krankheiten, der Unfälle, der Invaliden- und Altersrenten, sowie die Ursachen, Dauer und Folgen der Krankheiten. Photographische Bilder mit erläuternder Beschreibung brachten, nach Gewerbszweigen geordnet, die neuesten Unfallverhütungseinrichtungen zur Anschauung. Endlich wurden auch die den besonderen Heilzwecken der Arbeiterversicherung angepaßten eigenartigen Einrichtungen von Unfallkrankenhäusern und Heilanstalten, Unfallstationen, Lungenheilstätten, Genesungsheimen, Walderholungsstätten in Bildern und Modellen mit entsprechenden Erläuterungen vorgeführt. In solcher Weise ist das Reichs-Versicherungsamt u. a. beteiligt gewesen an den Weltausstellungen in Chicago (1893), Antwerpen (1894), Brüssel (1897), Paris (1900) und St. Louis (1904), an der Jubiläumsausstellung der Prager Handels- und Gewerbekammer (1908) usw.

Wer in dem Getriebe der Arbeiterversicherung steht, weiß nur zu gut, daß ihr auch Mängel anhaften, Mängel des Gesetzes und der Ausführung. Kein Einsichtiger wird sich auch der Täuschung hingeben, es herrsche eitel Zufriedenheit in den beteiligten Kreisen. Oft genug hört man Klagen. Dem einen sind die Leistungen zu gering, dem anderen die Lasten zu hoch, dieser sieht hier eine Lücke, jener dort ein Übermaß. Es fehlt sogar nicht an Stimmen, welche die Richtigkeit der Grundlagen unserer Versicherung in Zweifel ziehen. Besorgt hört man fragen, ob der gesetzliche Zwang nicht die freie Entschluß- und Schaffenskraft der Einzelnen verringert habe, ob die Übernahme der Fürsorge durch die Gesamtheit nicht das Gefühl der eigenen Verantwortlichkeit habe erschlaffen lassen und die Begehrlichkeit an ihre Stelle getreten sei. Solchen Zweiflern gegenüber ist es nützlich, zu zeigen, was in dem Zeitraume von fünfundzwanzig Jahren geschaffen und erreicht ist, und sie zu fragen, ob man ernstlich wünschen könne, daß dies alles verschwände oder nie bestanden hätte. Die aber, denen nur die jetzige Ausgestaltung nicht genügt, mögen bedenken, daß die Verbesserungsbedürftigkeit und -möglichkeit zu keiner Zeit in den leitenden Stellen verkannt worden ist. Sie mögen nicht vergessen, daß die Reichsverwaltung wiederholt durch Gesetzesvorschläge, die auch stets Fortschritte gebracht haben, und noch jüngst durch den bedeutsamen Entwurf einer Reichsversicherungsordnung den redlichen Willen an den Tag gelegt hat, zu bessern, zu ergänzen und fortzubauen, soweit es die Lage der Dinge gestattet. Darum dürfen wir auch der Weiterentwicklung getrost entgegensehen und hoffen, daß sie immer mehr zu dem führen werde, was das Endziel der Arbeiterversicherung ist: zur Übung weitumfassender sozialer Gerechtigkeit auf dem sicheren Grunde des „sozialpolitischen Empfindens", dessen Ursprung und Bedeutung im Eingange dieser Schrift gekennzeichnet worden ist.

Aus der Statistik der Arbeiterversicherung.

Während die Statistik der Krankenversicherung im Kaiserlichen Statistischen Amte auf Grund vom Bundesrat angeordneter, von jeder Krankenkasse auszufüllender Nachweisungen bearbeitet wird, erfolgt die Herstellung der Statistik der Unfall- und der Invalidenversicherung im Reichs-Versicherungsamte. Art, Form und Inhalt dieser Nachweisungen bestimmt das Reichs-Versicherungsamt als oberste Aufsichtsbehörde der Versicherungsträger dieser Zweige. Die zusammenfassende Statistik der Arbeiterversicherung wird gleichfalls im Reichs-Versicherungsamte zusammengestellt, das von jeher die Hauptergebnisse auf Kongressen und Ausstellungen, welche das Gebiet der Arbeiterversicherung berührten, in besonderen Schriften sowie in graphischen und bildlichen Darstellungen zur Verbreitung der Kenntnis der Arbeiterversicherung im In- und Auslande vorgeführt hat.

Auch nachstehend wird eine solche bildliche Darstellung vorgelegt, deren Gedanke zum ersten Male auf der Weltausstellung in Paris 1900 im großen Bilde ausgeführt war. Sie enthält die hauptsächlichsten Zahlen der Arbeiterversicherung für die Summe der 25 Jahre ihres Bestehens 1885 bis 1909.

Die Darstellung schildert Einnahmen, Ausgaben und Leistungen der Arbeiterversicherung unter dem Bilde einer Eiche, welche Schilde verschiedener Größe trägt. Die Schilde entsprechen in ihrer Größe den Beträgen oder der Zahl der Entschädigten, welche sie andeuten. Die Schilde oder Schildteile der Krankenversicherung sind senkrecht, die der Invalidenversicherung wagerecht schraffiert, die der Unfallversicherung weiß gelassen.

Wie die Eiche aus dem Erdreiche, zieht der Baum der Arbeiterversicherung seine Kraft aus der Gesamtbevölkerung (1909 63,9 Millionen) und dem Versichertenbestande:

Krankenversicherung	. . . 13,4	Millionen
Unfallversicherung	. . . 24,1	„
Invalidenversicherung	. . . 15,4	„ .

Vier Wurzeln nähren den Baum:

Die Beiträge der Versicherten 1885 bis 1909 4255,6 Millionen Mark, und zwar:

Krankenversicherung	. . 2986,5	Millionen	Mark
Unfallversicherung	. . . —	„	„
Invalidenversicherung	. 1269,1	„	„ .

Die Beiträge der Arbeitgeber 1885 bis 1909 4792,1 Millionen Mark, und zwar:

Krankenversicherung	. . 1345,3	Millionen	Mark
Unfallversicherung	. . . 2177,7	„	„
Invalidenversicherung	. 1269,1	„	„ .

Der Reichszuschuß (nur zur Invalidenversicherung) 1891 bis 1909 . . 587,2 Millionen Mark;

Die Zinsen und sonstigen Einnahmen 1885 bis 1909 1016,9 Millionen Mark, und zwar:

Krankenversicherung	. . 204,4	Millionen	Mark
Unfallversicherung	. . . 294,5	„	„
Invalidenversicherung	. 518,0	„	„ .

Diesen Einnahmen von insgesamt 10 651,8 Millionen Mark (1885 bis 1909) entstammt das Vermögen, das in diesen Jahren auf 2209,2 Millionen Mark angewachsen ist und für die

Krankenversicherung	. . 283,7	Millionen	Mark
Unfallversicherung	. . . 350,3	„	„
Invalidenversicherung	. 1575,2	„	„

beträgt; für die Invalidenversicherung gilt, im Gegensatze zu dem Verfahren der Umlegung des Jahresbedarfs bei der Unfallversicherung, der Grundsatz der Kapitaldeckung der zu erwartenden Aufwendungen.

Die Ausgaben der Arbeiterversicherung beliefen sich in den 25 Jahren 1885 bis 1909 auf 8414,5 Millionen Mark, und zwar für:

Krankenversicherung	4225,3	Millionen Mark
Unfallversicherung	2121,8	„ „
Invalidenversicherung	2067,4	„ „ .

Von diesen Ausgaben entfallen insgesamt auf die

Entschädigungen . . . 7651,2 Millionen Mark;
Gesamtverwaltung 763,3 Millionen Mark,

und zwar bei der

	Entschädigungen	Gesamtverwaltung
	Millionen Mark	
Krankenversicherung	3983,2	242,1
Unfallversicherung	1803,9	317,9
Invalidenversicherung	1864,1	203,3.

Die Einzelleistungen und Verwaltungskosten der Versicherungszweige werden auf den Ästen der Eiche dargestellt.

Für die Krankenversicherung kommen in Betracht

		1885 bis 1909 Millionen Mark
Entschädigungen insgesamt		3983,2
Krankheitskosten	Arzt	841,3
	Arznei und kleine Heilmittel	614,5
	Krankengeld an Mitglieder	1733,7
	Krankengeld an Angehörige	39,1
	Wöchnerinnen	63,5
	Krankenhaus	507,3
	Sterbegeld	122,1
Sonstige Leistungen (darunter Krankentransportkosten)		61,7
Gesamtverwaltung		242,1.

Die Entschädigungen der Unfallversicherung (1885 bis 1909 1803,9 Millionen Mark) verteilen sich wie folgt:

Heilverfahren	44,6	Millionen Mark
Fürsorge in der Wartezeit	10,5	„ „
Heilanstalt	67,2	„ „
Angehörigenrente	18,3	„ „
Verletztenrente	1302,0	„ „
Abfindung an Inländer	12,3	„ „
Sterbegeld	10,4	„ „
Hinterbliebenenrente	322,6	„ „
Witwenabfindung	12,1	„ „
Ausländerabfindung	3,9	„ „

Von den auf die Gesamtverwaltung der Unfallversicherung verwendeten Beträgen (1885 bis 1909 317,9 Millionen Mark) entfallen auf die:

Verwaltung	214,5	Millionen Mark
Unfallverhütung	18,6	„ „
Schiedsgerichte	26,6	„ „
Entschädg.-Feststellung	58,2	„ „ .

Was die Unfallverhütung betrifft, so sind nur die von den Berufsgenossenschaften für die Überwachung der Betriebe, den Erlaß von Unfallverhütungsvorschriften usw. verausgabten Beträge nachgewiesen. Die in der Gesamtheit viel höheren Aufwendungen der Unternehmer für die Verhütung von Unfällen sind in den obigen Zahlen nicht enthalten.

Bei der Invalidenversicherung schließlich gliedern sich die Entschädigungen (1891 bis 1909 1864,1 Millionen Mark) in Ausgaben für:

Heilverfahren	135,9	Millionen Mark
Invalidenrente	1182,5	„ „
Krankenrente	25,8	„ „
Altersrente	424,3	„ „
Beitragserstattung	95,6	„ „ ,

während sich die Gesamtverwaltungskosten (1891 bis 1909 203,3 Millionen Mark) verteilen auf die:

Verwaltung	138,7	Millionen Mark
Beitragserhebung	55,7	„ „
Schiedsgerichte	8,9	„ „ .

Die Entschädigungsfälle finden in der Krone der Eiche in unten abgerundeten Schilden ihre Darstellung.

Von der Krankenversicherung sind 1885 bis 1909 insgesamt 87 Millionen Erkrankungsfälle und 1566 Millionen Krankheitstage entschädigt worden. Um mit den anderen Versicherungen, welche dauernde Renten gewähren, vergleichbar zu sein, sind die Krankheitstage, indem sie durch 365 geteilt wurden, zu vollen Krankheitsjahren (1885 bis 1909 4 289 939 Millionen) zusammengefaßt; es ist hiernach die Schildgröße bemessen.

Die Unfallversicherung hat 1885 bis 1909 insgesamt 2 138 437 Unfälle entschädigt.

Die Invalidenversicherung hat (1891 bis 1909)

1 748 137 Invaliden-,
103 189 Kranken- und
481 382 Altersrenten gewährt, während in
2 406 312 Fällen Beitragserstattung erfolgte.

Die auf der bildlichen Darstellung eingesetzten und vorstehend mitgeteilten Hauptzahlen der deutschen Arbeiterversicherung betreffen durchweg die Jahre seit Bestehen der Versicherungszweige, für die Krankenversicherung und Unfallversicherung also die 25 Jahre 1885 bis 1909, für die Invalidenversicherung die Jahre 1891 bis 1909. Da für das Jahr 1909 nur für die zum ersten Male entschädigten Unfälle, den Reichszuschuß, die Invaliden-, Kranken- und Altersrentner sowie die Beitragserstattungen Zahlen vorliegen, so sind, um anfechtbare Schätzungen zu vermeiden, im übrigen zur Bildung der auf Millionen abgerundeten Summen die Zahlen für das Jahr 1908 zweimal eingestellt.

In den nachfolgenden Tabellen aus der Statistik der Arbeiterversicherung sind die genauen, feststehenden Zahlen für die einzelnen Jahre 1885 bis 1908 mitgeteilt.

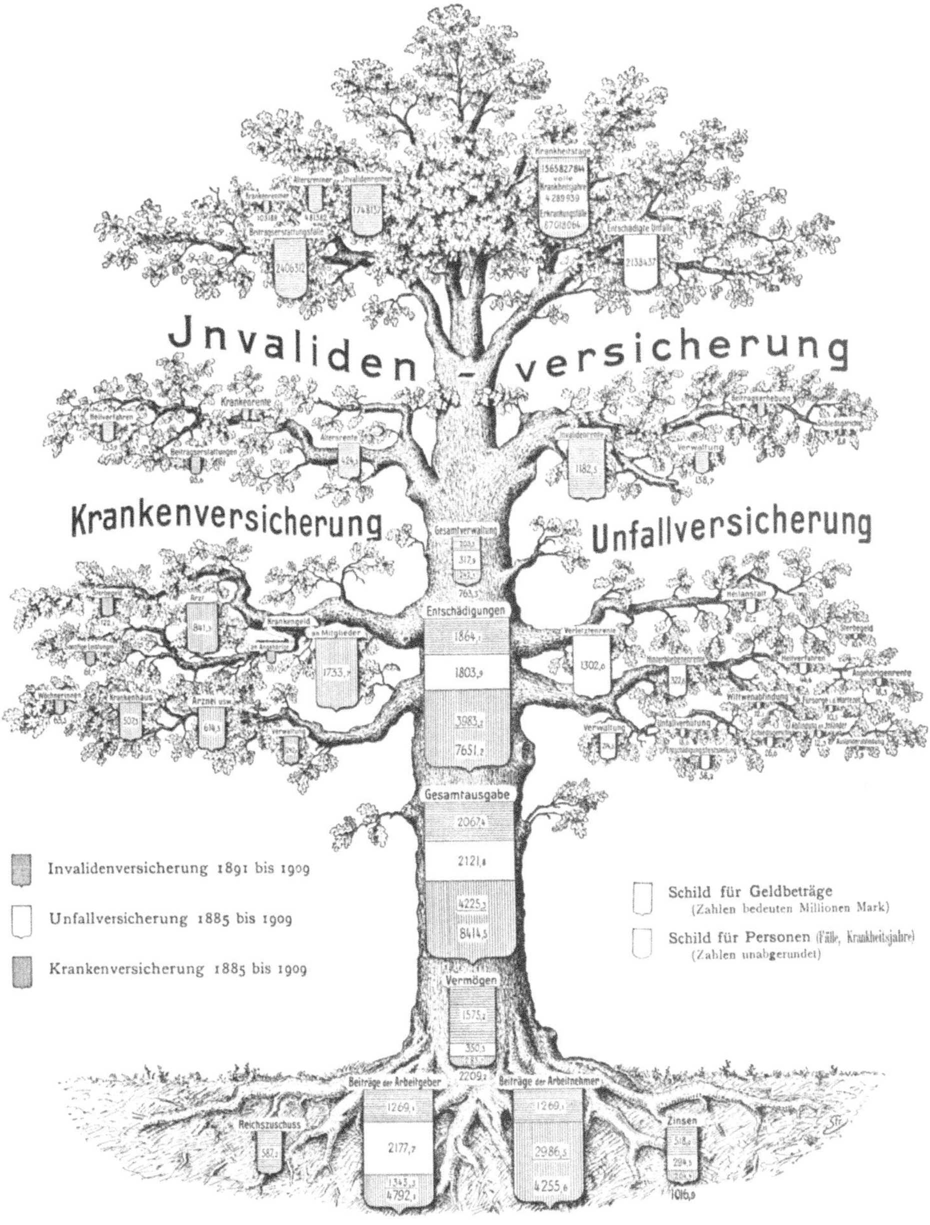

Versicherte Personen:

Krankenversicherung 13,4, Unfallversicherung 24,1, Invalidenversicherung 15,4 Millionen.

Gesamtbevölkerung 63,9 Millionen.

Einnahmen, Ausgaben und Leistungen der Arbeiterversicherung des Deutschen Reichs 1885 bis 1909.

Aus der Statistik der Arbeiterversicherung 1885 bis 1908.

1. Einrichtung und Umfang der Arbeiterversicherung 1908.[1])

Krankenversicherung (einschl. Knappschaftskassen)		Unfallversicherung		Invalidenversicherung	
Versicherte überhaupt	13 189 599	Versicherte überhaupt[2])	23 674 000	Versicherte überhaupt	15 232 000
Männer	9 880 541	Männer	14 795 400	Männer	10 559 900
Frauen	3 309 058	Frauen	8 878 600	Frauen	4 672 100
Kassen überhaupt (Durchschnittszahl)	23 057	Gewerbliche Berufsgenossenschaften	66	Versicherungsanstalten	31
Gemeindekrankenversicherung	8 008	Landwirtschaftliche Berufsgenossenschaften	48	Zugelassene Kasseneinrichtungen	10
Orts- Krankenkassen	4 752	Staatliche, Provinzial- und Kommunal-Ausführungsbehörden	540		
Betriebs- (Fabrik-) Krankenkassen	7 873				
Bau- Krankenkassen	38				
Innungs- Krankenkassen	772				
Hilfskassen	1 444				
Knappschaftskassen	170				

[1]) Mittlere Gesamtbevölkerung 62 982 000; Männer 31 084 000, Frauen 31 898 000. — [2]) Nach Abzug der auf rund 3,4 Millionen zu schätzenden, in der Gewerbe-, Bau- und See-Unfallversicherung und der Unfallversicherung für Land- und Forstwirtschaft doppelt Versicherten.

2. Entschädigungsfälle 1885 bis 1908.

Jahr	Krankenversicherung (einschließlich Knappschaftskassen): Mit Erwerbsunfähigkeit verbundene Erkrankungsfälle	Krankenversicherung: Krankheitstage	Unfallversicherung: Im Berichtsjahr entschädigte Unfälle (Verletzte) überhaupt	Unfallversicherung: erstmalig	Invalidenversicherung (seit 1891): Invalidenrenten im Berichtsjahr überhaupt	Invalidenrenten neu bewilligt	Krankenrenten im Berichtsjahr überhaupt	Krankenrenten neu bewilligt	Altersrenten im Berichtsjahr überhaupt	Altersrenten neu bewilligt	Im Berichtsjahr bewilligte Beitragserstattungen bei Heirat	Unfall	Tod
1885	1 956 635	27 864 226	268	268	—	—	—	—	—	—	—	—	—
86	1 874 302	28 962 927	10 717	10 540	—	—	—	—	—	—	—	—	—
87	1 895 040	29 590 454	25 016	17 102	—	—	—	—	—	—	—	—	—
88	1 923 554	32 116 110	41 792	21 236	—	—	—	—	—	—	—	—	—
89	2 211 617	36 155 685	66 841	31 449	—	—	—	—	—	—	—	—	—
1890	2 627 124	42 002 835	100 251	42 038	—	—	—	—	—	—	—	—	—
91	2 616 433	43 948 953	139 158	51 209	—	31	—	—	—	132 926	—	—	—
92	2 699 091	46 405 474	179 093	55 654	—	17 784	—	—	—	42 128	—	—	—
93	3 037 372	50 120 082	222 475	62 729	—	35 177	—	—	—	31 083	—	—	—
94	2 719 175	47 380 530	267 733	69 619	—	47 385	—	—	—	33 871	—	—	—
1895	2 943 159	50 301 640	318 368	75 527	—	55 983	—	—	—	30 144	8 245	—	2 271
96	3 001 684	51 461 851	374 685	86 403	—	64 450	—	—	—	25 953	63 444	—	16 766
97	3 220 802	55 577 087	430 859	92 326	237 416	75 746	—	—	226 275	22 320	99 805	—	22 537
98	3 262 194	57 347 993	486 645	98 023	295 640	84 781	—	—	223 169	19 525	121 977	—	25 811
99	3 780 811	65 198 471	543 890	106 036	361 564	96 665	—	—	218 649	17 320	135 097	—	30 367
1900	4 023 421	70 146 991	594 889	107 654	450 056	125 717	6 677	6 677	214 985	19 852	156 122	234	34 142
01	3 983 898	72 446 146	653 821	117 336	535 817	130 482	12 750	7 632	203 321	14 849	158 184	355	32 342
02	3 930 639	73 124 529	711 330	121 284	629 704	142 789	17 433	8 733	192 335	12 885	153 282	575	32 028
03	4 177 280	77 603 490	771 415	129 375	727 724	152 882	21 361	9 216	180 980	12 430	154 468	778	32 603
04	4 642 679	90 051 510	834 815	137 673	803 232	140 092	24 644	10 458	168 556	11 936	154 366	855	32 526
1905	4 848 610	94 715 219	892 901	141 121	857 823	122 868	28 846	11 861	156 158	10 692	151 853	767	33 951
06	4 834 108	94 573 327	936 491	139 726	891 730	110 969	32 561	12 421	144 766	10 666	153 220	710	32 828
07	5 406 076	104 883 006	980 044	144 703	926 795	112 220	33 624	11 527	136 416	10 813	152 465	616	35 460
08	5 701 180	111 924 654	1 008 677	142 965	958 844	116 852	32 032	11 951	127 873	10 986	151 342	587	36 776
1885/1908	**81 316 884**	**1 453 903 190**	—	**2 001 996**	—	**1 632 873**	—	**90 476**	—	**470 379**	**1 813 870**	**5477**	**400 408**

3. Einnahmen, Ausgaben, Vermögen 1885 bis 1908.

Jahr	Ordentliche Einnahmen					Ordentliche Ausgaben (ohne Rücklagen zur Vermögensbildung)				Vermögen
	Beiträge der		Zuschuß des Reichs	Zinsen und sonstige Einnahmen	Summe der Einnahmen	Entschädigungsleistungen		Gesamtverwaltung	Summe der Ausgaben	
	Arbeitgeber	Versicherten				überhaupt	darunter Krankenfürsorge			
	M	M	M	M	M	M	M	M	M	M
					a) Arbeiterversicherung insgesamt.					
1885	18 373 807	45 119 019	—	2 919 882	66 412 708	54 159 321	52 663 593	4 632 693	58 792 014	31 782 095
86	32 177 517	49 820 955	—	3 342 319	85 340 791	61 909 755	59 053 224	7 021 634	68 931 389	45 161 443
87	40 891 267	53 535 033	—	4 132 909	98 559 209	68 074 692	61 540 467	7 981 622	76 056 314	66 287 019
88	50 852 634	58 788 001	—	5 263 529	114 904 164	78 241 023	68 340 508	9 539 655	87 780 678	99 388 807
89	60 843 290	65 513 446	—	6 385 977	132 742 713	92 590 677	78 339 771	10 911 610	103 502 287	127 965 275
1890	67 946 430	71 107 587	—	8 309 256	147 363 273	112 702 888	93 003 912	11 982 487	124 685 375	149 523 563
91	124 879 990	122 548 322	6 049 848	10 588 966	264 067 126	140 391 162	99 780 971	17 214 556	157 605 718	255 509 903
92	130 581 682	125 289 338	9 041 184	15 067 900	279 980 104	159 624 635	106 513 330	18 948 154	178 572 789	356 737 244
93	139 191 679	130 212 342	11 336 896	19 365 618	300 106 535	178 934 917	115 098 147	20 608 192	199 543 109	453 538 181
94	147 449 818	135 422 707	13 923 211	23 960 145	320 755 881	188 999 588	113 021 087	21 512 477	210 512 065	563 303 759
1895	154 747 378	140 809 388	16 933 195	29 037 469	341 527 430	208 635 827	119 279 443	23 205 559	231 841 386	672 080 061
96	165 345 448	150 653 656	19 232 239	32 303 378	367 534 721	229 056 453	125 289 999	25 004 542	254 060 995	784 378 260
97	170 667 163	159 282 755	21 836 872	37 087 060	388 873 850	256 432 403	138 120 601	26 620 460	283 052 863	889 502 608
98	183 007 783	169 166 731	24 401 014	41 103 901	417 679 429	281 413 612	147 398 331	28 452 237	309 865 849	995 029 494
99	198 675 491	180 771 026	27 108 444	46 233 497	452 788 458	318 417 969	168 413 381	31 075 931	349 493 900	1 098 040 894
1900	212 670 508	190 605 357	30 761 768	51 617 017	485 654 650	355 003 365	184 861 963	34 969 919	389 973 284	1 192 223 301
01	238 024 018	198 190 721	33 870 735	56 508 252	526 593 726	387 746 670	195 547 956	36 426 345	424 173 015	1 298 404 404
02	256 672 397	207 000 764	37 849 694	60 581 320	562 104 175	415 246 246	201 705 685	40 298 962	455 545 208	1 406 090 484
03	274 880 917	219 983 736	41 854 727	66 748 511	603 467 891	455 328 707	217 884 083	44 125 265	499 453 972	1 502 067 043
04	304 708 201	249 610 298	45 275 550	71 508 683	671 102 732	512 772 380	253 820 840	48 189 068	560 961 448	1 610 423 434
1905	325 570 768	268 338 242	47 350 837	76 140 215	717 400 062	551 684 973	275 464 820	51 328 216	603 013 189	1 722 250 359
06	349 331 559	292 400 306	48 757 608	79 267 527	769 757 000	576 377 840	287 633 080	55 348 974	631 726 814	1 855 142 741
07	367 145 208	314 594 722	49 620 665	85 872 274	817 232 869	626 636 642	324 177 727	59 251 042	685 887 684	1 977 164 321
08	388 721 610	328 431 389	50 521 837	91 751 800	859 426 636	670 411 374	355 510 567	64 290 581	734 701 955	2 083 920 428
1885/1908	**4 403 356 563**	**3 927 195 841**	**535 726 324**	**925 097 405**	**9 791 376 133**	**6 980 793 119**	**3 842 469 486**	**698 940 181**	**7 679 733 300**	—

3. Einnahmen, Ausgaben, Vermögen 1885 bis 1908.

Jahr	Ordentliche Einnahmen					Ordentliche Ausgaben (ohne Rücklagen zur Vermögensbildung)				Vermögen
	Beiträge der		Zuschuß des Reichs	Zinsen und sonstige Einnahmen	Summe der Einnahmen	Entschädigungsleistungen		Gesamtverwaltung	Summe der Ausgaben	
	Arbeitgeber	Versicherten				überhaupt	darunter Krankenfürsorge			
	M	M	M	M	M	M	M	M	M	M
b) Krankenversicherung (einschließlich Knappschaftskassen).										
1885	17 387 416	45 119 019	—	2 902 009	65 408 444	54 139 311	52 663 574	3 648 439	57 787 750	31 782 095
86	19 515 123	49 820 955	—	2 918 327	72 254 405	59 994 389	58 772 122	3 821 495	63 815 884	37 190 562
87	21 293 171	53 535 033	—	3 074 796	77 903 000	62 141 762	60 813 823	4 117 393	66 259 155	47 457 088
88	23 611 986	58 788 001	—	3 633 884	86 033 871	68 549 118	67 272 146	4 791 508	73 340 626	66 128 635
89	26 522 314	65 513 446	—	3 886 374	95 922 134	78 101 397	76 864 926	5 229 997	83 331 394	78 055 417
1890	29 149 136	71 107 587	—	4 578 972	104 835 695	92 351 472	90 932 618	5 710 237	98 061 709	83 709 793
91	31 272 689	75 562 257	—	4 902 151	111 737 097	98 620 560	97 151 556	6 204 077	104 824 637	90 147 185
92	32 356 514	77 467 937	—	5 182 267	115 006 718	104 833 384	103 169 323	6 486 850	111 320 234	93 653 695
93	35 686 721	81 757 850	—	5 533 620	122 978 191	112 635 321	111 168 285	7 212 102	119 847 423	93 021 974
94	37 369 848	85 404 882	—	5 611 518	128 386 248	109 682 320	108 291 651	6 904 278	116 586 598	104 343 386
1895	39 161 552	89 448 919	—	6 093 755	134 704 226	115 513 015	114 001 326	7 086 608	122 599 623	115 538 247
96	42 269 677	96 085 858	—	6 106 353	144 461 888	120 080 715	118 719 402	7 502 020	127 582 735	131 241 873
97	45 546 139	102 876 534	—	7 426 483	155 849 156	131 947 959	130 442 883	7 994 089	139 942 048	146 452 342
98	48 959 167	110 190 645	—	7 585 358	166 735 170	140 740 159	138 680 603	8 542 186	149 282 345	161 618 473
99	52 161 655	117 139 519	—	9 244 806	178 545 980	160 477 082	157 957 503	9 317 873	169 794 955	170 086 340
1900	56 501 755	126 220 149	—	10 408 370	193 130 274	174 922 541	172 293 278	10 200 855	185 123 396	176 594 259
01	58 624 886	130 783 968	—	10 941 723	200 350 577	183 174 157	180 458 218	10 885 873	194 060 030	186 645 198
02	61 516 194	137 507 874	—	11 008 856	210 032 924	186 699 030	183 973 953	11 687 515	198 386 545	199 418 690
03	66 479 079	146 845 473	—	11 253 288	224 577 840	202 262 491	198 771 841	12 482 819	214 745 310	201 213 860
04	79 413 599	172 566 398	—	12 839 407	264 819 404	237 107 610	233 160 688	14 300 556	251 408 166	212 840 205
1905	87 102 111	187 692 322	—	13 328 100	288 122 533	257 317 245	253 007 513	14 979 052	272 296 297	226 106 493
06	97 294 896	207 337 221	—	12 075 525	316 707 642	267 177 417	263 633 781	16 229 766	283 407 183	254 269 148
07	106 262 276	225 273 134	—	14 133 401	345 668 811	302 654 790	297 997 545	17 732 637	320 387 427	270 226 926
08	114 913 865	236 220 197	—	14 860 064	365 994 126	331 049 879	325 683 209	19 494 240	350 544 119	267 708 360
1885/1908	**1 230 371 769**	**2 750 265 178**	—	**189 529 407**	**4 170 166 354**	**3 652 173 124**	**3 595 881 767**	**222 562 465**	**3 874 735 589**	—

3. Einnahmen, Ausgaben, Vermögen 1885 bis 1908.

Jahr	Ordentliche Einnahmen					Ordentliche Ausgaben (ohne Rücklagen zur Vermögensbildung)				Vermögen
	Beiträge der		Zuschuß des Reichs	Zinsen und sonstige Einnahmen	Summe der Einnahmen	Entschädigungsleistungen		Gesamtverwaltung	Summe der Ausgaben	
	Arbeitgeber	Versicherten				überhaupt	darunter Krankenfürsorge			
	M	M	M	M	M	M	M	M	M	M
	c) Unfallversicherung.									
1885	986 391	—	—	17 873	1 004 264	20 010	19	984 254	1 004 264	—
86	12 662 394	—	—	423 992	13 086 386	1 915 366	281 102	3 200 139	5 115 505	7 970 881
87	19 598 096	—	—	1 058 113	20 656 209	5 932 930	726 644	3 864 229	9 797 159	18 829 931
88	27 240 648	—	—	1 629 645	28 870 293	9 691 905	1 068 362	4 748 147	14 440 052	33 260 172
89	34 320 976	—	—	2 499 603	36 820 579	14 489 280	1 474 845	5 681 613	20 170 893	49 909 858
1890	38 797 294	—	—	3 730 284	42 527 578	20 351 416	2 071 294	6 272 250	26 623 666	65 813 770
91	46 621 236	—	—	4 890 881	51 512 117	26 471 096	2 629 042	7 111 128	33 582 224	83 743 663
92	50 403 767	—	—	5 975 860	56 379 627	32 395 397	3 312 123	7 625 508	40 020 905	100 102 385
93	55 050 466	—	—	7 061 389	62 111 855	38 278 551	3 821 523	8 351 912	46 630 463	115 583 777
94	60 062 145	—	—	8 205 710	68 267 855	44 501 279	4 364 860	9 220 684	53 721 963	130 129 669
1895	64 225 357	—	—	9 539 397	73 764 754	50 442 137	4 646 328	10 055 826	60 497 963	143 396 460
96	68 507 973	—	—	10 339 665	78 847 638	57 653 677	5 395 093	10 738 248	68 391 925	153 852 173
97	68 714 803	—	—	11 268 272	79 983 075	64 590 613	5 798 108	11 394 088	75 984 701	157 850 547
98	75 072 530	—	—	12 308 019	87 380 549	71 733 028	6 087 976	11 998 830	83 731 858	161 499 238
99	82 882 329	—	—	12 987 238	95 869 567	79 284 261	6 439 420	12 791 830	92 076 091	165 292 714
1900	91 783 545	—	—	13 670 401	105 453 946	87 351 560	6 919 962	13 525 109	100 876 669	169 869 991
01	111 992 379	—	—	14 725 644	126 718 023	99 301 132	7 765 632	14 689 856	113 990 988	182 597 026
02	125 663 313	—	—	15 730 823	141 394 136	108 133 104	8 408 952	16 663 795	124 796 899	199 194 263
03	135 263 575	—	—	18 904 710	154 168 285	117 912 877	8 809 081	18 877 493	136 790 370	216 572 178
04	148 250 702	—	—	19 532 098	167 782 800	127 308 966	9 265 683	19 868 251	147 177 217	237 177 761
1905	157 822 737	—	—	21 142 895	178 965 632	136 147 717	9 662 584	21 392 010	157 539 727	258 603 666
06	166 973 578	—	—	22 734 989	189 708 567	143 161 276	9 776 873	22 802 995	165 964 271	282 347 962
07	171 561 344	—	—	24 210 700	195 772 044	151 090 537	10 181 060	24 159 724	175 250 261	302 869 745
08	181 596 553	—	—	25 953 880	207 550 433	157 884 722	10 827 687	25 934 003	183 818 725	326 601 453
1885/1908	**1 996 054 131**	—	—	**268 542 081**	**2 264 596 212**	**1 646 042 837**	**129 734 253**	**291 951 922**	**1 937 994 759**	—

3. Einnahmen, Ausgaben, Vermögen 1885 bis 1908.

Jahr	Ordentliche Einnahmen					Ordentliche Ausgaben (ohne Rücklagen zur Vermögensbildung)				Vermögen
	Beiträge der		Zuschuß des Reichs	Zinsen und sonstige Einnahmen	Summe der Einnahmen	Entschädigungsleistungen		Gesamtverwaltung	Summe der Ausgaben	
	Arbeitgeber	Versicherten				überhaupt	darunter Krankenfürsorge			
	ℳ	ℳ	ℳ	ℳ	ℳ	ℳ	ℳ	ℳ	ℳ	ℳ
	d) Invalidenversicherung (seit 1891).									
1891	46 986 065	46 986 065	6 049 848	795 934	100 817 912	15 299 506	373	3 899 351	19 198 857	81 619 055
92	47 821 401	47 821 401	9 041 184	3 909 773	108 593 759	22 395 854	31 884	4 835 796	27 231 650	162 981 164
93	48 454 492	48 454 492	11 336 896	6 770 609	115 016 489	28 021 045	108 339	5 044 178	33 065 223	244 932 430
94	50 017 825	50 017 825	13 923 211	10 142 917	124 101 778	34 815 989	364 576	5 387 515	40 203 504	328 830 704
95	51 360 469	51 360 469	16 933 195	13 404 317	133 058 450	42 680 675	631 789	6 063 125	48 743 800	413 145 354
1896	54 567 798	54 567 798	19 232 239	15 857 360	144 225 195	51 322 061	1 175 504	6 764 274	58 086 335	499 284 214
97	56 406 221	56 406 221	21 836 872	18 392 305	153 041 619	59 893 831	1 885 610	7 232 283	67 126 114	585 199 719
98	58 976 086	58 976 086	24 401 014	21 210 524	163 563 710	68 940 425	2 629 752	7 911 221	76 851 646	671 911 783
99	63 631 507	63 631 507	27 108 444	24 001 453	178 372 911	78 656 626	4 016 458	8 966 228	87 622 854	762 661 840
1900	64 385 208	64 385 208	30 761 768	27 538 246	187 070 430	92 729 264	5 648 723	11 243 955	103 973 219	845 759 051
1901	67 406 753	67 406 753	33 870 735	30 840 885	199 525 126	105 271 381	7 324 106	10 850 616	116 121 997	929 162 180
02	69 492 890	69 492 890	37 849 694	33 841 641	210 677 115	120 414 112	9 322 780	11 947 652	132 361 764	1 007 477 531
03	73 138 263	73 138 263	41 854 727	36 590 513	224 721 766	135 153 339	10 303 161	12 764 953	147 918 292	1 084 281 005
04	77 043 900	77 043 900	45 275 550	39 137 178	238 500 528	148 355 804	11 394 469	14 020 261	162 376 065	1 160 405 468
05	80 645 920	80 645 920	47 350 837	41 669 220	250 311 897	158 220 011	12 794 723	14 957 154	173 177 165	1 237 540 200
1906	85 063 085	85 063 085	48 757 608	44 457 013	263 340 791	166 039 147	14 222 426	16 316 213	182 355 360	1 318 525 631
07	89 321 588	89 321 588	49 620 665	47 528 173	275 792 014	172 891 315	15 999 122	17 358 681	190 249 996	1 404 067 650
08	92 211 192	92 211 192	50 521 837	50 937 856	285 882 077	181 476 773	18 999 671	18 862 338	200 339 111	1 489 610 615
1891/1908	**1 176 930 663**	**1 176 930 663**	**535 726 324**	**467 025 917**	**3 356 613 567**	**1 682 577 158**	**116 853 466**	**184 425 794**	**1 867 002 952**	—

4. Leistungen der Versicherungszweige 1885 bis 1908.

Jahr	a) Krankenversicherung (einschl. Knappschaftskassen).								
	Krankheitskosten (Krankenfürsorge nach Abzug der Ersatzleistungen von Berufsgenossenschaften, Unternehmern und Versicherungsanstalten).							Sonstige Leistungen	Summe der Entschädigungsleistungen
	ärztliche Behandlung	Arznei und Heilmittel	Krankengeld an Mitglieder	Krankengeld an Angehörige	Unterstützung an Wöchnerinnen, seit 1904 auch an Schwangere	Krankenhauspflege, Rekonvaleszenz	Sterbegeld		
	ℳ	ℳ	ℳ	ℳ	ℳ	ℳ	ℳ	ℳ	ℳ
1885	9 966 774	8 082 873	26 193 274	248 660	661 162	5 128 911	2 381 920	1 475 737	54 139 311
86	11 272 741	9 146 488	28 661 642	319 661	709 669	6 030 601	2 631 320	1 222 267	59 994 389
87	11 948 956	9 578 860	28 942 053	365 796	746 683	6 577 795	2 653 680	1 327 939	62 141 762
88	13 455 042	10 976 456	31 356 052	444 856	815 389	7 429 101	2 795 250	1 276 972	68 549 118
89	15 542 273	12 858 879	35 183 939	534 258	917 568	8 757 433	3 070 576	1 236 471	78 101 397
1890	17 820 267	15 481 350	42 687 456	603 715	1 017 018	9 822 878	3 499 934	1 418 854	92 351 472
91	19 030 906	16 299 990	45 201 656	703 913	1 175 950	11 197 723	3 541 418	1 469 004	98 620 560
92	20 271 492	17 526 093	48 010 067	708 336	1 216 502	11 633 164	3 803 669	1 664 061	104 833 384
93	22 670 115	19 229 224	49 907 639	772 465	1 649 847	12 823 930	4 115 065	1 467 036	112 635 321
94	23 448 184	18 860 579	46 368 534	787 375	1 780 722	13 160 333	3 885 924	1 390 669	109 682 320
1895	24 394 799	19 629 525	49 286 443	840 498	1 824 994	14 038 691	3 986 376	1 511 689	115 513 015
96	26 083 344	20 379 853	50 152 487	925 209	2 020 229	15 018 371	4 139 909	1 361 313	120 080 715
97	28 249 678	22 312 747	55 910 015	1 044 622	2 174 164	16 356 868	4 394 789	1 505 076	131 947 959
98	30 511 639	23 655 674	58 746 333	1 175 436	2 349 498	17 685 389	4 556 634	2 059 556	140 740 159
99	33 501 163	26 487 409	69 021 765	1 391 506	2 447 092	19 923 122	5 185 446	2 519 579	160 477 082
1900	36 061 390	28 129 032	76 465 046	1 536 804	2 558 213	21 865 248	5 677 545	2 629 263	174 922 541
01	37 553 732	28 554 045	81 293 765	1 723 955	2 619 329	23 182 536	5 530 856	2 715 939	183 174 157
02	39 479 191	29 000 743	81 217 620	1 905 151	2 715 575	24 111 734	5 543 939	2 725 077	186 699 030
03	43 081 636	31 609 818	86 044 268	2 087 842	2 854 947	27 196 218	5 897 112	3 490 650	202 262 491
04	50 460 598	34 958 013	103 202 413	2 656 964	4 289 121	31 121 102	6 472 477	3 946 922	237 107 610
1905	56 198 458	37 373 755	110 848 827	2 914 560	4 582 774	34 170 543	6 918 596	4 309 732	257 317 245
06	60 424 284	38 649 347	111 963 257	3 255 573	5 067 560	37 205 130	7 068 630	3 543 636	267 177 417
07	66 766 281	42 846 715	130 288 247	3 677 455	5 499 544	41 246 536	7 672 767	4 657 245	302 654 790
08	71 544 308	46 447 947	143 399 364	4 218 951	5 931 408	45 816 059	8 325 172	5 366 670	331 049 879
1885/1908	**769 737 251**	**568 075 415**	**1 590 352 162**	**34 843 561**	**57 624 958**	**461 499 416**	**113 749 004**	**56 291 357**	**3 652 173 124**

4. Leistungen der Versicherungszweige 1885 bis 1908.

Jahr	b. Unfallversicherung										
	Krankenfürsorge										
	Heilverfahren	Fürsorge in der gesetzlichen Wartezeit (§ 76 c des Krankenversicherungsgesetzes)	Heilanstaltsbehandlung	Angehörigenrente	Verletztenrente	Verletztenabfindung (Inländer)	Sterbegeld	Hinterbliebenenrente (Witwen, Waisen usw.)	Witwenabfindung	Ausländerabfindung	Summe der Entschädigungsleistungen
	M	M	M	M	M	M	M	M	M	M	M
1885	19	—	—	—	148	—	10 967	8 876	—	—	20 010
86	117 103	—	109 495	54 504	1 044 317	—	125 878	448 773	8 752	6 544	1 915 366
87	325 715	—	270 891	130 038	3 684 326	—	161 530	1 234 373	70 434	55 623	5 932 930
88	468 131	10 458	418 175	171 598	6 276 725	—	175 467	2 018 522	124 566	28 263	9 691 905
89	631 416	24 977	594 999	223 453	9 533 547	—	239 600	3 005 092	174 150	62 046	14 489 280
1890	819 054	36 096	931 182	284 962	13 538 549	—	279 842	4 094 029	243 234	124 468	20 351 416
91	1 025 971	44 719	1 201 963	356 389	17 903 775	—	305 927	5 255 633	255 353	121 366	26 471 096
92	1 195 117	55 219	1 606 471	455 316	21 946 275	—	289 629	6 379 682	345 482	122 206	32 395 397
93	1 253 688	114 781	1 925 056	527 998	26 126 482	—	305 941	7 487 345	366 033	171 227	38 278 551
94	1 333 725	219 543	2 220 269	591 323	30 722 740	—	310 194	8 560 822	392 438	150 225	44 501 279
1895	1 317 350	316 355	2 396 995	615 628	35 306 228	—	319 209	9 585 376	411 162	173 834	50 442 137
96	1 462 282	499 279	2 767 300	666 232	40 614 671	—	356 508	10 708 761	417 497	161 147	57 653 677
97	1 620 662	617 065	2 854 134	706 247	45 870 067	—	378 122	11 880 048	464 502	199 766	64 590 613
98	1 701 604	624 299	3 042 056	720 017	51 414 514	—	421 582	13 089 946	495 525	223 485	71 733 028
99	1 865 813	603 629	3 191 020	778 958	57 193 737	—	437 144	14 404 882	561 703	247 375	79 284 261
1900	2 031 236	701 614	3 350 177	836 935	63 227 542	66 088	491 459	15 750 111	578 115	318 283	87 351 560
01	2 302 547	745 264	3 730 647	987 174	71 225 618	1 595 971	581 300	17 262 590	666 280	203 741	99 301 132
02	2 520 074	689 778	4 072 011	1 127 089	78 376 007	1 387 978	541 498	18 580 183	673 278	165 208	108 133 104
03	2 735 071	666 377	4 219 461	1 188 172	86 193 405	1 093 302	580 518	20 356 587	729 507	150 477	117 912 877
04	2 912 460	667 225	4 453 960	1 232 038	93 789 672	1 041 244	615 675	21 665 928	769 559	161 205	127 308 966
1905	3 125 276	709 784	4 563 404	1 264 120	100 559 596	1 148 068	637 083	23 187 305	800 956	152 125	136 147 717
06	3 228 553	724 411	4 541 993	1 281 916	105 763 748	1 240 733	654 347	24 717 647	818 597	189 331	143 161 276
07	3 408 764	765 246	4 695 036	1 312 014	111 138 866	1 423 340	733 036	26 513 920	892 241	208 074	151 090 537
08	3 606 151	821 852	5 026 423	1 373 261	115 270 839	1 648 921	753 089	28 201 239	941 218	241 729	157 884 722
1885/1908	**41 007 782**	**9 657 971**	**62 183 118**	**16 885 382**	**1 186 721 394**	**10 645 645**	**9 705 545**	**294 397 670**	**11 200 582**	**3 637 748**	**1 646 042 837**

4. Leistungen der Versicherungszweige 1885 bis 1908.

Jahr	c) Invalidenversicherung (seit 1891)									
	Krankenfürsorge		Invalidenhauspflege	Invalidenrente	Krankenrente	Altersrente	Beitragserstattung bei			Summe der Entschädigungsleistungen
	Heilverfahren	Erhöhte Angehörigenunterstützung und sonstige außerordentliche Leistungen					Heirat	Unfall	Tod	
	M	M	M	M	M	M	M	M	M	M
1891	373	—	—	129	—	15 299 004	—	—	—	15 299 506
92	31 884	—	—	1 338 962	—	21 025 008	—	—	—	22 395 854
93	108 339	—	—	5 207 092	—	22 705 614	—	—	—	28 021 045
94	364 576	—	—	10 031 897	—	24 419 516	—	—	—	34 815 989
95	631 789	—	—	15 332 799	—	26 496 741	158 563	—	60 783	42 680 675
1896	1 175 504	—	—	20 844 729	—	27 326 580	1 458 074	—	517 174	51 322 061
97	1 885 610	—	—	27 061 335	—	27 555 955	2 587 407	—	803 524	59 893 831
98	2 629 752	—	—	34 363 360	—	27 449 836	3 461 341	—	1 036 136	68 940 425
99	4 016 458	—	—	42 368 463	—	26 825 558	4 103 080	—	1 343 067	78 656 626
1900	5 578 254	70 469	15 060	53 573 150	651 407	26 224 203	4 938 986	11 027	1 666 708	92 729 264
1901	7 130 643	193 463	45 080	65 021 700	1 299 591	24 655 737	5 163 504	18 916	1 742 747	105 271 381
02	9 050 595	272 185	73 017	78 565 951	1 810 988	23 507 280	5 203 146	33 112	1 897 838	120 414 112
03	9 903 428	399 733	146 998	92 795 751	2 238 803	22 113 103	5 408 794	48 796	2 097 933	135 153 339
04	10 908 430	486 039	254 068	105 346 175	2 634 679	20 868 243	5 542 222	59 350	2 256 598	148 355 804
05	12 158 775	635 948	349 709	114 287 247	3 140 352	19 476 432	5 586 447	57 229	2 527 872	158 220 011
1906	13 468 263	754 163	407 754	120 987 512	3 630 278	18 354 811	5 752 428	55 475	2 628 463	166 039 147
07	15 186 286	812 836	443 983	126 691 493	3 590 107	17 311 720	5 804 221	50 477	3 000 192	172 891 315
08	17 894 447	1 105 224	548 592	132 932 378	3 405 853	16 353 246	5 869 081	51 982	3 315 970	181 476 773
1891/1908	**112 123 406**	**4 730 060**	**2 284 261**	**1 046 750 123**	**22 402 058**	**407 968 587**	**61 037 294**	**386 364**	**24 895 005**	**1 682 577 158**

5. Verwaltungskosten der Unfall- und Invalidenversicherung 1885 bis 1908.

Jahr	a) Unfallversicherung					b) Invalidenversicherung (seit 1891)				
	Unfallverhütung ℳ	Entschädigungsfeststellung ℳ	Schiedsgerichte ℳ	Verwaltung ℳ	Summe aller Verwaltungskosten ℳ	Beitragserhebung und Kontrolle ℳ	Rentenfeststellung ℳ	Schiedsgerichte ℳ	Verwaltung ℳ	Summe aller Verwaltungskosten ℳ
1885	3 230	2 325	7 569	971 130	984 254	—	—	—	—	—
86	69 953	87 057	126 712	2 916 417	3 200 139	—	—	—	—	—
87	366 670	158 689	215 470	3 123 400	3 864 229	—	—	—	—	—
88	325 711	278 714	253 012	3 890 710	4 748 147	—	—	—	—	—
89	299 104	443 374	350 132	4 589 003	5 681 613	—	—	—	—	—
1890	332 311	676 981	391 375	4 871 583	6 272 250	—	—	—	—	—
91	409 413	872 808	495 487	5 333 420	7 111 128	1 205 988	6 895	257 671	2 428 797	3 899 351
92	409 159	1 035 136	534 307	5 646 906	7 625 508	1 500 736	49 196	366 517	2 919 347	4 835 796
93	454 722	1 205 346	633 886	6 057 958	8 351 912	1 668 518	86 012	332 114	2 957 534	5 044 178
94	441 961	1 426 082	679 682	6 672 959	9 220 684	1 676 409	145 427	317 516	3 248 163	5 387 515
1895	462 005	1 705 587	796 518	7 091 716	10 055 826	1 814 584	221 527	343 918	3 683 096	6 063 125
96	530 044	1 929 060	877 772	7 401 372	10 738 248	2 093 712	321 244	341 512	4 007 806	6 764 274
97	527 131	2 086 968	946 290	7 833 699	11 394 088	2 232 164	402 111	345 975	4 252 033	7 232 283
98	589 000	2 272 234	979 014	8 158 582	11 998 830	2 369 825	466 345	342 563	4 732 488	7 911 221
99	597 461	2 511 731	1 054 807	8 627 831	12 791 830	2 605 354	522 256	363 600	5 475 018	8 966 228
1900	656 983	2 754 363	1 110 987	9 002 776	13 525 109	2 975 768	832 177	404 041	7 031 969	11 243 955
01	760 018	3 007 413	1 187 257	9 735 168	14 689 856	3 067 140	978 654	460 366	6 344 456	10 850 616
02	897 146	3 312 619	1 672 288	10 781 742	16 663 795	3 222 472	1 180 107	459 490	7 085 583	11 947 652
03	1 031 285	3 723 251	1 748 685	12 374 272	18 877 493	3 506 434	1 308 565	501 213	7 448 741	12 764 953
04	1 135 126	4 067 262	1 785 813	12 880 050	19 868 251	3 674 416	1 400 981	535 585	8 409 279	14 020 261
1905	1 373 637	4 460 899	1 846 358	13 711 116	21 392 010	3 856 374	1 539 626	620 897	8 940 257	14 957 154
06	1 573 767	4 662 413	2 037 799	14 529 016	22 802 995	4 296 434	1 590 008	685 147	9 744 624	16 316 213
07	1 638 667	4 996 417	2 141 857	15 382 783	24 159 724	4 411 044	1 760 457	689 826	10 497 354	17 358 681
08	1 861 355	5 278 627	2 368 105	16 425 916	25 934 003	4 738 625	1 963 500	763 166	11 397 047	18 862 338
1885/1908	**16 745 859**	**52 955 356**	**24 241 182**	**198 009 525**	**291 951 922**	**50 915 997**	**14 775 088**	**8 131 117**	**110 603 592**	**184 425 794**

Die Arbeitgeber, Arbeitervertreter und Beamten in der Selbstverwaltung der Unfall- und der Invalidenversicherung.

Zahlreich sind die Arbeitgeber, Arbeitervertreter und Beamten, die in der Selbstverwaltung der Träger der Unfall- und Invalidenversicherung sich betätigen. Im Jahre 1908 waren tätig in der

Unfallversicherung

als	gewerblichen und landwirtschaftlichen Berufsgenossenschaften insgesamt	bei den gewerblichen Berufsgenossenschaften	bei den landwirtschaftlichen Berufsgenossenschaften
Mitglieder des Genossenschaftsvorstandes	1151	789	362
Mitglieder der Sektionsvorstände	5971	1993	3978
Delegierte zur Genossenschaftsversammlung	5073	3417	1656
Vertrauensmänner	28258	8460	19798
Arbeitervertreter	2534	2156	378
Technische Aufsichtsbeamte	352	315	37
Geschäftsführer, Bureau-, Kassen-, Kanzlei- und Unterbeamte	4300	3074	1226
insgesamt	47639	20204	27435

Invalidenversicherung

als	Versicherungsanstalten und besonderen Kasseneinrichtungen insgesamt	bei den Versicherungsanstalten	bei den besonderen Kasseneinrichtungen
Mitglieder des Vorstandes überhaupt	314	208	106
und zwar beamtete	120	112	8
und zwar nichtbeamtete: Vertreter der Arbeitgeber	82	47	35
und zwar nichtbeamtete: Vertreter der Versicherten	110	47	63
und zwar nichtbeamtete: sonstige Personen	2	2	—
Hilfsarbeiter des Vorstandes	47	40	7
Kassen-, Bureau- und Kanzleibeamte überhaupt	2926	2675	251
und zwar bei der Anstalt	2441	2210	231
und zwar bei den Rentenstellen	9	9	—
und zwar bei den Schiedsgerichten	476	456	20
Unterbeamte überhaupt	320	307	13
und zwar bei der Anstalt	255	243	12
und zwar bei den Rentenstellen	1	1	—
und zwar bei den Schiedsgerichten	64	63	1
Übertrag	3607	3230	377

als	Versicherungs-anstalten und besonderen Kasseneinrichtungen insgesamt	bei den Versicherungs-anstalten	bei den besonderen Kasseneinrichtungen
Übertrag	**3 607**	**3 230**	**377**
Kontrollbeamte	**431**	**431**	—
Mitglieder des Ausschusses	**626**	**626**	—
Vorsitzende der Rentenstellen	**3**	**3**	—
Stellvertreter der Vorsitzenden der Rentenstellen	**2**	**2**	—
Beisitzer bei den Rentenstellen	**156**	**156**	—
Beisitzer bei den unteren Verwaltungsbehörden	**13 834**	**13 834**	—
in Heilstätten beschäftigte Personen überhaupt (Beamte und Dienstpersonal)	**1 505**	**1 359**	**146**
und zwar im Hauptamt	1 480	1 336	144
und zwar im Nebenamt	25	23	2
insgesamt	**20 164**	**19 641**	**523**

Bei den Berufsgenossenschaften waren hiernach nicht weniger als 47 639 Arbeitgeber, Arbeitervertreter und Beamte in der Selbstverwaltung beschäftigt, bei den Versicherungsanstalten und besonderen Kasseneinrichtungen der Invalidenversicherung zusammen 20 164.

Über die Männer, die in leitender Stellung in der Selbstverwaltung der Versicherungsträger der Unfall- und der Invalidenversicherung in der Zeit seit Bestehen der Versicherung bis 1. Oktober 1910 sich betätigt haben, werden im folgenden weitere Nachweise gegeben.

In die hierüber berichtende Zusammenstellung sind aufgenommen:

bei den gewerblichen Berufs-Genossenschaften die Mitglieder eines Genossenschafts- oder Sektionsvorstandes;

(Nichtberücksichtigt ist die Zeit als Delegierter der Genossenschaftsversammlung, Vertrauensmann, Ersatzmann, Stellvertreter, Rechnungsprüfer, Beisitzer eines Schiedsgerichts und nichtständiges Mitglied des Reichs-Versicherungsamts)

bei den landwirtschaftlichen Berufs-Genossenschaften in Preußen die Vorsitzenden der Provinzialausschüsse und ihre Stellvertreter, die Landeshauptleute und Landesdirektoren, in den anderen Bundesstaaten die Vorsitzenden und Mitglieder des Genossenschaftsvorstandes;

bei den Invalidenversicherungsanstalten die Vorsitzenden und die beamteten Mitglieder des Vorstandes, die Vertreter der Arbeitgeber und der Versicherten und die Vorsitzenden der Ausschüsse der Versicherungsanstalten;

bei den besonderen Kasseneinrichtungen die Vorsitzenden und beamteten Mitglieder des Vorstandes und die Vertreter der Arbeitgeber und Arbeitnehmer.

Die Zusammenstellung ergibt, daß bei den Berufs-Genossenschaften der Unfallversicherung insgesamt 6447 Männer in leitender Stellung in dem bezeichneten Sinne tätig waren, und zwar 2571 bis 5 Jahre, 1618 6 bis 10 Jahre, 946 11 bis 15 Jahre, 624 16 bis 20 Jahre und 688 über 20 Jahre lang. Bei den Versicherungsträgern der Invalidenversicherung hatten sich 841 Männer, und zwar 486 bis 5 Jahre, 188 6 bis 10 Jahre, 99 10 bis 15 Jahre und 68 16 Jahre und darüber in leitender Stellung in den Dienst der Invalidenversicherung gestellt.

Die nachfolgende Zusammenstellung enthält die entsprechenden Angaben auch für die einzelnen Versicherungsträger.

Die Dauer der Tätigkeit der Männer in leitender Stellung bei den Versicherungsträgern der Unfall- und der Invalidenversicherung.

Lfd. Nr.	Versicherungsträger	Personen überhaupt	Dauer ihrer Tätigkeit bis 5 Jahre	6—10 Jahre	11—15 Jahre	16—20 Jahre	über 20 Jahre
	Unfallversicherung.						
	Gewerbliche und landwirtschaftliche Berufsgenossenschaften insgesammt	6447	2571	1618	946	624	688
	Gewerbliche Berufsgenossenschaften	5820	2309	1448	848	572	643
	Landwirtschaftliche Berufsgenossenschaften	627	262	170	98	52	45
	Gewerbliche Berufsgenossenschaften:						
1.	Knappschafts-Berufsgenossenschaft	181	88	39	25	19	10
2.	Steinbruchs-Berufsgenossenschaft	24	2	5	3	2	12
3.	Berufsgenossenschaft der Feinmechanik und Elektrotechnik	156	53	34	27	15	27
4.	Süddeutsche Eisen- und Stahl-Berufsgenossenschaft	93	40	24	14	7	8
5.	Südwestdeutsche Eisen-Berufsgenossenschaft	27	13	7	4	2	1
6.	Rheinisch-Westfälische Hütten- und Walzwerks-Berufsgenossenschaft	78	29	16	6	14	13
7.	Maschinenbau- und Kleineisenindustrie-Berufsgenossenschaft	88	36	22	20	6	4
8.	Sächsisch-Thüringische Eisen- und Stahl-Berufsgenossenschaft	28	14	7	4	2	1
9.	Nordöstliche Eisen- und Stahl-Berufsgenossenschaft	77	25	21	7	12	12
10.	Schlesische Eisen- und Stahl-Berufsgenossenschaft	40	15	9	7	4	5
11.	Nordwestliche Eisen- und Stahl-Berufsgenossenschaft	95	38	25	13	10	9
12.	Süddeutsche Edel- und Unedelmetall-Berufsgenossenschaft	71	24	15	13	8	11
13.	Norddeutsche Metall-Berufsgenossenschaft	87	35	17	7	13	15
14.	Berufsgenossenschaft der Musikinstrumenten-Industrie	38	13	4	2	6	13
15.	Glas-Berufsgenossenschaft	83	35	21	12	6	9
16.	Töpferei-Berufsgenossenschaft	60	15	16	10	11	8
17.	Ziegelei-Berufsgenossenschaft	188	66	56	36	10	20
18.	Berufsgenossenschaft der chemischen Industrie	175	65	45	24	15	26
19.	Berufsgenossenschaft der Gas- und Wasserwerke	196	68	56	27	23	22
20.	Leinen-Berufsgenossenschaft	62	16	15	13	7	11
21.	Norddeutsche Textil-Berufsgenossenschaft	37	10	13	5	4	5
22.	Süddeutsche Textil-Berufsgenossenschaft	77	27	26	11	4	9
23.	Schlesische Textil-Berufsgenossenschaft	27	8	7	3	5	4
24.	Textil-Berufsgenossenschaft von Elsaß-Lothringen	43	9	19	7	4	4
25.	Rheinisch-Westfälische Textil-Berufsgenossenschaft	149	56	46	23	6	18
26.	Sächsische Textil-Berufsgenossenschaft	41	15	14	4	1	7
27.	Seiden-Berufsgenossenschaft	52	16	12	10	6	8
28.	Papiermacher-Berufsgenossenschaft	151	47	43	20	21	20
29.	Papierverarbeitungs-Berufsgenossenschaft	151	77	28	21	10	15
30.	Lederindustrie-Berufsgenossenschaft	112	49	20	17	12	14
31.	Sächsische Holz-Berufsgenossenschaft	20	9	5	—	2	4
32.	Norddeutsche Holz-Berufsgenossenschaft	147	68	40	19	14	6
33.	Bayerische Holzindustrie-Berufsgenossenschaft	43	19	8	11	1	4
34.	Südwestdeutsche Holz-Berufsgenossenschaft	86	36	24	15	5	6

Die Dauer der Tätigkeit der Männer in leitender Stellung bei den Versicherungsträgern.

Lfd. Nr.	Versicherungsträger	Personen überhaupt	Dauer ihrer Tätigkeit bis 5 Jahre	6—10 Jahre	11—15 Jahre	16—20 Jahre	über 20 Jahre
35.	Müllerei-Berufsgenossenschaft	227	106	50	28	24	19
36.	Nahrungsmittel-Industrie-Berufsgenossenschaft	63	40	8	5	5	5
37.	Zucker-Berufsgenossenschaft	32	12	9	4	6	1
38.	Berufsgenossenschaft der Molkerei-, Brennerei- und Stärke-Industrie	127	49	39	13	18	8
39.	Brauerei- und Mälzerei-Berufsgenossenschaft	171	63	33	25	24	26
40.	Tabak-Berufsgenossenschaft	99	32	27	13	12	15
41.	Bekleidungsindustrie-Berufsgenossenschaft	27	10	5	3	4	5
42.	Berufsgen. der Schornsteinfegermeister des Deutschen Reichs	225	90	56	35	16	28
43.	Hamburgische Baugewerks-Berufsgenossenschaft	74	31	14	19	4	6
44.	Nordöstliche Baugewerks-Berufsgenossenschaft	87	32	20	19	5	11
45.	Schlesisch-Posensche Baugewerks-Berufsgenossenschaft	79	31	19	16	8	5
46.	Hannoversche Baugewerks-Berufsgenossenschaft	85	30	23	10	9	13
47.	Magdeburgische Baugewerks-Berufsgenossenschaft	92	36	27	17	6	6
48.	Sächsische Baugewerks-Berufsgenossenschaft	103	32	21	23	10	17
49.	Thüringische Baugewerks-Berufsgenossenschaft	60	21	16	8	8	7
50.	Hessen-Nassauische Baugewerks-Berufsgenossenschaft	133	54	35	15	16	13
51.	Rheinisch-Westfälische Baugewerks-Berufsgenossenschaft	157	53	49	16	22	17
52.	Württembergische Baugewerks-Berufsgenossenschaft	22	5	7	6	1	3
53.	Bayerische Baugewerks-Berufsgenossenschaft	63	30	14	8	8	3
54.	Südwestliche Baugewerks-Berufsgenossenschaft	86	32	20	16	7	11
55.	Deutsche Buchdrucker-Berufsgenossenschaft	155	77	32	20	14	12
56.	Privatbahn-Berufsgenossenschaft	30	14	7	4	2	3
57.	Straßen- und Klein-Bahn-Berufsgenossenschaft	23	10	7	1	3	2
58.	Lagerei-Berufsgenossenschaft	236	111	49	39	20	17
59.	Fuhrwerks-Berufsgenossenschaft	148	68	39	18	15	8
60.	Westdeutsche Binnenschiffahrts-Berufsgenossenschaft	43	15	11	6	6	5
61.	Elbschiffahrts-Berufsgenossenschaft	20	8	7	—	2	3
62.	Ostdeutsche Binnenschiffahrts-Berufsgenossenschaft	17	10	4	2	—	1
63.	See-Berufsgenossenschaft	66	22	15	13	6	10
64.	Tiefbau-Berufsgenossenschaft	43	25	9	3	4	2
65.	Fleischerei-Berufsgenossenschaft	11	5	3	3	—	—
66.	Schmiede-Berufsgenossenschaft	33	19	14	—	—	—
	Landwirtschaftliche Berufsgenossenschaften:						
1.	Ostpreußische landwirtschaftliche Berufsgenossenschaft	10	4	4	2	—	—
2.	Westpreußische landwirtschaftliche Berufsgenossenschaft	8	3	3	1	1	—
3.	Brandenburgische landwirtschaftliche Berufsgenossenschaft	10	5	2	1	2	—
4.	Pommersche land- und forstwirtschaftliche Berufsgenossenschaft	8	5	—	2	—	1
5.	Posensche landwirtschaftliche Berufsgenossenschaft	13	7	5	—	1	—
6.	Schlesische landwirtschaftliche Berufsgenossenschaft	4	1	2	—	—	1
7.	Landwirtschaftliche Berufsgenossenschaft für die Provinz Sachsen	6	2	1	1	2	—
8.	Schleswig-Holsteinische landwirtschaftliche Berufsgenossenschaft	7	2	3	1	—	1
9.	Hannoversche landwirtschaftliche Berufsgenossenschaft	15	11	4	—	—	—
10.	Westfälische landwirtschaftliche Berufsgenossenschaft	5	3	—	1	—	1
11.	Hessen-Nassauische landwirtschaftliche Berufsgenossenschaft	8	4	2	1	1	—
12.	Rheinische landwirtschaftliche Berufsgenossenschaft	8	3	3	1	—	1
13.	Oberbayerische land- und forstwirtschaftliche Berufsgen.	16	7	7	—	2	—
14.	Niederbayerische land- und forstwirtschaftliche Berufsgen.	15	6	5	4	—	—
15.	Pfälzische land- und forstwirtschaftliche Berufsgen.	19	13	3	2	1	—

Die Dauer der Tätigkeit der Männer in leitender Stellung bei den Versicherungsträgern.

Lfd. Nr.	Versicherungsträger	Personen überhaupt	Dauer ihrer Tätigkeit: bis 5 Jahre	6—10 Jahre	11—15 Jahre	16—20 Jahre	über 20 Jahre
16.	Oberpfälzische land- und forstwirtschaftliche Berufsgen. . . .	13	7	2	1	—	3
17.	Oberfränkische land- und forstwirtschaftliche Berufsgen. . . .	15	9	1	3	1	1
18.	Mittelfränkische land- und forstwirtschaftliche Berufsgen. . . .	16	10	4	2	—	—
19.	Unterfränkische land- und forstwirtschaftliche Berufsgen. . . .	11	5	1	3	1	1
20.	Schwäbische land- und forstwirtschaftliche Berufsgen.	10	1	5	3	—	1
21.	Land- und forstwirtschaftliche Berufsgenossenschaft für das Königreich Sachsen	18	1	9	6	1	1
22.	Landwirtschaftliche Berufsgenossenschaft für den Neckarkreis . .	22	13	6	1	1	1
23.	Landwirtschaftliche Berufsgenossenschaft für den Schwarzwaldkreis	14	8	1	2	2	1
24.	Landwirtschaftliche Berufsgenossenschaft für den Jagstkreis. . .	11	2	4	5	—	—
25.	Landwirtschaftliche Berufsgenossenschaft für den Donaukreis . .	19	10	8	—	—	1
26.	Badische landwirtschaftliche Berufsgenossenschaft	9	2	2	1	2	2
27.	Land- und forstwirtschaftliche Berufsgenossenschaft für das Großherzogtum Hessen	19	12	2	4	1	—
28.	Mecklenburg-Schwerinsche landwirtschaftliche Berufsgen. . . .	12	3	6	—	—	3
29.	Weimarische landwirtschaftliche Berufsgenossenschaft	11	3	5	1	—	2
30.	Mecklenburg-Strelitzsche landwirtschaftliche Berufsgenossenschaft	13	7	1	2	2	1
31.	Berufsgenossenschaft Oldenburger Landwirte	13	2	5	3	1	2
32.	Braunschweigische landwirtschaftliche Berufsgenossenschaft . . .	11	5	1	2	3	—
33.	Sachsen-Meiningische land- und forstwirtschaftliche Berufsgenossenschaft	14	4	5	5	—	—
34.	Sachsen-Altenburgische landwirtschaftliche Berufsgenossenschaft	12	5	3	2	1	1
35.	Coburgische land- und forstwirtschaftliche Berufsgenossenschaft .	8	4	2	—	2	—
36.	Gothaische land- und forstwirtschaftliche Berufsgenossenschaft	12	6	1	2	3	—
37.	Anhaltische land- und forstwirtschaftliche Berufsgenossenschaft	16	6	3	4	2	1
38.	Schwarzburg-Rudolstädtische land- und forstwirtschaftliche Berufsgenossenschaft	8	4	—	—	4	—
39.	Schwarzburg-Sondershausensche landwirtschaftliche Berufsgenossenschaft	11	5	2	1	1	2
40.	Land- und forstwirtschaftliche Berufsgenossenschaft für das Fürstentum Reuß ä. L.	20	10	8	2	—	—
41.	Land- und forstwirtschaftliche Berufsgenossenschaft des Fürstentums Reuß j. L.	13	4	5	3	1	—
42.	Schaumburg-Lippische landwirtschaftliche Berufsgenossenschaft .	17	8	3	2	4	—
43.	Lippische land- und forstwirtschaftliche Berufsgenossenschaft .	9	3	1	1	2	2
44.	Berufsgenossenschaft der Bremischen Landwirte	22	9	6	5	1	1
45.	Hamburgische landwirtschaftliche Berufsgenossenschaft	11	2	5	2	—	2
46.	Unterelsässische landwirtschaftliche Berufsgenossenschaft . . .	17	7	2	3	1	4
47.	Oberelsässische landwirtschaftliche Berufsgenossenschaft	17	6	2	2	4	3
48.	Lothringische landwirtschaftliche Berufsgenossenschaft.	31	3	15	8	1	4

Invalidenversicherung.

Versicherungsanstalten und besondere Kasseneinrichtungen insgesamt	841	486	188	99	68	—
Versicherungsanstalten	536	287	120	73	56	—
Besondere Kasseneinrichtungen	305	199	68	26	12	—

Die Dauer der Tätigkeit der Männer in leitender Stellung bei den Versicherungsträgern.

Lfd. Nr.	Versicherungsträger	Personen überhaupt	Dauer ihrer Tätigkeit				
			bis 5 Jahre	6—10 Jahre	11—15 Jahre	16—20 Jahre	über 20 Jahre
	Versicherungsanstalten:						
1.	Landes-Versicherungsanstalt Ostpreußen	20	7	8	3	2	—
2.	Landesversicherungsanstait Westpreußen	15	6	3	4	2	—
3.	Landes-Versicherungsanstalt Berlin	32	22	6	2	2	—
4.	Landes-Versicherungsanstalt Brandenburg	19	7	6	4	2	—
5.	Landes-Versicherungsanstalt Pommern	22	14	3	4	1	—
6.	Landes-Versicherungsanstalt Posen	34	20	9	4	1	—
7.	Landes-Versicherungsanstalt Schlesien	34	16	9	6	3	—
8.	Landes-Versicherungsanstalt Sachsen-Anhalt	25	15	5	4	1	—
9.	Landes-Versicherungsanstalt Schleswig-Holstein	12	5	1	3	3	—
10.	Landes-Versicherungsanstalt Hannover	8	1	3	—	4	—
11.	Landes-Versicherungsanstalt Westfalen	24	13	6	4	1	—
12.	Landes-Versicherungsanstalt Hessen-Nassau	12	4	2	3	3	—
13.	Landes-Versicherungsanstalt Rheinprovinz	26	14	6	4	2	—
14.	Versicherungsanstalt für Oberbayern	18	15	—	1	2	—
15.	Versicherungsanstalt für Niederbayern	8	4	2	2	—	—
16.	Versicherungsanstalt für die Pfalz	16	10	4	2	—	—
17.	Versicherungsanstalt für Oberpfalz und Regensburg	13	9	3	1	—	—
18.	Versicherungsanstalt für Oberfranken	9	5	2	2	—	—
19.	Versicherungsanstalt für Mittelfranken	24	20	2	1	1	—
20.	Versicherungsanstalt für Unterfranken und Aschaffenburg	8	4	3	—	1	—
21.	Versicherungsanstalt für Schwaben und Neuburg	8	3	4	1	—	—
22.	Landes-Versicherungsanstalt Königreich Sachsen	17	7	6	1	3	—
23.	Versicherungsanstalt Württemberg	29	16	7	4	2	—
24.	Landes-Versicherungsanstalt Baden	9	4	—	3	2	—
25.	Landes-Versicherungsanstalt Großh. Hessen	9	2	3	1	3	—
26.	Landes-Versicherungsanstalt Mecklenburg	10	4	—	1	5	—
27.	Thüringische Landes-Versicherungsanstalt	12	5	2	3	2	—
28.	Landes-Versicherungsanstalt Oldenburg	12	8	2	1	1	—
29.	Landes-Versicherungsanstalt Braunschweig	16	9	1	1	5	—
30.	Landes-Versicherungsanstalt der Hansestädte	21	11	7	1	2	—
31.	Landes-Versicherungsanstalt Elsaß-Lothringen	14	7	5	2	—	—
	Besondere Kasseneinrichtungen:						
1.	Pensionskasse für die Arbeiter der Preußisch-Hessischen Eisenbahngemeinschaft	30	20	5	4	1	—
2.	Norddeutsche Knappschafts-Pensionskasse	2	—	—	—	2	—
3.	Saarbrücker Knappschaftsverein	38	33	4	—	1	—
4.	Arbeiterpensionskasse der K. Bayer. Verkehrsanstalten	3	2	—	1	—	—
5.	Arbeiter-Pensionskasse der Königlich Sächsischen Staatseisenbahnen	28	18	9	1	—	—
6.	Allgemeine Knappschafts-Pensionskasse für das Königreich Sachsen	33	19	7	6	1	—
7.	Arbeiter-Pensionskasse für die Badischen Staatseisenbahnen und Salinen	27	16	7	3	1	—
8.	Pensionskasse der Reichseisenbahnen	25	14	10	—	1	—
9.	Allgemeiner Knappschaftsverein	100	58	26	11	5	—
10.	Invaliden-, Witwen- und Waisen-Versicherungskasse der See-Berufsgenossenschaft	19	19	—	—	—	—

Die Dauer der Tätigkeit der Männer in leitender Stellung bei den Versicherungsträgern.

Lfd. Nr.	Versicherungsträger	Personen überhaupt	Dauer ihrer Tätigkeit				
			bis 5 Jahre	6—10 Jahre	11—15 Jahre	16—20 Jahre	über 20 Jahre
	Gesamtübersicht:						
	Gewerbliche und landwirtschaftliche Berufsgenossenschaften der Unfallversicherung	6447	2571	1618	946	624	688
	Versicherungsanstalten und besondere Kasseneinrichtungen der Invalidenversicherung	841	486	188	99	68	—
	Gesamtsumme	7288	3057	1806	1045	692	688

Wie aus den vorstehenden Zusammenstellungen ersichtlich ist, stellten bei allen Versicherungsträgern zahlreiche Männer lange Jahre hindurch ihre Kraft in den Dienst der Unfall- und Invalidenversicherung. Eine große Zahl ist seit Bestehen der Versicherungsträger in leitender Stellung (bei den gewerblichen Berufsgenossenschaften als Mitglied eines Genossenschafts- oder Sektionsvorstandes) ununterbrochen noch heute in Tätigkeit. Die Zeit als Ersatzmann oder Stellvertreter eines Vorstandsmitglieds ist hierbei dann der Tätigkeit als Vorstandsmitglied hinzugerechnet worden, wenn der Betreffende im Anschluß an die Ersatzmanns- oder Stellvertreterzeit mindestens noch 10 Jahre Vorstandsmitglied gewesen ist.

Die Namen der Männer, bei denen diese Voraussetzungen zutrafen, sind in dem nachstehenden Verzeichnis aufgeführt — eine Ehrentafel für langjährige Tätigkeit im Dienste der Selbstverwaltung der Unfall- und der Invalidenversicherung.

Verzeichnis der Männer, die in der Selbstverwaltung der Unfall- und der Invalidenversicherung seit deren Bestehen in leitender Stellung tätig sind.

(GV. = Genossenschaftsvorstand; SV. = Sektionsvorstand).

A. Gewerbliche Berufsgenossenschaften.

1. Knappschafts-Berufsgenossenschaft.

Weyland, Gustav, Geh. Kommerzienrat, Siegen; 1885-1896 Mitglied, seit 1896 stellv. Vorsitzender des GV.; seit 1898 Mitglied des SV.

Richter, H., Bergrat, Zwickau i. S.; seit 1905 stellv. Vorsitzender des GV.; 1885-1888 Mitglied, 1888 bis 1904 stellv. Vorsitzender, seit 1904 Vorsitzender des SV.

Bräuning, Johannes, Geh. Bergrat, Oker; seit 1885 Mitglied und stellv. Vorsitzender des SV.

Scheibner, H., Oberbergrat, Lugau; 1885-1894 Schriftführer, seit 1894 stellv. Vorsitzender des SV.

Othberg, Eduard, Bergrat, Eschweiler; 1888-1891 Mitglied des GV.; 1885-1888 Ersatzmann, seit 1888 Mitglied des SV.

Vopelius, Louis, Kommerzienrat, Sulzbach; 1885 bis 1888 Ersatzmann; seit 1888 Mitglied des SV.

2. Steinbruchs-Berufsgenossenschaft.

Weinmann, Hermann, Kommerzienrat, Solnhofen i. B.; 1885-1889 Ersatzmann; 1889-1898 Mitglied; 1898-1906 stellv. Vorsitzender; seit 1906 Vorsitzender des GV.; 1885-1889 stellv. Vorsitzender; 1889-1906 Vorsitzender; seit 1906 stellv. Vorsitzender des SV.

Kolb, Michael, Kommerzienrat, Bayreuth i. B.; 1885-1906 Ersatzmann; seit 1906 Mitglied des GV.; 1885-1906 stellv. Vorsitzender; seit 1906 Vorsitzender des SV.

Merz, Wilhelm, Direktor, Heidelberg i. Bad.; 1898 bis 1906 Mitglied; seit 1906 stellv. Vorsitzender des GV.; 1885-1898 Mitglied; seit 1898 Vorsitzender des SV.

Helff, Joseph, Schiefergrubenbesitzer, Cöln a. Rh.; 1889-1899 Ersatzmann; seit 1899 Mitglied des GV.; 1885-1891 Mitglied, 1891-1899 stellv. Vorsitzender; seit 1899 Vorsitzender des SV.

Keferstein, Hermann, Stadtältester und Stadtrat, Halle a. S.; 1887-1891 Mitglied; seit 1891 stellv. Vorsitzender des GV.; seit 1885 Vorsitzender des SV.

Wagner, Paul, Generaldirektor und Stadtverordneter, Breslau; seit 1891 Mitglied des GV.; 1885 bis 1891 Mitglied, seit 1891 Vorsitzender des SV.

Siber, P., Direktor, Stettin-Bredow; 1897-1904 Ersatzmann; seit 1904 Mitglied des GV.; 1885-1897 Ersatzmann; 1897-1904 stellv. Vorsitzender; seit 1904 Vorsitzender des SV.

Kroher, Adolf, Fabrikbesitzer, Staudach a. Chiemsee; seit 1907 Ersatzmann des GV.; 1885-1889 Mitglied; seit 1889 stellv. Vorsitzender des SV.

Bischoff, Julius, Direktor, Blaubeuren i. Wttbg.; 1885-1899 Mitglied; seit 1899 stellv. Vorsitzender des SV.

Merkel, Otto, Steinmetzmeister, Bernburg a. S.; seit 1897 Ersatzmann des GV.; 1885-1897 Mitglied, seit 1897 stellv. Vorsitzender des SV.

3. Berufsgenossenschaft der Feinmechanik und Elektrotechnik.

Beißel, Louis, Geh. Kommerzienrat, Aachen; seit 1885 Mitglied des GV.; 1885-1891 stellv. Vorsitzender, seit 1891 Vorsitzender des SV.

Schilling, Albert, Senator, Suhl i. Th.; seit 1885 Mitglied des GV.; 1885-1892 stellv. Vorsitzender, seit 1892 Vorsitzender des SV.

Schoenner, Georg, Kommerzienrat, Nürnberg; seit 1885 Mitglied des GV.; seit 1885 Vorsitzender des SV.

Wilke, Gustav, Kommerzienrat, Iserlohn; seit 1890 Mitglied des GV.; 1885-1890 stellv. Vorsitzender, seit 1890 Vorsitzender des SV.

Erfurt, Carl, Fabrikbesitzer, Berlin; seit 1901 Ersatzmann des GV.; seit 1885 Mitglied des SV.

Trinks, Franz, Direktor, Braunschweig; 1898-1900 Ersatzmann, seit 1900 Mitglied des GV.; 1885 bis 1886, 1892-1896 und seit 1898 Vorsitzender, 1886-1892 und 1896-1898 stellv. Vorsitzender des SV.

Beseler, Wilh. Hartw., Fabrikbesitzer, Hamburg; seit 1908 Ersatzmann des GV.; seit 1885 Mitglied des SV.

Knippenberg, August, Geh. Kommerzienrat, Ichtershausen; seit 1885 Mitglied des SV.

Arend, Rudolf, Fabrikbesitzer, Magdeburg-Neustadt; seit 1885 Mitglied des SV.

Christophery, Heinrich, Iserlohn; seit 1885 Mitglied des SV.

Quincke, H. Th., Iserlohn; seit 1885 Mitglied des SV.

Junker sen., Karl, Kommerzienrat, Fabrikbesitzer, Karlsruhe i. Bad.; seit 1885 Mitglied des SV.

Wandel, Robert, Fabrikbesitzer, Reutlingen; 1885 bis 1890 Ersatzmann; 1891-1903 Mitglied, 1904 stellv. Vorsitzender, 1. Januar 1905 Vorsitzender, seit 1. Oktober 1905 stellv. Vorsitzender des SV.

4. Süddeutsche Eisen- und Stahl-Berufsgenossenschaft.

Ritter von Maffei, Hugo, Reichsrat, München; seit 1885 Vorsitzender des GV.

Pfeilsticker, Arthur, Geh. Kommerzienrat, Freiburg i. Bad.; 1885-1889 Ersatzmann, 1890-1905 Mitglied, seit 1905 stellv. Vorsitzender des GV.; 1885-1904 stellv. Vorsitzender des SV.

Ugé, Wilh., Kommerzienrat, Kaiserslautern; 1885 bis 1890 Ersatzmann, 1891-1909 Mitglied, seit 1909 stellv. Vorsitzender des GV.; 1885-1891 Ersatzmann, 1891-1896 Mitglied, 1897-1904 stellv. Vorsitzender, seit 1905 Vorsitzender des SV.

Gastell, Josef, Geh. Kommerzienrat, Mainz; 1885 bis 1896 Ersatzmann, seit 1897 Mitglied des GV.; 1885-1892 Ersatzmann, 1892-1905 Mitglied, 1905 bis 1908 stellv. Vorsitzender des SV.

Fromm, Ernst, Geh. Kommerzienrat, Maximilianshöhe; seit 1892 Mitglied des GV.; 1885-1898 Mitglied des SV.

Engelhard, Eduard, Kommerzienrat und Fabrikbesitzer, Fürth i. B.; 1892-1905 Ersatzmann des GV.; 1885-1905 stellv. Vorsitzender, seit 1906 Mitglied des SV.

5. Rheinisch-Westfälische Hütten- und Walzwerks-Berufsgenossenschaft.

Dr. jur. Baare, Willy, Kommerzienrat, Bochum; seit 1909 stellv. Vorsitzender des GV.; 1885-1893 stellv. Vorsitzender, seit 1893 Vorsitzender des SV.

Knaudt, Otto, Direktor, Essen; 1885-1893 Ersatzmann, seit 1894 stellv. Vorsitzender des SV.

Lange, Friedrich, Direktor, Bredeney; 1885-1896 Ersatzmann, seit 1897 Mitglied des SV.

Haefele, Lorenz, Ressortchef, Essen; seit 1885 Mitglied des SV.

Vollrath, Hermann, Fabrikbesitzer, Düsseldorf; 1885-1907 stellv. Vorsitzender, seit 1907 Vorsitzender des SV.

Baare, Fritz, Geh. Kommerzienrat, Bochum; 1885 bis 1893 Vorsitzender, seit 1893 stellv. Vorsitzender des SV.

Burgers, Franz, Kommerzienrat, Gelsenkirchen; 1885-1909 Mitglied, seit 1909 stellv. Vorsitzender des SV.

6. Maschinenbau- und Kleineisenindustrie-Berufsgenossenschaft.

Funcke, Wilhelm, Kommerzienrat, Hagen; seit 1889 Mitglied des GV.; 1885-1886 Mitglied, seit 1887 Vorsitzender des SV.

Gerhardi, Richard, Fabrikbesitzer, Lüdenscheid; seit 1885 Mitglied des GV.; seit 1885 Mitglied des SV.

Wellershaus, Albert, Fabrikbesitzer, Milspe i. W.; 1885-1896 Ersatzmann, seit 1896 Mitglied des SV.

7 Nordöstliche Eisen- und Stahl-Berufsgenossenschaft.

Dr. ing. h. c. Blum, E., Königl. Baurat, Generaldirektor, Deutsch-Wilmersdorf; seit 1885 Vorsitzender des GV.; seit 1885 Vorsitzender des SV.

Pautsch, Otto, Direktor, Landsberg a. W.; 1885 bis 1887 Ersatzmann, seit 1887 stellv. Schriftführer des GV.; seit 1885 Vorsitzender des SV.

Siebert, F., Kommerzienrat, Direktor, Elbing; seit 1885 Mitglied des GV.; seit 1885 Mitglied des SV.

Reichstein, Ad., Stadtrat, Fabrikbesitzer, Brandenburg a. H.; seit 1905 Ersatzmann des GV.; seit 1885 Mitglied des SV.

Tießen, H., Stadtrat, Fabrikbesitzer, Elbing; seit 1902 Ersatzmann des GV.; seit 1885 Mitglied des SV.

Motz, Fritz, Fabrikbesitzer, Eisenspalterei; seit 1885 Mitglied des SV.

8. Schlesische Eisen- und Stahl-Berufsgenossenschaft.

Blauel, August, Eisenbahndirektor a. D. und Fabrikdirektor, Breslau; 1885-1887 Ersatzmann, seit 1887 stellv. Vorsitzender des GV.; seit 1885 Vorsitzender des SV.

Körner, Paul, Fabrikbesitzer, Breslau; 1885-1895 Ersatzmann, seit 1895 stellv. Vorsitzender des SV.

9. Nordwestliche Eisen- und Stahl-Berufsgenossenschaft.

Meyn, W., Direktor, Carlshütte; seit 1885 Mitglied des GV.; seit 1885 Vorsitzender des SV.

Garvens, E., Ingenieur, Hannover; 1889-1900 stellv. Vorsitzender, seit 1900 Vorsitzender des GV.; seit 1885 Vorsitzender des SV.

Dr. ing. h. c. Jüdel, Max, Geh. Kommerzienrat, Braunschweig; seit 1891 Mitglied des GV.; seit 1885 Vorsitzender des SV.

Sachsenberg, Gotth., Kommerzienrat, Roßlau a. E.; seit 1899 Mitglied des GV.; seit 1885 Vorsitzender des SV.

Menck, Joh. A., Kommerzienrat, Altona-Ottensen; seit 1902 Mitglied des GV.; 1885-1893 Mitglied, seit 1893 Vorsitzender des SV.

Propfe, H., Fabrikbesitzer, Hildesheim; seit 1885 Mitglied des SV.

Kohlschütter, O., Direktor, Norden; seit 1885 Mitglied des SV.

Vester, Johann, Fabrikbesitzer, Elmshorn; seit 1885 stellv. Vorsitzender des SV.

10. Süddeutsche Edel- und Unedelmetall-Berufsgenossenschaft.

Supf, Willy, Fabrikant und Kommerzienrat, Nürnberg; 1897-1900 Ersatzmann, 1900-1906 Mitglied, seit 1906 stellv. Vorsitzender des GV.; 1885-1901 Schriftführer, seit 1901 Vorsitzender des SV.

Fues, Alfred, Fabrikant und Kommerzienrat, Stuttgart; 1885-1891 Mitglied, 1891-1892, 1897-1898, 1899-1905 stellv. Vorsitzender, seit 1905 Vorsitzender des GV.; 1885-1898 stellv. Vorsitzender; 1898 bis 1905 Vorsitzender des SV.

Wittum, Albert, Fabrikant, Pforzheim; 1885-1902 Mitglied, seit 1902 stellv. Vorsitzender des GV.; seit 1885 Vorsitzender des SV.

Meier, C. W., Bijouteriefabrikant und Präsident der Handelskammer, Kommerzienrat, Pforzheim; 1885-1894 Ersatzmann, 1895-1908 Mitglied, seit 1908 stellv. Vorsitzender des SV.

Fehr-Flach, Franz, Kommerzienrat, Wiesbaden; seit 1885 Mitglied des SV.

11. Norddeutsche Metall-Berufsgenossenschaft.

Heyde, Georg, Fabrikbesitzer, Dresden; 1897-1899 Ersatzmann, seit 1899 Mitglied des GV.; seit 1885 Mitglied des SV.

Kästner, Franz, Fabrikbesitzer, Erfurt; 1903-1909 Mitglied des GV.; seit 1885 Mitglied des SV.

Kugel, Robert, Fabrikbesitzer, Lüdenscheid; seit 1885 Mitglied des GV.; seit 1887 Mitglied des SV.

Zenker, Karl, Fabrikbesitzer, Breslau; 1885-1889 Ersatzmann, seit 1889 Mitglied des SV.

Wagner, Adolf, Fabrikbesitzer, Chemnitz; 1885 bis 1886 Ersatzmann, seit 1886 Mitglied des SV.

Hallström, Franz, Fabrikbesitzer, Nienburg; seit 1885 Mitglied des SV.

Cosack, Adolf, Fabrikbesitzer, Neheim; seit 1885 Mitglied des SV.

Löbbecke, Karl, Fabrikbesitzer, Iserlohn; seit 1885 Mitglied des SV.

12. Berufsgenossenschaft der Musikinstrumenten-Industrie.

Dürrschmidt, Adolf, Instrumentensaitenfabrikant, Markneukirchen; 1885-1893 Ersatzmann, seit 1893 Mitglied des GV.; 1885-1893 Ersatzmann, seit 1893 Mitglied des SV.

Schiedmayer, Adolf, Geh. Kommerzienrat, Hofpianofortefabrikant, Stuttgart; 1885-1902 Schriftführer, 1902 stellv. Vorsitzender, seit 1905 Vorsitzender des GV.; seit 1885 Vorsitzender des SV.

Petermann, Franz, Pianomechanikfabrikant, Berlin; 1887-1893 Ersatzmann, seit 1893 Mitglied des GV.; seit 1885 stellv. Vorsitzender des SV.

Kaim, Heinrich, Hofpianofortefabrikant, Kirchheim u. T.; 1885-1894 Ersatzmann, seit 1894 Mitglied des SV.

Burger, Julius, Pianofortefabrikant, Aalen; 1885 bis 1886 Ersatzmann, seit 1886 Mitglied des SV.

Dörner, Friedrich, Hofpianofortefabrikant, Stuttgart; 1885-1890 Mitglied, seit 1890 stellv. Vorsitzender des SV.

13. Glas-Berufsgenossenschaft.

von Boch...

von Vopelius, Richard, Hüttenbesitzer, Mitglied des Herrenhauses, Sulzbach a. d. Saar; 1885-1890 stellv. Vorsitzender, seit 1891 Vorsitzender des GV.; 1885-1891 Vorsitzender, 1892-1901 stellv. Vorsitzender des SV.

Winkler, Paul, Geh. Kommerzienrat, Fürth i. B.; 1885-1897 Mitglied, seit 1898 stellv. Vorsitzender des GV.; seit 1885 Vorsitzender des SV.

Liebig, R., Kommerzienrat, Dresden; seit 1885 Mitglied des GV.; seit 1885 Vorsitzender des SV.

Schultze, August, Geh. Kommerzienrat, Oldenburg; 1891-1904 Mitglied des GV.; 1885-1888 Mitglied, 1889 stellv. Vorsitzender, 1890 bis 18. April 1910 Vorsitzender, anschl. Mitglied des SV.

Müllensiefen, Th., Kommerzienrat, Crengeldanz; seit 1895 Mitglied des GV.; 1885-1888 stellv. Vorsitzender; seit 1889 Vorsitzender des SV.

Becker, C. W., Fabrikbesitzer, Langfuhr; seit 1898 Mitglied des GV.; 1885-1888 stellv. Vorsitzender, 1889-1894 Mitglied, 1895-1897 stellv. Vorsitzender; seit 1898 Vorsitzender des SV.

Vopelius, L., Kommerzienrat, Fabrikbesitzer, Sulzbach; 1885-1891 stellv. Vorsitzender, seit 1892 Vorsitzender des SV.

14. Töpferei-Berufsgenossenschaft.

Wessely, A. H., Fabrikbesitzer, Hamburg; seit 1895 Mitglied des GV.; 1885-1897 Mitglied, 1897-1907 stellv. Vorsitzender, seit 1907 Vorsitzender des SV.

von Tielsch, Egmont, Fabrikbesitzer, Neu-Altwasser i. Schles.; seit 1885 Mitglied des GV.; seit 1885 Vorsitzender des SV.

Meisel, Eduard, Kommerzienrat, Geiersthal; 1885 bis 1893 stellv. Vorsitzender, seit 1893 Mitglied des GV.

15. Ziegelei-Berufsgenossenschaft.

Regendank, Franz, Ziegeleibesitzer und Architekt, Posen; seit 1907 Ersatzmann des GV.; seit 1885 Mitglied des SV.

Heideprie m, Carl, Stadtverordnetenvorsteher und Ziegeleibesitzer, Rathenow; 1899-1901 Mitglied, seit 1901 stellv. Vorsitzender des GV.; 1885 bis 1894 Ersatzmann, 1894-1901 Mitglied, seit 1901 Vorsitzender des SV.

Wahlen, Carl, Kommerzienrat, Cöln a. Rh.; seit 1885 Mitglied des GV.; seit 1885 Vorsitzender des SV.

Jtschert, Georg, Tongrubenbesitzer, Vallendar a. Rh.; seit 1893 Ersatzmann des GV.; 1885-1887 Ersatzmann, seit 1887 stellv. Vorsitzender des SV.

Kühner, Carl, Ziegeleibesitzer, Stuttgart-Degerloch; seit 1895 Mitglied des GV.; 1885-1895 Mitglied, seit 1895 Vorsitzender des SV.

Reis, Josef, Direktor, Straßburg i. E.; Januar bis Juni 1896 Mitglied des GV.; seit 1885 Mitglied des SV.

Wenz, Adolf, Kommerzienrat und Fabrikbesitzer, Großhesselohe; 1893-1906 Mitglied, seit 1906 stellv. Vorsitzender des GV.; 1885-1898 Mitglied, seit 1898 Vorsitzender des SV.

Mannheimer, Robert, Kommerzienrat und Ziegeleibesitzer, Berlin; 1885-1894 Ersatzmann, seit 1894 Mitglied des SV.

Kall, August, Fabrikbesitzer, Heidelberg; 1885-1889 Ersatzmann, seit 1889 Mitglied des SV.

16. Berufsgenossenschaft der chemischen Industrie.

Krämer, Dr. G., Professor, Wannsee b. Berlin; 1894-1898 Ersatzmann, 1898-1903 Mitglied, seit 1903 Vorsitzender des GV.; 1885-1898 Ersatzmann, 1898-1907 Vorsitzender des SV.

Hoffmann, Rob., Direktor, Berlin; 1885-1897 Ersatzmann, seit 1897 Mitglied des GV.; seit 1885 Mitglied des SV.

Göpner, C., Fabrikbesitzer, Hamburg; seit 1885 Mitglied des GV.; 1891, 1893-1901 Mitglied, 1892 bis 1893 und seit 1901 Vorsitzender des SV.

Kaesemacher, Hermann, Generaldirektor, Kommerzienrat, Stettin; seit 1885 Mitglied des GV.; seit 1885 Mitglied des SV.

von Böttinger, Dr. H. T., Geh. Regierungsrat, Mitglied des Herrenhauses, Elberfeld; 1885-1894 Ersatzmann, seit 1894 Mitglied des GV.; seit 1885 Mitglied des SV.

Wach, J., Oberingenieur, Höchst a. M.; 1887-1905 Ersatzmann, seit 1905 Mitglied des GV.; 1885 bis 1887 Ersatzmann, 1887-1906 Mitglied, seit 1906 Vorsitzender des SV.

Kraushaar, Dr. E., Generaldirektor, Hannover; 1890-1902 Ersatzmann, seit 1902 Mitglied des GV.; seit 1885 Mitglied des SV.

Hurtzig, Dr. L., Kommerzienrat, Schweinfurt; 1896 bis 1899 Ersatzmann, seit 1899 Mitglied des GV.; seit 1885 Mitglied des SV.

Gautsch, Joseph, Königl. Hofwachswarenfabrikant und Handelsrichter, München; 1900-1909 Ersatzmann, seit 1909 Mitglied des GV.; 1885-1894 Ersatzmann, 1894-1909 Mitglied, seit 1909 Vorsitzender des SV.

Brück, H., Generaldirektor, Leipzig; 1902-1906 Ersatzmann, seit 1906 Mitglied des GV.; 1885-1893 Ersatzmann, 1893-1895 Mitglied, 1895-1905 stellv. Vorsitzender, seit 1906 Vorsitzender des SV.

Flemming, Dr., Fabrikbesitzer, Kalk; seit 1885 stellv. Vorsitzender des SV.

Horadam, J., Fabrikbesitzer, Düsseldorf-Grafenberg; 1885-1892 Ersatzmann; seit 1892 stellv. Vorsitzender des SV.

Weber, Julius, Geh. Kommerzienrat, Duisburg; 1885-1894 Ersatzmann, seit 1894 Mitglied des SV.

de Stucklé, H. W., Generaldirektor, Dieuze; 1885 bis 1887 Ersatzmann, seit 1887 Mitglied des SV.

von Fritzsche, Dr. Th., Fabrikbesitzer, Frankfurt a. M.; 1885-1892 Ersatzmann, seit 1892 stellv. Vorsitzender des SV.

Marquart, Dr., Fabrikbesitzer, Kassel-Bettenhausen; 1885-1888 Ersatzmann, seit 1888 Mitglied des SV.

Clouth, Franz, Fabrikbesitzer, Cöln-Nippes; seit 1885 Mitglied des SV.

17. Berufsgenossenschaft der Gas- und Wasserwerke.

Schneider, Hermann, Stadtbaurat a. D., Direktor der städtischen Gasanstalt, Cottbus; 1885-1891 Mitglied des GV.; seit 1885 Mitglied des SV.

Kohn, Karl, Direktor der Frankfurter Gasgesellschaft, Frankfurt a. M.; seit 1885 Mitglied des GV.; seit 1885 Mitglied des SV.

Reichard, Franz, Stadtbaurat für Licht- und Wasserversorgung, Karlsruhe i. B.; seit 1885 Mitglied des GV.; seit 1885 Mitglied des SV.

Reese, Friedrich, Direktor des städtischen Wasserwerks, Dortmund; seit 1885 Mitglied des GV.; seit 1885 Mitglied des SV.

Bethe, Alexander, Stadtrat und Generaldirektor a. D., Magdeburg; 1891-1907 Mitglied des GV.; seit 1885 Mitglied des SV.

von Schuh, Dr. Georg, Königl. Geh. Hofrat, Oberbürgermeister, Nürnberg; seit 1900 Mitglied des GV.; 1885-1905 Mitglied des SV.

Oertel, Ottomar, Geh. Regierungsrat, Oberbürgermeister, Liegnitz; seit 1885 Mitglied des SV.

Pabst, Karl, Geh. Regierungsrat, Oberbürgermeister, Weimar; seit 1885 Mitglied des SV.

Drory, William, Direktor der Frankfurter Gasgesellschaft, Frankfurt a. M.; seit 1885 Mitglied des SV.

Ruoff, Ernst, Stadtbaurat und Direktor des städtischen Wasserwerks, Regensburg; seit 1885 Mitglied des SV.

Löcke, Max, Bürgermeister, Arnsberg; seit 1885 Mitglied des SV.

18. Leinen-Berufsgenossenschaft.

Lang, Eduard, Geh. Kommerzienrat, Blaubeuren; seit 1885 Mitglied des GV.; seit 1885 Vorsitzender des SV.

Bücklers, Carl, Fabrikbesitzer, Düren; 1885-1895 Ersatzmann, seit 1895 Mitglied des GV.; seit 1885 Ersatzmann des SV.

Sternenberg, August, Fabrikbesitzer, Schwelm; 1885-1893 Mitglied, seit 1893 Vorsitzender des GV.; 1885-1895 Mitglied des SV.

Rickel, Ferdinand, Fabrikdirektor, Harburg a. E.; 1885-1895 Mitglied, seit 1895 stellv. Vorsitzender des GV.; seit 1885 Vorsitzender des SV.

Haasemann, Albert, Fabrikdirektor, Bremen; 1885-1891 Ersatzmann; seit 1891 Mitglied des GV.; seit 1885 Mitglied des SV.

Herbst, Adolf, Kommerzienrat, Triebes; 1885-1902 Ersatzmann, seit 1902 Mitglied des GV.; seit 1885 Mitglied des SV.

Bahn, Rudolf, Kommerzienrat, Mitglied des Reichstags, Sorau, N.-Lausitz; seit 1885 Mitglied des GV.; 1885-1901 Mitglied, seit 1902 Vorsitzender des SV.

Lupprian, Hannibal, Kommerzienrat, Braunschweig; seit 1893 Mitglied des GV.; 1885-1890 Mitglied, seit 1890 Vorsitzender des SV.

19. Norddeutsche Textil-Berufsgenossenschaft.

Reinhold, Hermann, Fabrikbesitzer, Greiz; seit 1889 Mitglied des GV.; 1885-1889 Mitglied des SV.

Weber, Hermann, Geh. Kommerzienrat, Gera (Reuß); seit 1889 Mitglied des GV.; 1885-1889 Vorsitzender des SV.

Metzenthin, Otto, Kommerzienrat, Brandenburg a. H.; 1889-1896 Ersatzmann, 1896-1902 Mitglied, seit 1902 Vorsitzender des GV.; 1885-1889 Mitglied des SV.

Vogel, Julius, Fabrikbesitzer, Cottbus; seit 1889 Mitglied des GV.; 1885-1889 stellv. Vorsitzender des SV.

20. Süddeutsche Textil-Berufsgenossenschaft.

Schürer, Richard, Kommerzienrat und Fabrikdirektor, Augsburg; 1885-1891 Schriftführer, 1891-1900 stellv. Vorsitzender, seit 1900 Vorsitzender des GV.; 1885-1897 Schriftführer des SV.

Semlinger, Heinrich, Kommerzienrat und Fabrikdirektor, Bamberg; seit 1885 Mitglied des GV.; seit 1885 Mitglied des SV.

Benker, Carl, Fabrikbesitzer und Kommerzienrat, Dörflas; seit 1885 Mitglied des SV.

Melchior, Albert, Kommerzienrat und Mitglied der I. Kammer, Nürtingen; 1885-1891 Schriftführer, 1891-1893 Beisitzer, 1893-1895 stellv. Vorsitzender, 1895-1905 Ersatzmann, seit 1905 Beisitzer des SV.

21. Schlesische Textil-Berufsgenossenschaft.

Methner, Paul, Geh. Kommerzienrat, Landeshut; seit 1885 Mitglied des GV.

Rosenberger, Heinrich, Kommerzienrat, Ober-Langenbielau; seit 1885 Mitglied des GV.

22. Textil-Berufsgenossenschaft von Elsaß-Lothringen.

Bian, René, Fabrikant, Sentheim; seit 1885 Mitglied des GV.

Lambling, Emil, Fabrikant, Bischweiler; seit 1885 Mitglied des GV.

Scheurer, Albert, Fabrikant, Thann; seit 1885 Mitglied des GV.

23. Rheinisch-Westfälische Textil-Berufsgenossenschaft.

Delius, Dr. ing. h. c. Carl, Fabrikbesitzer, Geh. Kommerzienrat, Mitglied des Herrenhauses, Aachen; seit 1885 stellv. Vorsitzender des GV.; seit 1885 Vorsitzender des SV.

Brandts, Franz, Fabrikbesitzer, M.-Gladbach; seit 1885 Mitglied des GV.; 1885-1894 stellv. Vorsitzender, seit 1894 Mitglied des SV.

Möhlau, Adolf, Kommerzienrat, Fabrikbesitzer, Düsseldorf; 1887-1891 Ersatzmann, seit 1902 Mitglied des GV.; 1885-1886 Ersatzmann, 1887-1901 stellv. Vorsitzender, seit 1902 Vorsitzender des SV.

Rath, Christian, Fabrikbesitzer, Sassenberg; seit 1905 Ersatzmann des GV.; seit 1885 Schriftführer des SV.

Tillmanns, Friedrich, Kommerzienrat, Fabrikbesitzer, Barmen; seit 1885 Mitglied des GV.; 1885-1893 Mitglied, 1893-1896 stellv. Vorsitzender, 1896-1901 Vorsitzender des SV.

Pocorny, Theodor, Fabrikant, Lennep; seit 1895 Ersatzmann des GV.; 1885-1893 Ersatzmann, seit 1893 stellv. Vorsitzender des SV.

Molls, Michael, Fabrikbesitzer, M.-Gladbach; 1885 bis 1894 Ersatzmann, 1894-1899 Mitglied, 1899 bis 1902 stellv. Vorsitzender, 1902-1908 Vorsitzender, seit 1908 Mitglied des SV.

vom Scheidt, Karl, Fabrikant, Barmen; 1885-1896 Ersatzmann, seit 1896 Mitglied des SV.

Loersch, Albert, Tuchfabrikant, Aachen; seit 1885 Mitglied des SV.

Wetzlar, Robert, Geh. Kommerzienrat, Tuchfabrikant, Eupen; seit 1885 Mitglied des SV.

Scheibler, Bernh., Kommerzienrat, Kunstwollfabrikant, Montjoie; seit 1885 Mitglied des SV.

Schwartz, Werner, Kommerzienrat, Fabrikant, Bocholt; seit 1885 Mitglied des SV.

24. Sächsische Textil-Berufsgenossenschaft.

Oppermann, Leopold, Geh. Kommerzienrat, Leipzig; seit 1885 Vorsitzender des GV.

Könitzer, Ernst, Kommerzienrat, Zittau; 1885 bis 1904 Mitglied, seit 1904 stellv. Vorsitzender des GV.

Ehret, Hermann, Kommerzienrat, Glauchau; 1885 bis 1902 Mitglied, seit 1902 Schriftführer des GV.

25. Seiden-Berufsgenossenschaft.

Schroers, Arthur, Kommerzienrat und Färbereibesitzer, Crefeld; 1885-1890 Mitglied, 1890-1897 stellv. Vorsitzender, seit 1897 Vorsitzender des GV.; seit 1885 Vorsitzender des SV.

Leendertz, Fritz, Kommerzienrat und Fabrikbesitzer, Crefeld; 1885-1897 Mitglied, seit 1897 stellv. Vorsitzender des GV.; 1885-1892 Mitglied, seit 1892 stellv. Vorsitzender des SV.

Scheibler, Gustav, Kommerzienrat und Fabrikbesitzer, Crefeld; seit 1885 Mitglied des GV.

Greef, F. W., Geh. Kommerzienrat und Fabrikbesitzer, Viersen; seit 1885 Mitglied des GV.; 1885-1892 stellv. Vorsitzender, seit 1892 Mitglied des SV.

Mez, C. Adam, Fabrikbesitzer, Freiburg; seit 1885 Mitglied des GV.; seit 1885 Vorsitzender des SV.

von Scheven, Ernst, Fabrikbesitzer, Crefeld; seit 1885 Mitglied des GV.; seit 1893 Mitglied des SV.

de Bary, Emil, Fabrikbesitzer, Gebweiler i. Els.; seit 1885 Mitglied des GV.; 1885-1887 Schriftführer des SV.

26. Papiermacher-Berufsgenossenschaft.

Krauß, Josef, Kommerzienrat, Pfullingen; 1885 bis 1891 Mitglied, 1891-1906 stellv. Vorsitzender des GV.; seit 1885-1903 Vorsitzender, seit 1903 Mitglied des SV.

Marggraff, Karl, Kommerzienrat, Wolfswinkel; 1885-1894 Mitglied, 1894-1907 stellv. Vorsitzender, seit 1907 Vorsitzender des GV.; 1885-1904 Vorsitzender, seit 1904 Mitglied des SV.

Härlin, Dr., Fabrikbesitzer, Gauting; 1885-1890 Ersatzmann, 1891-1909 Mitglied, seit 1909 stellv. Vorsitzender des GV.; 1885-1891 stellv. Vorsitzender, seit 1891 Vorsitzender des SV.

Goßler, Heinrich, Frankeneck i. Pf.; 1885-1900 Ersatzmann, seit 1901 Mitglied des GV.; 1885 bis 1901 Ersatzmann, 1901-1909 stellv. Vorsitzender, seit 1909 Vorsitzender des SV.

Brückner, Richard, Calbe a. S.; 1885-1887 Ersatzmann, seit 1888 Mitglied des GV.; 1885-1887 stellv. Vorsitzender, seit 1887 Vorsitzender des SV.

Sonntag, Philipp, Emmendingen; seit 1893 Mitglied des GV.; 1885-1892 Mitglied, seit 1892 Vorsitzender des SV.

Eppen, Ferdinand, Kommerzienrat, Winsen (Luhe); 1900-1901 Ersatzmann, 1901-1905 Mitglied des GV.; 1885-1901 stellv. Vorsitzender, seit 1901 Vorsitzender des SV.

Hoesch, Hugo, Gernsbach; seit 1904 Ersatzmann des GV.; 1885-1895 Ersatzmann, seit 1896 Mitglied des SV.

Medicus, Karl, Fabrikbesitzer, Deutenhofen; 1885 bis 1892 Ersatzmann, seit 1892 Mitglied des SV.

Haindl, Cl., Fabrikbesitzer, Augsburg; seit 1885 Mitglied des SV.

von Troeltsch, Freiherr, Riedenburg; 1885-1892 Mitglied, seit 1892 stellv. Vorsitzender des SV.

Schaal, Carl, Scheer; 1885-1906 Mitglied, seit 1906 stellv. Vorsitzender des SV.

Köhler, Aug., Oberkirch; 1885-1904 Mitglied, seit 1904 stellv. Vorsitzender des SV.

Chelius, C., Rumbeck; 1885-1889 Mitglied, 1890 stellv. Vorsitzender, 1891-1893 Mitglied, seit 1893 Vorsitzender des SV.

Horn, Hermann, Goslar; 1885-1898 Ersatzmann, 1898-1903 Mitglied, seit 1903 stellv. Vorsitzender des SV.

Henseling, Fritz, Delligsen b. Alfeld; 1885-1897 Ersatzmann, 1897-1902 Mitglied, seit 1902 stellv. Vorsitzender des SV.

27. Papierverarbeitungs-Berufsgenossenschaft.

Abt, Eduard, Kommerzienrat, Ensheim; 1885-1889 Mitglied, 1890-1907 Ersatzmann des GV.; 1885 bis 1890 Vorsitzender, 1890-1908 stellv. Vorsitzender, seit 1908 Mitglied des SV.

Hellriegel, Carl, Fabrikbesitzer, Berlin; 1885 bis 1887 Mitglied, 1888-1896 stellv. Vorsitzender, seit 1897 Vorsitzender des GV.; seit 1885 Vorsitzender des SV.

Mayer, Eugen, Kommerzienrat, Nürnberg; seit 1885 Mitglied des GV.; seit 1885 Vorsitzender des SV.

Gerschel, Dr. jur. Hugo, Berlin; 1885-1896 Ersatzmann, seit 1897 stellv. Vorsitzender des GV.

Meißner, Julius F., Geh. Kommerzienrat, Leipzig; 1885-1889 Ersatzmann, seit 1890 Mitglied des GV.; seit 1885 Vorsitzender des SV.

Kaufmann, Julius, Lahr; seit 1890 Mitglied des GV.; 1885-1890 Mitglied, seit 1890 Vorsitzender des SV.

Schnell, Ludwig, Cassel; 1899 und 1900 Ersatzmann, seit 1901 Mitglied des GV.; 1885 und 1886 Ersatzmann, 1887-1899, 1906 und 1907 Mitglied, 1899-1905 und seit 1908 Vorsitzender des SV.

Fettback, Franz, Hannover; 1904-1908 Ersatzmann, seit 1909 Mitglied des GV.; seit 1885 Mitglied des SV.

Klein, Ernst E., Barmen; seit 1909 Ersatzmann des GV.; 1885-1895 Ersatzmann, seit 1896 Mitglied des SV.

Schleicher, Otto, Düren; 1885-1891 Mitglied, 1892-1900 Ersatzmann, seit 1901 Mitglied des SV.

28. Lederindustrie-Berufsgenossenschaft.

Bierling, Rudolf, Kommerzienrat, Dresden; 1885-1907 Mitglied, seit 1907 stellv. Vorsitzender des GV.; seit 1885 Vorsitzender des SV.

May, Martin, Frankfurt a. M.; 1885-1896 Mitglied, 1896-1901 stellv. Vorsitzender, seit 1902 Vorsitzender des GV.; seit 1885 Vorsitzender des SV.

Schleifenbaum, Adolf, Siegen i. Westf.; 1885 bis 1908 Mitglied, seit 1908 stellv. Vorsitzender des GV.; 1885-1905 Mitglied, seit 1905 stellv. Vorsitzender des SV.

Herrenschmidt, Alfred, Kommerzienrat, Straßburg i. E.; 1885-1889 Mitglied, 1890-1896 Ersatzmann, 1897-1907 Mitglied des GV.; 1885 bis 1902 Mitglied, 1902-1904 stellv. Vorsitzender, seit 1904 Mitglied des SV.

Tröger, Hermann R., Plauen i. V.; 1885-1889 Ersatzmann, seit 1899 Mitglied des GV.; seit 1885 stellv. Vorsitzender des SV.

Landauer, Eduard, Idstein i. T.; 1885-1889 Ersatzmann des GV.; 1885-1897 Ersatzmann, seit 1897 Mitglied des SV.

Günther, Bernh., Aachen; 1885-1889 und seit 1901 Ersatzmann des GV.; 1885-1901 Mitglied, 1901 bis 1908 stellv. Vorsitzender, seit 1908 Vorsitzender des SV.

Roser, Max, Kommerzienrat, Stuttgart; 1905 bis 1907 Ersatzmann, seit 1908 Mitglied des GV.; 1885-1907 stellv. Vorsitzender, seit 1907 Vorsitzender des SV.

Reinhart, Nicola, Worms; 1885-1889 Mitglied, 1890-1901 Ersatzmann, seit 1902 Mitglied des GV.; 1885-1887 Mitglied des SV.

29. Sächsische Holz-Berufsgenossenschaft.

Grumbt, Ernst, Kommerzienrat, Dresden-N.; seit 1885 Vorsitzender des GV.

Türpe, Alwin, Kommerzienrat, Dresden-A.; seit 1885 stellv. Vorsitzender des GV.

Hynek, Franz, Kommerzienrat, Riesa; seit 1885 Mitglied des GV.

30. Norddeutsche Holzberufsgenossenschaft.

Rümcker, H. W., Fabrikbesitzer, Hamburg; seit 1897 Mitglied des GV.; 1885-1904 Vorsitzender des SV.

Sasse, Josef, Sägewerksbesitzer, Recklinghausen; seit 1903 Mitglied des GV.; 1885-1902 Mitglied, 1903 stellv. Vorsitzender, seit 1904 Vorsitzender des SV.

Donath, Hermann, Geh. Kommerzienrat, Schmölln (S.-A.); seit 1908 Mitglied des GV.; seit 1885 Mitglied des SV.

Reichenbach, J., Senator, Lüneburg; 1885-1908 Mitglied, seit 1908 Vorsitzender des SV.

31. Bayerische Holzindustrie-Berufsgenossenschaft.

Hartmann, Johann, Hofparkettfabrikant, München; seit 1885 stellv. Vorsitzender des GV.

32. Südwestdeutsche Holz-Berufsgenossenschaft.

Katz, Kasimir, Fabrikant, Gernsbach i. Bad.; 1885 bis 1906 Mitglied, seit 1906 stellv. Vorsitzender des GV.; 1885-1887 Ersatzmann, seit 1887 Mitglied des SV.

Fürst, Wilhelm, Möbelfabrikant, Mainz; seit 1885 Mitglied des GV.; seit 1885 Vorsitzender des SV.

Schleiffer, Fr., Billardsfabrikant, Straßburg i. E.; 1893-1896 Ersatzmann, seit 1896 Mitglied des GV.; 1885-1893 Ersatzmann, seit 1893 Vorsitzender des SV.

Klem, Theophil, Kunstbildhauer, Colmar; 1885 bis 1886 Ersatzmann, 1886-1893 Mitglied, seit 1893 stellv. Vorsitzender des SV.

33. Müllerei-Berufsgenossenschaft.

Metzmacher, C., Mühlenbesitzer und Stadtrat, Dortmund; 1888-1892 Mitglied, seit 1892 Vorsitzender des GV.; seit 1885 Mitglied des SV.

Spitta, H., Mühlenbesitzer und Kommerzienrat, Neumarkt (O.-Pf.); 1885-1886 und seit 1905 Mitglied des GV.; 1885-1887 Vorsitzender, 1887-1890 Mitglied, seit 1890 2. Vorsitzender des SV.

Schnackenburg, Leop., Mühlenbesitzer und Stadtrat, Graudenz; seit 1888 Mitglied des GV.; 1885-1895 Mitglied, seit 1895 Vorsitzender des SV.

Steffen, Paul, Mühlenbesitzer, Duchow b. Jasenitz; 1889-1895 und 1903-1907 Mitglied des GV.; seit 1885 Vorsitzender des SV.

Hellwig, Ferdinand, Mühlenbesitzer, Tiegenhof; seit 1885 Mitglied des SV.

Rabbow, Franz, Mühlenbesitzer, Conczmühle bei Posen; seit 1885 Vorsitzender des SV.

Küster, O., Mühlenbesitzer, Möhringen; seit 1885 Mitglied des SV.

Bruns, Adolf, Mühlenbesitzer, Hannover; 1885 bis 1907 Vorsitzender, seit 1908 Mitglied des SV.

Schwanneke, H., Mühlenbesitzer, Fahrmühle bei Hedwigsburg; seit 1885 Mitglied des SV.

Banse, Rich., Mühlenbesitzer, Meisdorf a. H.; seit 1885 Vorsitzender des SV.

Schmerfeld, E., Mühlenbesitzer, Elberfeld; seit 1885 Vorsitzender des SV.

Kiesekamp, W., Mühlenbesitzer und Kommerzienrat, Münster i. Westf.; seit 1885 Mitglied des SV.

Bauriedel, Paul, Kommerzienrat, Nürnberg; 1885-1887 Mitglied, seit 1887 Vorsitzender des SV.

34. Nahrungsmittel-Industrie-Berufsgenossenschaft.

Gaedke, W., Kakes- und Biskuitfabrikant, Hamburg; seit 1885 Mitglied des GV.

35. Zucker-Berufsgenossenschaft.

Wagner, E., Fabrikbesitzer, Geh. Ökonomierat, Warnsdorf; 1885-1893 Ersatzmann, seit 1893 Mitglied des GV.

36. Berufsgenossenschaft der Molkerei-, Brennerei- und Stärke-Industrie.

Becker, Gerh., Ökonomierat, Ülzen; 1885-1894 Ersatzmann, 1895-1901 Mitglied, seit 1902 Vorsitzender des GV.; seit 1902 Mitglied des SV.

Lefevre, H., Fabrikbesitzer, Stettin; seit 1902 Mitglied des GV.; 1885-1893 Ersatzmann, 1894 bis 1901 Mitglied, 1902-1903 Vorsitzender, seit 1903 Mitglied des SV.

37. Brauerei- und Mälzerei-Berufsgenossenschaft.

Henrich, F., Geh. Kommerzienrat, Brauereibesitzer, Frankfurt a. M.; seit 1885 Vorsitzender des GV.

Schrempp, Carl, Brauereidirektor, Karlsruhe i. B.; seit 1885 Mitglied des GV.; 1885-1907 Mitglied des SV.

Wernecke, Gust., Kommerzienrat, Generaldirektor, Magdeburg; seit 1885 Mitglied des GV.; seit 1885 Vorsitzender des SV.

Prinz, Alb., Brauereibesitzer, Karlsruhe; 1885 bis 1892 und seit 1902 Ersatzmann, 1893-1901 Mitglied des GV.; seit 1885 stellv. Vorsitzender des SV.

Sedlmayr, Ant., Kommerzienrat, Brauereibesitzer, München; 1885-1895 Ersatzmann, seit 1896 Mitglied des GV.; 1885-1908 stellv. Vorsitzender, seit 1909 Vorsitzender des SV.

Knoblauch, B., Kommerzienrat, Brauereidirektor, Berlin; 1885-1890 Ersatzmann, seit 1891 Mitglied des GV.; 1885-1886 stellv. Vorsitzender, 1887-1900 Vorsitzender, seit 1901 stellv. Vorsitzender des SV.

Reinicke, Bruno, Mälzereidirektor, Halle a. S.; seit 1885 Mitglied des GV.; seit 1885 Mitglied des SV.

Georg, W., Kommerzienrat, Mälzereidirektor, Schweinfurt; seit 1885 Mitglied des GV.; seit 1900 Mitglied des SV.

Boch, Th., Brauereibesitzer, Lutterbach; 1887-1888 Ersatzmann des GV.; seit 1885 Mitglied des SV.

Ehrhard, Aug., Brauereibesitzer, Schiltigheim; seit 1890 Mitglied des GV.; 1885-1889 Ersatzmann, seit 1889 Vorsitzender des SV.

Happoldt, Max, Kommerzienrat, Brauereibesitzer, Berlin; 1890-1901 Ersatzmann, seit 1902 Mitglied des GV.; 1885-1888 Mitglied, 1889-1900 stellv. Vorsitzender, seit 1901 Vorsitzender des SV.

Jänisch, Wilh., Kommerzienrat, Brauereibesitzer, Kaiserslautern; seit 1893 Ersatzmann des GV.; seit 1885 Mitglied des SV.

Ulrich, F. A., Brauereibesitzer, Leipzig; 1893-1904 Ersatzmann, seit 1905 Mitglied des GV.; 1885 bis 1893 Ersatzmann, seit 1893 Vorsitzender des SV.

Fischer, Georg, Mälzereidirektor, Hamburg; seit 1902 Ersatzmann des GV.; seit 1885 Mitglied des SV.

Schilling, A., Senator, Brauereibesitzer, Celle; seit 1903 Ersatzmann des GV.; seit 1885 Mitglied des SV.

Semler, A., Kommerzienrat, Brauereidirektor, Bayreuth; 1885-1887 Ersatzmann, seit 1887 Mitglied des SV.

38. Tabak-Berufsgenossenschaft.

Collenbusch, Adolf, Geh. Kommerzienrat, Dresden; seit 1885 Mitglied des GV.

Minderop, H., Cöln a. Rh.; seit 1885 Mitglied des GV.

Schmidt, Edmund, Geh. Kommerzienrat, Altenburg; seit 1885 Mitglied des GV.

Schöning, Willy, Blotho; seit 1885 Mitglied des GV.

Richtering, H. W., Burgdam; seit 1902 Mitglied des GV.; 1885-1901 Mitglied des SV.

Crüwell, Arnold, Bielefeld; seit 1902 Mitglied des GV.; 1885-1901 Mitglied des SV.

du Roi, Hugo, Kommerzienrat, Braunschweig; 1885-1892 Ersatzmann, seit 1892 Mitglied des GV.

Bernhard, Otto, Zigarrenfabrikant, Heiligenstadt; 1885-1892 Ersatzmann, seit 1892 Mitglied des GV.

Hanewacker, Hermann, Kommerzienrat, Tabak- und Zigarrenfabrikant, Nordhausen; seit 1890 Mitglied des GV.; 1885-1892 Ersatzmann, 1892 bis 1901 Mitglied des SV.

Gutmacher, Paul, Zigarrenfabrikant, Leipzig; seit 1902 Mitglied des GV.; 1885-1897 Ersatzmann, 1897-1901 Mitglied des SV.

Hosse, Otto, Geh. Kommerzienrat, Tabak- und Zigarrenfabrikant, Hanau; seit 1892 Mitglied des GV.; 1885-1891 Ersatzmann, 1891-1901 Mitglied des SV.

Gail, Wilhelm, Geh. Kommerzienrat, Tabak- und Zigarrenfabrikant, Gießen; 1889-1893 Ersatzmann, seit 1893 Mitglied des GV.; 1885-1895 Ersatzmann, 1895-1897 Mitglied des SV.

39. Bekleidungsindustrie-Berufsgenossenschaft.

Benzky, Adolf, Kommerzienrat und Stadtrat, Fabrikbesitzer, Berlin; seit 1885 Vorsitzender des GV.

Hendel, Moritz, Kommerzienrat, Ölsnitz; seit 1885 Mitglied des GV.

Kattwinkel, Wilhelm, Fabrikbesitzer, Präsident der Berg. Handelskammer zu Lennep, Wermelskirchen; seit 1885 Mitglied des GV.

Küchenmeister, Gustav, Fabrikbesitzer, Dresden; 1885-1891 Ersatzmann, seit 1891 Mitglied des GV.

Müller, Franz, Kommerzienrat, M.-Gladbach; 1885-1891 Ersatzmann, seit 1891 Mitglied des GV.

40. Berufsgenossenschaft der Schornsteinfegermeister des Deutschen Reichs.

Baumeister, Wilhelm, Stuttgart; seit 1885 Mitglied des GV.; seit 1885 Vorsitzender des SV.

Anders II, Paul, Dresden; 1885-1887 Mitglied des GV.; seit 1885 Mitglied des SV.

Specht, Karl, Freiburg i. Br.; seit 1885 Mitglied des GV.; seit 1885 Vorsitzender des SV.

Schultz, Gustav, Hamburg; seit 1885 Mitglied des GV.; seit 1895 Vorsitzender des SV.

Else, Wilhelm, Wittenberg (Bezirk Halle); seit 1885 Mitglied des GV.; 1885-1902 Mitglied, seit 1902 Vorsitzender des SV.

Zehn, Heinrich, Leipzig; seit 1896 Mitglied des GV.; seit 1885 Vorsitzender des SV.

Baum, Adam, Düsseldorf; seit 1885 Vorsitzender des SV.

Höhne, Otto, Posen; seit 1885 Mitglied des SV.

Wittenborn, Gerhardt, Bielefeld; seit 1885 Mitglied des SV.

Miersch, Carl M., Gelnhausen; seit 1885 Mitglied des SV.

Nordt, Heinrich, Köln; seit 1885 Mitglied des SV.

Jacobi, Karl, Ingolstadt; seit 1885 Mitglied des SV.

Brinkmann, Gustav, Leipzig; seit 1885 Mitglied des SV.

Helle, Louis, Leipzig; seit 1885 Mitglied des SV.

Berckhemer, Jacob, Eßlingen; seit 1885 Mitglied des SV.

Doll, Gottlob, Ludwigsburg; seit 1885 Mitglied des SV.

41. Hamburgische Baugewerks-Berufsgenossenschaft.

George, L., Dachdeckermeister, Flensburg; seit 1885 Beisitzer des GV.; seit 1885 Vorsitzender des SV.

Clewe, L., Hofmaurermeister, Schwerin i. M.; seit 1885 Beisitzer des GV.; 1885-1900 Vorsitzender, seit 1900 stellv. Vorsitzender des SV.

42. Nordöstliche Baugewerks-Berufsgenossenschaft.

Felisch, Bernhard, Baurat, Grunewald b. Berlin; seit 1885 Vorsitzender des GV.

Büsscher, Oskar, Maurer- und Zimmermeister, Eberswalde; seit 1885 stellv. Vorsitzender des GV.; 1885-1886 stellv. Vorsitzender, seit 1886 Vorsitzender des SV.

Bräutigam, Adolf, Maurer- und Zimmermeister, Eberswalde; 1885-1904 Mitglied, seit 1904 stellv. Vorsitzender des GV.; 1885-1886 Mitglied, seit 1886 stellv. Vorsitzender des SV.

Herzog, Emil, Baugewerksmeister, Danzig; seit 1885 Mitglied des GV.; 1885-1893 stellv. Vorsitzender, seit 1893 Vorsitzender des SV.

Gutzeit, Theodor, Baumeister, Königsberg (Ostpreußen); seit 1885 Mitglied des GV.; 1885-1893 Vorsitzender, 1893-1899 Mitglied des SV.

Vollmer, Wilhelm, Ratsmaurermeister, Berlin; seit 1905 Mitglied des GV.; 1885-1905 stellv. Vorsitzender, seit 1905 Vorsitzender des SV.

Hertling, Max, Hof- und Amtszimmermeister, Charlottenburg; seit 1904 Mitglied des GV.; 1885-1891 Ersatzmann, 1891-1904 Mitglied, seit 1904 stellv. Vorsitzender des SV.

Böhme, Georg, Maurermeister, Groß-Lichterfelde; 1885-1888 Ersatzmann, seit 1888 Mitglied des SV.

Jacobi, Heinrich, Maurermeister, Königsberg (Ostpreußen); seit 1885 stellv. Vorsitzender des SV.

Peter, H., Maurer- und Zimmermeister, Bartenstein (Ostpreußen); 1885-1888 Ersatzmann, seit 1888 Mitglied des SV.

43. Schlesisch-Posensche Baugewerks-Berufsgenossenschaft.

Preul, Julius, Zimmermeister, Gnesen; seit 1890 Mitglied des GV.; 1885-1890 stellv. Vorsitzender, seit 1890 Vorsitzender des SV.

Schliebener, Hugo, Maurermeister, Schweidnitz; seit 1885 Mitglied des SV.

44. Hannoversche Baugewerks-Berufsgenossenschaft.

Timmersmann, J. B., Zimmermeister, Osnabrück; 1885-1888 Ersatzmann, seit 1888 Mitglied des GV.; seit 1885 Mitglied des SV.

Rieß, Albert, Zimmermeister, Braunschweig; seit 1891 Mitglied des GV.; seit 1885 Vorsitzender des SV.

Struckmann, Helmrich, Baumeister, Bremen; seit 1885 Mitglied des GV.; seit 1885 Mitglied des SV.

Backhaus, L., Architekt, Oldenburg i. Gr.; seit 1885 Mitglied des GV.; seit 1885 Mitglied des SV.

Timm, F., Obermeister, Hannover; 1888-1906 Ersatzmann, seit 1906 Mitglied des GV.; 1885-1886 Ersatzmann, 1886-1907 Mitglied, seit 1907 Ersatzmann des SV.

Schmidt, W., Zimmermeister, Detmold; 1887 bis 1902 Ersatzmann, seit 1902 Mitglied des GV.; 1885-1887 Ersatzmann, seit 1887 Mitglied des SV.

Gehrke, C., Amtsmaurermeister und Steinhauermeister, Barsinghausen; seit 1885 Mitglied des SV.

Schütte, M., Zimmermeister, Minden i. Westf.; seit 1885 stellv. Vorsitzender des SV.

Wittber, E., Ingenieur, Wilhelmshaven; seit 1885 Ersatzmann des GV.; seit 1885 Mitglied des SV.

45. Sächsische Baugewerks-Berufsgenossenschaft.

Schletter, Ernst, Ratsmaurermeister, Dresden; 1885-1896 stellv. Vorsitzender, seit 1896 Vorsitzender des GV.

Teichgräber, Wilhelm, Baumeister, Dresden; seit 1896 stellv. Vorsitzender des GV.; seit 1885 Vorsitzender des SV.

Frey, Hugo, Baumeister, Zwickau; seit 1900 Mitglied des GV.; 1885-1895, 1896-1900 stellv. Vorsitzender, 1895-1896 und seit 1900 Vorsitzender des SV.

Rühling, Fritz, Hofsteinmetzmeister, Gera; seit 1907 Mitglied des GV.; 1885-1898 Mitglied, 1898 bis 1907 stellv. Vorsitzender, seit 1907 Vorsitzender des SV.

Weber, Emil, Ratszimmermeister, Dresden; 1885 bis 1891 Mitglied, seit 1891 stellv. Vorsitzender des SV.

Timmel, Hermann, Baumeister, Potschappel; seit 1885 Mitglied des SV.

Sebastian, Friedrich, Baumeister und Stadtrat, Groitzsch; seit 1885 Mitglied des SV.

Kilian, Adolf, Baumeister, Weißenberg; 1885 bis 1903 Mitglied, seit 1903 stellv. Vorsitzender des SV.

Wendt, Hermann, Baumeister, Kamenz; seit 1885 Mitglied des SV.

Hoffmann jun., H. P., Baumeister, Greiz; seit 1885 Mitglied des SV.

Jesumann, Wilh., Baumeister, Greiz; seit 1885 Mitglied des SV.

Döhler, Richard, Baumeister, Dresden; 1885-1893 Ersatzmann, seit 1893 stellv. Vorsitzender des GV.

Mirus, Adalbert, Ratsmaurermeister, Dresden; 1885-1900 Ersatzmann, seit 1900 Mitglied des SV.

46. Thüringische Baugewerks-Berufsgenossenschaft.

Schmidt, Ferdinand, Baugewerksmeister, Stadtrat, Erfurt; 1885-1907 stellv. Vorsitzender, seit 1907 Vorsitzender des GV.

Groß, August, Maurermeister, Erfurt; seit 1885 Mitglied des GV.; seit 1885 Vorsitzender des SV.

Weber, Georg, Hofmaurermeister, Meiningen; seit 1885 Mitglied des GV.; seit 1885 Mitglied des SV.

Junghans, Ernst, Zimmermeister, Rudolstadt; seit 1906 Mitglied des GV.; seit 1885 Mitglied des SV.

Weißbrodt, Ad. Gg., Hofzimmermeister, Meiningen; seit 1885 Mitglied des SV.

47. Hessen-Nassauische Baugewerks-Berufsgenossenschaft.

Hochapfel, Louis, Maurermeister, Kassel; seit 1885 Mitglied des GV.; seit 1885 Vorsitzender des SV.

Petri II, Louis, Weißbindermeister, Gießen; seit 1885 Mitglied des GV.; seit 1885 Vorsitzender des SV.

Ganß, Wilhelm, Maurermeister, Darmstadt; 1885 bis 1895 Ersatzmann, seit 1895 Mitglied des SV.

Broetz, Joh. Gg., Bauunternehmer, Limburg a. L.; seit 1885 Mitglied des SV.

Schmidtmann, H., Architekt und Maurermeister, Kassel-Wilhelmshöhe; seit 1885 stellv. Vorsitzender des SV.

Noll, Julius, Maurermeister, Hersfeld; seit 1885 Mitglied des SV.

48. Rheinisch-Westfälische Baugewerks-Berufsgenossenschaft.

Grebe, Hein., Maurermeister, Münster; seit 1885 Mitglied des GV.; 1885-1899 Mitglied, seit 1899 Vorsitzender des SV.

Gerhardt, Christian, Maurermeister, Architekt, Elberfeld; seit 1885 Vorsitzender des GV.; seit 1885 Vorsitzender des SV.

Frese, Hermann, Maurermeister, Bauunternehmer, Barmen; seit 1885 stellv. Vorsitzender des GV.; seit 1885 stellv. Vorsitzender des SV.

Wolff, Adolf, Maurermeister, Architekt, St. Johann-Saarbrücken; seit 1885 Mitglied des GV.; seit 1885 Vorsitzender des SV.

Gleitz, Johann, Bauunternehmer, Architekt, Neunkirchen; seit 1887 Mitglied des GV.; seit 1885 Mitglied des SV.

Heine, Herm., Maurermeister, Bauunternehmer, Dortmund; seit 1887 Mitglied des GV.; 1885 bis 1887 Mitglied, seit 1887 Vorsitzender des SV.

Sprung, Friedr., Maurermeister, Coblenz; seit 1892 Mitglied des GV.; 1885-1890 Mitglied, seit 1891 Vorsitzender des SV.

Kalff, Math., Maurer- und Zimmermeister, Aachen; seit 1891 Mitglied des GV.; 1885-1894 Mitglied, seit 1894 Vorsitzender des SV.

Meessen, J. J., Bauunternehmer, Aachen; seit 1894 Mitglied des GV.; seit 1885 stellv. Vorsitzender des SV.

Gertz, Wilh., Bauunternehmer, Zimmermeister, Recklinghausen; seit 1905 Mitglied des GV.; seit 1885 Mitglied des SV.

Ganzer, Josef, Bauunternehmer, Neuwied; seit 1909 Mitglied des GV.; 1885-1899 Ersatzmann, seit 1899 Mitglied des SV.

Lenhartz, J., Bauunternehmer, Hamm; seit 1885 Mitglied des SV.

Schmidt, O., Bauunternehmer, Iserlohn; seit 1885 Mitglied des SV.

Schmidt, Richard, Baugewerksmeister, Saarbrücken; seit 1885 Mitglied des SV.

Leber, Heinrich, Maler- und Anstreichermeister, Essen (Ruhr); 1885-1895 Ersatzmann, seit 1895 Mitglied des SV.

49. Württembergische Baugewerks-Berufsgenossenschaft.

Rapp, Andreas, Bauwerkmeister, Saulgau; seit 1885 Mitglied des GV.

Detzecker, Karl, Bauwerkmeister, Heilbronn; 1885 bis 1891 Ersatzmann, seit 1891 Mitglied des GV.

50. Bayerische Baugewerks-Berufsgenossenschaft.

Dendl, Franz, Kommerzienrat, Baumeister, Straubing; 1885-1889 Ersatzmann, seit 1889 Mitglied des GV.

51. Südwestliche Baugewerks-Berufsgenossenschaft.

Reiß, Ludwig, Baumeister, Karlsruhe; 1885-1898 Mitglied, seit 1898 Vorsitzender des GV.; 1885 bis 1887 Vorsitzender des SV.

Walther, Jakob, Architekt, Konstanz; seit 1885 Mitglied des GV.

Schuster, August, Baumeister, Mannheim; 1885 bis 1890 Ersatzmann, seit 1890 Mitglied des GV.; 1894-1902 stellv. Vorsitzender, seit 1902 Vorsitzender des SV.

Zierdt, Georg, Bauunternehmer, Mülhausen; 1887 bis 1890 Ersatzmann, 1890-1898 Mitglied, seit 1899 stellv. Vorsitzender des GV.; 1885-1889 Ersatzmann, 1890 und seit 1904 Mitglied, 1891-1903 Vorsitzender des SV.

Enders, Johann, Bauunternehmer, Metz; seit 1898 Mitglied des GV.; 1885-1906 stellv. Vorsitzender, 1906-1908 Vorsitzender des SV.

Daub, Martin, Architekt, Karlsruhe; 1885-1903 Ersatzmann, seit 1903 Mitglied des GV.; 1885-1887 stellv. Vorsitzender, 1900-1903 Mitglied, seit 1903 Vorsitzender des SV.

Wahl, Johann, Zimmermann, Mosbach; 1885-1888 Ersatzmann, seit 1888 Mitglied des SV.

Würtz, Peter, Baumeister, Mannheim; seit 1885 Mitglied des SV.

Stadler, Philipp, Zimmermeister, Freiburg; 1885 bis 1903 Mitglied, seit 1903 stellv. Vorsitzender des SV.

Eschbacher, Josef, Malermeister, Konstanz; 1885 bis 1898 Ersatzmann, seit 1898 Mitglied des SV.

52. Deutsche Buchdrucker-Berufsgenossenschaft.

Oldenbourg, Hans, Kommerzienrat, Buchdruckereibesitzer, München; 1885-1889, 1892-1905 und seit 1906 Mitglied, 1889-1892 und 1905-1906 Vorsitzender des GV.; seit 1885 Vorsitzender des SV.

Werlitz, Egon, Kommerzienrat, Buchdruckereibesitzer, Stuttgart; 1888-1895 und 1898-1906 Mitglied, 1895-1898 Vorsitzender des GV.; 1885-1888 und seit 1906 stellv. Vorsitzender, 1888-1906 Vorsitzender des SV.

Heimann, J. B., Buchdruckereibesitzer, Köln a. Rh.; 1893-1901 und seit 1905 Mitglied, 1901-1905 Vorsitzender des GV.; 1885-1890 Mitglied, 1890-1893 stellv. Vorsitzender, seit 1893 Vorsitzender des SV.

Kieffer, Fritz, Direktor, Straßburg i. Els.; 1885 bis 1893 Ersatzmann, seit 1893 Mitglied des SV.

Förster, Hermann, Buchdruckereibesitzer, Zwickau i. S.; 1885-1888 Ersatzmann, seit 1888 Mitglied des SV.

53. Straßen- und Klein-Bahn-Berufsgenossenschaft.

Klitzing, Wilh., Direktor, Magdeburg; 1885-1894 Mitglied, seit 1894 stellv. Vorsitzender des GV.

Hille, Bernh., Direktor, Leipzig; 1885-1898 Mitglied, seit 1898 stellv. Vorsitzender des GV.

54. Lagerei-Berufsgenossenschaft.

Jacob, Emil, Geh. Kommerzienrat, Berlin; 1886 bis 1893 Mitglied, seit 1893 Vorsitzender des GV.; 1886-1893 Vorsitzender des SV.

Rothenstein, Heinrich, Handelsrichter, Berlin; 1886-1894 Mitglied des GV.; seit 1886 Mitglied des SV.

Knecht, Heinrich, Direktor, Mannheim; seit 1891 Mitglied des GV.; 1886-1901 Mitglied, seit 1901 Vorsitzender des SV.

Ehlers, Gustav, Handelsrichter, Königsberg i. Pr.; 1886-1897 und 1898-1904 Ersatzmann, 1897-1898 und seit 1905 Mitglied des GV.; 1886-1904 Mitglied, seit 1904 Vorsitzender des SV.

Schlesinger, D. N., Breslau; 1886-1896 Ersatzmann, seit 1896 Mitglied des GV.; seit 1886 Vorsitzender des SV.

Haack, Karl, Direktor, Hamburg; seit 1898 Mitglied des GV.; seit 1886 Mitglied des SV.

Selbstherr, Carl, Breslau; seit 1886 Mitglied des SV.

Rosenhagen, Oskar, Handelsrichter, Berlin; seit 1886 Mitglied des SV.

Kugler, Konrad Adolf, Frankfurt a. M.; 1886 bis 1896 Mitglied, 1896-1902 Vorsitzender, seit 1902 Mitglied des SV.

55. Fuhrwerks-Berufsgenossenschaft.

Deihle, Adam, Fuhrherr, Stuttgart; 1890-1893 Mitglied des GV.; 1886-1898 Mitglied, 1898 bis 1908 Vorsitzender, seit 1909 Mitglied des SV.

Helfmeier, Felix, Fuhrunternehmer, Köln a. Rh.; 1891-1906 Mitglied des GV.; 1886-1888 Mitglied, 1888-1908 Vorsitzender, seit 1909 Mitglied des SV.

Wünn, Ernst, Fuhrunternehmer, Potsdam; 1891 bis 1894 Mitglied, 1894-1895 Vorsitzender und Mitglied des GV.; 1886-1908 Vorsitzender, seit 1909 Mitglied des SV.

Hintz, Gustav, Fuhrherr, Königsberg i. Pr.; 1899 bis 1903 Mitglied des GV.; 1886-1891 Ersatzmann, 1891-1908 Vorsitzender, seit 1909 Mitglied des SV.

Nickel, August, Fuhrwerksbesitzer, Wiesbaden; seit 1909 Mitglied des GV.; seit 1886 Vorsitzender des SV.

Pfannenberg, Richard, Fuhrwerksbesitzer, Halle a. S.; 1886-1888 Ersatzmann, 1888-1890 Mitglied, 1890-1908 Vorsitzender, seit 1909 Mitglied des SV.

Gückel, Anton, Posthalter, Erfurt; 1886-1888 Mitglied, 1888-1908 Vorsitzender, seit 1909 Mitglied des SV.

56. Westdeutsche Binnenschiffahrts-Berufsgenossenschaft.

Wessels, Joh. Friedr., Senator, Bremen; seit 1886 Mitglied des GV.; seit 1886 Vorsitzender des SV.

Schaufuß, Emil, Schiffahrtsdirektor, Köln; seit 1887 Mitglied des GV.; seit 1886 Mitglied des SV.

Zech, Johann, Flößereiunternehmer, Eltmann a. M.; seit 1886 Mitglied des SV.

Stenz, Joseph, Kaufmann und Reeder, Mainz; 1886-1900 Ersatzmann, 1900-1906 Mitglied, seit 1906 Vorsitzender des SV.

Mellinghoff, J. W., Kaufmann und Reeder, Mülheim a. d. Ruhr; 1886-1891 Ersatzmann, seit 1891 Mitglied des SV.

57. Elbschiffahrts-Berufsgenossenschaft.

Tonne, Gustav, Kommerzienrat, Binnenreeder, Magdeburg; seit 1886 Vorsitzender des GV.

Dümling, Wilhelm, Kommerzienrat und Binnen-Reeder, Schönebeck a. E.; 1886-1896 Schriftführer, seit 1896 stellv. Vorsitzender des GV.

Neubert, August, Binnenreeder, Nienburg a. S.; seit 1886 Mitglied des GV.

58. See-Berufsgenossenschaft.

Wessels, Joh. Friedr., Senator, Bremen; 1887 bis 1892 Ersatzmann, seit 1892 Mitglied des GV.; 1887-1892 stellv. Vorsitzender, seit 1892 Vorsitzender des SV.

Rensen, P. van, Dispacheur, Emden; 1887-1893 Ersatzmann, seit 1893 Mitglied des GV.; seit 1887 Mitglied des SV.

Gribel, Franz, Kommerzienrat und Reeder, Stettin; 1887-1902 Ersatzmann, seit 1902 Mitglied des GV.; seit 1887 Mitglied des SV.

Dethleffsen, H. C., Kommerzienrat, Reeder und Kaufmann, Flensburg; 1887-1903 Ersatzmann, seit 1903 Mitglied des GV.; seit 1887 Mitglied des SV.

Wolff, Guido, Direktor, Hamburg; 1902-1904 Ersatzmann, seit 1904 Mitglied des GV.; 1887-1897 Ersatzmann, 1898-1901 stellv. Vorsitzender, 1902 Vorsitzender, 1903-1907 Mitglied des SV.

Ahlers, O. J. D., Direktor, Bremen; 1887-1892 Mitglied, 1892-1899 stellv. Vorsitzender, seit 1899 Mitglied des SV.

Berg, Theobald, Senator und Reeder, Barth; 1887-1903 Mitglied, seit 1903 stellv. Vorsitzender des SV.

59. Tiefbau-Berufsgenossenschaft.

Bandke, Otto, Eisenbahnbauunternehmer, Berlin; 1887-1888 Mitglied, 1888-1891 Schriftführer, seit 1891 Vorsitzender des GV.

B. Landwirtschaftliche Berufsgenossenschaften.

1. Schlesische landwirtschaftliche Berufsgenossenschaft.

Stosch, Dr. Georg Graf von, Wirkl. Geh. Rat, Hartau; seit 1888 Vorsitzender des GV.

2. Schleswig-Holsteinische landwirtschaftliche Berufsgenossenschaft.

Reventlou, Graf, Wirkl. Geh. Rat, Damp; seit 1888 Vorsitzender des GV.

3. Westfälische landwirtschaftliche Berufsgenossenschaft.

Landsberg-Steinfurt, Freiherr Ignatz von, Landrat a. D., Kammerherr, Wirkl. Geh. Rat, Drensteinfurt; seit 1888 Vorsitzender des GV.

Schmieding, Dr. Karl Wilhelm, Oberbürgermeister, Geh. Regierungsrat, Dortmund; 1888 bis 1892 Mitglied, seit 1892 stellv. Vorsitzender des GV.

4. Rheinische landwirtschaftliche Berufsgenossenschaft.

Beißel von Gymnich, Otto Graf, Kammerherr und Landrat, Schloß Frens b. Horrem; 1888 bis 1895 Mitglied, 1895-1901 stellv. Vorsitzender, seit 1901 Vorsitzender des GV.

5. Land- und forstwirtschaftliche Berufsgenossenschaft für den Regierungsbezirk Oberpfalz und Regensburg.

Lerchenfeld, Max Graf von und zu, auf Köfering und Schönberg, Königl. Kämmerer, Oberleutnant a. D. und Gutsbesitzer, St. Gilla; seit 1889 Mitglied des GV.

Bruckmayer, Michael, Guts- und Brauereibesitzer, Schwarzhofen; seit 1889 Mitglied des GV.

Aschenauer, Heinrich, Ökonomierat und Kunstmühlbesitzer, Fuchsmühle; 1889-1900 Ersatzmann, seit 1900 Mitglied des GV.

6. Land- und forstwirtschaftliche Berufsgenossenschaft für den Regierungsbezirk Oberfranken.

Feilitzsch, Alexander Freiherr von, Königl. Kämmerer und Rittergutsbesitzer, Trogen; seit 1889 Mitglied des GV.

7. Land- und forstwirtschaftliche Berufsgenossenschaft für den Regierungsbezirk Unterfranken und Aschaffenburg.

Thüngen, Karl Freiherr von, Rittergutsbesitzer, Roßbach; seit 1889 Mitglied des GV.

8. Land- und forstwirtschaftliche Berufsgenossenschaft für den Regierungsbezirk Schwaben und Neuburg.

Welser, Karl Freiherr von, Gutsbesitzer, Augsburg; seit 1888 Mitglied des GV.

9. Land- und forstwirtschaftliche Berufsgenossenschaft für das Königreich Sachsen.

Jahn, Ernst, Ökonomierat, Rittergutsbesitzer, Taltitz; seit 1888 Mitglied des GV.

10. Landwirtschaftliche Berufsgenossenschaft für den Württembergischen Neckarkreis.

Friz, Ernst, Schultheiß und Verwaltungsaktuar, Fellbach; seit 1888 Mitglied des GV.

11. Landwirtschaftliche Berufsgenossenschaft für den Württembergischen Schwarzwaldkreis.

Fischer, Christian, Schultheiß und Landwirt, Aldingen; seit 1888 Mitglied des GV.

12. Landwirtschaftliche Berufsgenossenschaft für den Württembergischen Donaukreis.

Mayer, Anton, Posthalter, Munderkingen; seit 1888 Mitglied des GV.

13. Badische landwirtschaftliche Berufsgenossenschaft.

Frank, Georg, Ökonomierat, Karlsruhe; 1888-1900 Mitglied, seit 1900 stellv. Vorsitzender des GV.

Rau, Karl, Forstmeister, Pforzheim; seit 1888 Mitglied des GV.

14. Landwirtschaftliche Berufsgenossenschaft für Mecklenburg-Schwerin.

Lützow, Karl von, Gutsbesitzer, Erblandmarschall, Klosterhauptmann zu Dobbertin, Eickhof; seit 1887 Mitglied des GV.

Süßerott, Philipp, Geh. Hofrat, Bürgermeister, Güstrow; seit 1887 Mitglied des GV.

Bock, Hans Christian, Gutsbesitzer, Groß-Brütz; 1888-1896 Ersatzmann, seit 1896 Mitglied des GV.

15. Weimarische landwirtschaftliche Berufsgenossenschaft.

Gerlach, Christian, Bürgermeister, Landkommissar, Markfuhl; seit 1888 Mitglied des GV.

Fleischer, Viktor, Rittergutsbesitzer, Uhlersdorf; seit 1888 Mitglied des GV.

16. Mecklenburg-Strelitzsche landwirtschaftliche Berufsgenossenschaft.

Wentzel, Victor, Oberforstinspektor a. D., Neustrelitz; seit 1888 Mitglied des GV.

17. Berufsgenossenschaft Oldenburger Landwirte.

Schröder, Wilhelm, Ökonomierat, Landwirt, Nordermoor; seit 1889 Mitglied des GV.

Feldhus, Johann, Gemeindevorstand, Landwirt, Zwischenahn; seit 1889 Mitglied des GV.

18. Altenburgische landwirtschaftliche Berufsgenossenschaft.

Schmidt, Paul, Amtsvorsteher, Rositz; seit 1889 Vorsitzender des GV.

19. Anhaltische land- und forstwirtschaftliche Berufsgenossenschaft.

Otto, Gustav, Oberförster, Dessau; seit 1889 Mitglied des GV.

20. Schwarzburg-Sondershausensche landwirtschaftliche Berufsgenossenschaft.

Röse, Bruno, Amtmann, Blingen; seit 1889 stellv. Vorsitzender des GV.

Gräßler, Otto, Oberamtmann, Wülfershausen; seit 1889 Mitglied des GV.

21. Lippische land- und forstwirtschaftliche Berufsgenossenschaft.

Krieger, Wilhelm, Ökonomierat, Blomberg; 1888 bis 1908 Mitglied, 1908-1909 stellv. Vorsitzender, seit 1910 Vorsitzender des GV.

22. Berufsgenossenschaft der Bremischen Landwirte.

Sanders, Hermann, Landwirt, Horn; seit 1889 Mitglied des GV.

23. Hamburgische landwirtschaftliche Berufsgenossenschaft.

Hoppe, Carsten Heinrich Eduard, Hofbesitzer, Altengamme; 1889-1892 Mitglied, 1892-1903 stellv. Vorsitzender, seit 1903 Vorsitzender des GV.

Benöhr, Otto Andreas, Hofbesitzer, Groden; seit 1889 Mitglied des GV.

24. Landwirtschaftliche Berufsgenossenschaft Unter-Elsaß.

Schahl, Martin, Gutsbesitzer, Straßburg; seit 1889 Vorsitzender des GV.

Bastian, Johann, Bürgermeister, Vendenheim; seit 1889 Mitglied des GV.

Adam, Karl, Bürgermeister, Lauterburg; seit 1889 Mitglied des GV.

Weber, Adam, Bürgermeister, Büst; seit 1889 Mitglied des GV.

25. Landwirtschaftliche Berufsgenossenschaft Ober-Elsaß.

Rust, Georg, Bürgermeister und Gutsbesitzer, Heimsbrunn; seit 1889 Vorsitzender des GV.

Ritzenthaler-Ortlieb, Mathias, Gutsbesitzer, Horburg; seit 1889 stellv. Vorsitzender des GV.

Rudolf, Joseph, Gutsbesitzer, Ensisheim; seit 1889 Mitglied des GV.

26. Landwirtschaftliche Berufsgenossenschaft Lothringen.

Doubl, Johann, Landwirt, Großblittersdorf; seit 1889 Mitglied des GV.

Leclaire, Peter, Bürgermeister, Heinkingen; 1889 bis 1893 Mitglied, 1893-1895 stellv. Vorsitzender, seit 1895 Mitglied des GV.

Pelte, Georg, Landwirt, Kaltweiler; seit 1889 Mitglied des GV.

Cosson, Emil, Landwirt, Deutsch-Avricourt; seit 1889 Mitglied des GV.

C. Versicherungsanstalten.

1. Landes-Versicherungsanstalt Ostpreußen.

Schwanke, Hermann, Fabrikaufseher, Rastenburg; seit 1891 Vertreter der Versicherten.

2. Landes-Versicherungsanstalt Westpreußen.

Grahl, Carl, Hofmeister, Groß-Czapielken; seit 1891 Vertreter der Versicherten.

3. Landes-Versicherungsanstalt Berlin.

Freund, Dr. jur. Richard, Berlin; 1891-1894 beamtetes Mitglied, seit 1894 Vorsitzender des Vorstandes.

4. Landes-Versicherungsanstalt Brandenburg.

Manteuffel, Freiherr Otto von, Wirklicher Geheimer Rat, Landesdirektor, Berlin; 1890-1896 Vertreter der Arbeitgeber, seit 1896 Vorsitzender des Vorstandes.

Meyer, Friedrich, Landesrat, Direktor, Berlin; 1891-1900 beamtetes Mitglied, seit 1900 stellv. Vorsitzender des Vorstandes.

5. Landes-Versicherungsanstalt Pommern.

Denhard, Karl, Landesrat, Geh. Regierungsrat, Stettin; seit 1890 beamtetes Mitglied, seit 1893 Vorsitzender des Vorstandes.

6. Landes-Versicherungsanstalt Schlesien.

Noack, Karl, Förster, Ober-Stephansdorf; seit 1891 Vertreter der Versicherten.

7. Landes-Versicherungsanstalt Schleswig-Holstein.

Hansen, Peter Christian, Landesversicherungsrat, Kiel; seit 1890 beamtetes Mitglied des Vorstandes.

8. Landes-Versicherungsanstalt Hannover.

Liebrecht, Dr. Wilhelm Friedrich Christian, Geh. Regierungsrat, Hannover; seit 1891 Vorsitzender des Vorstandes.

Schmalfuß, Theodor Carl Johannes Eduard, Landesrat, Hannover; seit 1891 beamtetes Mitglied des Vorstandes.

Hillegeist, Ernst, Senator, Hannover; seit 1891 Vertreter der Arbeitgeber.

Stumpf, Franz Carl, Generalsekretär, Osnabrück; seit 1891 Vorsitzender des Ausschusses.

9. Landes-Versicherungsanstalt Westfalen.

Althoff, Dr. jur. Hermann, Landesrat, Münster; 1891-1898 beamtetes Mitglied, 1898-1899 stellv. Vorsitzender, seit 1899 Vorsitzender des Vorstandes.

10. Landes-Versicherungsanstalt Hessen-Nassau.

Schroeder, Dr. Theodor, Landesrat, Mitglied des Hauses der Abgeordneten, Cassel; seit 1891 beamtetes Mitglied und stellv. Vorsitzender des Vorstandes.

Glaß, Friedrich, Landesrat, Cassel; seit 1891 beamtetes Mitglied des Vorstandes.

Stockhausen, Hans Eckebrecht von, Rittergutsbesitzer, Hof Abgunst; seit 1891 Vertreter der Arbeitgeber.

11. Versicherungsanstalt für Oberbayern.

Steinmetz, Joseph, Kommerzienrat, München; seit 1891 Vertreter der Arbeitgeber.

Dachsel, Emil, Werkmeister, München; seit 1891 Vertreter der Versicherten.

12. Versicherungsanstalt für Mittelfranken.

Deuringer, Gottfried, Privatier und Magistratsrat, Ansbach; 1891-1899 Ersatzmann, seit 1899 Vertreter der Arbeitgeber.

13. Landes-Versicherungsanstalt Königreich Sachsen.

Weger, Heinr. Rich., Geh. Rat, Dresden; seit 1890 Vorsitzender des Vorstandes.

Steindel, Konstan. Emil von, Geh. Regierungsrat, Dresden; seit 1890 stellv. Vorsitzender des Vorstandes.

Heuschkel, Rob. Osk. Clem., Geh. Kommerzienrat, Dresden; seit 1890 Vertreter der Arbeitgeber.

14. Versicherungsanstalt Württemberg.

Schiedmayer, Adolf, Geh. Kommerzienrat, Stuttgart; seit 1890 Vertreter der Arbeitgeber.

15. Landes-Versicherungsanstalt Baden.

Rasina, Anton, Geheimer Rat, Karlsruhe; seit 1891 Vorsitzender des Vorstandes.

Feldmann, Ernst, Schreiner, Karlsruhe; seit 1891 Vertreter der Versicherten.

16. Landes-Versicherungsanstalt Großherzogtum Hessen.

Dietz, Dr. Aug., Geh. Regierungsrat, Darmstadt; seit 1891 Vorsitzender des Vorstandes.

Bechtold, Hermann von, Amtmann, Darmstadt; seit 1891 stellv. Vorsitzender des Vorstandes.

Freihaut, Friedrich, Werkführer, Darmstadt; 1891 bis 1898 Ersatzmann, seit 1899 Vertreter der Versicherten.

17. Landes-Versicherungsanstalt Mecklenburg.

Cramer, Max, Geh. Regierungsrat, Schwerin; seit 1891 Vorsitzender des Vorstandes.

Heuck, Fritz, Geh. Regierungsrat, Schwerin; seit 1891 stellv. Vorsitzender des Vorstandes.

Flügge, Fritz, Geh. Regierungsrat, Schwerin; seit 1891 beamtetes Mitglied des Vorstandes.

18. Thüringische Landes-Versicherungsanstalt.

Elle, Gotthold, Geh. Ober-Regierungsrat, Weimar; seit 1890 Vorsitzender des Vorstandes.

19. Landes-Versicherungsanstalt Oldenburg.

Düttmann, Augustin, Geh. Regierungsrat, Oldenburg; seit 1891 Vorsitzender des Vorstandes.

20. Landes-Versicherungsanstalt Braunschweig.

Hassel, Hans, Ober-Regierungsrat, Braunschweig; seit 1891 Vorsitzender des Vorstandes.

Jüdel, Dr. ing. Max, Geh. Kommerzienrat, Braunschweig; seit 1891 Vertreter der Arbeitgeber.

Teichs, Rudolf, Fabrikdirektor, Braunschweig; seit 1891 Vorsitzender des Ausschusses.

21. Landes-Versicherungsanstalt der Hansestädte.

Dittmer, Dr. Carl Wilhelm, Rat, Lübeck; seit 1890 stellv. Vorsitzender des Vorstandes.

D. Besondere Kasseneinrichtungen.

1. Pensionskasse für die Arbeiter der Preußisch-Hessischen Eisenbahngemeinschaft.

Herr, Vorschlosser, Berlin; seit 1891 Mitglied des Vorstandes.

2. Norddeutsche Knappschafts-Pensionskasse.

Stieber, Paul, Direktor, Halle a. S.; seit 1891 Mitglied des Vorstandes.

Tribius, Wilhelm, Direktor, Halle a. S.; seit 1891 Mitglied des Vorstandes.

3. Allgemeine Knappschafts-Pensionskasse für das Königreich Sachsen.

Scheibner, Karl Hermann, Oberbergrat, Bergdirektor, Lugau; 1891-1896 Mitglied, seit 1897 Vorsitzender des Vorstandes.

4. Allgemeiner Knappschaftsverein.

Küchen, G., Kommerzienrat, Mülheim (Ruhr); 1891-1897 stellv. Mitglied, seit 1897 Mitglied des Vorstandes.